Anatol Regnier

Jeder schreibt für sich allein

Anatol Regnier

Jeder schreibt für sich allein

Schriftsteller im Nationalsozialismus

—

C.H.Beck

Für Anja

www.chbeck.de
Umschlaggestaltung: Rothfos & Gabler, Hamburg
Umschlagabbildung: Berlin 1945, SZ Photo / Scherl / Bridgeman Images
Satz: Janß GmbH, Pfungstadt
Druck und Bindung: GGP Media GmbH, Pößneck
Gedruckt auf säurefreiem und alterungsbeständigem Papier
Printed in Germany
ISBN 978 3 406 75592 7

myclimate

klimaneutral produziert
www.chbeck.de/nachhaltig

Inhalt

Einleitung

Am 27. Januar 1945 wurde das Vernichtungslager Auschwitz-Birkenau durch sowjetische Truppen befreit. Ich war damals 21 Tage alt. Fünf Monate später war der Zweite Weltkrieg zu Ende. Wir lebten auf dem Land, von Nachkriegsnot merkte ich nichts. Gemüse lieferte der Garten, Milch und Eier der Bauer nebenan. Auf Briefmarken alter Kuverts, mit denen ich spielte, war der Kopf eines Mannes zu sehen – «Hitler», sagte man mir.

Der erste Eindruck von München: zerstörte Häuser, Polizisten in weißen Mänteln, die den Verkehr regelten, Amerikaner in Jeeps, langsam und lässig vorbeirollend, unerreichbar für uns, wir bewunderten, ich möchte sagen: liebten sie. In den Geschäften gab es alles. Einmal herrschte Zuckerknappheit, man bekam ein paar Wochen lang nur eine begrenzte Menge, dann war alles wieder normal. Der Bundespräsident hieß Heuss, der Bundeskanzler Adenauer, ein Dollar war vier Mark wert, und wer in Läden der amerikanischen Army und Air Force, den sogenannten PX-Stores, einkaufen konnte oder echte amerikanische Zigaretten rauchte (man erkannte sie sofort an ihrer Länge), war etwas Besonderes. Amerika war das Maß aller Dinge, Inbegriff des Guten, Sanften, Helfenden. Solange die Amerikaner da waren, schien es, konnte nichts Schlimmes passieren. In den Zeitungen nur Erfolgsmeldungen: steigende Produktion, Vollbeschäftigung, immer neue Rekorde. Es gab nur eine Richtung: nach oben. Die Ruinen verschwanden nach und nach, die Wohnungsnot ebbte ab. Irgendwann hatten auch wir ein Auto, ein paar Jahre später ein zweites, besseres.

Trotzdem war ich nicht gerne deutsch, und die Erwachsenen, meinte ich zu spüren, waren es auch nicht. Ich empfand die Atmosphäre als bedrückt und belastet, ohne zu wissen warum. Es ging uns gut, wir hatten alles, dennoch hatte alles Deutsche, zumindest für mich, einen schlechten Klang. Das Land schien irgendwie schlecht gelaunt. Unser Wohlergehen war anscheinend Gottes Gebot, aber von Leichtigkeit und Eleganz keine Spur. Woran lag das? Ich hätte es nicht benennen können, aber merkte oder glaubte zu merken, dass Franzosen, Schweizer, Niederländer, Norweger, die gelegentlich zu uns kamen, ein anderes Selbstbewusstsein mitbrachten, aufrechter durchs Leben gingen als die Deutschen um mich herum, sogar als meine Eltern, die als Künstler bekannt und geachtet waren.

Wurde bei uns über Politik gesprochen? Ja und nein. Die Wiederbewaffnung war ein großes Thema, Bundesverteidigungsminister Franz Josef Strauß eine Reiz- und Hassfigur, die Angst vor einem Atomkrieg durchaus präsent. Oma Goldi, die Mutter meines Vaters, trug eine Anstecknadel mit der Aufschrift «Pax» am Revers. Dass die deutsche Vergangenheit schlecht, sehr schlecht gewesen war, lag als Selbstverständlichkeit in der Luft, übrigens nicht nur im Elternhaus, sondern auch bei allen anderen, bei unseren Lehrern, der Frau im Kiosk, der Bäckerin, dem Schuster, dem Kohlenhändler. Gelegentlich sagte jemand: «Der Hitler war an allem schuld» oder: «Beim Hitler hätte es das nicht gegeben», letzteres aber geduckt, sozusagen abseits. Deutscher Nationalstolz existierte nicht. Ich fand das gut: Worauf sollte man als Deutscher stolz sein? Ich war es jedenfalls nicht.

Was diesem Gefühl zugrunde lag, wurde auch in meiner aufgeklärten Familie nicht besprochen. Es wurde nichts verheimlicht und nichts beschönigt, aber auch nichts analysiert. Dass meine Mutter Pamela Wedekind von 1934 bis 1942 an Gustaf Gründgens' Preußischem Staatstheater gespielt hatte, war bekannt und galt nicht als ehrenrührig – war Gründgens doch immer noch Deutschlands erster Theatermann. Bekannt war auch, dass sich mein Vater Charles Regnier um den Krieg gedrückt hatte – keinen Tag seines Lebens habe er eine Uniform tragen wollen, das habe er sich als junger Mann geschworen, und er war stolz darauf, es geschafft zu haben. Er war 1935 ein paar Monate im KZ gewesen, auch das war bekannt, später erfuhr ich: wegen Homosexualität. Man habe seinen Schädel vermessen, um irgendwelche Erkenntnisse zu gewinnen, viel mehr sagte er nicht. Es gab Erzählungen über die Bombennächte in München, das Sitzen im Luftschutzkeller, das Radeln zu den Münchner Kammerspielen durch zerstörte Straßen, für uns klang das gruselig, aber auch romantisch, in jedem Fall faszinierend, vor allem im Vergleich zur langweiligen Gegenwart. Aber ernsthafte Gespräche über die Vergangenheit, ein Beleuchten des Nationalsozialismus, in dem man schließlich zwölf Jahre lang gelebt und gearbeitet hatte, gab es nicht. Heute weiß ich: Es hätte eine Überprüfung auch der eigenen Rolle erfordert, unbedeutend wie sie gewesen sein mag. Dazu waren meine Eltern von sich aus nicht bereit, und wir haben sie nicht gedrängt. Vielleicht wollten sie ihre Kinder schonen. Oder sich selbst. Vielleicht hielten sie eine solche Diskussion auch einfach nicht für notwendig.

Das Erwachen kam für mich als Musikstudent in London mit sechzehn Jahren. Ich lernte jüdische Jugendliche meines Alters kennen, wie ich von Pubertätsnöten geplagt, von sexuellem Begehren getrieben. Sie mochten mich und beäugten mich: ein Deutscher. Und ich, ohne Schuldbewusstsein aufgewachsen, fühlte mich plötzlich schuldig. Die Zahl «sechs Millionen», seit langem bekannt und gedankenlos referiert, wurde zur furchtbaren Realität. War das wirklich geschehen? Hatte es das wirklich gegeben? Die fabrikmäßige Ermordung von Millionen Menschen durch das deutsche Volk, dem ich angehörte? Ja, das hatte es gegeben, und kein Deuteln half darüber hinweg. Waren meine Eltern daran beteiligt? Nein, unmittelbar nicht. Aber sie waren dabei gewesen, hatten erlebt, wie jüdische Nachbarn Wohnung und Arbeit verloren und plötzlich nicht mehr da waren, hatten es hingenommen, während sie morgens aufstanden, einkaufen gingen, Trambahn fuhren, Briefe schrieben, ihren Beruf ausübten. War ihnen das moralische Dilemma bewusst, in dem sie sich befanden? Ich denke, ja. Kein Wunder, dass sie nicht darüber sprachen. Meine Eltern, die ich als gute, großzügige Menschen kannte (und bis heute habe ich keinen Grund, sie anders zu sehen) hatten ihre Unschuld verloren, und ich mit ihnen.

Mein Trauma verfolgte mich. Ich packte meine Gitarre und fuhr nach Israel. Man nahm mich wohlwollend, geradezu liebevoll auf. Ich hatte Erfolg als Musiker und Glück als Mensch. Aber zu meiner Herkunft zu stehen, zu sagen: «Ich bin Deutscher, nehmt mich, wie ich bin», traute ich mich nicht. Ich redete mich heraus, erlog eine Schweizer

Abstammung, erfand diffuse jüdische Angehörige, war also genauso feige wie meine Landsleute, die sich im Dritten Reich wegduckten und den Mund hielten, genauer gesagt: noch feiger. Denn was hätte mir in Israel passieren können? Ganz genau gar nichts. Ich heiratete Nehama Hendel, Israels berühmte Sängerin, hatte jüdische Kinder, Israel wurde meine zweite Heimat. Alle wussten inzwischen, dass ich Deutscher bin, und wer sich an meine Schwindeleien erinnerte, vergab generös.

Ich versöhnte mich mit der Bundesrepublik, sie war nun einmal mein Land. Denn eines war klar: So furchtbar die Vergangenheit war, sie würde nie wiederkehren. Die Bundesrepublik, so schien es mir, war als Demokratie unerschütterbar, das aufrichtige Bemühen um Veränderung und Sühne, Ausgleich, Völkerverständigung und Freiheit ihr nicht abzusprechen. Niemals, glaubte ich, würde sich hier rechtsextremes Gedankengut wieder ausbreiten können. Nach einem solch tiefen Fall, einer solchen Katastrophe, einer solchen Schmach war das schlichtweg unvorstellbar.

Ich habe mich getäuscht, mit vielen anderen. Gerade als Europa sich einte und Deutschland wieder zusammenwuchs, als Grenzen fielen und eine nie gehabte Freiheit sich auftat, kehrten Nationalismus und Rechtsextremismus zurück, erstaunlicherweise auch in ehemals sozialistischen Gebieten, wo ich sie nach vierzig Jahren antifaschistischer Erziehung am wenigsten vermutet hätte. Auch in den Niederlanden, Frankreich und anderen europäischen Ländern erschallten plötzlich nationalistische, antidemokratische Töne, oft unter Jubel der Bevölkerung, als ob es Nationalsozialismus, Holocaust, Zweiten Weltkrieg und sechzig Millionen Tote nie gegeben hätte. Hat der Frieden zu lange gedauert? Ist uns die Freiheit nichts mehr wert? Haben wir aus der Vergangenheit nichts gelernt? Eine Demokratiemüdigkeit schien um sich zu greifen, wie sie auch die letzten Jahre der Weimarer Republik geprägt hat – dabei wissen wir, wie die Demokratie zerbrach und der Nationalsozialismus an die Macht kam. Meine Eltern und alle, die in meiner Kindheit erwachsen waren, haben es erlebt. Der Umgang mit dem Nationalsozialismus wurde mein Lebensthema, wie für viele aus der unmittelbaren Nachkriegsgeneration. Aber Lebensgefühl und Lebenswirklichkeit dieser dunklen Zeit zu packen, in die Menschen hineinzuschauen, die damals gelebt haben, gelang mir nicht. Wer konnte verlässliche Auskunft geben?

2011 besuchte ich meinen Sohn Michael in London. Die Heizung war ausgefallen, der einzig warme Ort war das Bett. Auf dem Nachttisch lag Hans Falladas Roman «Jeder stirbt für sich allein». Ich hatte davon gehört, dass dieser Roman Jahrzehnte nach seinem Erscheinen plötzlich zum Welterfolg geworden war. Was hatte es damit auf sich? Ich las die Geschichte des Berliner Arbeiterehepaars Quangel, das nach dem Soldatentod seines einzigen Sohnes Postkarten in Mietshäusern ausgelegt hatte, auf denen es zum Widerstand gegen Hitler aufrief, mit dem Erfolg, dass Menschen, die sie lasen, nichts Eiligeres zu tun hatten, als sie der Gestapo zu übergeben. Das Ehepaar wurde verhaftet, der Mann geköpft, die Frau in Erwartung ihrer Hinrichtung bei einem Bombenangriff im Gefängnis getötet.

Eine faszinierende Lektüre. In aller Härte war hier offengelegt, was Menschen riskierten, die Widerstand gegen Hitler wagten. Die Ambivalenz menschlichen Handelns war thematisiert – erst der Verlust des Sohns ließ die Quangels Widerständler werden, in den Jahren davor hatten sie sich dem Nazi-Regime angepasst wie andere auch. Die Angst der Bevölkerung wurde deutlich: Mochten manche aus Regimetreue Quangels Postkarten abgeliefert haben, taten es die meisten wohl eher, weil sie fürchteten, sonst als infiziert zu gelten und selbst in die Mühlen der nationalsozialistischen Justiz zu geraten. Oder sie taten es, um vor der Obrigkeit gut dazustehen – womit auch das Thema Geltungsbedürfnis angesprochen war. Vor allem aber eröffnete mir Falladas Roman die Wirklichkeit des nationalsozialistischen Alltags, in Arztpraxen und Kanzleien, in kleinen Geschäften und muffigen Wohnungen, im ganzen Gewoge von Ehrgeiz und Anstand, Lügen und Betrug und anderen Äußerungen der menschlichen Natur. Überraschend normal war dieser Alltag. So also hatten die Leute gelebt, nicht viel anders als zu anderen Zeiten. Dennoch unterschied sich ihr Alltag wesentlich von unserem: Draußen marschierten nicht SS-Einheiten in Uniformen aus dem Kostümfundus, wie wir sie aus historischen Filmen kennen, sondern die echte SS, und Hakenkreuzfahnen wehten nicht von Gebäuden, weil ein Regisseur es wollte, sondern weil Hitler es befohlen hatte und sie den nationalsozialistischen Machtapparat verkörperten, der jeden vernichten konnte, der ihm zu nahe kam. So unmittelbar war mir die nationalsozialistische Wirklichkeit noch nicht vor Augen geführt worden.

Wer war Hans Fallada? Ich wollte mehr über ihn wissen. Er hatte die gesamte NS-Zeit in Deutschland verbracht, hatte im Dörfchen Carwitz in Mecklenburg Landwirtschaft betrieben und in rasendem Tempo Bücher geschrieben. Im Carwitzer Archiv entdeckte ich seinen Kalender. Tag für Tag hatte er eingetragen, woher der Wind wehte, wie viel Regen fiel, was gesät und geerntet wurde und die Tiere zu fressen bekamen. Von der Politik kein Wort. Für mich war dieser Kalender eine Offenbarung. Hier hatte jemand konsequent weggeschaut und sich ganz aufs Private und die Natur zurückzuziehen versucht – ohne Erfolg, natürlich. Man konnte im Dritten Reich nicht unpolitisch sein, auch auf Falladas Carwitzer Anwesen nicht, wo die Straße aufhört und man nur noch auf Feldwegen weiterkommt.

Was war mit den anderen hiergebliebenen Autorinnen und Autoren? Ihr Ruf ist nicht gut. Sie hatten «mitgemacht», Bücher veröffentlicht, Lesereisen unternommen, Preise erhalten, vielleicht sogar dem «Führer» die Hand gedrückt. Bekannte Namen sind darunter, Gottfried Benn oder Erich Kästner, aber auch solche, die man kaum noch kennt, Ina Seidel, Börries von Münchhausen, Agnes Miegel, Hans Grimm, Rudolf G. Binding, Wilhelm Schäfer, Emil Strauß und viele andere. Die Geschichte, so schien es, hatte ihr Urteil gefällt, mochten sie in Frieden ruhen und nicht mehr genannt werden. Ich mochte mich diesem Verdikt nicht anschließen. Ganz so einfach konnte es nicht sein. Würden sie, sähe man genauer hin und ließe es nicht beim Vorwurf des «Mitmachens» bewenden, nicht ein ähnlich komplexes Bild menschlichen Verhaltens offenbaren wie die Figuren in Falladas Roman? Würde eine Beschäftigung mit ihnen nicht Einblicke in die Mechanismen des Nationalsozialismus gewähren und Fragen nach der Lebenswirklichkeit meiner Eltern und ihrer Generation beantworten, die mich seit meiner Jugend umtreiben? Vielleicht ließe sich sogar etwas über die Jetztzeit lernen. Ich wollte eine Untersuchung wagen.

Ich entdeckte die unerschöpfliche Quelle des Deutschen Literaturarchivs in Marbach, verbrachte viele Wochen im dortigen Lesesaal und in anderen Archiven. Ich fand Vieles bestätigt, was ich aus Büchern wusste, aber auch viel Niegesehenes, Persönliches, das mir den damaligen Alltag näherbrachte und politische Entwicklungen in neuem Licht erscheinen ließ. Es bildete sich ein Kreis von Persönlichkeiten, deren Lebensweg ich begleiten wollte und die mir repräsentativ für die Gesamtheit erschienen. Die Auswahl ist subjektiv, aus Platz- und Konzeptionsgründen, wichtige Figuren fehlen. Die Brüder Ernst und Friedrich Georg Jünger, zum Beispiel, sind für sich ein so großes Thema, dass sie ein eigenes Buch rechtfertigen würden, und anstatt sie kursorisch im Stil eine Enzyklopädie abzuhandeln, habe ich ganz auf sie verzichtet. Auch die Verfasser der typischen «Blut und Boden»-Literatur interessierten mich weniger. Ausgangspunkt war für mich die Abteilung für Dichtkunst der Preußischen Akademie der Künste, in der die damaligen Größen der Zunft versammelt waren, sowohl vor als auch nach 1933. Wie waren die Beziehungen untereinander? Was waren ihre Ansichten, privat und öffentlich? Was haben sie einander geschrieben? Hier wollte ich Atmosphärisches berichten, auf Zwischentöne hören, Grauzonen erspüren, als Ergänzung zu hervorragenden wissenschaftlichen Arbeiten von Autoren wie Jan-Pieter Barbian, Götz Aly, Ernst Loewy, Léon Poliakov, Joseph Wulf, Ralf Schnell, Werner Mittenzwei und vielen anderen, auch zu Victor Klemperers Tagebüchern und seinen Untersuchungen zur «LTI», der «Lingua Tertii Imperii».

Wer über hiergebliebene Autorinnen und Autoren schreibt, darf die literarische Emigration nicht außer Acht lassen. Man glaube nicht, dass alle Verbindungen abgerissen waren. Beide Seiten kannten sich von früher, aus der gemeinsamen Arbeit in Ausschüssen und von vielfältigen anderen Gelegenheiten und beobachteten einander über die Grenzen des Exils genau. Und natürlich ist über das Nachher zu berichten, als der Nationalsozialismus vorbei und die Schande offenbar war, als emigrierte Kolleginnen und Kollegen zurückkehrten und die Hiergebliebenen sich bittere Fragen zu stellen hatten. Was lehrt uns der Blick auf diese Zeit?

Das Terrain ohne Angst zu betreten, war nicht einfach. Der Nationalsozialismus ist ein riesiges Thema, an dem sich noch viele Generationen abarbeiten werden – wer ihn als Petitesse bezeichnet, wie das heute manche tun, hat seine Dimensionen nicht einmal im Ansatz begriffen. Dennoch scheint mir ein gewisses Maß an Unvoreingenommenheit auch beim Umgang mit dieser schwierigen Materie unerlässlich. Wer sich ihr mit Scheuklappen nähert, wird nicht viel Neues zutage fördern. Des Lernens ist kein Ende und das Verstehen ein langer Prozess. *Welche Chimäre ist doch der Mensch! Welch Unerhörtes, welch Ungeheuer, welch Chaos, welch widersprüchliches Wesen, welch Wunder!* Dieser Gedanke von Blaise Pascal hat mir Mut gemacht. Und wenn mich die Angst überkam, erinnerte ich mich an ihn.

— 1 —

Eine veränderte geschichtliche Lage

Am 15. Februar 1933, einem Mittwoch, fand um 8 Uhr abends eine Außerordentliche Sitzung der Preußischen Akademie der Künste in Berlin statt. Einberufen hatte sie Max von Schillings, Nachfolger Max Liebermanns, der nach zwölfjähriger Tätigkeit sein Amt als Akademiepräsident niedergelegt hatte. Erst am Nachmittag hatte von Schillings die Einladung per Rohrpost hinausgeschickt, wohl wissend, dass viele Mitglieder so kurzfristig nicht verfügbar sein und sogenannte Auswärtige kaum extra anreisen würden. Sie enthielt nur einen Tagesordnungspunkt: «Lebenswichtige Fragen der Akademie». Am Mittag desselben Tages hatte ihn der Kommissarische Preußische Kultusminister Bernhard Rust zu sich beordert und ihm ein Ultimatum gestellt: Entweder trete Heinrich Mann als Vorsitzender der Abteilung für Dichtkunst der Preußischen Akademie der Künste mit sofortiger Wirkung zurück oder die Akademie als Ganzes werde aufgelöst. Warum diese Drohung? Was war geschehen?

Seit dem 30. Januar war Adolf Hitler Reichskanzler, ernannt durch den Reichspräsidenten Paul von Hindenburg. Jahrelang hatte man es befürchtet, davor gewarnt, die Wahrscheinlichkeit taxiert und kleingeredet, Symposien zur Lage der Nation abgehalten, die Republik gegen Kritiker verteidigt, Hoffnung geschöpft, als die NSDAP bei den Reichstagswahlen im November 1932 Einbußen erlitt, bis zum Schluss nicht geglaubt, dass es wirklich geschehen könnte, noch am 29. Januar hatte die «Frankfurter Zeitung» getitelt «Hitler oder Papen?», dann war es doch geschehen, und alle Warner und Mahner mussten einsehen, dass Hitler, der Kleinbürger, der Mann aus dem Nichts, es geschafft hatte und an der Spitze der Regierung stand. Der Fackelzug am Abend seiner Ernennung, die spontanen Freudenkundgebungen an vielen Orten zeigten, welchen Rückhalt er in der Bevölkerung bereits besaß.

Für den 5. März hat er Wahlen angekündigt, die ihn im Amt bestätigen sollen, eine letzte Chance, die Uhr zurückzudrehen und eine in den Augen Vieler unheilvolle Entwicklung abzuwenden. Hierzu war am 11. und 12. Februar folgender *Dringender Appell!* an Berliner Litfaßsäulen zu lesen: *Die Vernichtung aller persönlicher und politischer Freiheit in Deutschland steht unmittelbar bevor, wenn es nicht in letzter Minute gelingt, unbeschadet von Prinzipiengegensätzen alle Kräfte zusammenzufassen, die in der Ablehnung des Faschismus einig sind. Die nächste Gelegenheit dazu ist der 5. März. Es gilt, diese Gelegenheit zu nutzen und endlich den Schritt zu tun zum Aufbau einer einheitlichen Arbeiterfront, die nicht nur für die parlamentarische, sondern auch für die weitere Abwehr notwendig sein wird. Wir richten an jeden, der diese Überzeugung mit uns teilt, den dringenden Appell, zu helfen, daß ein Zusammengehen der SPD und KPD für diesen Wahlkampf zustande kommt, am besten in Form gemeinsamer Kandidatenlisten, mindestens jedoch in der Form von Listenbindung. Insbesondere in den großen Arbeiterorganisationen, nicht nur in den Parteien, kommt es darauf an, hierzu allen erdenklichen Einfluß aufzubieten. Sorgen wir dafür, daß nicht Trägheit der Natur und Feigheit des Herzens uns in die Barbarei versinken lassen!*[1] Sechzehn Personen haben unterschrieben, unter ihnen die Akademiemitglieder Käthe Kollwitz und Heinrich Mann. Darunter stand der Satz: *Setzt die Verantwortlichen unter Druck!* Als Initiator firmierte der Internationale Sozialistische Kampfbund. Der Aufruf ist nicht neu, hing gleichlautend schon vor den Reichstagswahlen am 31. Juli 1932 aus, bei denen die NSDAP mit 37,3 Prozent stärkste Kraft geworden war. Er ist damals kaum beachtet worden, jetzt haben sich die Verhältnisse geändert.

Der Kommissarische Kultusminister Bernhard Rust ist fünfzig Jahre alt und von Beruf Studienrat. Seit 1930 ist er direktgewählter Reichstagsabgeordneter der NSDAP für den Wahlkreis Hannover-Süd. Bis vorige Woche war er niedersächsischer Gauleiter seiner Partei, im Staatsapparat ohne Bedeutung, jetzt ist er Chef einer mächtigen Behörde, die Bildung, Erziehung und öffentliches geistiges Leben des größten deutschen Einzelstaats lenkt. Neue Besen kehren gut, mag er gedacht haben, und wer hart durchgreift, empfiehlt sich für Höheres. Der Aufruf zur Bildung einer einheitlichen Arbeiterfront ist eine willkommene Gelegenheit, Autorität zu demonstrieren. Zwei herausragende Mitglieder der staatlich finanzierten Preußischen Akademie der Künste, Heinrich Mann als Vorsitzender der Abteilung für Dichtkunst und Käthe Kollwitz als Professorin der Kunstabteilung, haben die Regierung, der sie dienen sollten, öffentlich mit dem Wort «Barbarei» in Verbindung gebracht. Das ist für den Nationalsozialisten Bernhard Rust ein Skandal, damit muss jetzt Schluss sein.

Vor Studenten des Nationalsozialistischen Deutschen Studentenbunds in der Berliner Universität erklärt Rust seine Position: Das *Schlagwort von der Freiheit* sei *Unsinn,* nicht das *Individuum,* sondern *das Volk* sei das *Maß aller Dinge.* Er werde *ganz entschieden* alle Versuche bekämpfen, die *deutschen Werte in ihrer Eigenart* zu zerstören. Dann wird er konkret: *Lassen Sie mich ein Beispiel auswählen, an dem ich zeigen kann, was ich zu tun gedenke. Es gibt da z. B. eine Dichterakademie. Die hat auch einen Leiter. In den letzten Tagen hat man den Namen dieses Mannes von den Litfaßsäulen prangen sehen, der die Sozialdemokraten und Kommunisten aufforderte, die «gemeinsame Abwehrfront» zu formieren. Mir scheint, es sei nicht nur jener Leiter schuldig, sondern ebenso schuldig alle jene, die diesen Mann, Herrn Heinrich Mann, zum Leiter ihrer Akademie erkoren. Seien Sie unbesorgt! Ich werde dem Skandal an der Akademie ein Ende bereiten!*[2]

*

Braucht man eine Dichterakademie? Die Preußische Akademie der Künste, 1694 vom Großvater Friedrichs des Großen gegründet, war mehr als 200 Jahre lang nicht dieser Meinung. Erst 1926 beschloss man, Dichter dazuzuholen und eine Abteilung für Dichtkunst einzurichten. Eine Errungenschaft der Republik sollte es sein, gefördert vom damaligen Preußischen Kultusminister Carl-Heinrich Becker und dem Maler Max Liebermann, der seit 1920 der Gesamtakademie als Präsident vorstand. Aber schon der Start war holprig. Mehrere klangvolle Namen lehnten dankend ab, und was sich schließlich zusammenfand, war ein mehr oder minder getreues Abbild der fragmentierten, zerstrittenen Gesellschaft der Weimarer Republik. National-konservative bis nationalistische Autoren saßen neben Bürgerlich-Liberalen, Linken, Expressionisten, Sozialisten, Pazifisten, das konnte nicht gut gehen und ging nicht gut. Während die Weltwirtschaftskrise zahllose Existenzen vernichtete und die Arbeitslosigkeit in ungeahnte Höhe trieb, diskutierte die Abteilung für Dichtkunst Satzungsfragen und focht Richtungskämpfe aus. Thomas Mann verwendete viel Zeit und Briefpapier darauf, sie zusammenzuhalten, aber selbst die Autorität eines Nobelpreisträgers vermochte es nicht, die grundlegenden Meinungsverschiedenheiten zu überbrücken.

1931 kam es zum großen Krach. Weil sie ihre Forderung nach «deutschen Inhalten» unerfüllt und sich von linken Autoren wie dem 1927 zugewählten Alfred Döblin unterdrückt sahen, verließen die national-konservativen Autoren Wilhelm Schäfer, Erwin Guido Kolbenheyer und Emil Strauß die Abteilung im Zorn. Der Zwischenfall schlug hohe Wellen, die Presse höhnte, Hermann Hesse nahm die Gelegenheit wahr, ebenfalls auszutreten, und ärgerte sich, als man bei ihm ähnliche Motive wie bei den drei anderen vermutete, während er doch mit ihnen nichts zu tun haben wollte. Thomas Mann versuchte, ihn zur Rückkehr zu bewegen – *Wie heute die Dinge in Deutschland geistig liegen, gehören Sie, lieber Herr Hesse, zur Akademie*[3] –, aber vergeblich. Im Januar 1932 wählte die Abteilung Heinrich Mann, den Großschriftsteller der bürgerlichen Linken, zum Vorsitzenden und die geschätzte Dichterin, Historikerin und Philosophin Ricarda Huch zu seiner Stellvertreterin, obgleich sie mit ihm inhaltlich und persönlich wenig gemein hatte. Im Zuge der Neuordnung wurde Anfang 1932 auch der Arzt, Lyriker und Essayist Gottfried Benn hinzugewählt und, als zweite Frau neben Ricarda Huch, die 47-jährige Lyrikerin und Prosaautorin Ina Seidel, die 1930 mit ihrem historischen Roman «Das Wunschkind» einen großen Erfolg errungen hatte.

*

Am Abend des 15. Februar 1933 versammeln sich etwa fünfzig Personen im Großen Sitzungssaal der Akademie im ehemaligen von Arnim'schen Palais am Pariser Platz 4 in der Nähe des Brandenburger

Tors. Anwesend sind vor allem bildende Künstler und Architekten, von den Dichterinnen und Dichtern, um die es in erster Linie geht, sind nur sechs erschienen. Das Protokoll schildert den Lauf der Ereignisse. Präsident Max von Schillings, Komponist und Dirigent, 65 Jahre alt, ein Mann mit langer Erfahrung als Generalmusikdirektor in Stuttgart und Generalintendant der Preußischen Staatsoper, bittet um Vertraulichkeit und verliest den strittigen Aufruf. Zwar habe er dem Minister gesagt, dass *für das Verhalten zweier Mitglieder* nicht *die ganze Akademie verantwortlich* gemacht werden könne, aber eingeräumt, dass deren Verhalten nicht mit *ihrer Stellung in der Akademie vereinbar* sei, weshalb sie *aus dem Kreis der Akademie* ausscheiden müssten. Warum er das demokratische Recht der Redefreiheit nicht verteidigt und den Minister nicht darauf hingewiesen hat, dass dieser gar nicht befugt ist, eine mehr als 200 Jahre alte Institution einfach aufzulösen, sagt er nicht. Käthe Kollwitz, Pazifistin, seit 1919 Professorin der Preußischen Akademie, Trägerin des höchsten preußischen Ordens Pour le Mérite für Wissenschaft und Kunst und erstes weibliches Akademiemitglied überhaupt, hat schon am Mittag freiwillig auf ihre Mitgliedschaft verzichtet, um «Schaden von der Akademie» zu wenden, so die offizielle Begründung. Wer wollte, konnte darin eine Art Schuldbekenntnis erblicken. Es geht also nur noch um Heinrich Mann.

Warum ist er nicht hier, will Gottfried Benn wissen. Hat man ihn informiert? Der Präsident weicht aus, Ludwig Fulda, 71 Jahre alt, jüdischer Bankierssohn aus Frankfurt, einer der meistgespielten Bühnenautoren seiner Epoche, wiederholt die Frage. Nein, konzediert der Präsident, Heinrich Mann wurde nicht informiert. Die Sitzung wird unterbrochen und der Lyriker und Abteilungssekretär Oskar Loerke losgeschickt, ihn telefonisch herbeizurufen. Heinrich Mann trifft gegen dreiviertel zehn im Akademiegebäude ein und spricht im Beisein Loerkes mit dem Präsidenten in dessen Dienstzimmer. Beide kehren ohne ihn in den Sitzungssaal zurück. Der Präsident verkündet: Heinrich Mann hat den Vorsitz der Dichter-Abteilung niedergelegt und auf seine Mitgliedschaft in der Akademie verzichtet – er habe anerkannt, dass der Präsident *nicht anders handeln konnte, da er an das Wohl und Bestehen des Ganzen denken müsse* und habe der Akademie *aus einer schweren Lage* heraushelfen wollen. Alfred Döblin, Autor des Romans «Berlin Alexanderplatz» und im Akademiegeschehen stets auf der Seite Heinrich Manns, protestiert: Heinrich Mann hätte Gelegenheit haben müssen, zu den Vorwürfen Stellung zu nehmen, es sei zu bedauern, dass niemand daran gedacht habe, dies zu fordern. Der Präsident kontert: Er habe Heinrich Mann nicht in den Sitzungsaal gebeten, um ihm eine *unangenehme Situation zu ersparen*. Im Übrigen sei er noch im Haus – werde sein Erscheinen gewünscht? Die Mehrheit lehnt dies ab. Gut, sagt der Präsident, dann müsse es damit *sein Bewenden* haben.

Hier schaltet sich Stadtbaurat Martin Wagner ein, Ostpreuße, 48 Jahre alt, SPD-Mitglied, Gewerkschafter und gemeinsam mit Mies van der Rohe und Walter Gropius Förderer des sozialen Wohnungsbaus: Zwei Mitgliedern, die lediglich ihr *verfassungsmäßiges Recht der freien Meinungsäußerung* genutzt hätten, sei *Unrecht geschehen* – der Präsident hätte dem Minister *ihren Kopf nicht anbieten* dürfen. Der Präsident rechtfertigt sich: Hätte er *die ganze Akademie um zweier Mitglieder willen* opfern sollen? Immerhin hätten sie durch ihre Unterschrift gegen das *Taktgefühl* verstoßen. Dann möge darüber abgestimmt werden, fordert Stadtbaurat Wagner, dass der Präsident ihnen wegen eines *Verstoßes gegen das Taktgefühl* den Austritt nahegelegt habe. Der Antrag wird abgelehnt. In diesem Fall sei festzuhalten, beharrt Wagner, dass *die Akademie damit einverstanden ist,* dass zwei Mitglieder wegen eines *Verstoßes gegen das Taktgefühl* ausscheiden mussten. Gottfried Benn unterbricht: Wagner *verschiebe die Sachlage,* es handle sich *lediglich darum, ob der Präsident richtig gehandelt* habe, und *dies sei der Fall.* Stadtbaurat Wagner erklärt seinen Austritt und verlässt den Saal. Einen Monat später ist er sein Amt los, von der neuen Regierung «beurlaubt». Architekt Hans Poelzig, Erbauer des «Hauses des Rundfunks» an der Berliner Masurenallee und des «Kinos Babylon» am Bülowplatz (heute Rosa-Luxemburg-Platz), dankt dem Präsidenten dafür, *daß er die Versammlung vor einer Abstimmung bewahrt hat, die im Grunde genommen völlig unmöglich gewesen wäre,* denn *in diesem Hause* gehe es *um Kunst, nicht um Politik*. Laut Protokoll schließt die Sitzung gegen 11 Uhr.[4]

Heinrich Mann hat zu dieser Zeit das Akademiegebäude bereits verlassen, ohne Abschied von den Kollegen, auf Nimmerwiedersehen. Warum er derart kampflos aufgibt, sich nicht wehrt, sein Amt nicht verteidigt, seine in zahllosen Äußerungen formulierte politische Überzeugung im entscheidenden Moment preisgibt, bleibt sein Geheimnis. Er habe, sagt er später, seine Unterschrift unter den «Dringenden Appell» damals bereits vergessen gehabt und sei überrascht gewesen, als man ihn zu später Stunde in die Akademie rief. In seinen Memoiren «Ein Zeitalter wird besichtigt», geschrieben zwischen 1941 und 1944 in Los Angeles, schildert er die Episode, aber schweigt über seine Beweggründe.

Theoretisch wäre jetzt die Gelegenheit da, ein Zeichen zu setzen. Die Dichter-Abteilung könnte geschlossen zurücktreten, aus Protest gegen das selbstherrliche und unrechtmäßige Vorgehen eines in seinem Amt noch unbestätigten Ministers. Praktisch ist es eine Unmöglichkeit, zu disparat sind die Meinungen der Mitglieder. Ein Blick in die Zeitungen am nächsten Morgen lässt manche von ihnen vielleicht die eigene Zurückhaltung preisen. Denn ein etwa erhoffter öffentlicher Aufschrei bleibt aus, die Presse ist mehrheitlich auf der Seite des Ministers. *Endlich sind Heinrich Mann und Stadtbaurat Wagner aus der preußischen Akademie der Künste ausgeschieden, in der sie beide ihrer inneren Haltung nach zur deutschen Kunst und Kultur nichts zu suchen hatten,* jubelt die «Berliner Börsenzeitung».[5] «Der Tag» titelt: *Kunst – nicht Rotfront! Diese Akademie kann kein Schlupfwinkel für Kräfte der Verneinung sein, die unfähig sind, die Nation als ein Ganzes zu sehen und sich zum Klassenkampf bekennen. […] Das junge Deutschland will mit solchen Exponenten eines traurigen Gestern nichts mehr zu tun haben. […] Mit einer Beschränkung der Meinungsfreiheit hat dieser selbstverständliche Akt der Selbsthilfe nicht das mindeste zu tun.*[6] Aber auch die 1891 gegründete «Berliner Illustrierte Zeitung» des immer noch in jüdischem Familienbesitz befindlichen Ullstein Verlags weint den Ausgeschiedenen nicht nach: *Die größten Rufer, die eben noch die höchste Literatur-Instanz mißbrauchen wollten, um für die sozialdemokratisch-kommunistische Einheitsfront zu werben, mußten einsehen, daß in der neuen Zeit kein Platz mehr für sie auf den Akademiesesseln war. […] Das ist gut so. Denn nun kann die Abteilung der Dichter in der Preußischen Akademie vielleicht wieder den Zwecken dienen, zu denen sie gegründet wurde* – nicht mehr *der Asphalt,* sondern *die Scholle* sollten ihr künftiges Wahrzeichen sein.[7] Der «Völkische Beobachter» nimmt gleich die ganze Dichterakademie aufs Korn, mit höhnischen Zitaten und dem Hinweis, dass *selbstverständlich auch das Judentum in der Dichterakademie außerordentlich stark vertreten* gewesen sei.[8] Einzig die «Vossische Zeitung» (sie stellt 1934 auf Druck des Regimes ihr Erscheinen ein), die kommunistische «Welt am Abend» und der sozialdemokratische «Vorwärts» (beide werden noch im Februar 1933 von der Gestapo verboten) ergreifen Partei für die Ausgestoßenen. Das «Berliner Tageblatt» (von den Nazis kritisch beäugt) berichtet neutral.

Die verbliebenen Akademieautoren verfassen Stellungnahmen – was bleibt ihnen anderes übrig? Die meisten plädieren für Zurückhaltung und Diplomatie. Heinrich Mann sei ausgetreten, meint Walter von Molo, Bestsellerautor und zeitweise glückloser Vorsitzender der Abteilung für Dichtkunst, um die *drohende Auflösung der Akademie* zu verhüten – diese Gefahr sei vorerst gebannt, warum solle man sie erneut heraufbeschwören?[9] Der jüdische Lyriker Alfred Mombert meint, Heinrich Mann hätte wissen müssen, dass eine Regierung, die *den Kommunismus für ihren Todfeind erklärt,* sich einen Aufruf wie den von ihm unterzeichneten *nicht gefallen lassen KONNTE*, weshalb er auch das Vorgehen *des derzeitigen verantwortlichen Reichskommissars nicht mißbilligen* könne. Im Übrigen sei es unverständlich, wie ein *einsichtiger Geist sich heute vom Kommunismus die Rettung der deutschen Kultur* erhoffen könne.[10] Josef Ponten, Schriftsteller, Hobby-Geograph und gefürchteter Briefschreiber stellt eine *Stimmung von Verdrossenheit und Akademiemüdigkeit* fest, die von Anfang an bestanden habe und bis heute nicht beseitigt sei. Heinrich Mann habe mit seinem Austritt *das Richtige* getan, andere, *welche die Lage von heute belasten,* sollten seinem Beispiel folgen.[11]

Empfänger der Stellungnahmen ist in den meisten Fällen Oskar Loerke, 49 Jahre alt, Lyriker, Sekretär der Abteilung für Dichtkunst und seit 1917 Lektor des S. Fischer Verlags, ein unglücklicher, überforderter Mann. Akademiequerelen sind ihm ein Graus, sein Beruf ist ihm eine Last, aber er braucht das Geld zur Abzahlung seines Hauses in der Gartenstadt Frohnau im Norden Berlins. Tag für Tag landen Manuskripte auf seinem Bürotisch, gute und schlechte, er muss sie alle lesen, das schnürt ihm den Atem ab für das eigene Schaffen. Im Verlag gehen Literaturstars ein und aus, sie werden hofiert, er steht dabei und leidet, denn er ist doch selbst ein Dichter, wenn es nur jemand bemerkte. Dass er für seine Lyrik 1913 den Kleist-Preis erhalten hat, scheint man vergessen zu haben. Dabei hat er viele Freunde, teils aus der Verlagsarbeit, teils aus persönlichem Umgang. Hugo von Hofmannsthal, Hermann Hesse, Martin Buber, Lovis Corinth, Yvan und Claire Goll, Max Slevogt – sie alle kennen und schätzen Oskar Loerke. Der Zeichner Emil Orlik ist ein enger Freund, Gerhart Hauptmann ihm fast väterlich zugetan. Aber seine verwundete Seele will es nicht wahrhaben. Sein Trost ist die Musik. Als ambitionierter Pianist vertieft er sich in die Werke Buxtehudes, Pachelbels, Pergolesis, Frescobaldis, schwelgt in der Chromatik Max Regers und in den Weiten des Wohltemperierten Klaviers, die Harmonik eines Bach-Chorals kann ihn tagelang begeistern, wenn nur alles andere nicht wäre. *Möglicherweise muß ich zu Grunde gehen,* schreibt er am 19. Februar 1933 in sein Tagebuch. *Die Nerven halten nicht mehr. Trauer, vor furchtbare Konsequenzen gestellt zu sein, ohne das mindeste begangen oder auch nur gewußt zu haben.*[12]

Jetzt hat er die unangenehme Aufgabe, Thomas Mann, der sich gerade in Paris aufhält, den *erschütternden Vorgang* des Ausscheidens seines Bruders Heinrich zu erläutern, wobei er zugeben muss, dass dessen Rückhalt auch innerhalb der Akademie schwach war. Selbst *politisch linksstehende* Mitglieder hätten sich mit dem fraglichen Aufruf *in keiner Weise identifizieren* können, ja ihn als Angriff auf das verstanden, was er zu verfechten vorgab: das Recht auf freie Meinungsäußerung. Sie hätten sich vom *Internationalen Sozialistischen Kampfbund,* dem Herausgeber des Plakats, nicht *terrorisieren* lassen wollen, und *Terror* sei es in der Tat gewesen, denn wer sich dem Aufruf nicht angeschlossen habe, sei der *Trägheit der Natur und Feigheit des Herzens* beschuldigt worden. *In der Anlage sende ich Ihnen eine Abschrift des Appells sowie meine Notizen. In alter herzlicher Verehrung grüßt Sie Ihr Loerke.*[13]

Bei der ersten Akademiesitzung nach Heinrich Manns Weggang am 20. Februar 1933 meint Oskar Loerke, noch nie eine *so gewittrige Stimmung* verspürt zu haben.[14] Die Unfähigkeit, Heinrich Manns Verhalten einzuordnen, macht jede Übereinkunft unmöglich. Behauptet Leonhard Frank, er sei *unter Druck* ausgeschieden, rufen andere ihm zu: *Unter einem Druck, den er sich selbst geschaffen hat.* Die Ärzte Gottfried Benn und Alfred Döblin sind stets geteilter Meinung, Präsident von Schillings rechtfertigt sich mit immer den gleichen Argumenten. Zum Versammlungsleiter wählt man den Lyriker und Prosaautor Rudolf G. Binding, Akademiemitglied seit 1932, Dichter mit großer Leserschaft und eigenwilliger Interpunktion (Kommata liebt er nicht und lässt sie meistens weg). Eine Presseerklärung wird formuliert: Man empfinde *tiefes Bedauern* über das *Ausscheiden des großen Künstlers Heinrich Mann* und sei entschlossen, *keinen Schritt von der Pflicht* abzuweichen, die *Freiheit des künstlerischen Schaffens zu schützen.* Gleichzeitig stellt man heraus, dass der *Reichtum der deutschen Kunst zu allen Zeiten aus der Mannigfaltigkeit der Weltanschauungen erwachsen* sei, wodurch man zugibt, dass auch die faschistische dazugehört.[15] Die Erklärung wird noch vor der Unterschrift des Präsidenten an die Presse durchgestochen, der Präsident verweigert seine Zustimmung, Alfred Döblin, der Indiskretion verdächtigt, beteuert seine Unschuld, das Ergebnis der Sitzung geht als «verhinderte Presseerklärung» in die Geschichte ein.

Am 28. Februar brennt der Reichstag. Die nationalsozialistische Regierung macht Kommunisten für den Brand verantwortlich und erlässt die «Notverordnung zum Schutz von Volk und Staat». Die Weimarer Verfassung gilt faktisch nicht mehr, Presse- und Versammlungsfreiheit, Post-, Telegraph- und Fernsprechgeheimnis werden außer Kraft gesetzt, willkürliche Hausdurchsuchungen und Beschlagnahmungen gestattet. KPD-Funktionäre werden festgenommen, darunter viele Reichstagsabgeordnete, das Wort von der «Schutzhaft» macht die Runde. Heinrich Mann überquert zu Fuß die französische Grenze, Thomas Mann, Fritz Kortner, Ernst Lubitsch und Oskar Maria Graf kehren nicht nach Deutschland zurück, Alfred Kerr, Bertolt Brecht und Dutzende Andere fliehen nach Wien, Prag oder Paris.

Ein substantieller Teil des kulturellen Lebens Deutschlands ist auf einmal nicht mehr da. Die Hiergebliebenen sind unschlüssig. Mussten Kolleginnen und Kollegen gar so überstürzt abreisen? Sollte man nicht erst einmal in Ruhe abwarten?

Meine liebste Mama, wir sind ganz erschüttert darüber, dass Du Dich so aufregst und ich wollte nur, Du könntest hier sein und Dich überzeugen, mit welch unveränderter Gelassenheit das öffentliche Leben weitergeht, schreibt Ina Seidel ihrer Mutter Emmy Seidel von Berlin nach München. *Die Berliner Polizei, verstärkt durch die nationalsozialistischen Verbände und Reichswehr, auch Stahlhelm, sind so in der Übermacht, dass die Kommunisten jetzt [...] ganz gewiss nicht mehr zum Angriff vorgehen werden.* Sollten sie den Brand wirklich gelegt haben, müsse das ein *Akt der Verzweiflung* gewesen sein, *sie hätten sich sagen müssen, dass nichts ihrer Sache mehr schaden könnte, als so etwas! Sie haben damit die Wahl acht Tage vor dem Termin bereits zu ihren Ungunsten entschieden.*[16] Ina Seidel, geboren 1885 in Halle, ist die Nichte des Schriftstellers und Architekten Heinrich Seidel (Verfasser des Romans «Leberecht Hühnchen» und Erbauer der Dachkonstruktion des Anhalter Bahnhofs) und Ehefrau seines Sohnes, also ihres Vetters Heinrich Wolfgang Seidel, Schriftsteller und Pfarrer an der Neuen Kirche am Gendarmenmarkt, dem Deutschen Dom. Sie selbst hat als eine Art literarisches Wunderkind begonnen und sich früh in der männlich dominierten Schriftstellerwelt durchzusetzen gewusst. 1908, nach der Geburt ihrer Tochter Heilwig, erkrankte sie an Kindbettfieber, musste monatelang liegen und ist seitdem gehbehindert. In ihren Werken betont sie weibliche Themen, das macht sie für viele Frauen zum Vorbild, aber auch unter Männern hat sie viele Bewunderer. Das Leben in der Großstadt Berlin wird ihr mehr und mehr zur Last, sie plant einen Umzug nach Starnberg, wo sie von den guten Einkünften aus ihrem Roman «Das Wunschkind» ein einfaches Haus bauen konnte.

Bei den Wahlen am 5. März gewinnen NSDAP und der Kampfbund Schwarz-Weiß-Rot (Deutschnationale und Stahlhelm) mit 52 Prozent die absolute Mehrheit, die SPD kommt auf 17 Prozent, das Zentrum auf 14, und immerhin wählen auch 1933 noch 12,5 Prozent der Deutschen die KPD. Die Wahlbeteiligung von 88,8 Prozent ist die höchste je gemessene. Adolf Hitler ist ab jetzt von der Mehrheit des Volkes gewählter Reichskanzler. Einen Vorgeschmack auf seinen Regierungsstil gibt die Tatsache, dass alle kommunistischen Reichstagsmandate schon drei Tage nach der Wahl per «Notverordnung» anulliert werden. Die Abteilung für Dichtkunst der Preußischen Akademie der Künste sieht sich in einer unangenehmen Lage. Soll sie protestieren, auf Unabhängigkeit pochen, mit dem Risiko, aufgelöst zu werden? Oder soll sie versuchen, die Wogen zu glätten?

Bei einer von Präsident Max von Schillings für den 13. März 1933 einberufenen Sitzung mit dem einzigen Tagesordnungspunkt «Stellungnahme zu lebenswichtigen Fragen der Abteilung» ergreift Gottfried Benn die Initiative. Seine Aufnahme in die Akademie vor etwas mehr als einem Jahr war von Anfang an umstritten. Den einen gilt er als größter lebender Lyriker, anderen ist er schlichtweg widerwärtig. *Den Gottfr. Benn finde ich unmöglich,* protestierte Ricarda Huch gegen seine Zuwahl. *Es giebt viel Ekelhaftes im Leben; aber man ist nicht deshalb ein Dichter, weil man viele Ekelhaftigkeiten aneinanderreiht.*[17] Aber Heinrich Mann gab seine Zustimmung. Benn stieg in den Kreis der Erlauchten auf und machte von Anfang an klar, dass er in der Abteilung für Dichtkunst aktiv mitzuarbeiten gedachte. Jetzt schlägt er laut Protokoll vor, die *Regelung der Verhältnisse in der Abteilung selbst in die Hand zu nehmen* und präsentiert, *um Auflösung oder Zwangsmaßnahmen zu vermeiden,* eine von Mitgliedern mit Ja oder Nein zu beantwortende Erklärung, die in die Geschichte eingeht: *Sind Sie bereit, unter Anerkennung der veränderten geschichtlichen Lage weiter Ihre Person der Preußischen Akademie der Künste zur Verfügung zu stellen? Eine Bejahung dieser Frage schließt die öffentliche Betätigung gegen die Regierung aus und verpflichtet Sie zu einer loyalen Mitarbeit an den satzungsgemäß der Akademie zufallenden Aufgaben der Nation.*

Die anwesenden Mitglieder – außer Benn sind wieder nur fünf erschienen – sind sich einig, dass eine wie auch immer geartete Erklärung notwendig ist, aber verkennen ganz offensichtlich die Konsequenz dessen, was sie gerade verhandeln. Protest gegen Benns Erklärung erhebt sich nicht, auch nicht, als Präsident Max von Schillings hinzukommt und verlangt, dass im zweiten Satz die «veränderte geschichtliche

Lage» wiederholt und an die Verpflichtung zur «loyalen Mitarbeit an den satzungsgemäß der Akademie zufallenden nationalen kulturellen Aufgaben» angekoppelt wird. Die «veränderte geschichtliche Lage» kommt jetzt zwei Mal vor, kein stilistisches Ruhmesblatt für eine Dichterakademie, aber inhaltlich bedeutsam: Wer jetzt unterschreibt, erkennt an, dass jede Aktivität, die sie oder er innerhalb oder im Namen der Akademie unternimmt, der «veränderten geschichtlichen Lage» Rechnung tragen muss, die nichts anderes sein kann, als ein Synonym für die neue Regierung. Einzeln befragt, schlucken die Anwesenden auch diese, über Benns Vorschlag hinausgehende Formulierung. Das von Rudolf G. Binding und Oskar Loerke unterzeichnete Protokoll vermerkt: *Benn wird von den Mitgliedern gebeten, bis zur Wahl eines neuen Vorsitzenden die Sitzungen der Abteilung zu leiten. Benn ist dazu bereit.*[18] Keine große Sache, wie es scheint, keine hitzige Diskussion. Eher die Übereinkunft, den machen zu lassen, der am meisten Initiative gezeigt hat.

Ist Benn «Nazi» geworden? Versucht er, die Dichter-Abteilung zu «reinigen», gar zu «arisieren», sich selbst eine Machtposition zu verschaffen, sich der Regierung anzudienen? Die Frage wird bis heute diskutiert. Es lohnt ein Blick in die Vergangenheit, namentlich auf ein Ereignis im März 1931, als Heinrich Manns sechzigster Geburtstag gefeiert wurde. Thomas Mann, Max Liebermann, Lion Feuchtwanger würdigten den Jubilar, auch Gottfried Benn wurde dazugebeten. In seiner Laudatio betonte er Heinrich Manns Frühwerk, rückte es in die Nähe Flauberts, aber ließ seine berühmtesten Bücher «Professor Unrat» und «Der Untertan» und damit mehr oder minder den ganzen politischen Heinrich Mann links liegen. Das brachte ihm einen scharfen Verweis des Architekten und Städteplaners Werner Hegemann in Stefan Großmanns linksdemokratischer Wochenschrift «Das Tage-Buch» ein, gipfelnd in der Behauptung, Benn sei ins *faschistische Lager gerutscht* und Adolf Hitler sei sein *Geistesgenosse.*[19] Benn wehrte sich wütend und erwartete die Rückendeckung Heinrich Manns. Der versicherte ihm aber nur in einem privaten Brief, ihn keineswegs für einen Faschisten zu halten, öffentlich unternahm er nichts. Benn hat also, wie man sagt, eine Rechnung mit ihm offen (und stellte sich vielleicht deshalb nicht gegen seinen Abgang aus der Akademie).

Mit der literarischen Linken verbindet ihn ohnehin eine langjährige Feindschaft. Egon Erwin Kisch, ein erklärter Benn-Gegner, hatte ihn einen *in seine krankhaften (schizophrenen) Hemmungen eingesponnenen Snob* genannt, *der keine Ahnung von der Welt hat, aber sie behandelt,* Johannes R. Becher von ihm als «schöne Seele» gesprochen. Benn kontert in typischer Weise: *Schönheit* sei ein *menschliches Faktum* genau wie *Stundenlohnerhöhung oder Klassenkampf.*[20] Der Vorwurf ärgert ihn besonders, weil er ein Arme-Leute-Arzt ist, der Bedürftige in seiner Praxis für Haut-und Geschlechtskrankheiten in der Berliner Belle-Alliance-Straße umsonst behandelt und also, wie er meint, das tut, was andere predigen. Fast mit Stolz rechnet er vor, in fünfzehn Jahren literarischer Tätigkeit genau *neunhundertfünfundsiebzig Mark* verdient zu haben, aber der Stolz ist mit Bitterkeit vermischt.[21] «Jetzt bin ich mal dran», mag er 1933 denken, und dass Kollegen wie Kisch und Becher aus dem literarischen Leben Deutschlands erst einmal verschwunden sind, ist ihm mit Sicherheit nicht unrecht. Sicher ist auch, dass er die «deutsche Revolution» oder «nationale Erhebung», wie es im NS-Jargon heißt, grundsätzlich begrüßt, sie als unausweichliches Ergebnis einer veränderten politischen Großwetterlage sieht und entschlossen ist, diese Ansicht auch öffentlich zu vertreten.

Den Fehler vieler anderer, die Nazis zu unterschätzen und ihnen ein baldiges Ende vorauszusagen, macht er jedenfalls nicht. Am 27. Februar, einen Tag vor dem Reichstagsbrand, schreibt er seinem Freund Egmont Seyerlen: *Hier herrscht Angst und Schrecken in der Literatur. Die Verläge* (sic!) *senden ihre anrüchigsten Bücher nach Wien ins Depot und wissen von Nichts; die Autoren sitzen in Prag und im Ottakringer Bezirk und derwarten das Vorbeigehen der Episode. Was für Kinder! Was für Taube! Die Revolution ist da und DIE GESCHICHTE SPRICHT. Wer das nicht sieht, ist schwachsinnig. Nie wird der Individualismus in der alten Form, nie der alte ehrliche Sozialismus wiederkehren. Dies ist die neue Epoche des geschichtlichen Seins, über ihren Wert oder Unwert zu reden, ist läppisch, SIE IST DA. Und wenn sie nach zwei Jahrzehnten vorüber ist, hinterlässt sie eine andere Menschheit, ein anderes Volk.*[22]

Klaus Theweleit meint, Benn sei mit diesem Brief *Terrorist* geworden[23], also jemand, der durch gewalttätige Aktionen Menschen zum Erreichen religiöser, politischer oder ideologischer Ziele erpresst. Er zitiert aber auch die beiden folgenden Absätze und gibt zu, dass sie ein anderes Bild vermitteln: *Leben Sie wohl, lieber Egmont, Freund der Jugend. Wenn wir über 45 sind, ist der Spass vorbei für Männer unseres Geschlechts, man spürt noch eine Weile an seinem Kadaver herum, nimmt das ein, unterlässt jenes, aber im Wesentlichen sind wir fertig. Ein neues Geschlecht wächst heran, ein uns sehr fremdes, möge es sich eine glücklichere Geschichte, eine frohere Zeit, ein anständigeres Volk heranzüchten und bilden als wir es hatten. Wir wurden zu sehr von alten steifen Strebern geführt; diese wachsen arm heran, das wird ihr Glück sein und ihre Stärke. Ich nehme sehr stark Abschied von mir und allem, aus dem wir wurden und das uns schön und lebenswert erschien. Ich schliesse mit dem meiner Verse, der mir der liebste und tiefste erscheint, Ihnen ins Gästebuch: «Leben ist Brückenschlagen über Ströme, die vergehn.»*[24]

Neben allem anderen zeigen diese Zeilen auch Benns Talent für Freundschaft und sein Faible für originelle Menschen. Egmont Seyerlen, drei Jahre jünger als Benn, hat 1913 einen Roman veröffentlicht «Die schmerzliche Scham. Geschichte eines Knaben um das Jahr 1900», Samuel Fischer hat ihn verlegt, Franz Blei ihn besprochen, Heinrich Mann ihn gelobt, Paul Cassirer den Autor zum Vorlesen in seinen Salon gebeten. Dort hat Gottfried Benn ihn kennengelernt, einen Mann nach seinem Geschmack – leicht frivol, den Frauen zugetan, mit einer angenehm offenen Geldbörse. Sein Pseudonym *Lamoral Farussi* hat Benn geradezu entzückt – wie kommt man nur auf so etwas? Egmont Seyerlen hat nach der «Schmerzlichen Scham» nichts mehr geschrieben – Franz Blei hatte ihn gleich als *One-Book-Autor* erkannt, der erzählt habe, *was das Leben lebenswert macht*, und keinen *langweiligen Fleiß* aufbringe, anderes zu berichten.[25] Er war später Unternehmensberater, Wollgroßhändler, Krisenmanager, möglicherweise auch Waffenlieferant, durchaus auch in den Diensten der Nazis, hatte nach dem Krieg ein langjähriges Spruchkammerverfahren zu bestehen und starb 1972. Benn hat ihn aufrichtig geschätzt. *Egmont in alter Freundschaft usque ad finem,* schrieb er ihm vier Monate vor dem eigenen Tod als Widmung in seinen ein Jahr zuvor erschienenen Gedichtband «Aprèslude».[26]

Sollte Benn durch seine «Erklärung» tatsächlich den Austritt unliebsamer Akademiemitglieder betrieben haben, ist sein Erfolg gering: Von den 31 Mitgliedern der Abteilung für Dichtkunst unterzeichnen 22 seinen Aufruf mit Ja, unter ihnen die linksgerichteten Autoren Leonhard Frank, Fritz von Unruh und Georg Kaiser und die jüdischen Mitglieder Ludwig Fulda, Alfred Mombert und (nach telegrafischer Aufforderung) Franz Werfel. Die übrigen geben persönliche Stellungnahmen ab, der Ton ist vorsichtig, niemand weiß, wie es weitergeht, niemand will ohne Not Brücken abbrechen. Thomas Mann, zur Zeit Lenzerheide, Graubünden, versichert, *nicht im Geringsten die Absicht* zu haben, *gegen die Regierung zu wirken,* aber entschlossen zu sein, von seinem Leben *alles Amtliche abzustreifen* und in *vollkommener Zurückgezogenheit* seinen *persönlichen Aufgaben* nachzugehen, weshalb er den *sehr verehrten Präsidenten* bitte, von seinem *Austritt Kenntnis zu nehmen.*[27]

Alfred Döblin äußert sich aus Zürich: *Mit Recht* könne eine *staatliche Instanz* von ihr *angegliederten Akademiemitgliedern* eine *politische Loyalitätserklärung* verlangen, und er könne sie, da er *kein Politiker* sei, auch *ohne Weiteres* abgeben, gestatte sich aber, darauf hinzuweisen, dass er Jude sei, das habe bisher keine Rolle gespielt, sollte das *nach der Umwälzung* anders sein, bitte er die *Auffassung des Herrn Kurators ermitteln zu wollen,* der er sich – *es versteht sich von selbst* – beugen werde. Tags darauf schreibt er erneut: *Ich bejahe die geforderte Loyalitätserklärung, wie ich schon schrieb, sehe aber ein, daß ich als Mann jüdischer Abstammung unter den heutigen Verhältnissen eine zu schwere Belastung für die Akademie wäre. Ich stelle daher meinen Sitz in der Akademie zur Verfügung, – eine Sache, die mir außerordentlich schwer wird, denn die Kollegen wissen, wie sehr mich die Entwicklung unserer Abteilung interessiert hat.*[28] Ina Seidel glaubt zwar, dass *KEINE Partei den Anspruch erheben könne, zur Wahrung der Kulturgüter des Volkes besonders berufen* zu sein[29], aber sollte sie einen Protest oder gar einen Austritt erwogen haben, hält ihr Verleger Gustav Kilpper von der Deutschen Verlags-Anstalt sie davon ab: Ihr Erfolgsroman «Das Wunschkind» ist wegen seiner «pazifistischen Tendenz» aus den Bibliotheken der Berliner Mädchengymnasien entfernt worden, andere Bibliotheken könnten folgen. *Ich hoffe aber bestimmt, dass man den Missgriff sehr bald einsehen und wieder gutmachen wird,* schreibt Kilpper. *Für alle Fälle möchte ich Sie bitten, der Akademie gerade in diesem Augenblick nicht den Rücken zu kehren. Es würde ein ganz falsches Licht auf Ihre Haltung und auf Ihre Motive werfen.*[30]

Einzig Ricarda Huch findet deutliche Worte: *Ich bestreite Ihre Kompetenz, mir eine Frage von so unübersehbaren Konsequenzen vorzulegen, und lehne infolgedessen ab, sie zu beantworten.* Zwar nehme sie an dem *nationalen Aufschwung von Herzen* teil, wolle aber auf das *Recht der freien Meinungsäußerung nicht verzichten,* was sie mit ihrer Unterschrift täte. Da sie außerdem *verschiedene Handlungen* der neuen Regierung *aufs schärfste* missbillige, wolle sie – *erlauben Sie, daß ich den ernsten Gegenstand durch einen Scherz würze* – ihr Leben nicht *im Zuchthause beschließen.*[31] Ein harter Schlag für die Akademie. Präsident von Schillings bittet in *ganz besonderer vorzüglicher Verehrung,* sie in ihrer *hohen geistigen Bedeutung,* ihrem *tiefen konservativen Lebensgefühl* und ihrer *großen ins Volk reichenden schöpferischen Wirkung* weiter zu den Mitgliedern *zählen zu dürfen*[32], beschwichtigt, lockt, redet mit Engelszungen, vergeblich, Ricarda Huch tritt aus. Ihr Austritt wird vertuscht, die Peinlichkeit wäre allzu groß, Ricarda Huch wehrt sich: *Ich lese in verschiedenen Zeitungen Notizen über die Veränderungen in der Akademie, worin ich als darin verblieben bezeichnet werde. Da ich am 9. April dem Präsidenten förmlich meinen Austritt erklärt habe, ist mir das unbegreiflich. Jedenfalls möchte ich Sie darum bitten, daß der Irrtum berichtigt wird.*[33] Der Präsident entschuldigt sich: Die Pressenotiz sei nicht *von der Akademie,* sondern *vom Ministerium* ausgegangen.[34]

— 2 —

Eine Frage der Haltung

Am 1. April 1933 findet der erste «landesweite Judenboykott» statt. Offizieller Grund ist die «jüdische Hetz- und Greuelpropaganda des Auslands». Tatsächlich rufen, aufgeschreckt durch Nachrichten von zahlreichen Übergriffen auf Juden und jüdische Einrichtungen in Deutschland, jüdische Intellektuelle und Finanziers im Ausland, zum Schluss auch der American Jewish Congress sowie die britische Regierung, zum Boykott deutscher Waren auf, der, wenn durchgeführt, die deutsche Wirtschaft empfindlich treffen könnte. Hitler wünscht schärfste Maßnahmen, «Aktionskomitees» werden gebildet, die feststellen sollen, welche Geschäfte *sich in Judenhänden* befinden, die Religion sei dabei unwichtig, auch *katholisch oder protestantisch getaufte Geschäftsleute oder Dissidenten* seien Juden, desgleichen *jüdisch verheiratete Geschäftsinhaber.* Woolworth sei auszunehmen – *diese Firma ist amerikanisch und außerdem nicht jüdisch,* sogenannte Woolworth-Einheitspreisgeschäfte dagegen schon. Die Ergebnisse werden ausgewertet mit dem Ziel, *am Samstag, den 1. April 1933 vormittags punkt 10 Uhr Wachen in Aufstellung* zu bringen. *Tätlich vorzugehen, Geschäfte zu schließen, Fensterscheiben zu zertrümmern oder sonstigen Sachschaden anzurichten* sei verboten.[1]

Die Bilder von 1. April sind bekannt: Warnungen vor Rechtsanwalts- und Arztpraxen «Vorsicht Jude!», SA-Posten vor jüdischen Geschäften, die Schilder hochhalten «Kauft nicht bei Juden!», verschreckte oder neugierige Passanten, aber auch Bürger, meist Frauen, die mit Verachtung an SA-Männern vorbei in das jüdische Geschäft gehen, in dem sie schon immer eingekauft haben. Die «Frankfurter Zeitung» wiegelt ab: *Der Boykott gegen jüdische Geschäfte ist bis in die Mittagsstunden ohne Zwischenfälle vor sich gegangen. Eine Reihe von Firmen, darunter Hermann Tietz, hatten ihre Betriebe von sich aus geschlos-*

sen, andere große jüdische Kaufhäuser blieben geöffnet und das Publikum konnte seine Einkäufe machen. Karstadt und Woolworth waren nicht betroffen. In den Hauptgeschäftsstraßen herrschte reger Publikumsverkehr.[2]

Hätte massiver Protest zu diesem Zeitpunkt noch Erfolg haben können? Zehntausende, hunderttausende Menschen auf den Straßen mit der klaren Botschaft: Wir wünschen nicht, dass unsere jüdischen Mitbürger in dieser Weise diskriminiert werden? Die Fragestellung ist müßig – der Protest fand nicht statt. Zu Wenige hatten Zivilcourage, zu Viele fanden eine Eindämmung jüdischen Einflusses prinzipiell richtig. Trotzdem fühlten sich viele vermutlich schon damals in ihrer Haut nicht mehr ganz wohl. Maßnahmen wie diese hatte es bisher nicht gegeben – was würde noch folgen? Bereits der 1. April 1933 stellte jeden Deutschen, Mann, Frau und Kind, vor ein moralisches Dilemma, das sich immer mehr zuspitzen und in eine Schuld münden würde, die das deutsche Volk für Generationen, vielleicht für immer belastet. Wenn Gottfried Benn sagte, dass «diese neue Epoche des geschichtlichen Seins» nach ihrer Abdankung eine «andere Menschheit» und ein «anderes Volk» zurücklassen werde, hatte er vollkommen recht.

Ach, Mamachen – welch eine Zeit ist dies! Wie hat die Massnahme des Juden-Boykotts auf Dich gewirkt? Gottseidank ist ja der gestrige Tag anscheinend wirklich überall ruhig verlaufen. Ich mag mich brieflich hierüber nicht äussern, schreibt Ina Seidel ihrer Mutter. Ihr Starnberger Haus ist erst halb eingerichtet, aber sie ist froh, Berlin verlassen zu haben. Sie hatte Spontanbesuch von Erna Hanfstaengl, der älteren Schwester des Kunsthändlers und Hitler-Vertrauten Ernst «Putzi» Hanfstaengl. Es habe gut getan, schreibt sie der Mutter, jemanden, *der den «Führer» anscheinend menschlich gut kennt, zu sprechen, und eigentlich beruhigende und sympathische Eindrücke zu erfahren.*[3] Ihr 13-jähriger Sohn Georg hat ihn sogar persönlich gesehen: Auf dem Starnberger See ist das Flugzeug DO X gelandet, Hitler war an Bord und der Bub *sehr beeindruckt. Viele Bauern in schönen alten Trachten hatten sich aus dem Gebirge eingefunden,* berichtet Ina. *Das Flugzeug liegt vor dem Undosa-Bad und bleibt acht Tage hier zur freudigen Erregung der Starnberger Bevölkerung.*[4]

Im Mai 1933 geht eine vierwöchige Aktion der Deutschen Studentenschaft ihrem Höhepunkt entgegen. Unter dem Motto *Der Staat ist erobert. Die Hochschule noch nicht! Die geistige SA rückt ein. Die Fahne hoch!* soll «Undeutsches» aus Literatur und Wissenschaft verbannt werden. An den Universitäten von Königsberg, Rostock, Erlangen, Münster und Dresden verkünden «Schandpfähle» in roter Frakturschrift die Namen derer, *die nicht unseres Geistes sind.* Rektoren und Professoren erstellen Listen «auszusondernder» Literatur, das «Börsenblatt für den Deutschen Buchhandel» druckt und kommentiert sie. Studentische «Stoßtrupps» holen hunderttausende Bücher aus Bibliotheken und Leihbüchereien, verladen sie auf Lastwagen, bringen sie zu Sammelstellen.

Am Abend des 10. Mai 1933 geht es los: 20:30 Uhr Kundgebung im Auditorium der jeweiligen Universität, 22:00 Fackelzug zum Verbrennungsort, 23:00 bis 24:00 Bücherverbrennung. Der Zeitplan ist für alle Städte verbindlich, weil die Deutsche Welle eine Staffelreportage sendet. Auf dem Berliner Opernplatz will das Feuer wegen Regens erst nicht brennen, die Feuerwehr bringt Benzinkanister, dann lodern auch hier die Flammen. Gegen Mitternacht erscheint Minister Goebbels und hält eine Rede, 70 000 Menschen sind Zeugen, auf dem Münchner Königsplatz sind 50 000 Menschen versammelt. Nach dem «offiziellen Teil» werden Bücher bündelweise von Lastwagen hinab- und von Hand zu Hand zum Feuer weitergereicht. Neben Berlin und München finden in achtzehn weiteren deutschen Universitätsstädten Bücherverbrennungen statt. Wer hat das alles organisiert? Wer die Logistik überwacht, die Abläufe koordiniert? Das Holz für die Scheiterhaufen geliefert? Wie viele Beamte und staatliche Angestellte waren im Einsatz? Wie viele freiwillige Helfer? Die Zahl der Akteure zeigt die Wucht der Aktion und die Hilflosigkeit derer, die nicht mit ihr einverstanden sind. Die Presse, so scheint es, schämt sich ein wenig: Fast alle Zeitungen, sogar der «Völkische Beobachter», berichten nur auf den rückwärtigen Seiten. Auch das Propagandaministerium, dem wegen des allgegenwärtigen Goebbels-Fotos die Aktion lange Zeit zugeschrieben wird, hält sich zurück und verweist auf den sogenannten Volkszorn. Aber die Bücherverbrennung hat stattgefunden und sich für alle Zeit ins Weltgedächtnis eingeprägt.

Der deutsche Schriftstellerstand ist beunruhigt. Wer sich in der

Vergangenheit pazifistisch, humanistisch oder sozialistisch geäußert, das Deutschtum belächelt oder sexueller Libertinage das Wort geredet hat, wer überhaupt je frech, aufmüpfig oder vorwitzig gewesen ist, denkt mit Unbehagen daran zurück – die entsprechenden Texte sind vorhanden und können ausgegraben werden. Besonders bestürzt sind nichtjüdische, nichtkommunistische Autoren, die in der Hektik der Ereignisse auf einer der Verbrennungs- oder Verbotslisten gelandet sind. Ein solcher ist Kasimir Edschmid, 1890 in Darmstadt geboren, mit bürgerlichem Namen Eduard Schmid, ein gutaussehender, sportlicher Mann, braungebrannt, Motorrad fahrend, auf Segelyachten zuhause, robust, durchsetzungsstark, charismatisch. Mit seiner jüdischen Lebensgefährtin Erna Pinner hat er die Welt bereist und mit Reisebüchern hohe Auflagen erzielt. Dass sie, eine begabte Zeichnerin und Illustratorin seiner Bücher, nach einer Kinderlähmung gehbehindert ist und am Stock geht, erhöht das Flair des mondänen Paars. Literarisch ganz ernst genommen hat man ihn nie, sein Habitus und Schreibstil fordern Parodistisches heraus. Kurt Tucholsky hat sich weidlich über ihn lustig gemacht.

Jetzt steht Edschmids Name auf einer Schwarzen Liste, einige seiner Bücher sind verbrannt, andere verboten. Was tun? Sein Lebenswandel, sein Europäertum, die jüdische Frau an seiner Seite sind keine Empfehlung für die neuen Machthaber, das weiß er. Andererseits ist er bekannt, quasi eine öffentliche Person. Wer Beziehungen hat, nutzt sie, je höher, desto besser. Kasimir Edschmid schreibt direkt an Kultusminister Rust: *Man hat mir gesagt, daß auf einer für die preußischen Bibliotheken bestimmten Liste sich mein Name befinde und daß nur wenige meiner Anfangsbücher darauf zugelassen seien. Ich kann mir nur vorstellen, daß ein grauenvoller Irrtum hier gewaltet hat, und die Vorstellung, daß mein Name in Verbindung gebracht wird mit einer Anzahl von Autoren, deren Deutschland feindliche und zersetzende Gesinnung ich stets verurteilt habe, von denen mich mein ganzes Gefühl trennt und deren Haß und Verfolgung ich stets zu ertragen hatte, weil ich mich stets mit meinem ganzen Wesen zu Deutschland und seinem Schicksal bekannt habe, macht mir diese Zeit unendlich schwer.*[5] Er zählt auf, was er an «Deutschtum» zu bieten hat: arische Abstammung, Protest gegen die Rheinlandbesetzung durch die Franzosen, das Hochhalten deutscher Kultur im Ausland und dergleichen mehr. Seine jüdische Lebensgefährtin erwähnt er nicht, natürlich nicht: Wer würde in einem Bittbrief Dinge erwähnen, die ihm schaden könnten? Der Brief ist ihm im Nachhinein als Anbiederung und Verrat vorgeworfen worden und zeigt doch nur eines: Wenn es um die Existenz geht, handeln auch Künstler und vermeintliche Geistesgrößen sehr normal und nicht anders als der Rest der Menschheit.

Einer der wenigen, die konkret Stellung beziehen, ist Gottfried Benn, allerdings nicht gegen, sondern für das Regime. Er weiß, dass er mit seinen Aussagen viele Kolleginnen und Kollegen enttäuschen wird. Trotzdem will er sich positionieren, will das, was er an der «deutschen Revolution» zwingend und überzeugend findet, in Worte fassen, will den «Umsturz» intellektuell untermauern, ihn erklären, deuten und verteidigen, auch gegen jenen Typ des Intellektuellen, mit dem er seit Jahren im Streit liegt.

«Der neue Staat und die Intellektuellen» heißt sein Essay. Er liest ihn am Abend des 24. April 1933 in der «Berliner Funkstunde», tags darauf erscheint er in der «Berliner Börsenzeitung». Benn vertritt darin unter anderem folgende Thesen: Der «neue Staat» sei gegen das Gros der deutschen Intellektuellen entstanden. Diese hätten linke, marxistische Positionen stets unterstützt, aber eine *Revolution vom Nationalen* als *unmoralisch, wüst, gegen den Sinn der Geschichte gerichtet* verurteilt. Kein noch so großes Werben für das *Internationale* habe den *Nationalstaat* verdrängen können. Der *europäische Staat,* der sich *vor sechzehn Jahren* aufgemacht habe, den *nationen- und klassenlosen Verband der Völker* wachzurufen, sei selbst ein *Machtstaat* geworden. Als Reaktion darauf seien vielerorts *autoritäre Staaten* auf dem Vormarsch, es handle sich um den Fall einer *simultanen geschichtlichen Bewegung,* man stehe vor der Tatsache eines *vollkommenen, geschichtlich logischen, von echten menschlichen Substanzen ernährten Sieges der nationalen Idee.* Geschichte verfahre nicht *demokratisch,* sondern *elementar,* schaffe einen *neuen biologischen Typ,* da würden *Gesellschaftsverhältnisse verschoben* und *gewisse erste Ränge leergefegt,* aus einer Gesellschaft wohlgemerkt, die *keine Maßstäbe* mehr schaffe und *kein transzendentes Recht* mehr errichte. Ein Staat, der seine Bürger schützen wolle, müsse *Gedankenfreiheit, Pressefreiheit, Lehrfreiheit aufs Speziellste überwachen* und dürfe sie nur denen zugestehen, die auch *öffentliche Staatsverantwortung tragen.* Eine *Jugend* sei *aus dem Dunkel* gekommen *wie kaum eine zweite zuvor: das Land geschlagen, die Väter gefallen, der Besitz verpfändet,* eine *feine Demokratie* sei das gewesen, die den meisten *nichts zu fressen* gegeben, sie *gedanklich im Stich* gelassen und sich nach *Grundstücken in Ascona* umgesehen habe, anstatt die *Lenden zu gürten* und die *Wurfschaufel in die Hand* zu nehmen. Er schließt mit einem Appell an den «neuen biologischen Typ»: *Halte dich nicht auf mit Widerlegungen und Worten, habe Mangel an Versöhnung, schließe die Tore, baue den Staat!*[6]

Freunde hören seine Stimme im Radio und sind entsetzt. Exilierte Kollegen sind empört: Wie kann sich Benn in dieser Weise äußern? Klaus Mann, zweites Kind und ältester Sohn Thomas Manns, 1906 in München geboren, bekennender Homosexueller, seit früher Jugend literarisch und publizistisch aktiv, vom Feuilleton verspottet, vom Vater kritisiert, aber auf schlanke und höfliche Art ähnlich widerstandsfähig wie dieser, will hierzu nicht schweigen. Er hat gemeinsam mit seiner Schwester Erika am 13. März 1933 per Schlafwagen Deutschland in Richtung Paris verlassen und ist von dort nach Sanary-sur-Mer weitergereist, einem Küstenort sechzig Kilometer südöstlich von Marseille, wo seine Eltern, sein Onkel Heinrich, René Schickele, Lion Feuchtwanger, Wilhelm Herzog, Arnold Zweig und andere ausharren, die sich in Deutschland nicht mehr sicher fühlen.

Gottfried Benn war einer der Fixsterne an Klaus Manns literarischem Himmel. Er schreibt dem zwanzig Jahre Älteren einen Brief: *Was konnte Sie dahin bringen, Ihren Namen, der uns der Inbegriff des höchsten Niveaus und einer geradezu fanatischen Reinheit gewesen ist, denen zur Verfügung zu stellen, deren Niveaulosigkeit absolut beispiellos in der europäischen Geschichte ist und vor deren moralischer Unreinheit sich die Welt mit Abscheu abwendet? Wie viel Freunde müssen Sie verlieren, indem Sie solcherart gemeinsame Sache mit den geistig Hassenswürdigen machen – und was für Freunde haben Sie am Ende auf dieser falschen Seite zu gewinnen?* Klaus Mann ist kein Linker, hier steht er Benn nah:

Wie gut habe ich Ihre Erbitterung gegen den Typus des «marxistischen» deutschen Literaten (fatalster Vertreter: Kracauer) immer verstanden, und wie sehr habe ich sie oft geteilt. Wie blöde und schlimm war es, wenn diese Herren in der Frankfurter Zeitung, im Börsencourier oder in den verschiedenen Linkskurven Dichtungen auf ihren soziologischen Gehalt hin prüften. Das alles spielt jetzt keine Rolle mehr. Alles reduziert sich auf die Frage: Bekämpft man den Nationalsozialismus, bleibt man indifferent, oder verteidigt man ihn, wie Gottfried Benn das offensichtlich tut. *Ich habe zu Ihnen geredet, ohne dass Sie mich gefragt hatten; das ist ungehörig,* entschuldigt sich Klaus Mann. *Aber Sie sollen wissen, dass Sie für mich – und einige andre – zu den sehr Wenigen gehören, die wir keinesfalls an die «andere Seite» verlieren möchten. Wer sich aber in dieser Stunde zweideutig verhält, wird für heute und immer nicht mehr zu uns gehören. Aber freilich müssen Sie ja wissen, was Sie für unsere Liebe eintauschen und welchen grossen Ersatz man Ihnen drüben dafür bietet; wenn ich kein schlechter Prophet bin, wird es zuletzt Undank und Hohn sein. Denn, wenn einige Geister von Rang immer noch nicht wissen, wohin Sie gehören -: die dort drüben wissen ja ganz genau, wer nicht zu ihnen gehört: nämlich der GEIST. Ich wäre Ihnen dankbar für jede Antwort.*[7]

Gottfried Benn beantwortet Klaus Manns privates Schreiben öffentlich in Rundfunk und Presse. «Antwort an die literarischen Emigranten» heißt sein Text und enthält, abgesehen von Seitenhieben gegen *Amateure der Zivilisation, Troubadoure des westlichen Fortschritts* und *französische Badeorte,* an denen die Geschichte *besonders aktiv* sei, viel von dem, was er in «Der neue Staat und die Intellektuellen» bereits gesagt hat. Allen dem *Sozialismus zugeneigten jetzt im Ausland lebenden deutschen Intellektuellen* könne er mitteilen, dass es den deutschen Arbeitern heute *besser gehe als zuvor* – sie würden in *ihren Betrieben besser behandelt,* die *Aufsichtsbeamten* seien *vorsichtiger,* die *Personalchefs höflicher,* sie arbeiteten in *besserer Stimmung,* in *Staatsbürgerstimmung.* Was ihnen die sozialistische Partei nicht habe geben können, habe ihnen *diese neue Form des Sozialismus* gegeben: ein *sie bewegendes Lebensgefühl.* Die *Volksgemeinschaft in Deutschland* sei *kein leerer Wahn,* der *1. Mai* kein *kapitalistischer Trick* gewesen, sondern *höchst eindrucksvoll* und *echt: die Arbeit trug plötzlich nicht mehr ihren Makel als*

Joch, ihren Strafcharakter als proletarisches Leid, den sie die letzten Jahrzehnte trug, sondern sie stand da als Grundlage einer neu sich bildenden, die Stände auflösenden Gemeinschaft. Wer dabei war, hätte es sehen müssen: *Dies Jahr 1933 hat vielem, das seit Jahrzehnten als Sozialismen in der europäischen Luft lag, ein neues festes Gesicht gegeben und einen Teil der Menschenrechte neu proklamiert.*[8]

Stimmt das? Geht es den Arbeitern besser? Werden sie respektvoller behandelt? War die Mai-Großkundgebung auf dem Tempelhofer Feld, von der Benn spricht, wirklich «höchst eindrucksvoll» und «echt»? Sicher ist, dass Hitler den 1. Mai zum gesetzlichen Feiertag mit Lohnfortzahlung erhoben hat, der «Internationale Kampftag der Arbeiterklasse» heißt jetzt «Tag der nationalen Arbeit», wer früher durch eine Teilnahme berufliche Nachteile riskierte, erhält jetzt vom Staat eine Belohnung. Sicher ist auch, dass am 2. Mai 1933 (Benns 47. Geburtstag) Polizei, SA und SS Einrichtungen des Allgemeinen Deutschen Gewerkschaftsbunds, des Allgemeinen Freien Angestelltenbunds und vieler Einzelgewerkschaften, Redaktionen der Gewerkschaftspresse, Geschäftsräume der Bank der Arbeiter, Angestellten und Beamten und anderer Institutionen besetzen, Funktionäre verhaften und «staatsfeindliches Material» beschlagnahmen. Sie marschieren an oder fahren vor, treten Türen ein, reißen Schubladen auf, kippen Regale um und werfen wahllos aus dem Fenster, was ihnen in die Hände kommt, Bücher, Akten, Möbel, Geschirr, Blumentöpfe, und verschwinden so schnell, wie sie gekommen waren. Auch viele jüdische Geschäfte und Einrichtungen müssen diese Erfahrung machen. Das Städtchen Dachau, früher seines schönen Lichts wegen Anziehungspunkt für Münchner Maler, ist zu einem Ort geworden, dessen Namen man besser verschweigt: Dort sollen Menschen festgehalten und schwer misshandelt werden. Von anderen Orten hört man Ähnliches.

In Düsseldorf wird Wolfgang Langhoff verhaftet, geboren 1901, Schauspieler am dortigen Schauspielhaus und Mitglied der KPD. Er ist nicht sonderlich beunruhigt. Er ist am Theater unabkömmlich, seine politischen Aktivitäten, dessen ist er sich sicher, bewegen sich vollkommen im Rahmen des Rechts. Er glaubt, spätestens am nächsten Tag wieder frei zu sein, aber Tage vergehen. Ständig werden neue

Gefangene gebracht. Viele maulen, aber im Ganzen ist die Stimmung gut. Manche meinen, das Essen sei besser als das, was sie zu Hause von ihrer Arbeitslosenunterstützung bekämen. SS-Wachen lösen das Gefängnispersonal ab, der Ton wird rauer, die meisten bleiben dennoch optimistisch. Es gibt Besuchszeiten, Langhoff bekommt Tabak, Obst, frische Wäsche. Als er endlich zum Verhör gerufen wird, glaubt er, seine Unschuld schnell beweisen zu können. Man bringt ihn in eine leere Zelle im Keller. Er muss warten, bekommt Angst. Sieben SS-Männer treten ein. Sie tragen Gummiknüppel, beginnen spielerisch, dann verprügeln sie ihn so, dass ihm Blut aus Mund und Nase fließt, die obere Zahnreihe ist ausgeschlagen, sein ganzer Körper voller Striemen. Sie hören erst auf, als er sich totstellt. Stunden später findet ihn ein SA-Mann auf Patrouillengang, bringt Wasser, Strohsack, Wolldecke, wäscht ihm das Gesicht, holt einen Arzt. Langhoff bleibt dreizehn Monate in Haft, erst im KZ Börgermoor, wo das Lied «Die Moorsoldaten» entsteht, dann im KZ Lichtenburg, einem womöglich noch übleren Ort. Später emigriert er in die Schweiz, nach dem Krieg wird er Intendant des Deutschen Theaters in Ost-Berlin.

Wissen die Menschen, was hinter Gefängnismauern und KZ-Absperrungen vorgeht? Und würden sie, sollten sie es wissen, nicht alles tun, um dergleichen für sich selbst zu vermeiden? Zeitungen bringen einen Erlass von Rudolf Heß: *Jüdisch-marxistische Elemente haben sich in die Reihen der S. S. und S. A. geschlichen und versuchen durch Provokationen das Ansehen unserer braunen Armee zu schädigen. ES IST EINES DEUTSCHEN MANNES UNWÜRDIG, wehrlose Gefangene zu mißhandeln. Fälle von Mißhandlungen müssen sofort gemeldet und die Betreffenden strengster Bestrafung zugeführt werden.*[9] Wer das liest, kann beruhigt glauben, dass es sich um «Einzelfälle» handelt.

— 3 —
Ein Theaterereignis

Am 20. April 1933, Hitlers 44. Geburtstag, wird im Preußischen Staatstheater am Gendarmenmarkt Hanns Johsts Drama «Schlageter» uraufgeführt. Es ist *Adolf Hitler in liebender Verehrung und unwandelbarer Treue* gewidmet, sein Autor erreicht damit den vorläufigen Höhepunkt einer erstaunlichen Karriere. 1890 in Seerhausen bei Riesa in Sachsen geboren, verlor er früh den Vater, der dort Lehrer gewesen war, und schloss sich umso enger der Mutter an. In der Schule hatte er Schwächen in Grammatik und Orthographie, dem Kriegsdienst entging er wegen eines angeblichen Herzfehlers, aber schon sein erstes Stück «Die Stunde der Sterbenden» behandelt ein Kriegsthema. Es erschien 1914 in Kurt Wolffs renommiertem Verlag der Weißen Bücher und bescherte dem jungen Hanns Johst den Ruf eines hoffnungsvollen Dichters des Expressionismus. Sein frisches, schwungvolles Wesen gewann ihm viele Sympathien. Der Münchner Theaterprofessor Artur Kutscher, der alle literarischen Größen seiner Zeit kannte, förderte ihn, reiste zu seinen Premieren, bot ihm das Du an. Bertolt Brecht, Kutscher-Student, acht Jahre jünger als Johst, lehnte zwar dessen Grabbe-Drama «Der Einsame – ein Menschheitsuntergang» vehement ab (und schrieb als Gegenentwurf seinen Erstling «Baal», in dem er schon mit den ersten Zeilen des «Chorals vom Manne Baal» ein Niveau etablierte, das gänzlich außerhalb der Fähigkeiten von Hanns Johst lag), aber suchte persönlich seine Gesellschaft, vielleicht seiner guten Verbindungen wegen. Als Leser eigener Texte soll Hanns Johst elektrisierend gewirkt haben: *Er agierte, er verkörperte in kaum zu überbietender Unmittelbarkeit, sprach Sätze, die nur so zuckten vor Leben und Gegenwart,* schwärmte Manfred Hausmann, Doktorand bei Kutscher und später selbst ein bekannter Literat.[1]

1918 kaufte Johst ein Haus in Oberallmannshausen am Starnberger

See. Dort besuchte ihn Thomas Mann und notierte ins Tagebuch: *Lernte den jungen Hanns Johst kennen. Bekam immerhin viel Sympathie, ja Liebe zu spüren.* Später bescheinigte er ihm *Kühnheit, Radikalismus, stärkste Gegenwart* und eine erfreuliche Abwesenheit *jener gallo-jüdischen-internationalistischen «Geistigkeit»,* von der das *deutsche Geistesleben sich eine Weile tyrannisieren lassen zu müssen* geglaubt habe.[2] Der Brief fehlt in Thomas-Mann-Briefausgaben, seine Tochter Erika bekundete, ihn nicht zu kennen, er ist auch nur als Abschrift erhalten, die Urheberschaft nicht gesichert. Hanns Johst, der sich von einer Verbindung mit einem vermeintlich gleichgesinnten Thomas Mann viel versprochen haben mochte, wandte sich von ihm ab, als dieser in seiner Rede zu Gerhart Hauptmanns sechzigstem Geburtstag im November 1922 den Weltkrieg *spottschlechte Romantik* und *ekelhaft verhunzte Poesie* nannte. Johst hatte sich zu dieser Zeit bereits den Nazis angenähert, in Alfred Rosenbergs Kampfbund für Deutsche Kultur mitgearbeitet und theoretische Schriften verfasst, in denen er das Theater als Mittel der Erziehung, des Erweckens von Begeisterung, des Einschwörens des Volkes auf ein Gemeinschaftserlebnis propagierte. Sein Drama «Der König» handelt von einem ungestümen jugendlichen Herrscher, der sich über Konventionen, Zeremoniell und den Rat seiner Minister hinwegsetzt, nur der eigenen Überzeugung folgt, Hindernisse per Dekret aus dem Weg räumt und am Schluss am Unverständnis seiner Untergebenen scheitert. Hitler soll es siebzehnmal gesehen haben, es sei ihm «das liebste Drama», so wie dieser Herrscher wolle er «selbst einmal enden», das habe er Johst bei einem ersten persönlichen Zusammentreffen 1932 gestanden.

Liest man Johsts Dramen heute, kann man sie kaum anders als schwach finden. Seine Figuren wirken nicht durch die Kraft ihrer Argumente, sondern durch ihren Heroismus. Äußerer Schwung ersetzt den Inhalt. Seine Romane sind womöglich noch schwächer, langatmig, fad, vielfach geradezu läppisch. Von Humor versteht er gar nichts. Aber Johst hat Erfolg. Er trifft den Nerv einer Gesellschaft, die des tristen Alltags überdrüssig ist und sich nach Männlichkeit und Tatkraft sehnt. Sein Drama «Thomas Paine», in dem er den bedeutenden Theoretiker der amerikanischen Unabhängigkeit auf einen platten

Agitator reduziert, wurde im März 1927 gleichzeitig in Köln, Düsseldorf, Hannover, Bremen, Danzig, Karlsruhe, Lübeck und Baden-Baden uraufgeführt, Berlin, Chemnitz, Dortmund, Hildesheim, München, Nürnberg und Weimar folgten. *Nichts geringeres als die Geburt einer Nation,* jubelten die «Hamburger Nachrichten», *großartig, wie die Idee des persönlichen heldischen Opfers hier metaphysisch gesteigert wird,* meinte der Berliner «Tag».[3] In Amerika, wo die deutsche Nachkriegsbefindlichkeit nicht interessierte und man rein literarisch urteilte, war man anderer Meinung: *A singularly dull and declamatory piece of work,* hieß es nach einer Aufführung im Macdougal Street Playhouse in New York.[4] Johsts jüngster Wurf ist die Erzählung «Mutter ohne Tod», eine unerträglich kitschige Huldigung eines Sohnes an seine verstorbene Mutter. Aber auch hier trifft Hanns Johst den Zeitgeist: Mit mehr als 200 000 verkauften Exemplaren ist «Mutter ohne Tod» sein erfolgreichstes Werk.

Das vieraktige Drama «Schlageter» behandelt einen neuralgischen Punkt der deutschen Nachkriegsgeschichte, den sogenannten Ruhrkampf, genauer: den Fall des Schwarzwälder Bauernsohns Albert Leo Schlageter, der im von Franzosen besetzen Ruhrgebiet einen Sprengstoffanschlag auf einen Bahnhof in Essen verübt und eine Brücke bei Düsseldorf in die Luft gesprengt hatte, von einem französischen Kriegsgericht zum Tod verurteilt und am 26. Mai 1923 hingerichtet wurde. Die geballte Wut über den verlorenen Krieg, die ungerechten Bedingungen des Versailler Vertrags, die Arroganz der Franzosen fand noch einmal mächtigen Ausdruck, die Überführung der Leiche Schlageters in seine Heimat geriet zur antirepublikanischen Großdemonstration, an vielen Orten wurden Schlageter-Denkmäler errichtet. Dass er als Mitglied der Freicorps Heinz Hauensteins und Gerhard Roßbachs an verdeckten Operationen im Baltikum und in Schlesien teilgenommen hatte und an diversen Fememorden beteiligt gewesen war, spielte dabei keine Rolle oder gereichte ihm gar zur Ehre.

Hanns Johst geht mit dem Stoff freizügig um, aber zeichnet die detaillierte Innensicht einer Figur und gleichzeitig der Zeit, in der sie lebt. Das ist auch heute noch interessant und hebt «Schlageter» über andere Johst-Dramen hinaus. Sein Schlageter zögert, zweifelt am Sinn der Unternehmung, will ein ordentliches Leben führen, ist im Grunde Realpolitiker. Dass die neuen Herren, die sich Demokraten nennen und mehrheitlich der SPD angehören, keine «Kerls» sind, sondern Zivilisten, Pazifisten und Duckmäuser, die von Kameradschaft nichts wissen und nur reden, taktieren und paktieren, sieht er genau wie seine Kumpane, aber seine Vernunft sagt ihm, dass sie vielleicht Recht haben, weswegen er die Heißsporne seiner Gemeinschaft immer wieder bremst. Schlüsselerlebnis ist ein Gespräch mit einem General, dreimal so alt wie er selbst, der mit derselben Loyalität einer zivilen Regierung dient, mit der er vorher dem Kaiser gedient hat. Er könnte Schlageter verhaften und vor Gericht stellen lassen. Schlageter bedrängt ihn: Was ist seine ehrliche Meinung? Findet er nicht auch, dass etwas geschehen muss? Der General gibt schließlich zu: *Gut oder böse, richtig oder falsch, ich würde mit dreißig Jahren zu euch stehen!* Schlageter hat gehört, was er wollte, will gehen, der General hält ihn zurück: *Was trieb Sie denn eigentlich zu mir? Zu was brauchten Sie mich? Ich will es Ihnen sagen: Sie suchten eine Befehlsstelle! Sie wollten auch lieber einem Gesetz gehorchen, blind gehorchen, als selbst in eigener Person aus freien Stücken Verantwortung tragen.*[5] Unbeabsichtigt skizziert Johst hier das System, das Deutschland zwölf Jahre lang beherrschen wird: Gesetzeswidriges, Verbrecherisches, Unmenschliches wird begangen, aber niemals ohne Befehl, ohne Deckung von oben, einer Deckung wohlgemerkt, die sich selbst oft bedeckt hält.

Die Berliner Festaufführung ist erstklassig besetzt: Den Schlageter spielt Lothar Müthel, ein wenig zu alt für die Rolle, aber künstlerisch hochgeachtet, später Präsidialrat der Reichstheaterkammer und von 1939 bis 1945 Intendant des Wiener Burgtheaters. Als General ist Albert Bassermann zu sehen, Träger des Iffland-Rings, einer der bedeutendsten Charakterdarsteller Deutschlands. 1938 wird er mit seiner jüdischen Frau Else Bassermann nach New York emigrieren und auch dort Erfolg haben. In einer wichtigen Nebenrolle: Veit Harlan, der 1940 den antisemitischen Hetzfilm «Jud Süß» inszenieren wird. Erstmals auf einer Berliner Bühne: Emmy Sonnemann, aus Weimar kommend, Verlobte Hermann Görings. Höhepunkt ist die Schlussszene: Schlageter steht mit dem Rücken zum Publikum, vor ihm ein französisches Peloton. Er ruft: *Deutschland! Ein letztes Wort! Ein Wunsch! Befehl!!! Deutschland!!! Erwache! Entflamme!! Entbrenne! Brenn ungeheuer!* In der Regieanweisung heißt es: *Die Scheinwerfer werden langsam eingezogen, so dass die Feuergarbe der Salve wie ein greller Blitz durch Schlageters Herz in das Dunkel des Zuschauerraums fetzt. Alles Licht erlöscht jäh. Der Vorhang stürzt hinab. Die Motoren donnern, die Clairons gellen Triumph. Einen Augenblick lang, dann jähe und unbedingte Stille … Totenstille. Licht im Zuschauerraum.*[6]

Das wirkt. *Nach der Erschießungsszene kein Applaus,* schreibt Paul Fechter in der «Deutschen Allgemeinen Zeitung» –, *nach kurzem Schweigen singt das Publikum stehend den ersten Vers des Deutschlandliedes, dann den ersten des Horst-Wessel-Liedes. Danach erst bricht der Beifall los, ehrlich begeistert, und holt Johst und die Schauspieler immer wieder vor den Vorhang: es wurde ein ganz starker Erfolg.* Die *alte Premierengesellschaft des Staatstheaters* sei *bis auf wenige Reste* verschwunden, ein *völlig neues Publikum* bevölkere Parkett und Ränge.[7] Hanns Johst ist seit dem 1. März Chefdramaturg des Theaters.

— 4 —

Emigration? Nicht für uns

Hans Fallada heißt mit bürgerlichem Namen Rudolf Ditzen. Er wurde 1893 als Sohn eines Karrierejuristen in Greifswald geboren, wuchs in Berlin, später in Leipzig auf und war ein schwieriges, unglückliches Kind, vom Pech verfolgt, von Unfällen und Krankheiten geplagt, eigenbrötlerisch, aufbrausend und arrogant. Die ratlosen Eltern gaben den Achtzehnjährigen nach Rudolstadt, wo er einen Freund hatte, Hanns Dietrich von Necker, der ihn hoffentlich positiv beeinflussen würde. Das Gegenteil war der Fall: Rudolf Ditzen traktierte den Freund so lange mit Nihilismus und Lebensüberdruss, bis dieser einem Duell zustimmte. Im Morgengrauen des 17. Oktober 1911 erkletterten beide einen beliebten Ausflugspunkt, den Uhufelsen, und schossen aufeinander. Der Offizierssohn Hanns Dietrich von Necker, ein geübter Schütze, verfehlte sein Ziel, Rudolf Ditzen, der noch nie eine Waffe in der Hand gehabt hatte, traf den Freund tödlich. Das grausige Geschehen ging durch alle Zeitungen und entfesselte eine Debatte über die Befindlichkeit der modernen Jugend.

Rudolf Ditzen wurde des Mordes angeklagt. Das Gutachten des bekannten Psychiaters Otto Binswanger, der eine «krankhafte Störung der Geistestätigkeit» diagnostizierte, ersparte ihm das Gefängnis, aber er besuchte danach keine Schule mehr und verbrachte die nächsten drei Jahre in psychiatrischen Kliniken. Er galt als ungewöhnlich intelligent, aber was ein derart instabiler Mensch beruflich tun sollte, blieb rätselhaft. Bereits als Kind hatte er behauptet, Schriftsteller werden zu wollen, als Schüler mit erfundenen Verlagsverhandlungen und demnächst erscheinenden Veröffentlichungen geprahlt und als Klinikpatient tatsächlich Kontakt zu Romain Rolland aufgenommen, dessen «Michelangelo» er übersetzen wollte. Ein Briefwechsel mit dem berühmten Franzosen hatte große Hoffnungen geweckt, aber der vielfach kompetentere Publizist Wilhelm Herzog hatte sich die Übersetzungsrechte bereits gesichert. Aus dem Kriegsdienst wurde Rudolf Ditzen bereits nach wenigen Tagen als völlig unbrauchbar nach Hause geschickt.

Eine erste Überraschung erlebte man, als er eine Landwirtschaftslehre mit Bravour bestand und, wenn auch in auffällig häufig wechselnden Stellungen, zum tüchtigen und akkuraten Verwalter aufstieg. Dass er morphium- und alkoholsüchtig geworden war, blieb den Eltern verborgen, ebenso eine für beide Seiten zerstörerische Liebesaffäre mit Anne-Marie Seyerlen, der Ehefrau des Benn-Freunds Egmont Seyerlen. Dieser vermittelte ihm, der sich inzwischen Hans Fallada nannte, einen ersten Kontakt zu Ernst Rowohlt. Der veröffentlichte 1920 und 1922 Falladas erste Romane «Der junge Goedeschal» und «Anton und Gerda». Beide sind stark autobiografisch, thematisieren die sexuelle Not pubertierender Jugendlicher, erzählen von Einsamkeit, zerbrochener Liebe und Lebensangst. Beim Schreiben tat er sich ungeheuer schwer, sah den eigenen Anspruch nie erfüllt, feilte endlos an jedem Satz. Rezensenten lobten den Mut und die Offenheit des Debütanten, erkannten auch literarische Qualität, aber in einer Zeit, da sich alles um die Bewältigung des Krieges drehte, blieb jede Breitenwirkung aus. Hans Fallada verschwand von der literarischen Bühne, ehe er sie recht betreten hatte. Zwischen Juni und November 1924 verbüßte er eine Gefängnisstrafe in Greifswald – er hatte Getreide verschoben, das Geld für Drogenkonsum ausgegeben. Seine Eltern erfuhren davon nichts. Aber als er im September 1925 mit mehreren tausend Mark eines Arbeitgebers durchbrannte und sein Vorgesetzter bei den Eltern nachforschte, war das Unheil in all seinem Ausmaß offenbar. Rudolf Ditzen wurde zu zwei Jahren Haft im Zentralgefängnis von Neumünster verurteilt. Bei seiner Entlassung war er 34 Jahre alt und nach allem Dafürhalten eine gescheiterte Existenz.

Dann wendete sich das Blatt. Rudolf Ditzen heiratete Anna Issel, genannt Suse, ein herbes Hamburger Mädchen, das alle Bewerber abgewiesen hatte, aber ihn, den entlassenen Sträfling, von Herzen liebte. Er rauchte immer noch unmäßig, aber trank nicht mehr und hielt sich von Drogen fern. Er arbeitete als Journalist in Neumünster, verwaltete den dortigen Verkehrsverein, immer auf der Suche nach Höherem. Ernst Rowohlt hatte ihn nicht vergessen und holte ihn nach Berlin. Er stellte ihn als Bürokraft ein, ließ ihm die Nachmittage zum Schreiben frei und wurde Zeuge einer Talentexplosion, wie es selten eine gegeben hat: Löste sich Hans Fallada von den Fesseln eines übertriebenen literarischen Anspruchs, erzählte er Geschichten aus dem Alltag und dem eigenen Umfeld, schilderte er das Leben schnörkellos und realistisch, dann konnte er schreiben wie kaum ein Zweiter. Schaffte er früher acht bis zehn Zeilen am Tag, waren es jetzt zehn bis zwanzig Seiten. So entstand, neben Umzug, Kindsgeburt, Wochenbett, Krankheit der Frau, Verwandtenbesuch und halbtägiger Büroarbeit zwischen März und September 1930 der Roman «Bauern, Bonzen und Bomben», 640 Seiten dichteste Schilderung der schleswig-holsteinischen Landvolkbewegung und ihres Milieus, die er in Neumünster selbst erlebt hatte, so «echt, dass einem graut», wie Kurt Tucholsky in der «Weltbühne» urteilte.

1932 kam der große Erfolg: «Kleiner Mann – was nun?», die Geschichte des Angestellten Johannes Pinneberg, der trotz aufrichtigster Bemühung immer wieder scheitert, aber mit Hilfe seiner Frau Emma, genannt Lämmchen, die er nur geheiratet hat, weil sie schwanger war, seine Würde und seinen Humor bewahrt, bis er am Schluss zusammenbricht und von ihr aufgefangen wird – eine Geschichte so liebenswürdig, leicht, bitter-süß und traurig, dabei so lebensecht und aktuell, dass sich zahllose Menschen darin wiedererkannten. Schon der Vorabdruck ab April in der «Vossischen Zeitung» hatte Leserinnen und Leser süchtig gemacht, die Buchausgabe im Juni brach alle Rekorde, seit Remarques «Im Westen nichts Neues», hieß es, habe man so etwas nicht mehr erlebt. Der Name Hans Fallada war plötzlich in aller Munde. Es regnete Geld, er gab es mit vollen Händen aus, trank wieder, geriet in zweifelhafte Gesellschaft und hinterging seine Frau, das Vorbild des Lämmchen im «Kleinen Mann», ohne die er das Buch nie hätte schreiben können.

Mittlerweile ist er umgezogen, vom gemieteten Reihenhaus in Berlin-Neuenhagen nach Berkenbrück, eine Station hinter Fürstenwalde, in ein Wohnhaus mit Türmchen, gepflastertem Hof mit Walnussbaum, auf einem 8000 Quadratmeter großen Grundstück. Er will es seinen Vermietern abkaufen, auf Leibrente, die entsprechenden Verträge sind vorbereitet. Ruhe und Stabilität sollen einkehren. Die Ernennung Hitlers zum Reichskanzler scheint er kaum bemerkt zu haben. Die Verfilmung des «Kleinen Mannes» stockt. Kurt Weill sollte die Musik schreiben, Berthold Viertel Regie führen, inzwischen sind beide «als Juden nicht mehr tragbar». Fallada nimmt es hin, hat sich schon vorher mit dem Filmteam zerstritten. Ein neuer Roman ist in Arbeit, basierend auf seiner Gefängniserfahrung. Die Arbeit daran macht ihm wenig Freude, aber offenbar fühlt er die Notwendigkeit, mit seiner Vergangenheit ins Reine zu kommen. Seine Frau ist im sechsten Monat mit Zwillingen schwanger.

Am 12. April 1933 wird Fallada verhaftet. SA-Männer und ein Gendarm durchsuchen seine Wohnung, sperren das Telefon und bringen ihn nach Fürstenwalde ins Gefängnis. Er glaubt an ein Versehen, nimmt weder Geld noch Waschzeug mit, aber muss über Nacht bleiben. Seine Frau, die Zwillinge im Bauch, macht sich zu Fuß auf den Weg durch den Wald, aber wird nicht vorgelassen. Ein «Verdacht auf Verschwörung gegen die Person des Führers» liegt vor. Wieso das? Am 7. April hat ihn der Schriftstellerkollege Ernst von Salomon besucht, Jahrgang 1902, trotz seines Namens keineswegs jüdisch, sondern überzeugter Nationalist, Ex-Mitglied verschiedener Freicorps, darunter der berüchtigten Brigade Ehrhardt und der Organisation Consul. Wegen seiner Beteiligung an der Ermordung Walther Rathenaus hat er fünf Jahre im Zuchthaus gesessen. Falladas Verhältnis zu ihm ist kollegial, aber nicht herzlich. Nach seinem Weggang soll er ihn einen «Attentäter» genannt haben, seine Vermieter haben die Bemerkung gehört und ihn angezeigt. Das hat für eine Verhaftung genügt.

Fallada tut alles, die Behörden nicht zu reizen. In Briefen an seine Frau betont er, wie anständig und nett man ihn behandle. Bei einer Eingabe beim Landrat solle sie um Gottes Willen nichts verheimlichen, nichts tun oder sagen, was irgendwie Verdacht erregen könnte. Er selbst ist, wie schon in Neumünster, ein Mustergefangener. Mit Zellenreinigen, Essgeschirr polieren, den Abortkübel scheuern stellt sich wie von selbst die Gefängnisroutine wieder ein. Um sich abzulenken, arbeitet er an seinem neuen Roman. *Gestern habe ich fleißig gearbeitet, denke Dir, ich habe es sogar auf 12 Druckseiten gebracht!* schreibt er seiner Frau. *Es ist doch eine der seltsamsten Geschichten: in der letzten Zeit ist mein Hirn doch wahrhaftig voll und ganz mit anderen Dingen beschäftigt gewesen, mit keiner Idee habe ich an diesen ollen Roman gedacht, aber nun, da ich wieder schreibe, zeigt sich, daß doch irgend ein ganz unterbewußter Bezirk immer weiter denkt, fertig macht, daß ich bloß zu schreiben habe.*[1]

Am 22. April 1933 wird Hans Fallada aus dem Gefängnis entlassen. *Natürlich hat man mir nicht das geringste nachweisen können,* schreibt er den Eltern, *ich bin, wie Mutti ganz richtig annimmt, ausserordentlich zurückhaltend in allem Politischen.*[2] Aus Amerika kommt die Nachricht: Der Book-of-the-Month-Club hat «Little Man – what now?» für den Monat Juni zum Spitzentitel erkoren, nach Emil Ludwig und Thomas Mann ist Hans Fallada der dritte deutsche Autor, dem diese Ehre widerfährt. Der Rowohlt-Verlag rechnet mit 60 000 verkauften Exemplaren. Hans Fallada fände in Amerika offene Türen, «Learn about Life from Little Man and his Wife» ist dort fast ein geflügeltes Wort. Er könnte in Hollywood Drehbücher schreiben, fern von Repressalien durch das nationalsozialistische Regime. Es lockt ihn nicht. Er kennt seine psychische Labilität, weiß, dass ihn jederzeit ein Anfall niederstrecken kann, ist herzkrank, körperlich schwach – ein Neuanfang auf einem anderen Kontinent braucht robustere Naturen. Außerdem ist er so fest im Norddeutschen verwurzelt, dass er selbst in Bayern heimatlos wäre – und erst in Amerika? Emigration? Nicht für Hans Fallada. Es zwingt ihn ja niemand.

*

Erich Kästner hat nach 1945 versichert, am Berliner Opernplatz der Verbrennung seiner Bücher zugesehen zu haben. Vom Lehrter Bahnhof sei er über die *große eiserne Brücke* gegangen, da seien sie gekommen – *links, zwei, drei, vier, links, zwei drei, vier* – Studenten in SA-Uniform, den *heruntergeschlagenen Kopf von Magnus Hirschfeld* an einer Stange vor sich hertragend. Tatsächlich ist dessen Institut für Sexualwissenschaft ein paar Tage vorher von SA-Angehörigen ausgeräumt und verwüstet worden, er selbst, Vorkämpfer für die Rechte von Homosexuellen, lebt schon seit Jahren im Ausland. Am Opernplatz hätten die Studenten ein großes Karree geformt, der Scheiterhaufen sei aufgeflammt, Lastwagen seien herangerollt, und *wie an einer Verladerampe* seien Bücher, *von fleißigen Händen weitergereicht,* in hohem Bogen im Feuer gelandet. Goebbels sei erschienen, ein *Teufelchen vor der Hölle,* habe *gezetert, salbadert, Schriftstellernamen herausgebrüllt,* ein *kleiner pöbelnder Feuerwerker.* Plötzlich habe eine junge Frau gerufen: *Dort steht ja Kästner!,* das sei ihm *nicht angenehm* gewesen, er sei kurz darauf gegangen. Studenten hätten ihm später erzählt, dass nicht wenige von ihnen Bücher heimlich aufgehoben, unter der Uniformjacke versteckt und *wie Kostbarkeiten* aufbewahrt hätten.[3]

Dass Erich Kästner bei den Nazis weit schlechter angesehen ist als etwa Hans Fallada, liegt auf der Hand. Zeilen wie *Wenn wir den Krieg gewonnen hätten/ mit Wogenprall und Sturmgebraus/ dann wäre Deutschland nicht zu retten/ und gliche einem Irrenhaus* sind geeignet, sie bis aufs Blut zu reizen. Aber Erich Kästner will in Deutschland bleiben und weitermachen wie bisher. Sein Kinderbuch-Erstling «Emil und die Detektive», 1929 mit Walter Triers Zeichnungen erschienen, ist ein Dauerbrenner, «Pünktchen und Anton» und «Der 35. Mai oder Konrad reitet in die Südsee», beide von 1931, sind ähnlich erfolgreich, sein Roman «Fabian, Geschichte eines Moralisten» ist in mehrere Sprachen übersetzt, sogar seine Gedichtbände haben hohe Auflagen. *Wenn Erfolg glücklich machen könnte, müssten Sie der glücklichste Mensch in Deutschland sein,* schrieb ihm Stefan Zweig im Januar 1933 aus Salzburg.[4]

Ist Erich Kästner glücklich? Er tut jedenfalls so. Die turbulenten Tage nach Hitlers Machtergreifung verbringt er in Kitzbühel. *Ich bin großartig faul! Ich glaube, ich habe schon zugenommen. Mach Dir nur ja keine Sorge, Gute. Ich brech den Urlaub so bald nicht ab,* schreibt er seiner Mutter.[5] Er schreibt ihr jeden Tag, immer mit Bleistift, in gut leserlicher, kleiner Schrift, meist auf offenen Postkarten, und jede endet, unweigerlich, mit «Gruß an Papa!», den Sattlermeister im Ruhestand Emil Richard Kästner. Der ist aber möglicherweise gar nicht sein Erzeuger, sondern Emil Zimmermann, der jüdische Hausarzt der

Familie – Erich Kästner wäre damit ein «Mischling ersten Grades», was seine ohnehin prekäre Lage dramatisch verschlechtern würde. Ob er das Gerücht kennt oder nicht – er kümmert sich nicht darum. *Die Mandelbäume blühen,* schreibt er der Mutter. *Zum Eierlegen, so schön und sonnig. Nachmittags werd ich auf dem Liegestuhl schlafen. Ich bin mächtig vergnügt. Du auch?*[6]

Mutter Kästner ist nicht vergnügt. Sie will ihren Sohn in Sicherheit wissen. Er könnte, zumindest vorläufig, mit ausreichend Geld im Ausland leben. Sie stößt auf taube Ohren: *Mein liebes, gutes, besorgtes Muttchen, Du! Also, mit dem Draußenbleiben, das kommt gar nicht in Frage. Ich hab ein gutes Gewissen, und ich würde mir später den Vorwurf der Feigheit machen. Das geht nicht, und außerdem bekommt mir das Fortsein immer nur für ein paar Wochen. [...] Die ausländischen Zeitungen machen mit ihren Lügen nur das Treiben verrückt. So ein Quatsch! [...] Also, meine Allerbeste, Kopf oben behalten! Man soll nie sagen, ich hätte mich gedrückt. Das wäre mir mein Leben lang unerträglich.*[7]

— 5 —

Dichter unter sich!

Am Mittwoch, dem 7. Juni 1933, morgens halb elf, kommt die neu formierte Abteilung für Dichtkunst der Preußischen Akademie zu ihrer konstituierenden Sitzung im Berliner Akademiegebäude zusammen. Reise- und Hotelkosten übernimmt das Ministerium. Ein Mitgliederaustausch hat stattgefunden. Wegen ihrer politischen Haltung ausgeschlossen wurden Georg Kaiser, Bernhard Kellermann, Leonhard Frank, Rudolf Pannwitz, René Schickele und Fritz von Unruh, wegen ihrer jüdischen Herkunft Alfred Mombert, Ludwig Fulda, Jakob Wassermann und Franz Werfel. Obgleich die weitaus meisten von ihnen Benns «Loyalitätserklärung» unterschrieben hatten, erhielten sie alle einen gleichlautendem Einschreibebrief: *Nach an maßgebenden Stellen eingeholten Informationen muß ich Ihnen leider mitteilen, daß Sie nach den für die Neuordnung der kulturellen staatlichen Institute Preußens geltenden Grundsätzen künftig nicht mehr zu den Mitgliedern der Abteilung für Dichtkunst gezählt werden können. In größter Hochachtung Der Präsident Max von Schillings.*[1] Oskar Loerke hat seinen Posten als Abteilungssekretär verloren und ist nur noch einfaches Mitglied, Ehrenpräsident Max Liebermann hat seinen Austritt erklärt: *Ich habe während meines langen Lebens mit allen meinen Kräften der deutschen Kunst zu dienen versucht. Nach meiner Überzeugung hat Kunst weder mit Politik noch mit Abstammung etwas zu tun, ich kann daher der Preußischen Akademie der Künste, deren ordentliches Mitglied ich seit mehr als dreißig Jahren und deren Präsident ich durch zwölf Jahre gewesen bin, nicht länger angehören, da dieser mein Standpunkt keine Geltung mehr hat. Zugleich habe ich das mir verliehene Ehrenpräsidium der Akademie niedergelegt.*[2]

Eine bunte Korona national-konservativer bis nationalistischer, zum Teil nationalsozialistischer Autoren ist nachgerückt, einander in herzlicher Freund- und Feindschaft zugetan, lange in Lauerstellung, nun endlich am Ziel und voller Tatendrang, die Dichter-Abteilung endlich zu dem zu machen, was sie ihrer Meinung nach schon immer hätte sein sollen: eine Vereinigung deutscher Literaten mit deutschen Inhalten, deutscher Geschichte und deutschen Werten verpflichtet.

Zum Beispiel Börries Freiherr von Münchhausen, 1874 in Hildesheim geboren, Dom-und Kammerherr, Doktor beider Rechte, Gutsbesitzer, Herr über Verwalter, Forst- und Jägermeister, Mägde, Stallburschen und Mamsells auf seinem Schloss Windischleuba bei Altenburg in Thüringen, Spross eines 1183 erstmals erwähnten Adelsgeschlechts mit Vorfahren, zu denen neben dem legendären Lügenbaron, der auf Kanonenkugeln reiten und sich samt Pferd am eigenen Schopf aus dem Sumpf ziehen konnte, zahllose, über Jahrhunderte verstreute Offiziere, Obristen, Minister, Landräte, Bischöfe, Regierungspräsidenten, Wissenschaftler und natürlich Gutsherren gehören. Seine Balladen sind seit Anfang des Jahrhunderts Grundstock bürgerlicher Bibliotheken, seine Liedertexte erklingen an Lagerfeuern der Wandervögel und Pfadfinder, kein lebender Dichter, brüstet er sich (nicht einmal zu Unrecht), sei häufiger vertont worden als er. Börries von Münchhausen denkt deutsch-national, aber ist, zumindest in jungen Jahren, ein Freund und Bewunderer des jüdischen Volkes gewesen, das sich in biblischer Zeit militärisch tapfer geschlagen und in den Jahrhunderten des Exils seine Identität nie aufgegeben habe. Sein 1902 erschienenes Werk «Juda. Gesänge» mit Buchschmuck von Ephraim Moses Lilien zeugt von seiner Sympathie. Eine Vermischung des Jüdischen mit dem Deutschen lehnt er ab, wie viele seiner Zeitgenossen. Sein Briefpapier ist überdimensioniert, desgleichen seine Unterschrift, MÜNCHHAUSEN, über die ganze Breite des Blatts.

Bei einer Akademiezuwahl ist Börries von Münchhausen 1927 durchgefallen, und als Ina Seidel 1932 hineingewählt wurde, protestierte er heftig. Sie hatte ihm 1912 erstmals Gedichte geschickt, er antwortete sofort: *INA SEIDEL, SIE SIND EINE GANZ GROSSE DICHTERIN!* und hat sie, quasi als ihr Entdecker, nach Kräften gefördert. Er selbst schreibt fast nichts mehr, aber fühlt sich immer noch als Berater und Beschützer der elf Jahre Jüngeren. Eine Dichter-Abteilung mit Heinrich Mann als Vorsitzendem und Alfred Döblin als Wortführer war für ihn kein Umfeld, in dem sich Ina Seidel aufhalten sollte. *Sehen Sie, liebste Ina, wenn die Akademie wirklich paritätisch wäre, wenn ihr [...] auch noch Hermann Burte und Agnes Miegel, der verstorbene Georg Ompteda und Carossa, Blunck und andere angehörten, dann wäre es selbstverständlich, daß jeder, dem die Ehrung angeboten wird, sie auch annimmt. Nun wissen wir aber doch alle [...] daß dem NICHT so ist, daß die Akademie von Anfang an ein ganz ausgesprochen politisches Gesicht trug, und daß sich dieses Antlitz von Jahr zu Jahr schärfer herausgemeißelt hat. [...] Wie Sie wissen, bin ich nicht Antisemit, glaube allerdings das Deutschtum in seinem verzweifelten Abwehrkampf gegen eine Überwucherung des jüdischen Geistes schützen zu müssen. [...] Mein Instinkt sagt mir, daß hier eine außerordentliche Gefahr für unsere Kultur vorliegt, und aus dieser seelischen Not heraus müssen Sie meine Stellung verstehen, auch wenn Sie sie nicht billigen.*[3] Um ein Gegengewicht zur Akademie zu schaffen, hat er kurz nach Inas Zuwahl am deutschesten aller deutschen Orte, der Wartburg, eine Dichtertagung initiiert, die zur ständigen Einrichtung werden sollte, eine Art Wertegemeinschaft, elitär besetzt, mit einer jährlich zu vergebenden «Wartburgrose», die er am 30. Mai 1932 selbst erhalten hat und seitdem als sichtbares Zeichen seiner Haltung bei öffentlichen Anlässen im Knopfloch trägt.

Ebenfalls neu ist Hans Grimm, 1875 in Wiesbaden geboren, ein großgewachsener, hagerer, sehbehinderter, aber zäher und kämpferischer Mann, in London zum Kaufmann ausgebildet, in Deutsch-Südwestafrika Handelsvertreter und Korrespondent deutscher Zeitungen, national in Gedanken und Gefühl, die «deutsche Sache» im Zentrum seines Wollens und Wirkens. Seit 1918 lebt er als freier Schriftsteller in einem ehemaligen Kloster in Lippoldsberg im Weserbergland, und hier, zwischen Reinhardswald und Solling, beginnt sein berühmter, 1926 erschienener Roman «Volk ohne Raum»: Cornelius Friebott, durch Erbteilung und immer kleiner werdende Grundstücke ohne Lebensgrundlage, wandert nach Afrika aus, Musterbeispiel eines tüchtigen, arbeitsamen Deutschen, dessen Volk, an räumlicher Enge leidend, von fremden Mächten, insbesondere von England, bedrängt und ausgebeutet wird. Er stirbt als ruheloser, unglücklicher Pendler zwischen den Kontinenten 1923 eines gewaltsamen Todes. Obgleich sich Grimms Forderung nach «Raum» nicht, wie später bei Hitler, auf den Osten bezieht, sondern auf Gebiete in Übersee, namentlich auf ehemals deutsche Kolonialgebiete in Afrika, die bei den Nazis keine große Rolle spielen, wird der Buchtitel «Volk ohne Raum» im Dritten Reich zum feststehenden Begriff und der schwerfällig geschriebene, schwer lesbare, 1300 Seiten dicke Roman zum Bestseller.

Für Hans Grimm ist die Literatur eine politische Waffe. Vergnügungssüchtige Leserinnen und Leser, die lieber leichte Kost genießen als sich mit den schweren Fragen der Zeit auseinanderzusetzen, machen ihn wütend: *Ihr habt selten die Schriftsteller, die ihr braucht, ihr habt immer die Schriftsteller, die ihr euch gefallen laßt! Sichtbar geworden ist die schuldhafte entsetzliche Unbedeutsamkeit des Dichters für das Leben der besiegten und eingepferchten Nation!*[4] Hans Grimm ist bekennender Antisemit und sieht darin nichts Ehrenrühriges. *Die Juden haben sich immer an mir gerieben. Ich habe nie einen Menschen mit Judenblut, und hätte er den ältesten Namen getragen, als meinesgleichen angesehen, aber Jude und Jude sind sehr verschieden.*[5] Hans Grimm hat sich auch an den Nazis oft «gerieben», ist der NSDAP nie beigetreten, hat oft genug lautstark gegen sie gewettert und, wo es ihm geboten erschien, Juden geholfen. Aber seiner politischen Ausrichtung – national, rechts, erbitterter Feind der Sozialdemokratie und im Grundsatz antisemitisch – ist er lebenslang treu geblieben.

Die Berufung Will Vespers ist selbst bei nationalen Autoren umstritten. Als Herausgeber der Zeitschrift «Die neue Literatur» sieht er sich selbst als schärfste Waffe in der Durchsetzung nationalsozialistischer Inhalte, als gnadenlosen Kämpfer gegen alles Undeutsche, Zersetzende, Jüdische, als eine Art Kontrollinstanz in Sachen Gesinnung. Nicht immer ist er so gewesen. 1882 in Barmen in kleine Verhältnisse geboren, war er seit 1906 Autor und Lektor beim Münchner Verlag C.H.Beck, mit Richard Dehmel, Detlev von Liliencron und Karl Wolfskehl befreundet, Leiter einer Künstlerkolonie bei Florenz, Verfasser populärer Nacherzählungen großer Epen und als Lyriker geschätzt. Sein bekanntester Roman «Das harte Geschlecht», erschienen 1931, handelt von der Christianisierung Islands in einer archaischen

Welt der Entbehrungen und männlich-germanischer Tugenden. Die Zeitschrift übernahm er 1923, sie hieß damals noch «Die schöne Literatur» und wurde auch in liberalen Kreisen gelesen. 1931 trat Vesper der NSDAP bei, die Zeitschrift erhielt ihren neuen Namen und rückte immer weiter nach rechts. Sie bespricht pro Jahr etwa 650 Buchtitel und 300 Uraufführungen, dazu kommen mehr als einhundert Aufsätze nationalkonservativer Autoren. Manche von ihnen urteilen immer noch seriös, würdigen Joseph Roth als großen Erzähler und Robert Musil als Erneuerer des Romans. Aber wenn Herausgeber Will Vesper zur Feder greift, herrscht blanke Polemik. Von seinem Wohnort Meißen aus beobachtet er das Geschehen, nichts entgeht ihm, und was ihm nicht behagt, schmäht er mit höhnischen Worten in einem Ton, der auch Kollegen Unbehagen verursacht, die eigentlich seiner Meinung sind. Bei der Bücherverbrennung am 10. Mai 1933 hält er in Dresden die Brandrede. Seine Zeitschrift führt er autoritär, kritzelt Anweisungen mit Rotstift an den Rand von Schriftstücken; ein Adlatus, Ernst Metelmann mit Namen, muss sie ausführen. Die «linkslastige» Dichterakademie war ihm ein besonderer Dorn im Auge, Heinrich Mann Zielscheibe erbarmungslosen Spotts. Jetzt ist er selbst Akademiemitglied.

Josef Ponten, 1883 am Niederrhein geboren, kleinwüchsig und streitlustig, seiner Renommiersucht wegen Doktor Allwissend genannt, war mit Thomas Mann befreundet, bis sich seine Freundschaft zu einer Thomas-Mann-Fixierung auswuchs, einem nicht ganz ungewöhnlichen Phänomen: Thomas Manns Verbindlichkeit und das hohe Lob, das er denen spendet, die ihm literarisch nicht gefährlich werden können, verführen Zeitgenossen immer wieder dazu, an eine Freundschaft auf Augenhöhe mit ihm zu glauben und sich auf einer Ebene zu wähnen, die ihnen nicht zusteht. Tatsächlich hatte Thomas Mann Pontens Roman «Der babylonische Turm» *sehr, sehr gut*[6] genannt, aber als Ponten die Gerhart-Hauptmann-Geburtstagsrede Thomas Manns «Von deutscher Republik» öffentlich kritisierte, bekam er die Schärfe und Ironie des Überlegenen zu spüren: *Sie haben recht treuherzig hineingepfuscht, und es wird gut für Sie sein, zu wissen, daß es Leute gibt, die es garnicht treuherzig finden und mir die Bonhommie nicht verzeihen wol-*

len, mit der ich es aufgenommen habe.[7] Als Ponten nicht locker ließ, platzte Thomas Mann der Kragen: *Wirklich, es muß ein Ende haben mit diesem Starren auf mich, mit diesem sich mit mir Vergleichen und sich an mir messen [...] Lieber Gott, es sieht aus, als ob es nichts auf der Welt gäbe als Sie und mich und das Problem unseres Verhältnisses zueinander. Das ist nicht gesund empfunden.*[8] Pontens Gedichtsammlung «Römisches Idyll» zu begutachten lehnte er ab: Nähme er den Stift zur Hand, müsste er *das Ganze anstreichen.*[9] Josef Ponten hatte sich in der alten Akademie nicht genügend gewürdigt gefühlt und sich zurückgezogen, jetzt ist er mit neuer Begeisterung dabei.

Auch die einst im Zorn ausgetretenen Autoren Emil Strauß, Wilhelm Schäfer und Erwin Guido Kolbenheyer sind wieder dabei. Letzterer gibt schon einmal einen Vorgeschmack auf die zu erwartende Atmosphäre, indem er beantragt, den Kollegen Walter von Molo bereits vor der Sitzung auszuschließen. Der Grund: Walter von Molo hat während seiner kurzen Amtszeit als Abteilungs-Vorsitzender eine von Kolbenheyer entworfene Geschäftsordnung abgelehnt, dergleichen verzeiht ein Erwin Guido Kolbenheyer nicht. Er betrachtet sich als intellektuelles Schwergewicht, und ist es für viele auch, vor allem seiner monumentalen, dreibändigen Paracelsus-Biografie wegen, für die er eine Art Renaissance-Kunstsprache erfunden hat. Sich mit Walter von Molo an einen Tisch zu setzen, schon gar nach dessen Affront, ist für ihn unter seiner Würde. Diverse Gespräche, bis hinauf zum Minister, können ihn umstimmen, wenngleich sich Molo, wie Akademiesekretär Dr. Amersdorffer warnt, *äußerste Zurückhaltung* werde auferlegen müssen, da *noch große Gegensätze vorhanden* seien.[10]

Max von Schillings eröffnet die Sitzung am 7. Juni 1933 und dankt Gottfried Benn für die kommissarische Leitung der Abteilung, die an diesem Tag endet. Die preußische Akademie sei in Wahrheit eine deutsche und solle möglichst bald auch so heißen. Minister Rust hält eine Rede: Die alte Akademie *musste sterben* wegen mangelnder Anerkennung durch das Volk, das Ausscheiden mancher Mitglieder sei ihm *nicht leicht* geworden, aber in einer Zeit des *völkischen Erwachens* dürfe man sich in seiner *Entschlusskraft nicht schwächen lassen.* Nun sei es aber genug, die Akademie sei wieder autonom, das Weitere sei

Sache der hier versammelten Dichterinnen und Dichter: *Halten Sie sich dieses immer vor: draußen steht ein Volk, so erwartungsvoll, so aufnahmebereit, so gläubig! Dieses Volk glaubt an Sie, wird an Sie glauben, wenn von hier aus das Leben ihm wieder lebendig entgegentritt. [...] Ich glaube daran, und ich wünsche Ihrer Arbeit allen Segen!*[11]

Minister und Präsident verlassen den Raum. Die jetzt beginnende, nach dem überlangen Protokoll skizzierte Sitzung könnte gut eine der längsten und konfusesten in der 200-jährigen Akademiegeschichte gewesen sein: Hermann Stehr übernimmt als Ältester den Vorsitz. Er ist Schlesier, war bis zu seinem fünfzigsten Lebensjahr Volksschullehrer, 1918 machte ihn sein Bauern-Roman «Der Heiligenhof» berühmt, Arnold Zweig nannte ihn damals die *stärkste dichterische Kraft, die heute in Deutschland am Werke ist.*[12] Durch ein Gehörleiden beeinträchtigt, verfolgt er Diskussionen meist schweigend, keine gute Voraussetzung für einen Moderator. Wilhelm Schäfer, ein bekannter Choleriker, von dem jedes Jahr mindestens ein Buch erscheint (sein 1922 erschienenes Hauptwerk «Die dreizehn Bücher der deutschen Seele» schließt mit dem Aufruf: *Deutscher, sei gläubig der Zukunft, der du die bittere Gegenwart leidest*[13]), entfesselt sogleich eine lange Debatte über sein Lieblingsthema, die Schaffung einer DEUTSCHEN Akademie, deren bisheriges Nicht-Zustandekommen Grund seines Austritts gewesen sei. Dr. jur. Hans Friedrich Blunck, eine Generation jünger als Schäfer, Ex-Burschenschaftler, Verfasser nordisch geprägter Romane, seit 1924 Hobby-Landwirt auf dem Hof Mölenhoff bei Plön und bei den Kollegen wegen seiner großsprecherischen Art unbeliebt, stimmt ihm zu, aber bevor es zu einer Einigung kommen kann, will Erwin Guido Kolbenheyer die *Rechtsgrundlage* geklärt wissen, auf der dies geschehen solle. Josef Ponten fragt nach den Befugnissen der heutigen Sitzung: Darf sie neue Mitglieder ernennen, sich gegenüber der Gesamtakademie abgrenzen? Schäfer meint, die Abteilung sei dem Recht nach preußisch, im Gedanken deutsch, Stehr stimmt dem zu. Blunck fragt, ob das Vorgehen des Ministers, neue Mitglieder zu ernennen anstatt sie von der Akademie wählen zu lassen, rechtens gewesen sei, und beantragt, dies im Nachhinein zu genehmigen. Vesper hält ein Aufgehen des preußischen Kultusministeriums in ein Reichskultusministerium für wahrscheinlich und plädiert für vorläufiges Verbleiben bei Ersterem. Stehr bittet, *aus persönlichen Gründen* von der Versammlungsleitung entbunden zu werden, und schlägt die Behandlung von Tagesordnungspunkt 2 vor: Wahl des Vorsitzenden und seines Stellvertreters. Ponten hält das für verfrüht, man müsse sich erst über die *Satzung der Organisationsform* klar werden. Die laufende Sitzung solle Schäfer leiten, da Stehr *aus persönlichen Gründen* zurückgetreten sei. Präsident von Schillings, kurzzeitig wieder im Saal, bittet, den Blickpunkt *immer auf das Wesentliche gerichtet* zu halten. Schäfer, per Akklamation neuer Versammlungsleiter, stimmt dem zu. Kolbenheyer erläutert seine Vorstellungen zur Satzung einer Deutschen Akademie, Börries von Münchhausen schlägt eine Mittagspause vor, aber findet kein Gehör. Wilhelm von Scholz, Lyriker, Dramatiker, Romanautor, Herr auf Schloss Seeheim am Bodensee, will schnellstmöglich einen Vorsitzenden wählen, Hans Grimm stimmt dem zu, aber schließt das Amt für sich selber aus. Blunck hält die Bestimmung eines Arbeitsausschusses für die Formulierung einer Satzung für ebenso wichtig, Max Halbe und Grimm schließen sich an, *damit endlich fruchtbare Arbeit geleistet werde.* Blunck formuliert zwei Anträge: *1) Die Preußische Akademie der Künste, Abteilung Dichtkunst, wählt einen Ausschuß zur Prüfung der Statuten. 2) Der Ausschuß wird den Vorschlag des Herrn Dr. Kolbenheyer und die im Verlauf der Debatte gegebenen weiteren Anregungen prüfen und wird beauftragt, dem Herrn Minister die formulierten Anträge vorzutragen.* Eine Mittagspause wird beschlossen.

Bei der Nachmittagssitzung tritt Wilhelm Schäfer *aus persönlichen Gründen* als Versammlungsleiter zurück, Binding nimmt seinen Platz ein. Man schreitet zur Wahl des Vorsitzenden, aber kann sich über die Modalitäten nicht einigen – den 1. Vorsitzenden auf Zettel, den 2. auf Vorschlag des 1., den Schriftführer per Akklamation? *Ponten bittet, die Wahl auszusetzen, bis die Frage geklärt sei, auf welche Zeit der Vorstand gewählt werde. Binding bezeichnet diese Frage als Aufgabe des nachher zu wählenden Satzungsausschusses. Schäfer sagt, er sei nach Berlin gekommen unter der Voraussetzung, daß hier die deutschen Dichter zusammengetreten seien, um die Aufgaben der Akademie festzulegen. Binding lehnt diese Auf-*

fassung ab. v. Scholz betont, daß, solange kein neues Statut angenommen sei, das alte Statut in Geltung bleibe. Nach diesem Statut regele sich also auch die Zeitdauer, für die der neue Vorstand gewählt werde. Binding stellt fest, daß auch für diesen Punkt der Minister der Akademie volle Autonomie zugesichert habe, und bezeichnet noch einmal die Wahl des Vorsitzenden als unbedingt dringend, weil sie der neugegründeten Akademie das Gesicht gebe. Schäfer bestreitet die Auffassung von Scholz, nach welcher es angängig sei, den Vorsitzenden im Rahmen der bisherigen Statuten zu wählen. Binding tritt dann in die Wahl des 1. Vorsitzenden ein, die durch Zettelabstimmung geschehen soll. v. Münchhausen und Stehr erklären, daß sie aus persönlichen körperlichen Gründen eine etwaige Wahl nicht annehmen können.

Gewählt wird, wenig überraschend, Hanns Johst. Er hat bisher meist geschwiegen, jetzt nimmt er die Wahl mit ein paar Worten an: Sie sei, ganz abseits von seiner Person, ein *Bekenntnis der deutschen Dichter zu gewissen Prinzipien der nationalsozialistischen Idee* und *starker Ausdruck* dafür, dass *niemand das Recht habe, die Nationalsozialisten als Barbaren zu bezeichnen.* Er bittet, sein *Temperament* und sein *Tempo* zu berücksichtigen, *praktische Arbeit* sei *etwas anderes als Diskussion* (womit er vermutlich darauf hinweisen will, dass er wenig da sein wird), und ernennt Hans Friedrich Blunck zu seinem Stellvertreter. Werner Beumelburg ergreift das Wort, ein gutaussehender Mann, 1899 geboren, vor Verdun im Einsatz, Eisernes Kreuz II. Klasse, Kriegsbuchautor mit hohen Auflagen. «Ypern 1914», «Flandern 1917», «Die stählernen Jahre», «Sperrfeuer um Deutschland», «Gruppe Bosemüller», allesamt an Ernst Jüngers «In Stahlgewittern» orientiert, ohne dessen literarische Qualität zu erreichen, aber kommerziell weit erfolgreicher. In der Akademie ist er Nachfolger Oskar Loerkes als Schriftführer (Sekretär ist lateinisch und daher abzulehnen). Er verlangt, dass *von nun an und sofort praktisch gearbeitet* werde.

Es wird bis in den Abend debattiert, am nächsten Morgen geht es weiter, den ganzen Tag lang, mit Anträgen, Gegenanträgen, Spitzfindigkeiten und Streit. Die Wahl der neuen Mitglieder erscheint vielen im Nachhinein unbefriedigend, sie nennen neue Namen, die neue Grundsatzfragen aufwerfen: Gibt es ein Mindestalter für die Aufnahme? Was sind die Voraussetzungen? Welche Machtbefugnisse haben Akademiesenatoren, sprich: jene vom Präsidenten ernannten Mitglieder, die ihn beraten und die Akademie nach außen vertreten? Entscheiden sie oder die Vollversammlung über die Satzung? Sind Senatoren auf Lebenszeit ernannt oder ist ihre Amtszeit begrenzt? (Kolbenheyer droht, im letzteren Fall den Senat umgehend zu verlassen.) Die Schaffung einer «Deutschen Akademie» erweist sich als ebenso unmöglich wie in den Jahren zuvor: Wer finanziert sie? Wer ist für sie zuständig? Der preußische Kultusminister? Die Kultusminister der Länder? Trotz fehlender Voraussetzungen beschließt man die Umbenennung. Heftiger Streit entbrennt darüber, ob Heinrich Lersch oder Hermann Claudius der Aufnahme würdiger sei. Josef Ponten ist mit fast allem nicht einverstanden und besteht darauf, dass sein jeweiliger Protest im Protokoll festgehalten werde. Gegen Abend des zweiten Tages schließt Hanns Johst die Sitzung mit den Worten, dass alle *im Grunde das Gleiche* wollen und dass die Akademie *jetzt ganz anders im Volke* stehe *als früher.*[14]

Gottfried Benn ist am zweiten Tag nicht mehr erschienen, Oskar Loerke nur noch deprimiert: *Die guten Alten triumphieren, Emil Strauß, Hermann Stehr. Sie fühlen sich jetzt würdig und wichtig. Man hat ihnen auch Senatsstellen gegeben. Im Übrigen waren die Herren Nationalisten unter sich. Schäfer, immer zu hysterischen Wutausbrüchen neigend, brüllend, schwarzer Alberich. Das tückische aufgeblasene breiige Nichts Kolbenheyer, stundenlang redend. [...] Die alten Mitglieder wurden absolut ausgeschaltet, außer mir: Stucken, Molo, Scholz, Benn, Seidel, Halbe. [...] Der beste unter den neuen ist Hans Grimm. Ein Mensch, ein Dichter. Durch die hohlen, üblen Radaubrüder Schäfer und Kolbenheyer geriet die Sitzung auf ein unwahrscheinlich schäbiges Niveau. Nicht zu verachten ist auch die rücksichtslose Strammheit Will Vespers.*[15] Trost sucht Oskar Loerke wie immer in der Musik, jetzt auf einem besonders edlen Instrument: dem bei ihm untergestellten Flügel Albert Einsteins.

Ina Seidel berichtet ihrer Mutter: *Dass eine «Deutsche Akademie der Dichtung», wie wir fortan heißen, ohne Thomas Mann, Ricarda Huch u. mehrere andere Namen nicht in Wirklichkeit vollzählig genannt werden kann, versteht sich von selbst, aber ich enthalte mich jetzt bewusst der Kritik. Der Minister (Rust) begrüßte uns mit einer längeren Ansprache, die sehr gut war; er wirkte durchaus sympathisch. Dann wurden wir uns selbst überlas-*

sen und «konstituierten» uns; d. h. Agnes und ich verhielten uns nach dem Wort «das Weib schweige in der Gemeinde» und – dachten uns nur unseren Teil. Es ging teilweise recht lebhaft zu und das, was man «menschlich» zu nennen pflegt, kam nicht zu kurz. Ich höre es ja ganz gern, wenn Männer sich anbrüllen. Münchhausen fand es nötig, sich zu «unserem Ritter» aufzuspielen – nachmittags legte er uns Rosen hin. Auch Ponten machte Anläufe dazu, indem er uns versicherte: «Wenn Sie nicht da wären, meine Damen, ginge es noch ganz anders zu!» Er wurde aber von Max Halbe bedeutet: «Ponten, Sie haben es doch wirklich nicht nötig!» Er wurde überhaupt recht oft geduckt, und zum Schluss hatte ich, wenn ich ihn ansah, immer den Eindruck: meine Katze hat Bauchweh. Von der Sitzung darf ich nun nicht weiter berichten. Du wirst die Neuwahlen in der Zeitung gelesen haben: Rudolf Huch und Isolde Kurz waren von mir vorgeschlagen, ich freute mich riesig, dass beide durchkamen. Ebenso stammt der Ausdruck «Kammer der Beiräte» aus meinem Köpfchen – der Ausdruck, nicht die Sache selbst.[16]

Mit Agnes meint Ina Seidel die ostpreußische Balladendichterin Agnes Miegel, 54 Jahre alt, unverheiratet, kinderlos, als junge Frau von zarter Anmut, jetzt breit und schwer geworden, von Unterleibsleiden und Knochenschmerzen geplagt. Sie ist Einzelkind, hat Hauswirtschaftslehre studiert, war Deutschlehrerin in England, hat als Kinderkrankenschwester gearbeitet und zehn Jahre lang ihren erblindeten Vater betreut. Die Mutter, geistig umnachtet, starb in einer Anstalt. Sie ist selbst immer wieder schwermütig, fühlt sich einsam, zurückgesetzt, dem Leben nicht genügend. Ihr als modern und kühn empfundenes dichterisches Talent beeindruckte früh, einer ihrer ersten Förderer war Börries von Münchhausen, angeblich auch ihr Liebhaber, bevor er sie verließ, «Standesunterschiede» sollen der Grund gewesen sein. Nach einer weiteren unglücklichen Beziehung war das Thema Männer für sie erledigt, sie ist nur noch Frau unter Frauen, mit der Haushälterin Elise als ständiger Begleiterin im fernen Königsberg. Ihre große Liebe ist die sechs Jahre jüngere Ina Seidel. Sie ist ihr 1912 erstmals begegnet, seitdem ist Ina Seidel für sie der Inbegriff von Schönheit, Kraft und Tüchtigkeit. *Ich kann nicht lang ohne ein Lebenszeichen von Dir existieren, ich brauche es seelisch und körperlich,* schrieb sie der Freundin im Januar 1933. *Dir ist eine lebensstärkende Wirkung auf mich gegeben, die noch jenseits von Bewunderung und Liebe steht, schon ganz und gar ins Übersinnliche geht aber eben da ist.*[17] Das «Übersinnliche» spielt eine wichtige Rolle in Agnes Miegels Leben. Schon als Kind habe sie plötzliche Eingebungen und Visionen gehabt, das Schicksal von Menschen intuitiv erkennen können. Ina Seidel bewundert die dichterische Kraft der älteren Freundin und fühlt sich für sie verantwortlich, aber hat oft so viel zu tun, dass sie die Freundschaft nicht angemessen pflegen kann. Einer der Hauptgründe für Agnes Miegels Reise zur Akademiesitzung in Berlin dürfte der Wunsch gewesen sein, Ina Seidel wiederzusehen.

Agnes Miegel ist Hitler-Anhängerin. Sie hat 1914 die drohende Einnahme Ostpreußens durch die Russen erlebt, seitdem verehrt sie Hindenburg und Ludendorff als «Helden der Schlacht von Tannenberg» und glaubt, wie viele ihrer Landsleute, dass ihre durch den «polnischen Korridor» vom Reich getrennte, zwischen Polen und der Sowjetunion liegende Heimat nur durch Hitlers harte Hand dauerhaft deutsch bleiben kann. (Bei den Wahlen am 6. März erzielte die NSDAP in Ostpreußen das beste Ergebnis überhaupt.) *Ich wende mich, täglich mehr (innerlich) dieser neuen Zeit zu, sie ist für Deutschland, am allermeisten aber für uns im Ostland, nicht nur der neue Weg, sondern der einzige Weg, unendlich hart und mühselig in seinen Anforderungen für jeden, für uns Alte der Weg über uns selbst – aber DER Weg, auf dem unser Volk in eine Zukunft geht, – in eine große Zukunft, setzt mein Herz hinzu, und der Weg, der uns allein noch einmal vor letzter Vernichtung bewahrte.*[18] Sie hat Goebbels sprechen hören: *Ein überwältigend-großartiger Redner – ich habe so etwas, auch von Redekunst, noch nie gehört.*[19] Das schreibt sie Lulu von Strauß und Torney, geboren 1873 in Bückeburg, Lyrikerin und Prosaschriftstellerin, Gattin des Verlegers Eugen Diederichs, bei dem Agnes Miegels Bücher erscheinen. Lulu von Strauß und Torney ist sowohl für Agnes Miegel wie für Ina Seidel eine mütterliche Freundin. Alle drei sind bestens mit Börries von Münchhausen bekannt, den sie schätzen, aber wegen seiner Eitelkeit, Sprunghaftigkeit und Arroganz auch häufig kritisieren.

— 6 —

Zwei Welten

Er sei ein *viel zu guter Deutscher,* schreibt Thomas Mann an Albert Einstein, als dass der Gedanke *dauernden Exils* nicht einen *sehr schweren Akzent* für ihn bedeute. Es habe *ungewöhnlich Falsches und Böses* geschehen müssen, um ihn in diese Lage zu drängen – und ja, *falsch und böse* sei sie, diese *ganze «Deutsche Revolution»,* der alle Merkmale einer echten Revolution fehlten. *Es kann nichts Gutes daraus kommen, ich glaube es nimmermehr, weder für Deutschland, noch für die Welt, und bis zum Äußersten vor den Mächten gewarnt zu haben, die dies moralische und geistige Elend brachten, wird gewiß einmal ein Ehrentitel für uns sein, die wir nun möglicherweise daran zugrunde gehen.*[1]

Für einen guten Deutschen hält sich mit Sicherheit auch Rudolf G. Binding. Er wurde 1867 in Basel als Sohn des Rechtswissenschaftlers und Strafrechtsprofessors Karl Lorenz Binding geboren, der ihm in seiner mentalen Geradlinigkeit stets unerreichbares Vorbild blieb – Straftaten waren für Vater Binding «Normverletzungen», die bestraft werden mussten, um das Gleichgewicht zwischen dem Staat in seiner Schutzfunktion und seinem auf Abwege geratenen Untertanen wiederherzustellen. In seinem Todesjahr 1920 erschien seine mit dem Psychiater Alfred Hoche gemeinsam verfasste Schrift «Die Freigabe der Vernichtung lebensunwerten Lebens», in der er europäische Tendenzen zusammenfasste und, ohne es zu wissen, den Nazis in ihren Euthanasie-Programmen in die Hände spielte (weshalb die Stadt Leipzig ihm ihre 1909 verliehene Ehrenbürgerwürde 2010 wieder aberkannte). Sein Sohn Rudolf G.(eorg) war ein mittelmäßiger Schüler, brach das Studium der Jurisprudenz und Medizin ab und interessierte sich vor allem für Pferde, von denen man alles lernen könne, was man als Mensch brauche – Geduld, Disziplin, Ästhetik, Zucht, Adel, Manieren, Weisheit, Sozialverhalten und vieles mehr. Er kaufte und verkaufte

Rennpferde, nannte als seinen Beruf «Sachverständiger Beurteiler und Kenner der englischen Vollblutzucht». Tadellos reitend, schlank, elastisch, mit blaugrauen Augen und einem ebenmäßigen Gesicht, wurde er bald Vorbild für Kameraden – den «Göttergleichen» sollen sie ihn genannt haben.[2] 1907 heiratete er eine Cousine, aber liebte nebenher eine Andere – beide Frauen, so scheint es, haben das Spiel mitgemacht. Als Vierzigjähriger, von schwerer Krankheit genesend, entdeckte er das Schreiben als seine eigentliche Berufung, aber war ehrlich genug, zuzugeben, dass sich das nicht jeder leisten könne. *Als junger Mensch habe ich nie daran gedacht den Weg einzuschlagen, auf dem ich nun schon seit einer Reihe von Jahren gehe,* beschied er einem jungen Kollegen. *Und wenn ich es schließlich getan habe, dann nur, weil ich warten konnte. Und das konnte ich nur, weil ich Vermögen hatte.*[3] 1913 wurde er für einige Zeit Bürgermeister der Gemeinde Buchschlag bei Offenbach. Im Weltkrieg war er Rittmeister.

Nach Kriegsende begann Bindings literarischer Ruhm. Große Romane gab es nicht von ihm, aber Novellen wie «Reitvorschrift für eine Geliebte» oder «Der Opfergang» erlebten hohe Auflagen. Sein eigentliches Bemühen galt der Lyrik. Bei öffentlichen Lesungen bestand er darauf, jedes Gedicht zwei Mal vorzutragen, da man beim ersten Mal den Sinn nicht voll erfassen könne. In die Akademie gewählt wurde er 1931, auf Vorschlag Walter von Molos, zunächst nicht zu seiner Freude, aber einmal Mitglied, wurde er sogleich aktiv, machte Eingaben, beklagte Missstände. 1933 besuchte er Gerhart Hauptmann auf Hiddensee und lernte dort dessen Sekretärin Elisabeth Jungmann kennen, eine schöne, schwarzhaarige Jüdin, fast dreißig Jahre jünger als er selbst. Sie verliebten sich ineinander, seitdem ist sie seine Lebensgefährtin.

Dass der Nationalsozialismus ein neues *Volksethos* schaffen könne, glaubte Binding zunächst nicht. Dazu sei diese Ideologie *zu fanatisch, zu parteiisch im schlechten Sinne, zu anspruchsvoll ohne eigentlichen Inhalt,* die *Grosssprecherei* sei kein *ethisches Verhalten,* und die *Millionen,* die ihr folgten, täten dies aus *Unzufriedenheit,* aus *falschen Hoffnungen,* aus *Eitelkeit,* und *Geltungsbedürfnis.*[4] Aber als in der «Kölnischen Zeitung» ein offener Brief Romain Rollands erscheint, in dem er das «neue Deutschland» mit *Füßen getreten*, mit *Blut befleckt und verhöhnt durch seine «nationalen» Regierenden* nennt, widerspricht Rudolf G. Binding mit den Argumenten deutscher Intellektueller, die vom Nationalsozialismus überrollt wurden und zur eigenen Gewissensberuhigung alles tun, ihn vor sich selbst und anderen zu rechtfertigen: Es gelte *ein VOLK* zu *begreifen,* das sich *befreit* habe. Romain Rolland könne leicht *international* sein, denn er *habe* eine Nation, noch dazu die *nationalste* von allen. Deutschland hingegen habe *vierzehn Jahre lang* keine gehabt, sich *nicht als Volk fühlen* dürfen. Nicht die *Verfassung von Weimar* habe Deutschland regiert, sondern das *Diktat von Versailles.* Nun habe einer die *seelische Marter,* die *Nichtexistenz,* die *Unebenbürtigkeit ZERBROCHEN*, das sei die *eigentliche Wahrheit des Geschehens.* Er selbst habe der Bewegung nie angehört, aber müsse sagen: *Vor diesem Geschehen, wie wir es an uns erfuhren […] vor dieser Einung aus der Kraft, DEUTSCHLAND ZU WOLLEN, verstummt alles*. Er leugne keine der von Romain Rolland vorgebrachten Anklagen, aber es seien *RANDERSCHEINUNGEN*, die den *KERN* und die *WAHRHEIT des Geschehens* nicht berührten. Noch sei alles *Beginn. Aber ein Volk glaubt an sich, das nicht mehr an sich glaubte. Und sein Glaube macht es schön.*[5]

Der Ausschluss linksgerichteter und vor allem jüdischer Mitglieder aus der Akademie empört ihn, Alfred Mombert erhält einen Brief ehrlichen Bedauerns. Aber die Akademie jetzt aus Protest zu verlassen, erscheint ihm unehrenhaft, wie eine Art Fahnenflucht – gerade jetzt, wo der Wind schärfer weht, dürfe man nicht kneifen. In einem langen Brief hat er Gerhart Hauptmann zum Bleiben überredet, aber der Austritt Thomas Manns schmerzt ihn und ist seiner Meinung nach gänzlich unnötig – das neue Regime bedroht ihn nicht, seine Bücher werden weiterhin in Deutschland verkauft, warum begibt er sich ohne Not ins Abseits? *Sie verlassen UNS*, schreibt er Anfang April 1933 an Thomas Mann. *Sie verlassen uns ohne zu bedenken welche Schwächung Sie uns mit diesem Schritt zufügen. […] Dienen wir nicht der Nation? Der Nation auch in ihrem Wandel. Ich diene keiner Regierung und weiche also auch keiner Regierung. Insofern kommt zu dem tiefen Bedauern das ich Ihnen ausgedrückt habe und dessen mehrfachen Grund ich Ihnen dargelegt zu haben glaube, noch ein Unvermögen Ihren Schritt als Folge einer Haltung zu begreifen.*[6]

Thomas Mann hat andere Sorgen. Ständig erreichen ihn Nachrichten aus Deutschland, er bespricht sie bis zur Ermüdung mit anderen Emigranten, dennoch ist Deutschland immer noch seine Heimat. Was seine Kollegen dort tun, kann er nur mit Kopfschütteln betrachten: *Wie sieht es aus in diesen Menschen? Man wäre, käme man zurück, ein Fremder, der sich nicht zu benehmen wüßte. Wunderliches Erlebnis, daß einem, während man gerade draußen ist, sein Land irgendwohin davonläuft, sodaß man es nicht mehr wiedergewinnen kann.*[7] Er ist hin- und hergerissen, dennoch trennt ihn von Rudolf G. Binding ein tiefer Graben. Ins Tagebuch notiert er: *Konnte es nicht unterlassen, Binding einen ironischen Brief zu schreiben.*[8]

Der Brief ist nicht erhalten, aber zwei Sätze daraus haben Binding so verletzt, dass er sie zitiert: Wie *unglaublich gut* er sich *in der Neueröffnungsrede der Akademie zu «benehmen»* wisse und welches *Vergnügen* es sein müsse, der Akademie *heute anzugehören,* wenn man nur *eben den rechten Sinn für die rechte Stärke* habe. Binding weiß, wovon Thomas Mann spricht: Am 26. April 1933 hat er in der Akademie eine Rede gehalten «Von der Kraft des deutschen Worts als Ausdruck der Nation». Darin hat er den historischen Umbruch des «neuen Deutschlands» anerkannt und in einem oder zwei Sätzen dem «Führer» seinen Respekt gezollt, sonst aber, wie er meint, nichts gesagt, was als Anbiederung verstanden werden könne. Gesinnungslumperei will er sich nicht vorwerfen lassen, auch nicht von Thomas Mann – er sei ein deutscher Patriot, damals wie heute. *Ich habe mich IMMER SO benommen; nur: Sie wissen es nicht*, schreibt er ihm.[9] Thomas Mann habe die «deutsche Revolution» verpasst und verschanze sich hinter einer ablehnenden Haltung, weil er ohne Gesichtsverlust nicht zurückkehren könne. *Selbst ganz ruhige und kühle Menschen waren mitgerissen und hingerissen. Es wehte uns etwas an was nicht gewaltsam heraufbeschworen war sondern was im Gegenteil in einer Wechselwirkung zwischen dem Beschwörer und der ungeheuren Masse eines beschworenen Volkes sich deutlich dartat und eben dieses Hinreissende war.* Thomas Mann im Tagebuch: *Für gestern nachzutragen: ein langer und moralisch stupider Brief von Binding. Ich weiß noch nicht, ob ich ihn beantworte.*[10]

Zwei Welten: Menschen, die sich gut kennen und dieselbe Sprache sprechen, stehen einander verständnislos gegenüber. Emigranten können nicht anders, als das Schlechte in Nazi-Deutschland zu sehen, und weil sie genügend Anlass dazu haben, werfen sie alle, die dort leben und arbeiten, mit dem Schlechten in einen Topf. Die im Land Gebliebenen können nicht anders, als nach positiven Aspekten Ausschau zu halten und das Schlechte, das auch sie sehen, in der Hoffnung schönzureden, dass es sich irgendwie in Gutes verwandeln möge. *Ich spräche eine ungeheure Lüge aus, wenn ich sagte, dass ich diese Zeit beglückt erlebe,* schreibt Hans Grimm an Börries von Münchhausen. *Ich erlebe sie voll leidenschaftlicher Hoffnung, dass aus dem Gähren trotz der vielen und scheußlichen Unreinheit am Ende wirklich der saubere Wein Hitlers wird.*[11] Was ist das, Herr Grimm?

— 7 —

Draußen und drinnen

Im Sommer 1933 schreibt Lion Feuchtwanger im französischen Exil seinen Roman «Die Geschwister Oppermann». Er erzählt darin die Geschichte der gemeinsamen Eigentümer einer gleichnamigen Berliner Möbelfirma. Der Firmengründer trug noch Kippa und Bart, sein Porträt hängt im Büro, seine Nachfahren sind typische Vertreter eines erfolgreich assimilierten Judentums. Gustav, der Älteste, lebt zurückgezogen in seiner Villa in Grunewald und schreibt an einer Biografie über Lessing, Martin, der Mittlere, führt die Firma als kluger Geschäftsmann, Edgar, der Jüngste, ist Arzt mit eigener Klinik. Der Druck der Nationalsozialisten wächst. Antijüdische Drohungen gehen ein, Schmierereien verunstalten Oppermann'sche Schaufenster. Eine Namensänderung in Deutsche Möbelwerke nützt nichts, eine jüdische Firma bleibt eine jüdische Firma. Martins Sohn Berthold gerät an einen Nazi als Deutschlehrer, der ihm eine Verunglimpfung des Cheruskerfürsten Hermann vorwirft und öffentliche Buße verlangt. Der Schuldirektor, Hugenotte, Teil der alten Welt, nimmt Berthold in Schutz, aber kommt gegen den scharfen Nazi nicht an. Der Firma Oppermann wird ein «arischer» Teilhaber aufgezwungen, Martin muss für das Ankleben judenfeindlicher Plakate eine Gebühr entrichten, Edgar darf seine Klinik nicht mehr betreten. Der junge Berthold verweigert öffentliche Buße und verübt Selbstmord.

Gustav setzt sich in die Schweiz ab und überdenkt sein Leben. Wofür steht er? Wie stellt er sich zu den Ereignissen? Er beschließt, unter falschem Namen in Deutschland Widerstand zu leisten. Ein Neffe in Zürich, angehender Ingenieur mit großen Plänen, hält das für Unsinn – Märtyrer gebe es genug, gegen Maschinengewehre sei man machtlos, Bertholds Tod sei überflüssig gewesen. Galilei habe das Richtige getan und angesichts der Folterwerkzeuge sofort widerrufen.

Er war eben ein großer Mann. Da er genau gewußt hat, daß sie sich doch bewegt, warum sollte er nicht sagen, sie bewege sich nicht?[1] Er selbst würde, wenn es sein müsse, zehnmal «Heil Hitler!» rufen und sich seinen Teil denken. Gustav hört nicht auf ihn, kehrt nach Deutschland zurück, wird enttarnt, kommt ins KZ, leidet Qualen und stirbt kurz nach seiner Entlassung an Herzschwäche. Man findet bei ihm einen Talmud-Spruch: Es ist uns aufgetragen, am Werk zu arbeiten, aber es ist uns nicht gegeben, es zu vollenden.

Mit unheimlicher Klarheit sieht Feuchtwanger den Weg voraus, der zu den Vernichtungslagern im Osten führt. Seine Schilderungen der Zustände in deutschen Konzentrationslagern sind von äußerster Drastik. Aber was ist seine Haltung? Verteidigt oder verurteilt er das Märtyrertum? Entschuldigt er Deutsche, die «Heil Hitler!» rufen und sich ihren Teil denken? Oder fordert er sie auf, Gustav Oppermanns Beispiel zu folgen und sich in einen Kampf zu werfen, der kaum Aussicht auf Erfolg hat? Was macht es mit Menschen, sich dauerhaft zu etwas zu bekennen, dem sie innerlich nicht zustimmen? Können Schriftsteller «Heil Hitler!» rufen und hoffen, dass ihr Werk davon unbeeinflusst bleibt? Kann man gleichzeitig lügen und die Wahrheit sprechen? Feuchtwangers Roman erscheint im November 1933 im Amsterdamer Querido Verlag, allerdings unter dem Titel «Die Geschwister Oppenheim» – ein Professor Oppermann aus Hannover hatte sich durch die Nennung seines Namens im Buchtitel eines jüdischen Autors desavouiert gesehen und Feuchtwangers noch in München lebenden Bruder unter Druck gesetzt. In England erscheint der Roman unter seinem Originaltitel, in Deutschland nach dem Krieg auch.

In Zürich will Klaus Mann eine Zeitschrift gründen. Er ist nicht der Einzige: Wer in der Heimat publiziert hat, will es auch im Ausland tun. Die «Weltbühne» erscheint als «Neue Weltbühne» in Wien, das «Tage-Buch» als «Neues Tage-Buch» in Paris, zahlreiche andere Publikationen sind geplant oder etabliert, alle mit dem Ziel, zu warnen, aufzurütteln, das NS-Regime von außen zu bekämpfen, und alle mit dem gleichen Problem: An wen wenden sie sich? Emigranten bedürfen in ihrer Ablehnung Hitler-Deutschlands keiner Ermunterung und haben meist mit der eigenen Existenzsicherung genug zu tun. Nach Deutschland, wo die eigentlichen Adressaten sitzen, sind die Vertriebswege versperrt. Außerdem ist auf die Befindlichkeit der Länder Rücksicht zu nehmen, in denen man Gastrecht genießt, die ihrerseits das nationalsozialistische Deutschland mit Sorge betrachten. Wer hier allzu forsch agiert, macht sich unbeliebt. Es bleibt der rein literarische Ansatz. Exilierten Autoren ein Forum zu bieten, ihre Stimme hörbar zu machen, ihnen die Möglichkeit künstlerischer Aussage zu erhalten, ist ehrenhaft und unverdächtig und für die meisten Exil-Zeitschriften das Aushängeschild, unter dem sie operieren, so auch für Klaus Mann und seine geplante Zeitschrift, die den Namen «Die Sammlung» erhalten soll.

Klaus Mann hat Glück. In Amsterdam hört Fritz Landshoff von seinen Plänen. Früher Mitinhaber und Geschäftsführer des Gustav Kiepenheuer Verlags in Berlin, ist er nach dem Verlust seiner besten Autoren und seiner jüdischen Herkunft wegen nach Holland emigriert und hat mit Emanuel Querido, dem Besitzer von Em. Querido's Uitgeverji N. V. in der Keizersgracht 333 in Amsterdam den deutschsprachigen Querido Verlag gegründet. Fritz Landshoff kontaktiert Klaus Mann in Zürich, der eilt nach Amsterdam, stürzt sich in die Arbeit. Eine enge Freundschaft beginnt. Emanuel Querido, ein sephardischer Jude, 1871 als Sohn eines Diamantenschleifers in Amsterdam geboren, nach Fritz Landshoffs Erinnerung ein *weißhaariger Mann von kleiner Statur und großem Temperament, humorig-patriarchalisch, mit blitzblauen Augen und einem verwitterten, lustig klugen Gesicht,*[2] unterstützt die Bemühung. *Wir wollen zeigen, was heute, außerhalb Deutschlands Grenzen, für Deutschlands Kultur und für die Kultur Europas weiter und fortwährend geleistet wird,* heißt es in einer Ankündigung. *Diese Leistungen wollen wir sammeln: Erzählungen, Gedichte oder Dramen, kulturpolitische, literarische, historische Essays.*[3]

In Klaus Manns Vorwort zur ersten Nummer im September 1933 ist der Ton schon ein anderer: *Eine literarische Zeitschrift ist keine politische; die Chronik der Tagesereignisse, ihre Analyse oder die Voraussage der kommenden macht ihren Inhalt nicht aus. Trotzdem wird sie heute eine politische Sendung haben. Ihre Stellung muss eine eindeutige sein. Wer sich die Mühe machen wird, die Hefte unserer Zeitschrift zu verfolgen, soll nicht zweifeln dürfen, wo wir, die Herausgeber, und wo unsere Mitarbeiter stehen. Von Anfang an wird klar sein, wo wir hassen und wo wir hoffen lieben zu dürfen.*[4]

Aufmacher ist eine scharfe Polemik Heinrich Manns «Sittliche Erziehung durch deutsche Erhebung»: So nachhaltig sei die Zerstörung der Demokratie durch den Nationalsozialismus, dass *künftige Geschlechter* nicht einmal mehr den *Begriff* kennen würden, die *Rückwärtserziehung einer ganzen Nation* habe eingesetzt, die *neue sittliche Erziehung* verbinde *Gewaltanbetung mit der Lust an fremdem Leid,* der *Rassenstaat* verlange *von den Seinen,* dass sie *den Tod Anderer ruhig mit ansehen.* Die Tatsache, dass Studenten bei der Bücherverbrennung heimlich Bücher aufgehoben und unter der Jacke versteckt haben, für Erich Kästner ein Zeichen stillschweigender Verehrung, ist für Heinrich Mann ein Beleg weiterer Niedertracht: sie hätten Bücher nicht nur «verbrannt», sondern zudem noch «gestohlen». In der Rubrik «Glossen» geht es zur Sache. Eine Rede des bayerischen Kultusministers und Zeitungsverlegers Hans Schemm wird höhnisch seziert, ebenso Johann von Leers Buch «Juden sehen dich an»: *Das kleine Buch, das diesen schrecklichen Titel trägt, muss jeder gesehen haben, der über das moralische und intellektuelle Niveau dieses Hitler-Deutschlands mitreden will – der ermessen möchte, WAS DORT ÜBERHAUPT MÖGLICH ist. Wir fragen uns vergeblich, wann ein solcher Grad von Infamie und Unwissenheit in der Geschichte des Erdteils jemals erreicht wurde.* Klaus Manns eigener Beitrag heißt «Gottfried Benn oder Die Entwürdigung des Geistes»: *Entsetzt* sei er über die *Tiefe seines sprachlichen und moralischen Niveaus, durch die Unhaltbarkeit und Verwirrtheit seiner Argumente und durch die lügenhaften Angriffe gegen im eignen Land Wehrlose,* ihm zu antworten sei überflüssig. *Was nutzt es zu polemisieren? Halb pathologisch, halb nur gemein entwürdigt sich ein grosses Talent vor unseren Augen. Es ruiniert sich auch, während es sich prostituiert.* Einen *Verrat am Geist* habe Gottfried Benn begangen, wie er *sogar in DIESEM Deutschland ohne Beispiel* sei.[5]

Gottfried Benn liest die erste Nummer und ist, wie man sagt, stinkwütend: *Das Gemeinste und Niederträchtigste an Gesinnung, das Frechste an Verleumdung, das ich gesehen habe,* schreibt er Hans Friedrich Blunck.

Das geht nun in ALLE Länder Europas und macht uns lächerlich und gemein. Keinem der beteiligten Schriftsteller würde ich mehr auch nur die geringste Hilfe angedeihen lassen, und keinem, der ihnen nahesteht. Er habe nachgezählt: von *28 Schriftstellern* seien *24 Juden, von den restlichen 4 haben Heinrich und Thomas Mann Jüdinnen zur Frau.* (Was nicht stimmt: Thomas Manns Frau Katia Pringsheim ist zwar Jüdin, aber Heinrich Mann ist seit 1930 von seiner jüdischen Frau Maria Kanová geschieden und hat ein Verhältnis mit der «arischen» Bardame Nelly Kröger, die ihm nach Südfrankreich folgen will oder bereits gefolgt ist.) Er werde nichts mehr *unterstützen,* sagt Benn, *was zum Fischer Verlag tendiert, der ja nach wie vor, noch so getarnt, seine jüdische Literatur propagiert.* Er selbst werde auf bodenlose Art verunglimpft – *«halb pathologisch, halb gemein», «Narr», «heimtückisch», «niederträchtig» – so spaltenlang. Nur, weil man sagt: ich bin für Deutschland. Also bei mir ist jetzt Schluss mit jeder Sentimentalität.*[6]

Aber auch im Fischer Verlag selbst regt sich Widerstand. Gottfried Bermann Fischer, Schwiegersohn des zunehmend unter Demenz leidenden Verlagsgründers Samuel Fischer und Geschäftsführer des bedrängten Verlags, beschwert sich bei Thomas Mann: *Ich kann Ihnen versichern, daß unsere Lage, in die wir durch die unverantwortliche Haltung des «Sammlung»-Herausgebers gebracht worden sind, um nichts «widerwärtiger» ist als die Ihre. […] Man mag draußen die allgemeine Situation besser beurteilen und klarer übersehen können, die verheerende, ganz und gar negative Wirkung dieser leider ganz unfundierten Artikel jedoch, wie sie in der ersten Nummer der «Sammlung» zu finden sind, sehen WIR besser […] und bekommen es zu spüren. […] Die öffentliche Polemik wirkt nur, wenn sie nicht von Emigranten und vor allem nicht von Juden kommt. Diese aber sollten sich von diesen Dingen fernhalten, damit sie nicht jedem Hetzblatt und jedem Hetzer hier die Möglichkeit geben, immer neue Schmutzkübel über uns auszuschütten.*[7] (Die konziliante Haltung in Deutschland ausharrender Juden, unter ihnen Bermann Fischer selbst, war Thema weiterer scharfer Kritik in der ersten Nummer der «Sammlung».)

Thomas Mann distanziert sich, wenn auch schweren Herzens, von der Initiative seines Sohns: *Kann nur bestätigen, daß Charakter der ersten*

Nummer Sammlung ihrem ursprünglichen Programm nicht entspricht. Ergänzen Sie meine Erklärung logischerweise dahingehend, daß mein Name von der Liste getilgt wird – denn darauf läuft sie hinaus. René Schickele folgt seinem Beispiel: *Bin von politischem Charakter «Sammlung» peinlich überrascht, da gelegentlich Mitarbeit für rein literarische Zeitschrift in Aussicht gestellt. Stehe mit Querido in keinerlei Verbindung, halte mich auch weiterhin von allem Derartigen ausdrücklich fern.* Desgleichen Alfred Döblin: *Desavouiere jede schriftstellerische und politische Gemeinschaft mit Herausgeber der Zeitschrift «Sammlung». Bitte das in geeigneter Form schleunigst bekanntzugeben. Tendenz der Zeitschrift war mir unbekannt.*[8] Das «Börsenblatt für den deutschen Buchhandel» druckt die Telegramme ab, währenddessen erscheint Thomas Manns «Die Geschichten Jaakobs» bei S. Fischer in Berlin. Erika Mann schreibt ihrem Bruder: *Uns ist bei unserer Jugend eine große Verantwortung aufgeladen in Gestalt unseres unmündigen Vaters. Ich habe ihm soeben einen politischen Großbrief geschrieben, voll Beratungen und Beschwörungen. Aber da er jedem zugängig ist, der auf ihn einschwätzt, warum nicht uns, die wir es besser meinen.*[9]

Klaus Mann hat einen schweren Stand. Sogar Gefährten aus dem eigenen Lager wenden sich ab. Franz Schoenberner, ein aufrechter Mitstreiter, findet Heinrich Manns Leitartikel *aggressiv ohne bedeutend* zu sein. *Mit Nazis diskutiert man nicht. Es hat keinen Sinn, sich zu entrüsten, sich zu verteidigen u. anzugreifen. Auf den Geist kommt es an und auf die Leistung.*[10] Annette Kolb will nicht mitmachen, aus einem einfachen Grund: *Falle ich nämlich unter den Emigrantenparagraph, so sind meine letzten Groschen dahin.*[11] Auch Stefan Zweig, mit dem Klaus Mann fest gerechnet hat, zieht sich zurück: *Ich bin keine polemische Natur, ich habe mein ganzes Leben lang nur FÜR Dinge und FÜR Menschen geschrieben und nie gegen eine Rasse, eine Klasse, eine Nation oder einen Menschen [...] Kleinliche impotente Angriffe halte ich für ein Ärgernis, für ein Unglück und möchte sichtbar zeigen, daß ich nichts mit diesem Kampf zu tun habe, der nach meiner Meinung unserer Sache nur schadet. Ich denke da natürlich nicht an den deutschen Markt, der ist längst verloren, aber ich denke sehr an die Menschen, die in Deutschland sind und denen wir, statt zu helfen, heute nur schaden und ich erkläre ruhig, daß ich jeden Angriff für ein Unglück halte, der nicht große geistige Linie hat, der nur stichelt und nicht trifft.*[12] Zum Schluss fällt ihm noch sein Onkel Heinrich in den Rücken: *Dein Vater ist der Meinung, Du hättest meinen Artikel erst im 3. Heft bringen sollen, inzwischen wäre sein Buch erschienen. Ich gebe ihm recht und meine übrigens, Du kannst auf direkte Behandlung der Zeitereignisse leicht verzichten. Man kann die Wahrheit indirekt sagen …*[13]

Im Moskauer Exil schreibt Johannes R. Becher ein Gedicht:

Thomas Mann und Alfred Döblin
Haben an Goebbels gerichtet
Ein Telegramm, sie warben um ihn
Herr Goebbels sei falsch unterrichtet.

Es sei ihr Name zu Unrecht genannt
In der Zeitschrift, «Die Sammlung» geheißen.
Sie haben sich damit selbst entmannt.
Ihr Verleger wird sie nun preisen.

Jahrzehnte später und lange nach Klaus Manns Tod schreibt Fritz Landshoff im Vorwort zu einer Faksimile-Ausgabe der «Sammlung»: *Die der Veröffentlichung der Telegramme folgenden scharfen Angriffe in der Exilpresse sowie der verschiedenen nazifeindlichen deutschen Zeitungen außerhalb des Reichs vergrößerten durch ihre Haltung und Form sowie durch teilweise unrichtige Unterstellungen die negative Wirkung und zeigten nur allzu deutlich die Meinungsverschiedenheiten innerhalb des Exils.*[14]

— 8 —

Nur eine Unterschrift

Der Völkerbund, 1920 gegründet, soll die internationale Zusammenarbeit fördern, Konflikte entschärfen, die Einhaltung von Friedensverträgen überwachen. Flankierend versucht die Genfer Abrüstungskonferenz seit 1932, die Rüstung der teilnehmenden Länder auf ein für alle akzeptables Niveau zu senken – ein nobler, in Deutschland von Anfang an umstrittener Plan. Denn das Deutsche Reich, als Verlierer des Weltkriegs auf ein 100 000 Mann-Heer beschränkt, ist militärisch den europäischen Nachbarn weit unterlegen, weshalb, so die deutsche Argumentation, ein Gleichgewicht nur dann erreicht werde, wenn es die eigene Truppenstärke aufstocken dürfe, während die anderen sie zurückführen. England, Frankreich und Italien wollen davon nichts wissen, was in Teilen des Auslands den Eindruck erweckt, Deutschland werde ungerecht behandelt. Hitler, dem jede Opferrolle Deutschlands recht ist, sieht die Chance für eine riskante und spektakuläre Demonstration deutschen Selbstbewusstseins und verkündet am 14. Oktober 1933 in einer von Friedensbezeugungen durchdrungenen Radiorede den Rückzug aus der Abrüstungskonferenz und den Austritt aus dem Völkerbund. Eine Befragung soll zeigen, ob die Bevölkerung einverstanden ist: *Billigst Du, deutscher Mann, und Du, deutsche Frau, diese Politik Deiner Reichsregierung, und bist Du bereit, sie als den Ausdruck Deiner eigenen Auffassung und Deines eigenen Willens zu erklären und Dich feierlich zu ihr zu bekennen?* 95,1 Prozent der Befragten stimmen zu.[1]

Die Abteilung für Dichtkunst der Preußischen Akademie will da nicht abseitsstehen und bereitet ein «Gelöbnis treuester Gefolgschaft» an Hitler vor. Wer die Idee dazu hat und wer den Text formuliert, ist unklar, von manchen wird Wilhelm Schäfer genannt. Der Wortlaut ist folgender: *Friede, Arbeit, Ehre und Freiheit sind die heiligsten Güter jeder*

Nation und die Voraussetzung eines aufrichtigen Zusammenlebens der Völker untereinander. Das Bewußtsein der Kraft und der wiedergewonnenen Einigkeit, unser aufrichtiger Wille, dem inneren und äußeren Frieden vorbehaltlos zu dienen, die tiefe Überzeugung von unseren Aufgaben zum Wiederaufbau des Reiches und unsere Entschlossenheit, nichts zu tun, was nicht mit unserer und des Vaterlandes Ehre vereinbar ist, veranlassen uns, in dieser ernsten Stunde vor Ihnen, Herr Reichskanzler, das Gelöbnis treuester Gefolgschaft feierlichst abzulegen.

Der Aufruf erscheint am 26. Oktober 1933 in der «Vossischen Zeitung» und in einer Reihe anderer Blätter. 88 deutsche Autorinnen und Autoren unterzeichnen ihn, darunter die Akademiemitglieder Gottfried Benn, Werner Beumelburg, Hans Friedrich Blunck, Peter Dörfler, Max Halbe, Hanns Johst, Oskar Loerke, Walter von Molo, Agnes Miegel, Börries von Münchhausen, Josef Ponten, Wilhelm von Scholz, Ina Seidel, Eduard Stucken und Will Vesper. Ob es Abweichler gegeben hat, lässt sich nicht feststellen, da Unterlagen, an wen der Aufruf gegangen ist, nicht existieren – vielleicht haben ihn einige nicht rechtzeitig erhalten oder wurden schlichtweg vergessen. Gerhart Hauptmanns Name fehlt, ebenso der Erwin Guido Kolbenheyers, sogar Wilhelm Schäfer hat nicht unterzeichnet.

Wer mit Überzeugung unterschrieben hat, kann mit sich zufrieden sein. Andere taten sich schwer, allen voran Oskar Loerke. Die Erklärung habe ihn *völlig zerbrochen,* notiert er in sein Tagebuch, *und mehrere Tage in der vergangenen Woche in einen Zustand gebracht,* in dem er nicht wusste, ob er *würde weiterleben können.*[2] Unterschrieben hat er trotzdem, vermutlich um seinen Brotgeber, den S. Fischer Verlag zu unterstützen. Otto Flake, Elsässer, Fischer-Autor, bekennender Europäer, mit Sicherheit kein Nazi und mit einer «halbjüdischen» Frau verheiratet, beschreibt es 1960 in seiner Autobiografie so: *Der Verlag [...] hatte das Formular für eine an den Reichskanzler (nicht den Führer) zu richtende Loyalitätserklärung mit seinen eigenen Erläuterungen geschickt: in den Papierkorb damit. Nachdem ich eine Reihe Briefe geschrieben hatte, kamen mir die Erläuterungen wieder in den Sinn. Ich fischte sie leider wieder heraus und las: Es sei im Interesse des Verlags, wenn möglichst viele Autoren unterschrieben. Es sei auch mein Interesse und das meiner Frau, lautete eine mit der Hand hinzugefügte Bemerkung. Ich war nicht gerade persona grata bei den Herren Rosenberg und Goebbels. Wenn ich mir durch die Unterschrift Ruhe und meiner Frau Schutz verschaffen konnte, warum nicht.*[3]

Warum nicht – das mögen auch andere gedacht haben. Dass weder Hitlers Name noch das Wort «Führer» in dem Aufruf enthalten sind, mag beruhigend gewirkt haben, *Friede, Arbeit, Ehre und Freiheit,* das *aufrichtige Zusammenleben der Völker* – wer wäre dagegen? Sie haben, wie man sagt, zu kurz gedacht. Ein «Gelöbnis treuester Gefolgschaft» lässt sich nicht umdeuten, und Dichter und Schriftsteller, die sich als Vertreter und Verteidiger des freien Worts sehen und gleichzeitig einem Potentaten, in diesem Fall dem höchst umstrittenen Adolf Hitler, «treueste Gefolgschaft» geloben, müssen wissen, dass sie im selben Moment ihre künstlerische Freiheit aufgeben und nicht mehr Mahner und Aufklärer, sondern Erfüllungsgehilfen sind. Im Herbst 1933 mögen sie sich der fatalen Folgen ihrer Unterschrift nicht bewusst gewesen sein und geglaubt haben, ohne Blessuren weiter künstlerisch tätig sein zu können. Als Entschuldigung taugt das nicht. *Die sich hier selbst angeprangert haben, sollen nie wieder in Frage kommen. Sie seien erledigt!,* ruft Klaus Mann aus Amsterdam.[4] Er nimmt das Verdikt der Nachwelt vorweg: In keiner Biografie, in keinem Lexikon, in keinem Wikipedia-Eintrag wird fortan der Hinweis fehlen, dass sie oder er im Oktober 1933 Hitler «treueste Gefolgschaft» gelobt hat. Für das Gros der Nachgeborenen wird das genügen, sie oder ihn literarisch und menschlich auf alle Zeit zu disqualifizieren.

— 9 —

Das haben Sie vorzüglich gemacht!

Im Mai 1933 liegt Hans Fallada nach einem Nervenzusammenbruch im Märkischen Sanatorium in Waldsieversdorf bei Buckow. Eine Rückkehr in das Berkenbrücker Haus verbietet sich nach der Denunzierung durch das Vermieterehepaar, aber aus Verträgen herauszukommen und finanzielle Verpflichtungen rückgängig zu machen, ist schwierig. Fallada hat seit Monaten nichts geschrieben, Persönliches bleibt liegen. Seine Zustände erinnern ihn an *Erscheinungen,* wie er sie als Zwanzigjähriger *nach einem großen Ereignis* hatte – gemeint sind die Jahre in der Psychiatrie, ausgelöst durch die Schüsse am Uhufelsen, durch die sein Schulkamerad Hanns Dietrich von Necker starb. Empfänger seiner Mitteilung ist Johannes Kagelmacher, Bauer aus Gudderitz auf Rügen, bei dem er in seiner Zeit als Drogenabhängiger oft untergekrochen ist. Kagelmacher hat seinen Hof inzwischen verloren, haust in Leipzig in einem möblierten Zimmer und beschäftigt sich mit Astrologie, der Strahlung von Steinen und anderen okkulten Dingen. An seinem Niedergang ist Fallada nach Ansicht von Kagelmachers geschiedener Frau nicht unschuldig – bevor er in Gudderitz auftauchte, sei ihr Mann ein tüchtiger Landwirt gewesen. Aber die Freundschaft zwischen Fallada und Kagelmacher ist geblieben und für den abergläubischen Fallada wichtig, weil Kagelmacher, wie er glaubt, ihm die Zukunft voraussagen kann. Jetzt, im Mai 1933, prophezeit Kagelmacher *ungewöhnliche und starke Dinge,* die Fallada um seinen vierzigsten Geburtstag in Angriff nehmen müsse, *sie mögen noch so unwahrscheinlich aussehen,* bis zu seinem *70. Geburtstag* werde sich eine solche Konstellation nicht wiederholen. Gleichzeitig warnt er, dass Fallada *immer in der Gefahr eines plötzlichen Schmerzes* stehe.[1]

Am 18. Juli 1933 bringt Falladas Frau Anna, genannt Suse, in einem Berliner Krankenhaus die Zwillinge Lore und Edith zur Welt,

Edith stirbt nach wenigen Stunden. Fallada ist erschüttert, macht sich Vorwürfe, Suse zu viel zugemutet zu haben. Den Eltern gegenüber wiegelt er ab: Keine *noch so große Sorgfalt* hätte die Tragödie verhindern können, und Kinder, die eine Gehirnblutung überlebten, wie sie das kleine Wesen offenbar gehabt habe, würden häufig *eine mehr oder weniger leichte Geistesstörung davontragen. So ist es nur ein Segen, dass die kleine Edith daran gestorben ist, und Suse nimmt und sieht es auch so.*[2]

Ein paar Tage später packt ihn Rowohlt-Mitarbeiter Peter Zingler ins Auto und fährt mit ihm durch Mecklenburg. Fallada ist betrunken, deprimiert, von Schlafmitteln benebelt, aber die von Kagelmacher vorausgesagte «günstige Konstellation» (tatsächlich wird er am 23. Juli vierzig Jahre alt) lenkt das Auto in den kleinen Kurort Feldberg, wo ein See am anderen liegt, die Wälder mächtig rauschen und Wiesen vor sich hin träumen, und weiter über eine Schotterstraße in das Dörfchen Carwitz, bis ans Dorfende, wo der Weg aufhört und man nur noch aussteigen kann. Dort steht die Büdnerei Nummer 17 zum Verkauf, ein Wohnhaus unter Buchen und Kiefern mit elektrischem Licht und sieben Zimmern, sieben Morgen Land direkt am Wasser, 500 Meter Uferstreifen, Obstbäumen, einem bestellten Roggenfeld, einem Kartoffelacker, einer Scheune mit Stall, Kuh, Pferd und ein paar Schweinen, einem Erntewagen, einer Dreschmaschine, einer elektrischen Kreissäge, einer Bootshütte mit Boot und, als Dreingabe, einem Hofhund. Fallada, angeblich kaum bei Bewusstsein, greift sofort zu.

Bei einem Besuch im Krankenhaus erschrickt Suse über sein Aussehen. Er entschuldigt sich. Ein Berliner Arzt habe ihn mit Medikamenten und Spritzen für die Carwitzer Vertragsunterzeichnung am 12. August fit gemacht, eine *Pferdekur* sei das gewesen, ein *Ritt über den Bodensee,* und auch in den folgenden Tagen sei er mit dem Gefühl herumgelaufen, *schwer krank und nicht ganz bei Bewusstsein* zu sein. Aber krank oder nicht, Fallada kümmert sich, macht Behördengänge, plant Umbau und Renovierung, beauftragt Handwerker, sucht Arbeitskräfte im Dorf und schläft seit langem wieder *ganz ohne Luminal und nur mit zwei Allional und Brom Nervacit plus* (auch letztere schwere Schlafmittel mit erheblichen Nebenwirkungen).[3] Er kauft Stalldung, vergleicht Heupreise, plant die Gartenbestellung, überwacht die Bauarbeiten und amüsiert sich über Ortsnamen wie Hinterste Mühle und Burg Stargard.

Sein Roman «Kleiner Mann – was nun?» ist in Swinemünde verfilmt worden. Das Drehbuch hat Herbert Selpin verfasst, ein begabter junger Mann, der sich in vielen Bereichen des Films auskennt, nicht zuletzt durch seine Zusammenarbeit mit Friedrich Wilhelm Murnau. Fallada hat es *greulich*[4] gefunden und der Robert Neppach Filmgesellschaft in Wien brieflich die Meinung gesagt. Peter Zingler war bei Dreharbeiten dabei und hat Fallada klarzumachen versucht, dass man, um *den Film heute erfolgreich* zu machen, *gewisse Abänderungen treffen MUSSTE.*[5] Die Mitwirkung der Gesangsgruppe «Comedian Harmonists» wurde gestrichen, drei ihrer sechs Mitglieder sind Juden, aber die Publikumslieblinge Hermann Thimig, Hertha Thiele, Viktor de Kowa, Ida Wüst, Paul Henckels, Blandine Ebinger und Theo Lingen lassen auf einen guten Erfolg hoffen.

Am 10. September holt Hans Fallada seine Frau Suse und das sieben Wochen alte Töchterchen Lore von der Berliner Klinik ins Hotel «Deutsches Haus» in Feldberg. Die Umbauarbeiten in Carwitz verzögern sich, Handwerker brauchen länger, alles wird teurer als geplant. Fallada ist ein penibler Organisator, aber selbst Hand anlegen kann er seines Herzfehlers wegen nicht; eine Lebensversicherungsgesellschaft hat einen Vertrag mit ihm kürzlich abgelehnt. Sein Gefängnisroman liegt ihm auf der Seele. Alles, was mit *diesem schrecklichen Buch* zusammenhänge, falle ihm *doch sehr schwer*, klagt er Suse.[6]

Immer wieder kommen Störungen. Aus Prag meldet sich Willy Haas, 1891 dort geboren und im März 1933 nach mehrmaliger Durchsuchung seiner Berliner Wohnung dorthin geflohen. 1925 hat er in Berlin gemeinsam mit Ernst Rowohlt die Zeitschrift «Die Literarische Welt» gegründet und dem noch unbekannten Hans Fallada die Möglichkeit erster Veröffentlichungen gegeben. Jetzt soll «Die Literarische Welt» als «Welt im Wort» in Prag neu erstehen, Beiträge in Deutschland gebliebener Autoren wären eine wichtige Stärkung. Aber was 1925 eine willkommene Gelegenheit war, ist 1933 ein Problem. Hans Fallada nimmt Rücksprache mit Ernst Rowohlt: *Ich schicke Ihnen in der Anlage einen Brief von Willy Haas aus Prag, der mich zur ständigen*

Mitarbeit an einer von ihm zu gründenden Wochenschrift auffordert. Ganz abgesehen davon, dass mir Haas nicht übermäßig sympathisch ist, und auch davon, dass ich ja gar keine Zeit habe, möchte ich keinesfalls an solch einem Emigrantenblatt mitarbeiten. Ich denke, Sie sind meiner Ansicht, habe aber sicherheitshalber Haas noch nicht geantwortet.[7] Ernst Rowohlt rät zu *äusserster Vorsicht,* es sei eine *ganz schwierige Sache.* Zwar sei die geplante Publikation *nicht direkt* ein *Emigrantenblatt,* aber Willy Haas wolle sie gemeinsam mit Otto Pick herausgeben, der sei Redakteur der «Prager Presse», und die sei wiederum die *offizielle deutsche Zeitung der tschechischen Regierung,* das mache in Deutschland *vielleicht doch keinen besonders guten Eindruck.* Fallada solle sich mit Zeitmangel entschuldigen, er selbst werde sich ähnlich verhalten.[8]

Dann sorgt ein Brief von Falladas amerikanischem Verleger Richard L. Simon für Unmut. Vermutlich in der Annahme, einen Gleichgesinnten zu haben, hat er sich freimütig über die Zustände in Deutschland geäußert. Fallada ist *gar nicht entzückt,* besonders weil er glaubt, dass der Brief geöffnet und von der Zensur gelesen wurde. *Dass Simon [...] ausgerechnet mich zum Empfänger seiner Ansichten über Hitlerismus und Nazismus macht, ist mir sehr unangenehm,* klagt er Rowohlt.[9] Der ist seinerseits auf den New Yorker Verlag schlecht zu sprechen, denn der hat, wahrscheinlich um die Kauflust seines Publikums zu befeuern, in einer Anzeige behauptet, dass der «Kleine Mann», *the most popular book in Germany since «All quiet on the Western Front»,* NOCH verkauft werden dürfe, dann aber nachgeschoben, dass er nun doch den Zorn der Nazis erweckt habe und verbrannt worden sei. Rowohlt ärgert sich: Der Verkauf hat in Deutschland zwar nachgelassen, aber liegt immer noch bei etwa 100 Exemplaren täglich, was soll diese Behauptung? Außerdem stimmt etwas nicht mit der Abrechnung. Warum sind nur 22 938 Exemplare als verkauft gemeldet, wo doch der Book-of-the-Month-Club allein 48 000 Exemplare abgenommen haben soll? *Sowohl Ihr Freund Simon, wie auch Mr. Schuster scheinen Juden zu sein,* schreibt er Fallada. *Es wirkt auf mich ziemlich lächerlich, daß diese guten Knaben, die doch recht, recht tüchtige Geschäftsleute und gerade im Begriff sind, uns in der widerlichsten Weise schädigen zu wollen, so sentimentale Weltbeglücker Deutschland gegenüber markieren wollen.*

Ich muß offen und ehrlich sagen, lieber Meister Ditzen, ich nehme an, daß es Ihnen ähnlich gehen wird, daß ich dafür wenig Sinn habe. Ich habe auf Simon&Schuster einen wahnsinnigen Zorn [...] Das, was die Leute da treiben, ist gelinde gesagt einfach Gaunerei. [...] Das ist nun einmal die Meinung des Auslandes, das sich eben vorstellt, daß wir hier unter einem Riesenterror regiert werden, was ja, wenn man diese Leute einmal persönlich beim Wickel hätte, in 5 Minuten zu widerlegen wäre. Ich habe diesen ganzen Emigrantenschwindel und das ganze Getue der Ausländer und ihre angeblichen Besorgnisse um Deutschland, weiß Gott, dicke.[10]

Die Prager Zeitschrift «Welt im Wort» ist schon nach wenigen Ausgaben pleite. *Ich war, noch einmal in meinem Leben, ein alberner Idealist,* schreibt Willy Haas an René Schickele nach Sanary-sur-Mer. *Ich dachte, es sei noch ein Publikum da für Dichtung und grundsätzliche Zeit-Analyse, ohne aktuelle Politik. Ich habe mich wieder einmal zwischen sämtliche Stühle gesetzt. [...] Ich hasse den Hass und will ihn nicht in mir aufkommen lassen. [...] Wenn man sein Volk – ich ernenne mich aus eigener Vollmacht noch immer zum deutschen Volksgenossen – so genau kennt wie Sie und ich [...] mit allen seinen Untiefen und Höhen: Kann man jetzt plötzlich losbrüllen? Nein, ich kann es nicht. Sie, glaube ich, auch nicht. [...] Es ist das Unglück meines überdetaillierten alten jüdischen Gehirns, dass ich die Dinge immer noch zu wenig ernst nehme. Erst das Giftgas, an dem man ja doch früher oder später krepieren wird, wird mich endgültig überzeugen, wie ernst das Leben ist. [...] Sie haben's besser getroffen, Sie sind wenigstens nicht Jude!*[11]

Am 10. Oktober 1933 bezieht Hans Fallada mit Ehefrau und zwei Kindern sein neues Heim in Carwitz. Sechs Tage verbringt er mit Einräumen, dann sind *alle Mappen und Mäppchen* geordnet, die Weiterarbeit am Gefängnisroman kann beginnen. Wieviel hat er bis hierher geschrieben? Die Forschung hat herausgefunden: 339 Seiten, gut 200 liegen noch vor ihm. *Ich schreibe jeden Tag an die 15 Druckseiten – gestern sogar 23!* lässt er die Eltern wissen, *und das ist es eben, was Suse meine Übertreibung nennt. Sie hat – wie immer – zehnmal recht, und dem Buch ist dies gehetzte Arbeiten sicher auch nicht gut, aber ich muss durch. [...] Ich bin skeptischer als je, aber auch da hat Suse recht, ich habe noch jedes meiner Bücher beim Arbeiten sauschlecht gefunden.*[12] Bei einer

Fahrt nach Feldberg stürzt er vom Rad, der linke Arm ist voller Blutergüsse, an Tippen ist nicht zu denken, aber der Roman muss fertig werden. Dora Preisach kommt aus Berlin, seine bevorzugte Sekretärin, Fallada diktiert ihr bis zu zwanzig Seiten täglich. Als Jüdin bereitet sie ihre Ausreise nach Palästina vor. Am 9. November 1933 ist Falladas Gefängnisroman fertig. In 23 Tagen hat er 204 Druckseiten geschrieben, diktiert und korrigiert. Ernst Rowohlt ist nach der Lektüre *ungeheuer erregt,* läuft mehrere Tage in einem *höchst sonderbaren Zustand* herum[13], im Verlag geht das Manuskript von Hand zu Hand, wer es liest, kann nicht aufhören. Nach einigem Hin und Her einigt man sich auf den Titel, der zum Klassiker wird: «Wer einmal aus dem Blechnapf frißt». Schon vor dem Erscheinen sind zahlreiche Auslandslizenzen verkauft. Aus London schreibt der Literaturagent Carl Ehrenstein: *Seit Jahren hat mich kein Buch so begeistert wie der «Blechnapf». Und ich erkläre hiermit ernst, ernster und feierlich, dass damit verglichen alle Bücher, die ich bisher bei Putnam empfohlen habe, reines 100 %iges Blech sind.*[14]

Noch eine Kleinigkeit ist zu erledigen: Eine Neuauflage des «Kleinen Mannes» ist fällig. Im ersten Teil kommt der «Nazi Lauterbach» vor, eine tumbe, hemdsärmelige, nicht einmal sonderlich unsympathische Nebenfigur, die jüdische Witze erzählt und bei einer politischen Kundgebung verprügelt wird. Darf er bleiben oder nicht? Hans Fallada meint nein und bietet an, die Korrektur so auszuführen, dass kein neuer Umbruch nötig ist. Buchstaben zählend verwandelt er den «Nazi Lauterbach» in den «Torwart Lauterbach», der keine jüdischen Witze mehr erzählt und nicht verprügelt wird, weil er *eifrig und mit Hingabe für seine politischen Ideen* geworben, sondern weil er mit *äußerster Hingabe und wahrer Aufopferung für den Sport seiner Heimatstadt das Tor gehalten* hat. Alles andere belässt er: *Ich habe weder Lämmchens Neigung zur K. P. D., noch Frau Nothnagels Klage über die Antisemiten getilgt, das alles gehört zur Atmosphäre des Buches, zu der Zeit, in der es entstand und in der es spielt, und tut auch niemandem weh. Nur eben die Anrempelung der SA ist gefallen. Und das ist ja auch richtig.*[15] Der Verlag dankt: *Wir haben wieder Ihre ausserordentliche Geschicklichkeit bei derartigen redaktionellen Änderungen bewundert. Das haben Sie vorzüglich gemacht!*[16]

— 10 —

Jahresende 1933

Propagandaminister Goebbels plant eine Reichskulturkammer und bootet damit seinen Rivalen Robert Ley aus, der Künstler pauschal in die Deutsche Arbeitsfront eingliedern will. Der Reichskulturkammer soll eine Reichsschrifttumskammer angegliedert werden – wozu braucht man die? Ist nicht die Deutsche Akademie der Dichtkunst höchste Autorität in Sachen Literatur? Akademiemitglieder sind beunruhigt, Briefe gehen hin und her, wobei jeder dem sein Herz ausschüttet, dem er sich persönlich und gesinnungsmäßig am meisten verbunden fühlt – die Fraktionierung innerhalb der Abteilung ist in vollem Gange. Besonders empört ist Erwin Guido Kolbenheyer, der seit Monaten an einer Satzung mit ganz ähnlichen Prinzipien arbeitet, wie sie Goebbels offenbar vorhat. Will Vesper schlägt einen «Kampfbund der deutschen Dichter» mit Aufteilung in «Gaugruppen» unter der Schirmherrschaft von Kultusminister Rust vor, wird aber belehrt, dass dessen Stern im Sinken sei, weshalb man von solch einem Plan lieber absehe. Hanns Johst beteiligt sich an keiner Spekulation, entweder weil er Stillhalten für die momentan beste Strategie hält oder über Informationen verfügt, die andere nicht haben.

Die Gründung der Reichskulturkammer findet am 15. November 1933 im Großen Saal der Berliner Philharmonie im Beisein Hitlers statt. Wilhelm Furtwängler dirigiert, Friedrich Kayssler rezitiert, Heinrich Schlusnus singt. Dr. Goebbels nennt die Kunst der untergegangenen Epoche *Experiment, Spielerei oder Bluff,* nur *geweihte Hände* hätten das Recht, *am Altar der Kunst zu dienen,* aber weist auch darauf hin, dass keine *Gesinnung* die *Kunst ersetzen* könne. Er schließt mit dem oft zitierten Wort Ulrich von Huttens: *O Jahrhundert! O Wissenschaft! Es ist eine Lust zu leben!*[1]

Präsident der Reichsschrifttumskammer wird Hans Friedrich Blunck. Dessen Tätigkeit als 2. Vorsitzender der Dichterakademie wird dadurch zum Nebenschauplatz und zieht die Dichterakademie selbst mit hinab. Hans Grimm schreibt an Börries von Münchhausen: *Für mich geht es augenblicklich darum, ob die Akademie stark und wirklich wird, oder ob sie in Lächerlichkeit verfällt und verschwindet.*[2] Münchhausen hat an der Eröffnungsfeier der Reichskulturkammer gar nicht erst teilgenommen. Man hatte ihm vier Tage vorher eine Platzkarte geschickt, vermutlich weil jemand anderes abgesagt hatte. *Ich habe abgelehnt zu kommen,* lässt er Will Vesper wissen, *da ich erstens so kurz vorher nicht mehr über meine Zeit verfügen kann, und da zweitens ein Platz in der 30. Reihe mir weder für meine Schwerhörigkeit noch für meine Stellung im Schrifttum angemessen erschien.*[3]

Ein Rundschreiben des Rowohlt Verlags erläutert Autoren und Mitarbeitern die neue Lage: *Zur Eingliederung in die «Reichsschrifttumskammer» haben sich alle deutschen Schriftsteller (auch Nichtarier) dem «Reichsverband deutscher Schriftsteller» anzuschließen. Es haben sich zu melden alle Buchautoren und alle belletristischen Mitarbeiter bei Zeitungen und Zeitschriften, wissenschaftliche Fachschriftsteller, Filmschriftsteller, Übersetzer, Lyriker, Textdichter, Bühnenschriftsteller, Funkschriftsteller und Kritiker aller Art. Die Meldung hat bis zum 15. Dezember zu erfolgen. [...] Ohne diese Mitgliedschaft ist eine Publikationsmöglichkeit nach dem Kulturkammergesetz in Buch, Zeitschrift oder Zeitung für Sie nicht mehr möglich.*[4]

Akademiepräsident Max von Schillings ist am 24. Juli unerwartet in Berlin gestorben, an einer Lungenembolie infolge einer Darmkrebsoperation. Im Großen Sitzungssaal der Akademie ist der Sarg aufgebahrt, eine *Fülle kostbarster Kränze* ehrt den Toten[5], der größte und prächtigste kommt von Ministerpräsident Göring. Auch Nebenräume und Treppenhaus sind voller Blumen. Gottfried Benn hält die Totenrede, meint zwar, Max von Schillings habe sich *mit ihm* angefreundet und nicht umgekehrt, weshalb er nur *kurz u. sehr allgemein* sprechen werde[6], wird aber dann doch recht ausführlich: Der *Verstorbene* habe *die Güte* gehabt, ihn noch einmal sehen zu wollen, eine *unvergeßlich lebendige Stunde* lang habe er mit ihm *geistige und weltanschauliche Fra-*

gen ausgetauscht, die sie beide *seit Beginn des Jahres so tief durchwühlten. [...] Was für eine grandiose, was für eine rätselhafte deutsche Bewegung hatte sich hochgekämpft und trug uns nun alle, eine politische Bewegung, aber eine, die von einem neuen deutschen Menschen sprach, eine Bewegung, die nach Macht strebte, aber um diese Macht zur inneren Züchtung und moralischer Restauration anzusetzen, – nein noch rätselafter: eine Revolution, deren Thesen die Probleme der Kunst, die feinsten formalen Vibrationen des Dichterischen mit der gleichen Wucht, mit dem gleichen Ernst umschloß, wie die Probleme des Wirtschaftlichen und des Materiellen, ja es schien jene geheimnisvolle Beziehung zwischen dem Staat und dem Genius, von der die Geburt der Tragödie spricht, sichtbar zu werden, diese wunderbare große Hieroglyphe, SIE erblickte der Verstorbene und fühlte sie am deutschen Himmel angekündigt und erklingen.* Nicht die Stimme des Präsidenten habe aus Max von Schillings gesprochen, *sondern die ewig ringende und ruhelose Stimme des schöpferischen Menschen, des gezeichneten Menschen, für den es kein Halten gibt am Rand der sichtbaren Welt.*[7] Die Rede erscheint im Oktober 1933 im Sammelband «Der neue Staat und die Intellektuellen», der neben der gleichnamigen Rundfunkrede vom 24. April und Benns «Antwort an die literarischen Emigranten» auch Essays vergangener Jahre enthält.

Insgesamt dreizehn Aufsätze, Texte und Wortmeldungen hat Gottfried Benn im Jahr 1933 veröffentlicht.[8] Das evangelische Pfarrhaus, dem auch er entstammt, spielt in ihnen als Zuchtstätte wertvollen Erbguts eine wichtige Rolle[9], das alles überspannende Thema ist die Züchtung selbst. Im Aufsatz «Geist und Seele künftiger Geschlechter» verteidigt Benn die deutsche Eugenik in der Schaffung von *Erbgesundheitsämtern,* die nach einem *Punktesystem* Empfehlungen aussprechen, nach denen Ehen *verhindert, genehmigt* oder *besonders gutgeheißen* würden. In Deutschland würden zu wenige Kinder geboren, zu viele seien *Schwachsinnige,* das koste den *Staat enorme Summen,* die natürlich zu *Lasten der Gesunden* gingen, weshalb eine zwangsweise Sterilisierung von 10 Prozent der Bevölkerung in Deutschland als richtig angesehen würde, in den USA liege die Zahl noch weit höher. Hier hat Benn recht: Seit 1907 werden «Schwachsinnige» in den USA systematisch zwangssterilisiert, in Schweden auch, propagieren muss man es deshalb nicht. Benn tut es trotzdem: Der *größte völkische Terrorist und großartigste Eugeniker aller Völker* sei Moses gewesen, der habe eine ganze Generation *bewusst zugrunde gehen* lassen, um nur *das gute Material* nach Kanaan zu führen und habe *Rassenvermischung* durch *Prügelstrafen, Handabhauen, Steinigung, Erschießen, Feuertod* und dergleichen geahndet.[10] An anderen Stellen äußert er sich noch krasser.

Warum sich Benn so weit aus dem Fenster lehnt, weiß nur er selber. Er zahlt einen hohen Preis. Im Ausland wird sein Name nur noch mit Abscheu genannt, von Klaus Mann und den Seinen sowieso, aber auch von Menschen, die ihn geliebt haben, zum Beispiel von Thea Sternheim, der Ex-Gattin des Dramatikers Carl Sternheim. Jahrelang war sie mit Benn befreundet, hat Gedichte von ihm kopiert, sie mit Rimbaud verglichen, *wer in Deutschland* schreibe Gedichte wie er[11], hat nächtens oft lange mit ihm telefoniert, sich Rat und Trost geholt, erotisches Fluidum verspürt, vielleicht auch erlebt. Sie wusste um seine Verführungskraft und die Gefahr, die er für Schwächere darstellen kann (ihre Tochter Mopsa soll ihm geradezu verfallen gewesen sein), aber nahm es hin als Teil seiner wichtigen und bedeutenden Persönlichkeit. Jetzt klebt sie fassungslos Zeitungsartikel aus seiner Feder in ihr Tagebuch, nennt den Aufsatz «Züchtung» das *Non plus ultra der Entmenschung,* man habe *fortwährend das Bedürfnis, sich die Hände zu waschen, jede Erinnerung auszukotzen.*[12] Nach der Lektüre des Sammelbands «Der neue Staat und die Intellektuellen» schreibt sie: *Das schmeckt nach Jauche. Welche Beschmutzung aus dem Untersten her. [...] Ach, welche Erniedrigung, an diese Sklavenseele meine Freundschaft vergeudet zu haben!*[13] Dabei fällt ihr Benns jüngerer Bruder ein, Theodor Benn, Leutnant des Weltkriegs, als Mitglied der Schwarzen Reichswehr wegen angeblicher Beteiligung an Fememorden 1926 zum Tode verurteilt, zu Zuchthaus begnadigt, 1929 amnestiert, seit Januar 1930 NSDAP-Mitglied. Und sie denkt an Benns Rolle bei der Erschießung der britischen Krankenschwester Edith Cavell im Herbst 1915, die er als Militärarzt in Brüssel begleitet und 1928 in einem Aufsatz *unvermeidbar* genannt hat. Er habe sich, meint Thea, *schon während des Weltkriegs die nationalistischen Sporen verdient.*[14] Früher hat sie dieses biografische Detail nicht gestört.

Aber auch im Inland schwindet Benns Rückhalt. Bürgerlichen und National-Konservativen war er schon immer suspekt, jetzt rücken sie ganz von ihm ab. In der Akademie spielt er kaum noch eine Rolle, im offiziellen Literaturbetrieb kommt er immer weniger vor. Der Eröffnung der Reichskulturkammer ist er ferngeblieben. Sein Eintreten für Hitler-Deutschland, sei es aus Anbiederung, Profilneurose, Strategie oder als Resultat angeblich jahrelang gereifter Überzeugungen, hat ihm nichts genützt und seinem Ansehen schwer geschadet. Er hätte schweigen können, aber tat es nicht. Seine Aufsätze sind in seinen Gesammelten Werken nachzulesen.

Benn lässt sich nichts anmerken. *Wollen Sie bitte ganz allgemein niemanden aufklären über mich. Mir liegt so absolut nichts dran. […] Ich lebe so vollkommen isoliert u. für mich, mir ist es ganz gleich, was man von mir hält, lassen Sie mich Ihre private Beziehung sein, das wird mich beglücken.*[15] Das schreibt er Käthe von Porada, fünf Jahre jünger als er, Berlinerin, geschiedene Mutter zweier Töchter, Kunst- und Gesellschaftsdame, in Paris lebend, mit James Joyce und Sylvia Plath bekannt, von Max Beckmann porträtiert. Anlässlich einer Berlinreise im Sommer 1933 soll sie im Auftrag Pariser Freunde seine Bekanntschaft suchen und ihm «politisch auf den Zahn fühlen». Benn empfängt sie im weißen Arztkittel und dreht sogleich den Spieß um: Anstatt sich ausfragen zu lassen, erkundigt er sich angelegentlich nach ihrer Person und ihren Umständen, hält Kontakt zu ihr während ihres Berliner Aufenthalts und schreibt ihr zwischen Juli und Dezember 1933 zahlreiche Briefe, in denen er zur Tagespolitik wenig, zu seiner Gemütslage (oder wie er sie dargestellt sehen will) viel sagt: einsam, vergraben in ärmliches Ärztedasein, voll erotischer Sehnsucht nach der Frau, die er kaum kennt, durchdrungen von der Erkenntnis schicksalhafter Veränderungen in Deutschland und der Frage, was sich beim *Ausgang der weißen Rasse,* von dem er *fest überzeugt* sei, *geistig noch tragen* lasse, als *produktiver Trick,* als *darstellerische Methode,* als *halbwegs ansehnliches Sicheinredenkönnen.*[16] Ermahnungen besorgter Gemüter vom moralischen Hochufer südlicher Gefilde solle man ihm vom Leib halten: *Verlassen Sie doch diesen larmoyanten bürgerlichen Pazifismus! Eine Frau wie Sie! Eine richtige Frau! Ihr Ideal von Mann löst wohl Kreuzworträtsel u. fährt eine Luxusjacht am Lido, ah, lassen Sie mich überhaupt mit Ihrem warmen Meer da ungeschoren, diese Bläue, diese ewige Ansichtskarte, dieser ölige Mittelmeergent u. zum Lunch die Krabben u. Oliven, diese ganzen fettigen Couleurs, dieses verlogene dolce far niente, wo keiner mehr weiß, wovon er seine Stiebel besohlen lassen soll, das alles WAR einmal, long, long ago [...] Schicken Sie mir bitte Aufnahme, wo SIE drauf sind, NUR SIE u. was aus Ihrem Leben. Sie stehn mir etwas nahe, alles andere ist Dreck, ich will nicht. In Gedenken bei Ihnen Ihr Benn.*[17]

Weihnachten 1933 reist er zu seiner Tochter Nele nach Dänemark. *Gott sei Dank, daß die Feiertage mit Essen und Schnaps u. Besuch vorüber sind,* schreibt er seiner Freundin Tilly Wedekind (die von Käthe von Porada nichts weiß).[18] Thea Sternheim höhnt aus der Ferne: *Tilly Wedekind ist Benns Bettgenossin (juhuh!) und scheinbar eine angesehene Dame in Deutschland.*[19] Eine «angesehene Dame» ist Tilly Wedekind im «neuen Deutschland» zwar nicht, die Werke ihres 1918 verstorbenen Gatten Frank Wedekind werden nicht mehr gespielt, als Schauspielerin hat sie kaum noch Auftrittsmöglichkeiten, ihre Geldnot ist akut. Aber ihr emotionaler Lebensmittelpunkt, daran besteht kein Zweifel, ist Gottfried Benn. In ihrer Autobiografie «Lulu die Rolle meines Lebens» bekundet sie, von seinem Eintreten für den Nationalsozialismus abgestoßen und schockiert gewesen zu sein: *Wie war es nur möglich, daß er sich jetzt so irrte, daß er auf diesen hohlen Pomp hereinfiel?*[20] Getrennt hat sie sich von ihm deswegen nicht: *Ich liebe dich, Benn! Mit 2 mit 3 mit 4 mit 5 mit 6 mit 7 mit 8 mit 9 mit 10 Fingern, mit Kopf und Herz, mit Leib und Seele, mit meinem ganzen Sein – bin ich Dein! Tilly*[21] Geschrieben im August 1933.

— 11 —

Eine herzbeengende Lage

Am Neujahrstag 1934 stirbt Jakob Wassermann, sechzig Jahre alt, in seiner Villa in Altaussee. Lebenslang hat er unter Armutsangst gelitten, die Villa war ihm Garant für Schutz und Sicherheit. Eine schwierige Ehescheidung, öffentlich ausgetragener Streit mit seiner Ex-Frau, schwindende Einnahmen und die Ausgrenzung durch die Nationalsozialisten haben ihn verzweifeln lassen. 1873 in ärmsten Verhältnissen als Sohn eines glücklosen Unternehmers in Fürth geboren (lebender Gegenbeweis der Annahme, alle Juden seien reich), hat er sich mit äußerster Zähigkeit unter tausend Entbehrungen einen Platz als Schriftsteller erkämpft, mit Erfolg, auch wenn Kritiker ihn oft nicht in der allerersten Riege sehen. Aber seine Romane haben hohe Auflagen, er hat Leser in England, Frankreich und Amerika. Das Trauma seiner Kindheit und Jugend hat er dennoch nie verwunden, ebenso wenig wie das von ihm empfundene Stigma seiner jüdischen Geburt. In seiner Schrift «Mein Weg als Deutscher und Jude», erschienen 1921, erzählt er vom *Wesen jener Disharmonie,* die ihm *immer schmerzlicher bewusst* werde[1]: das heiße Bemühen, als Jude Teil der deutschen Volksgemeinschaft zu werden, seinen Beitrag anerkannt und gewürdigt zu sehen. Mit seinem Roman «Caspar Hauser oder die Trägheit des Herzens» habe er den Deutschen ein *wesentlich deutsches Buch* geben wollen, das seine *Zugehörigkeit erhärten,* das *Vorurteil der Fremdheit besiegen* würde, statt dessen sei ein *Platzregen von hämischen Beschimpfungen und dünkelhaften Zurechtweisungen* über ihn niedergegangen. Keinen *Fußbreit Boden* habe er gewonnen, und durch alle Kritik seien immer zwei Worte geklungen: *der Jude.*[2] Es sei wie bei einem Arbeiter, der seinen Lohn nie voll ausbezahlt bekomme mit der Begründung, er sei *blatternarbig.* Er schaut in den Spiegel: von Narben keine Spur. Er sagt dies dem Vorarbeiter, der zuckt mit den Achseln: *Du bist als blatternarbig gemeldet, also bist du blatternarbig.*[3] Unvorstellbar sei es, in welch *herzbeengender Lage* man sich als deutscher Jude befinde, mit seiner *Doppelliebe* und seinem *Kampf nach zwei Fronten* sei man hart an den *Schlund der Verzweiflung* gedrängt.[4] *Ich bin Deutscher, und ich bin Jude,* resümiert Wassermann, *eines so sehr und so völlig wie das andere, keines ist vom anderen zu lösen.* Durch seine Person, sein Schreiben wolle er Menschen *eröffnen, ergreifen und erhöhen* und *um der Liebe willen* zusammenführen.[5]

Was 1921 «herzbeengend» war, ist 1933 lebensbedrohend. Die Akademie hat ihn hinausgeworfen. Sein Roman «Etzel Andergast», erschienen 1931, Fortsetzung des Romans «Der Fall Maurizius» von 1928, hat sich gut verkauft, aber der S. Fischer Verlag, der wegen seiner jüdischen Eigentümer selbst in Schwierigkeiten ist, rückt von ihm ab. Der einstige Star-Autor Jakob Wassermann ist zur Belastung geworden. Der letzte Teil der Maurizius-Trilogie, «Joseph Kerkhovens dritte Existenz», kann nur noch im Ausland erscheinen, mit entsprechend geringer Aussicht auf finanziellen Erfolg. Bei einer Verlagsverhandlung im November in Berlin regt er sich so auf, dass er einen Herzanfall erleidet und zehn Tage im Krankenhaus liegt. Entgegen allem Rat reist er nach Holland, übernachtet aus Sparsamkeit in einer ungeheizten Garage, wird immer kränker. *Es scheint, man will mich loswerden,* schreibt er in sein Tagebuch. *«Kerkhoven» wird nun bei Querido erscheinen. Das ganze Leben stülpt sich um. Schwarze Drohung, – dass ich Aussee verliere. Tag und Nacht hängt das wie eine Wolke über mir, dennoch ist es wohl unvermeidlich. Ahasver!*[6] Zum Schluss soll er fast nichts mehr gesagt haben. Marta, seine zweite Ehefrau, findet ihn nachts im Haus umherirrend. Am Silvesterabend sitzt er still am Esstisch, danach legt er Patiencen wie jeden Abend und lässt sich Glucks «Reigen der seligen Geister» vom Grammophon spielen. Das Bleigießen verfolgt er vom Bett aus, um sechs Uhr früh ist er tot.

Sein Tod bestürzt die Kollegen. *Das Aussehen des armen Wassermann war schon bei unserer letzten Begegnung hier, vor 3 Wochen, im Baur au Lac, als er von seiner unsinnigen holländischen Reise zurückkam, so unzweideutig, daß wir ihm kein halbes Jahr mehr gaben,* schreibt Thomas Mann aus Zürich an René Schickele. Er hat den zwei Jahre Älteren um 1895 in München kennengelernt, als beide in Albert Langens

«Simplicissimus»-Redaktion Lohnarbeit verrichteten, und ihn sogleich als ein Talent erkannt, das dem seinen mindestens ebenbürtig war (weshalb er bei Gelegenheit gerne durchblicken ließ, dass er letzten Endes doch der Bessere sei). Jetzt fasst er Leben und Werk des Konkurrenten noch einmal zusammen: *Es ist ein tief melancholischer Untergang nach sehr glänzendem Aufstieg aus Not und Dunkel. Sein Werk hat mir wegen seines gewissen leeren Pompes und feierlichen Geplappers oft ein Lächeln abgenötigt, obgleich ich wohl sah, daß er mehr echtes Erzählerblut hatte als ich. Auch kannte ich seinen heiligen Ernst, seine Vision eines großen Werkes (nicht das Werk, fand ich, war «visionär», sondern sein leidenschaftliches Wunschbild davon, sein Wille) und hielt seine persönliche Freundschaft in Ehren. Die Todesnachricht war mir, ohne dass ich es gleich gemerkt hätte, ein solcher Choc, daß ich mich noch heute nicht davon erholt habe: die Nerven und der Magen versagten, ich war ein paar Tage bettlägrig.* Und zitiert eine Meldung des Berliner Börsen-Couriers: «W. war einer der angesehensten Schriftsteller November-Deutschlands. Mit der deutschen Literatur hatte er so gut wie nichts zu schaffen.» *Soll einen diese stinkende Idiotie nicht unter die Erde bringen? Sehen Sie es sich an: Es ist der deutsche Nekrolog für uns alle.*[7]

— 12 —
Leben am Rand

Morgens –6 ° Frost. Klar, sonnig, eisig. Wind stürmisch, Südwst. Vormittags klar, nachm. bedeckt. Nachts 10mm Regen. Garten umgegraben, 2. Komposthaufen gegründet. Mist dazugefahren. Schweinekoppel gerodet. In den Machner Forst wegen Holz gefahren. Koppelzaun repariert. 11 Ztr. 40 %iger Kali geholt. Schinken u. Speckseiten in den Rauch geschickt. Großer Carwitzer See wieder zugefroren, Schilf gemäht. U.-Hemden f. Suse zugezahlt: –30; Schuhcreme: 1.70; Bürste und Kamm 1.95; Porto –40; Waschmittel (Persil, gr. Seife, Imi) 1.88; ½ Pfund Sultaninen –30; Zigarettenpapier 1.– Reichsverband Deutscher Schriftsteller: 5.–; Pen-Club Jahresbeitrag: 20.–; N. S. D. A.P. Opferung 5.–; Krankenkasse 22,85; 15. Mutter 30,–; Kagelmacher 20.–; Umsatzsteuer 289,60; Einkommensteuer 582.–

Seit dem 1. Januar 1934 führt Hans Fallada einen Kalender. Tag für Tag trägt er ein, was er in Haus und Hof für bemerkenswert hält. Ist er verreist oder liegt er im Sanatorium, hält seine Frau die Ereignisse fest. Persönliches bleibt ausgespart oder äußersten Fällen vorbehalten. An politischen Ereignissen findet sich in mehr als 10 Jahren nur ein Einziges: *1. September 1939 – Kriegsbeginn.* Sonst nur grauer Alltag – freilich Alltag eines Autors, der sich der nationalsozialistischen Realität konsequent zu entziehen sucht.

Die wichtigste Information steht am Schluss: Meist mit Kürzel versehen, notiert Fallada, was und wie viel er an jedem Tag geschrieben hat. Entstehungszeit und Schreibtempo seiner Romane lassen sich genau nachverfolgen. Fallada schreibt erst mit der Hand, dann tippt er seine Texte in hohem Tempo im Zweifinger-System in die Maschine und tätigt dabei erste Korrekturen. Die Endversion diktiert er einer professionellen Schreibkraft, 30 bis 40 Seiten täglich. Dabei geht er kettenrauchend im Zimmer auf und ab, entscheidet über weitere Korrekturen und fragt auch die Sekretärin nach ihrer Meinung. Änderungs- oder Kürzungswünsche des Verlags erledigt er brummend, aber gehorsam.

Am 6. Januar 1934 meldet der Kalender letzte Umbruchkorrekturen an seinem Gefängnisroman «Wer einmal aus dem Blechnapf frisst», am 23. Januar sind sie abgeschlossen, der Roman ist fertig, Fallada will nichts mehr mit ihm zu tun haben – *ich würde es nicht über mich bringen, auch nur eine Zeile in dem Buch zu lesen,* schreibt er an Verleger Rowohlt.[1] So bedrückt hat ihn die Arbeit daran, dass er am 10. November 1933, als die Niederschrift beendet ist, etwas tut, was auch Hans Fallada nur einmal getan hat: Ohne Vorbereitung, ohne Vornotizen, ohne Mitteilung an irgend jemanden, setzt er sich am Nachmittag jenes 10. Novembers hin und beginnt aus dem Stand einen neuen Roman, der sich in seinem Kopf zwischenzeitlich geformt hat. Er arbeitet wie im Rausch, im sicheren Gefühl, diesmal sein bestes Buch zu schreiben. Am 13. Dezember sind 150 Seiten fertig, zehn Tage später sind es 250, Weihnachten kommt heran, zum ersten Mal im neuen Heim, zwei Schweine werden geschlachtet, auch das ein Novum, Rowohlt kommt zu Besuch, isst Wellfleisch mit Behagen, Fallada erlebt alles nur halb bei Bewusstsein, der neue Roman lässt ihn nicht los. Am 8. Februar sind 600 Seiten geschrieben, ab dem 14. diktiert er der Sekretärin Dora Preisach bis zu 60 Seiten täglich, am 28. Februar sind 702 Seiten fertig, Fallada meldet Vollzug: *Gestern Abend ist der Roman fertig getippt worden. Es bleibt dabei: Es ist mein schönstes und reichstes Buch, kein anderes reicht auch nur in seine Nähe. Wir haben am Schluss alle geheult, Suse, Fräulein Preisach und ich. Es war eine aufregende Sache. Heute früh bin ich frei und glücklich wie nach einem schweren Fieber. […] Es ist das erste Mal, dass ich selbst ein Buch von mir rühme. Aber ich muss bekennen: Ich weiss nicht, wie ich dazu gekommen bin, es zu schreiben. Ich habe ziemlich wenig dazu getan (ausser Fleiss).*[2]

«Wir hatten mal ein Kind» heißt das neue Werk. Schauplatz ist Rügen, wo Fallada oft gewesen ist, die Hauptfigur, Johannes Gäntschow, hat er nach eigener Angabe Johannes Kagelmacher nachempfunden, jenem Rügener Landwirt und Hobby-Astrologen, der ihm oft Unterschlupf gewährt hat und jetzt, wie aus dem Kalender ersichtlich, von ihm mit einer monatlichen Zahlung unterstützt wird. Aber nach seinen Briefen zu urteilen ist Kagelmacher ein eher verträumter, weicher Mensch, während Johannes Gäntschow ein Wüterich ist, ein Grobian und Leuteschinder, tüchtig und begabt, aber maßlos. Seine Kindheit ist geprägt von Inzucht und Gewalt, er behandelt seine Frau roh und gefühlskalt, nicht weil sie etwas falsch gemacht hätte, sondern weil er ihrer überdrüssig ist, er drängt sich in die Ehe eines unfallbedingt zeugungsunfähigen Großgrundbesitzers, schwängert dessen Frau, zieht mit ihr in ein einsames Haus im Wald und behandelt sie genau so schlecht wie ihre Vorgängerin. Sein Hof verfällt, die neue Frau verliert ihr Kind und stirbt, es bleiben, so die Schlusszeile des Buchs, *wertlose Unordnung und ein Kinderkleidchen, unbenutzt* – ein Mann zerstört sein eigenes Glück, bleibt allein, weil er es nicht vermocht hat, für die Seinen zu sorgen.

Man hat, weil es sich um einen Bauernroman handelt und im zweiten Jahr des Dritten Reichs Bauern in vielen Romanen pflügend über ihren Acker schreiten, «Wir hatten mal ein Kind» in die «Blut-und-Boden-Literatur» eingereiht. Kein Urteil könnte falscher sein. «Wir hatten mal ein Kind» ist ein Bekenntnisbuch. *Es ist das Buch, das ich mit der größten Liebe geschrieben habe, trotzdem ist es gallenbitter geworden,* schreibt Fallada an Schwester und Schwager.[3] Der Titel erinnert an den Tod des Zwillingstöchterchens vom vergangenen Sommer. Selbsthass, geringes Selbstwertgefühl, das in Grobheit umschlägt, Maßlosigkeit, Sturheit, Selbstüberschätzung sind allesamt Eigenschaften auch Falladas. Um ein Bauernmilieu zu schildern, braucht er keinen Nachhilfeunterricht. Er ist gelernter Landwirt, hat jahrelang auf Gutshöfen gearbeitet, kennt die Abläufe genau. «Wir hatten mal ein Kind» ist ein erneuter Versuch, die eigene Identität und das eigene Schicksal zu entschleiern. Fallada ist ein guter Vater, sein Sohn Ulrich wird ihn einen «Traumvater» nennen, aber nach seinem Tod Jahre brauchen, um über das Chaos hinwegzukommen, das sein kranker, drogensüchtiger, haltloser Vater ihm und seiner Familie in seinen letzten Jahren zugemutet hat. Literarisch ist «Wir hatten mal ein Kind» schwächer als der messerscharfe, knappe Gefängnisroman. Fallada wollte in die Breite gehen, Landschaft beschreiben, das «ewige Dialogisieren» lassen, aber gerade darin liegt seine Stärke. Der gesteigerte künstlerische Anspruch hat dem Werk nicht gutgetan.

Aber Fallada liebt sein neues Buch und bedrängt Rowohlt, es vor dem «Blechnapf» herauszubringen. Rowohlt wehrt ab: Der «Blechnapf» sei in Herstellung, zahlreiche Auslandslizenzen seien verkauft, ein Rückzieher sei unmöglich. In diesem Fall, beharrt Fallada, müssten Publikum und Presse darauf hingewiesen werden, dass hier lediglich die bittere Vorspeise zu einem ungleich schöneren Hauptgericht geliefert werde und verfasst ein Vorwort, mit dem er sich tatsächlich dem Regime andient: *Mit diesem Roman rennt sein Verfasser offene Türen ein: der sogenannte humane Strafvollzug, dessen lächerliche, wie groteske, wie beklagenswerte Folgen auf seinen Seiten dargestellt werden, ist nicht mehr. Während der Autor noch schrieb, verwandelte sich auch dieses Stück der deutschen Wirklichkeit.*

Falladas Eltern sind unglücklich über den Gefängnis-Roman. Sie haben immer zu ihm gehalten, allen Kummer ertragen, ihn jahrelang finanziell unterstützt. Dass er seine kriminelle Vergangenheit thematisiert, ist das Letzte, was sie sich wünschen. *Manchmal haben wir gefürchtet, es würde so kommen,* schreibt ihm die Mutter, *aber nun dachten wir, seit Du innerlich zur Ruhe gekommen wärst, würdest Du Vergangenes ruhen lassen, weil Du doch ein ganz neues Leben mit Suse angefangen hast. Ob es gut für Dich ist, die Vergangenheit wieder aufzuwecken? Die Aufmerksamkeit in dieser Beziehung auf Dich zu lenken?* Sie hält das Buch auch für moralisch fragwürdig. Willi Kufalt, die Hauptfigur im Gefängnisroman, scheitert an der Ablehnung durch die Gesellschaft, wird rückfällig, landet wieder im Knast, während Fallada selbst nach seiner Entlassung von vielen Seiten Hilfe erfahren hat. *Ich weiß, Du wirst sagen, ich schildere ja nicht mein Schicksal, sondern das Anderer, ich sage eins: Verrat, es ist ein ungerechtes Buch.*[4] Der «Verrat», den seine Mutter ihm vorwirft, ist nun ein doppelter: Fallada verrät nicht nur die Menschen, die ihm nach seiner Entlassung geholfen haben, sondern mit seinem Vorwort auch das Buch selbst.

Ist das nicht ein bisschen *ZU entgegenkommend?,* fragt Ernst Rowohlt, das Vorwort betreffend.[5] Aber Fallada lässt nicht mit sich reden und verfasst einen Brief, in dem er sich für das aktuelle Buch entschuldigt und das neue in höchsten Tönen preist. Der Brief soll jedem «Blechnapf»-Exemplar beigelegt werden: *Ich laufe umher im Garten und auf dem Feld, leer und unsagbar glücklich, daß ich dies habe schaffen können: es ist schon eine Wonne zu schreiben. All meine anderen Bücher, vom «Goedeschal» angefangen bis zum «Blechnapf», werden mir blaß und undeutlich vor diesem neuen Buch. Wie ich nach rund zwanzig Jahren städtischen Umhergetriebenseins wieder heimgefunden habe auf das Land, so habe ich, glaube ich, heimgefunden zu meinen liebsten geistigen Vätern: Jean Paul und Wilhelm Raabe. Mir ist, als hätte ich meinen ersten Roman geschrieben, das Buch, das ich wirklich bin. [...] Nicht wahr, das sagen Sie meinen Lesern möglichst bald, daß sie ein ganz anderes Buch von mir zu erwarten haben, ein schöneres, ein reiferes, ein reicheres?! So recht aus meinem Eigenen geschrieben, wie ich heute an diesem Vorfrühlingstage in meinem Eigenen sitze, alles Vogelgetier schwätzt und lärmt und freut sich schon und ist hoffentlich so glücklich wie Ihr Hans Fallada. Geschrieben 4. März Im Mäcklenburgischen – In der Welteinsamkeit – In der Büdnerei Nr. 17*

Mit Vorwort und Brief geht «Wer einmal aus dem Blechnapf frisst» am 12. März 1934 in den Handel. Rezensionen erscheinen in Fülle, viele davon positiv – so entmannt ist die deutsche Literaturkritik noch nicht, dass sie Qualität nicht zu würdigen wüsste. Das Vorwort wird oft gar nicht erwähnt. Aber die Nazi-Presse, die Fallada gewinnen wollte, ist schroff ablehnend. *Der Roman ist mit seinem peinlichen Beigeschmack von Fatalismus ein offenkundiger Rückfall in den Naturalismus,* urteilt die «Niedersächsische Tageszeitung».[6] *Strafe sei Strafe – Hilfe sei Hilfe,* konstatiert das «NS-Volksblatt für Westfalen», *und beides überlasse man gefälligst dem Stand der Richter und dem Stand der Volksgemeinschaft, aber niemals dem Standpunkt eines Literaten.*[7] Will Vesper riecht *fauligen Aasgeruch* – warum mache der deutsche Buchhandel das mit? *Überall sieht man das Buch, wo man bessere und beste Werke nicht findet. Und so wird dem Schlechten ein Erfolg bereitet, den das Gute nur sehr selten erreicht. Weil die Werbung für das Gemeine offenbar leichter ist und viele eifrige und gewissenlose Gönner auch in dem Deutschland von heute hat. Der Buchhandel soll sich nachher nicht allzu sehr wundern, wenn eine entschiedenere und entschlossenere Zukunft nach besseren*

Vermittlern zwischen dem deutschen Geist, der echten deutschen Dichtung und dem deutschen Volk sucht und Wege einschlägt, die dann nicht mehr die Wege des versagenden Buchhandels sind. Ich warne immer wieder, weil ich den deutschen Buchhandel liebe und sein Weiterbestehen wünsche.[8] Ein anonymer Leser schreibt ihm: *Sehr geehrter Herr, in einem törichten Vorwort zu Ihrem sicher guten Buch «Wer einmal aus dem Blechnapf frisst» haben Sie sich zum Geist der neuen Machthaber bekannt. Es dürfte Sie vielleicht interessieren, wie Sie Ihrerseits von jenen eingeschätzt werden.* Und fügt eine Rezension über Alfred Karraschs «Parteigenosse Schmiedecke» bei, mit dem verglichen sich *die Sentimentalität der Helden Falladas als verlogene Phrase* enthüllten.[9] Falladas anbiederndes Verhalten hat gegenteilige Wirkung.

Im Ausland kommt Falladas Vorwort ganz schlecht an. Es habe dem Buch *ungeheuer viel genommen,* meint die schweizerische Zeitung «Das Volk». *Weiß Fallada nichts davon, daß Fuhlsbüttel, das größte deutsche Zuchthaus des vorhitlerischen Deutschlands, ein teures Stück Kulturboden bedeutet, gemessen an den Konzentrationslagern, in denen das Dritte Reich jeder menschlichen Humanität ins Antlitz speit. Gewiß, Tausende und Tausende haben sich blenden lassen. Aber sie heißen nicht Fallada.*[10] Ähnlich traurige Ablehnung kommt aus der Tschechoslowakei, Holland und Schweden. *Um in Deutschland möglich zu sein, muß ein Buch seine menschenfreundliche Gesinnung in einer Einleitung verleugnen und in den Boden treten,* notiert Thomas Mann ins Tagebuch.[11] Die englischsprachige Presse, die von dem Vorwort nichts weiß, ist begeistert: «An artistic triumph», «One of the important books of the year», «Unparalleled mastery» tönt es über Nordsee und Atlantik. Sogar aus Brisbane, Australien, kommt Lob: «Hans Fallada gives another Novel of Genius». Welcher andere deutsche Autor kann das von sich behaupten?

Fallada selbst ist müde und ausgepowert. Ein Waschzettel für eine dänische «Blechnapf»-Ausgabe, eigentlich eine Kleinigkeit, scheint ihm ein unüberwindliches Hindernis: *Wenn ich sage, ich kann nicht schreiben, so wissen Sie doch eigentlich, dass ich wirklich nicht schreiben kann – das ist nicht eine Sache des Willens, sondern des Könnens. Ich bin jetzt ausgeschrieben, ich bin jetzt ruhebedürftig, jedermann predigt mir seit Wochen, ich soll nicht eine Zeile mehr schreiben, und bei der ersten*

Gelegenheit soll ich nun doch wieder – gegen jedes Können – schreiben. Ich versteh das nicht.[12] Bei einer Kieferoperation, die seine notorischen Zahnprobleme beheben soll, kriegen die Operateure eine Ahnung vom explosiven Potential seines Wesens: *Ich soll in der Narkose beide Ärzte verdroschen haben, so dass man schließlich noch den Chauffeur zu Hilfe geholt hat (ich weiss von dem allen natürlich nichts).*[13]

Heinrich Maria Ledig-Rowohlt, Ernst Rowohlts Sohn aus seiner Verbindung mit der Schauspielerin Maria Ledig, jetzt Leiter der Rezensionsabteilung des Verlags, versucht seit Wochen, ihm einen Besuch der Amerikanerin Martha Dodd schmackhaft zu machen, Fallada fühlt sich überfordert, bittet um Verschiebung. Martha Dodd, 26 Jahre alt, ist die Tochter des amerikanischen Botschafters William Edward Dodd, den Präsident Roosevelt 1933 ernannt hat. Er ist Historiker, als Diplomat ohne Erfahrung, Hitler soll ihn einen Trottel genannt haben. Martha, von Beruf Journalistin, organisiert das gesellschaftliche Leben der Botschaft und lernt dabei viele ausländische Diplomaten, aber auch viele Vertreter des NS-Regimes kennen. Ihre Erfahrungen hat sie 1939 in den USA in einem Buch «Through Embassy Eyes» veröffentlicht, in deutscher Übersetzung «Nice to meet you, Mr. Hitler! Meine Jahre in Deutschland 1933 bis 1937».

Ihr erster Eindruck von Nazi-Deutschland ist durchaus positiv. Sie findet die Menschen sympathisch, höflich und aufgeschlossen und meint, dem Land geschehe in der internationalen Presse Unrecht. Der Anblick marschierender Jugend begeistert sie und lässt sie, wie sie sich erinnert, *so kräftig «Heil Hitler!»* schreien *wie nur irgend ein Nazi.* Ein kahlgeschorenes Mädchen, von einem Mob umringt, mit einem Plakat um den Hals «Ich habe mich mit einem Juden eingelassen!», schockiert sie, aber sie beruhigt sich, als ein Mitarbeiter des Auswärtigen Amts anruft, sich entschuldigt und versichert, dergleichen komme äußerst selten vor und werde streng bestraft.[14]

Sie lernt Ernst «Putzi» Hanfstaengl kennen, Hitlers angeblichen Intimus. *Riesig* sei er gewesen, das Gesicht *grob und dunkel, hohlwangig, mit herabhängenden Zügen.*[15] Der bringt sie in Kontakt mit Rudolf Diels, dem ersten Chef der Gestapo, einen nach ihrer Erinnerung wahrhaft furchterregenden Mann, der Angst und Schrecken verbreite, selbst wenn man nicht wisse, wer er sei.[16] Aber sie geht mit ihm tanzen, unternimmt Ausflüge mit ihm und lässt sich, wie es scheint, auch auf eine Affäre mit ihm ein. Und sie hat eine persönliche Begegnung mit Hitler. Der brauche eine Frau, meint Putzi Hanfstaengl, am besten eine Amerikanerin, die könne das *Schicksal von ganz Europa verändern – Martha, Sie sind diese Frau!* Martha ist geschmeichelt, zieht sich schick an, fährt mit Hanfstaengl ins Hotel Kaiserhof. Hitler kommt, mit Leibwächtern, setzt sich *unauffällig an einen Nebentisch,* spricht mit dem polnischen Sänger Jan Kiepura, vermutlich über Musik. Dann hat Martha ihren Auftritt: *Ich ging hinüber und blieb stehen, während er aufstand und meine Hand nahm. Er küßte sie sehr höflich und murmelte ein paar Worte. [...] Dieser erste Eindruck hinterließ bei mir den Eindruck eines schwachen, weichen Gesichts mit Tränensäcken unter den Augen, vollen Lippen und einer kaum vorhandenen Knochenstruktur. Das Bärtchen wirkte nicht so lächerlich wie auf Bildern – tatsächlich bemerkte ich es kaum; aber vermutlich war ich zu dieser Zeit an solche Dinge bereits gewöhnt. Wie oft gesagt wurde, waren Hitlers Augen verblüffend und unvergeßlich – sie schienen von einem hellen Blau zu sein, waren intensiv, ließen einen nicht los und hatten eine hypnotische Kraft. [...] Es war kaum zu glauben, daß dieser Mann einer der mächtigsten Männer Europas war – sogar zu dieser Zeit fürchteten andere Nationen ihn und sein wachsendes «Neues Deutschland». Er schien bescheiden, kleinbürgerlich, ziemlich langweilig und befangen zu sein – trotzdem besaß er diese eigenartige Zartheit und die ansprechende Hilflosigkeit. Nur in den verrückten, brennenden Augen konnte man die schreckliche Zukunft Deutschlands sehen.*[17]

Ein amerikanischer Verleger ist in Berlin, Martha Dodd, inzwischen von ihrer Nazi-Begeisterung geheilt, veranstaltet einen literarischen Empfang. Etwa vierzig Personen kommen, es ist, nach ihrer Erinnerung, ein *langweiliger, gleichzeitig aber angespannter Nachmittag*. Eine kleine Gruppe habe *in der Bibliothek ruhig und vorsichtig* miteinander gesprochen, das Gros der anderen viel getrunken und *plattenweise Essen* verschlungen – *vermutlich waren die meisten von ihnen wirklich arm und unterernährt*. Voll *pathetischen Eifers* hätten sie den amerikanischen Verleger umringt und mit *der Gier der geistig Verhungernden* erfahren wollen, was in Amerika geschehe.[18]

Am 16. Mai 1934 besucht sie Hans Fallada in Carwitz. Heinrich Maria Ledig-Rowohlt fährt sie hin, mit dabei ist ihre amerikanische Freundin Mildred Harnack-Fish. Ein *untersetzter Mann mit aschblondem Haar und einem charmanten, freundlichen Gesicht* sei mit einer *einfachen, fülligen Frau* aus dem Haus getreten, nach einem *gesunden, ländlichen Essen* sei man spazieren gegangen, habe auf *Seen und Hügel* geschaut, Fallada habe ihr *ausländische Editionen seiner Bücher* gezeigt, über künstlerische Pläne gesprochen, man habe vereinbart, sich bald wiederzusehen. *Aber wir kamen nie wieder. Dieser Rückzug vom Leben war Hans Falladas tragische Lösung der Probleme, die seinen Frieden hätten stören können. Es war eine Versuchung, der er vollständig erlegen war. Und der Eindruck des Defätismus, den er vermittelte, machte einen traurig. [...] Auf jeden Fall ist er der einzige verbleibende Autor von beträchtlichem Talent, der in Deutschland noch schreibt, und man wird mit der Zeit ja sehen, was diese intellektuelle und emotionelle Passivität seinem Talent antut.*[19]

Von Martha Dodds Besuch in Carwitz gibt es ein Foto. Alle schauen in verschiedene Richtungen, niemand in die Kamera, Fallada, Hände in den Hosentaschen, steht unbeteiligt abseits. Martha Dodd kehrt 1937 in die USA zurück, zusammen mit ihrem deprimierten und desillusionierten Vater, und gerät noch während des Kriegs in den Verdacht der Spionage für die Sowjetunion. Als Anklage erhoben wird, flieht sie nach Mexiko, dann nach Prag, wo sie 1990 stirbt. Mildred Harnack-Fish, neben ihr auf dem Foto, Englischlehrerin an einem Berliner Abend-Gymnasium, wird mit ihrem Mann Arvid wegen Zugehörigkeit zur Widerstandsgruppe Rote Kapelle 1942 von der SS verhaftet. Arvid wird zum Tod verurteilt und hingerichtet, Mildred erhält sechs Jahre Zuchthaus. Aber Hitler schaltet sich persönlich ein, befiehlt eine neue Verhandlung. Als Folge wird Mildred Harnack-Fish am 16. Februar 1943 in Plötzensee enthauptet. Mehrere Schulen sind nach ihr benannt, die DDR gibt zu ihrer und ihres Mannes Ehre 1964 eine Sonderbriefmarke heraus.

— 13 —
Wo ist der wahre Nationalsozialismus?

Albert Langen, Spross reicher Kölner Zuckerfabrikanten, gründete 1893 in Paris einen Verlag, den er ein Jahr später zunächst nach Leipzig und dann nach München verpflanzte. Georg Brandes, Knut Hamsun, Marcel Prevost und Heinrich Mann gehörten zu seinen ersten Autoren. 1896 erschien im Albert Langen Verlag erstmals die Zeitschrift «Simplicissimus», die dank niveauvoller Textbeiträge von Otto Julius Bierbaum, Richard Dehmel, Fanny zu Reventlow, Georg Queri oder Robert Walser und herausragender Zeichner wie Thomas Theodor Heine, Olaf Gulbransson, Bruno Paul oder Eduard Thöny bald zum führenden Satireblatt des Kaiserreichs wurde. Ein Prozess wegen Majestätsbeleidigung im Zusammenhang mit einem Spottgedicht Frank Wedekinds auf Wilhelm II. und dessen Orientreise 1898 zwang Langen für drei Jahre ins Exil, er starb knapp vierzigjährig im April 1909 in München.

Georg Müller kam 1903 nach München und gründete in der Königinstraße 59 den Georg Müller Verlag. Bibliophile Klassikerausgaben waren seine Spezialität, daneben verlegte er Kunstbücher, aber auch zahlreiche moderne Autoren. Er starb im Dezember 1917, sein Verlag geriet in wirtschaftliche Schwierigkeiten. Der rechtsgerichtete Deutschnationale Handlungsgehilfen-Verband kaufte ihn 1928 und übernahm 1932 auch den stark heruntergekommenen Albert Langen Verlag. Geschäftsführer des neuen, aus der Fusion entstandenen Hauses Langen-Müller wurde Dr. Gustav Pezold, ein ehemaliger Marineoffizier, NSDAP-Mitglied seit 1922, laut Hans Grimm eine *arbeitsfrohe, soldatische Erscheinung.*[1] Das Pressewesen leitete Dr. Hellmuth Langenbucher, geboren 1905, Lehrerssohn aus Wiesenbach im Oberallgäu, überzeugter Nationalsozialist, unerbittlicher Kritiker alles Linksintellektuellen und Jüdischen. In seiner 1933 erschienenen Broschüre «Volkhafte Dichtung der Zeit» umreißt er, was nationalsozialistische Literatur zu leisten habe: *IN DAS SCHICKSAL UND DIE SEELE IHRES VOLKES* zu blicken und die *bisher das geistige Leben der Nation fast ausschließlich beherrschende volksfremde und volksferne Literaturclique* zu beseitigen. Nur solche Dichtung dürfe *VOLKHAFT* genannt werden, die *BLUTMÄSSIG* aus dem *wirklichen Lebensgrund eines Volkes* herauswachse und deren *Schöpfer mit Millionen anderer* EIN *Glied sei in der von uns VOLK genannten Menschen- und Schicksalsgemeinschaft*. (Hervorhebungen im Original)[2]

Wie ist die Lage im zweiten Jahr der Nazi-Diktatur? Gustav Pezold kann nur sagen: trostlos. Das deutsche Lesepublikum ist überraschend störrisch. Ein Verlagsvertreter berichtet von seiner Frühjahrsreise 1934: *Da die ganze politische Richtung des neuen Deutschlands 75 % der Berliner Sortimenter nicht passt, hat sich im Berliner Sortiment so gut wie nichts* geändert – *es sitzen dort überall dieselben Leute, auch unvermindert die Juden an derselben Stelle, woher sollte die Wendung gekommen sein! [...] Ein Beispiel: Die Buchhandlung am Zoo bestellte aus dem ganzen Verlag trotz mehrmaligem Besuch nicht ein einziges Buch! [...] Nun aber der neue Fallada des «Vaters Rowohlt»! [...] Überall steht das Buch im Vordergrund der Berliner Buchhandlungen, die zum großen Teil mit einem riesigen, vom Verlag gelieferten Streifenplakat auf diese Rowohlt'sche Neuerscheinung hinweisen. Die Presse nimmt sich ebenso rührend des Buches an. Auch der «Angriff» bespricht es ausführlich, wenn auch im letzten Grunde nicht positiv. Selbst der sonst äußerst karge Korrodi lobt den Roman lang und breit in der dem neuen Deutschland immer übelwollenden «Neuen Zürcher Zeitung», die in Berlin heute sehr verbreitet ist, und vergleicht Fallada mit Dickens.* Was, fragt der Vertreter, wäre das *Geschick* des Buchs gewesen, wenn es *nicht bei Rowohlt, sondern bei Albert Langen-Georg Müller* erschienen wäre? *Kaum eine Partie* hätte er verkaufen können! *Ich würde mich wundern, wenn Sie aus den übrigen Großstädten von den anderen Herren Vertretern gegensätzliche Nachrichten erhielten. [...] Wir werden uns auch in Zukunft selber helfen müssen [...] und alles daransetzen, dass die wirklich maßgebenden Stellen erkennen, was unser Verlag seit Jahren geleistet hat und im zähen Kampf Tag für Tag weiter leistet.*[3]

Aber anstatt den Verlag zu unterstützen, beschuldigt die Deutsche Angestelltenschaft, Nachfolgeorganisation des Deutschnationalen Handlungsgehilfen-Verbands und neue Eigentümerin des Langen-Müller Verlags, Dr. Pezold, *Bücher von Juden oder Halbjuden* in den Verkehr zu bringen und nennt dabei den Namen des jüdischen Arztes und Schriftstellers Max Mohr, der Anfang 1934 nach Schanghai emigriert ist. *Ich beabsichtige nicht, zuzusehen, wie die Einstellung MASSGEBLICHER REICHSSTELLEN zum Langen-Müller Verlag sich schädigend auf die Deutsche Angestelltenschaft auswirkt*, schreibt ein Funktionär. *Ich bitte Sie deswegen, mir umgehend mitzuteilen, wann Sie in Berlin sind, bzw. Ihren nächsten Besuch so einzurichten, dass Sie mich in den ersten Tagen der nächsten Woche in Berlin erreichen können. Ich mache Sie ausdrücklich darauf aufmerksam, dass die Aussprache nicht nur im Interesse der Deutschen Angestelltenschaft und des Verlages, sondern auch in Ihrem eigenen persönlichen Interesse liegt. Mehr kann ich Ihnen heute nicht schreiben. Heil Hitler!*[4]

Die Vorwürfe sind derart schwerwiegend, dass Dr. Pezold sie ausführlich beantworten muss, brieflich, da eine Berlinreise so kurzfristig nicht möglich ist: Ja, ein einziges Buch eines Juden sei unter seiner Leitung im Verlag erschienen, «Die Freundschaft von Ladiz» von Max Mohr. Das Buch sei bei seinem Eintritt *so gut wie angenommen* gewesen, und dass Max Mohr Jude sei, habe er erst *im Sommer 1931 im Hause des völkischen Verlegers J. F. Lehmann* erfahren – der Name allein habe *ja nicht ohne weiteres auf einen Juden schließen lassen*. Zur weiteren Rechtfertigung führt er alles Positive an, was er über Max Mohr weiß: *Er war übrigens als Truppenarzt nicht nur Kriegsteilnehmer, sondern er führte in seinem Corps den Beinamen «Engel der Westfront». Er muss als Arzt fortgesetzt in vorderster Linie gearbeitet haben, dafür sprechen u. a. seine 17 Verwundungen.* Max Mohr habe als *einer der wenigen* die *Goldene Bayerische Tapferkeitsmedaille* verliehen bekommen und in den *kritischen Jahren steckbrieflich verfolgte Gegner der Weimarer Republik* bei sich beherbergt. Im Übrigen habe der Leiter der Partei-Reichsstelle zur Förderung des deutschen Schrifttums Mohrs «Die Freundschaft von Ladiz» das Buch *eines Mannes* genannt, der es *ehrlich meint.* Ganz könne es das *jüdische Blut nicht verleugnen,* aber es sei dennoch *aus-*

gesprochen männlich empfunden und decke sich mit der *Männergemeinschaft der besten Nationalsozialisten.*[5]

Wo ist der wahre Nationalsozialismus?, stöhnt ein entnervter Dr. Pezold in einem Brief an Will Vesper. *Wenn ich nur wüsste, wo ich eigentlich Schlimmes und Minderwertiges getan habe, und wer es eigentlich ist, der sich aufregt. Die einen erzählen mir, Goebbels sei der große Feind, die anderen, Rosenberg sei es. Dann wird mir erzählt, der Reichsdramaturg Dr. Schlösser oder der Reichsgeschäftsführer des Kampfbundes, Dr. Urban, schimpften. Sie können sich nicht vorstellen, wie mir zu Mute ist.* Als *wahre Plage* empfinde er die *schneidigen jungen Männer* in den Dienstzimmern der Ministerien und Organisationen, die ihre Posten hauptsächlich ihrer Gesinnung verdankten. *Wie sollte es zu etwas Gutem führen, wenn unreife Knaben sich anmaßen, eine führende Rolle in wichtigen Dingen zu spielen, von denen sie doch so gut wie nichts verstehen?*[6] *Das sind völlig substanzlose Jünglinge, früher waren sie schwarzhaarig, heute sind sie blond oder rotblond, aber gerade in die Augen sehen können sie einem auch nicht. […] Und da solche Leute natürlich nicht den Mund halten […] so können Sie sich vorstellen, was da allmählich für Gerüchte entstehen um diesen armen Verlag. Dafür hat man nun vier Jahre wie ein Wilder gearbeitet, ohne sich auch nur einmal einen ordentlichen Urlaub zu gönnen […] damit ein solcher Chor von Schweinen einem nun den Erfolg der Arbeit vereitelt.*[7] Er wolle am liebsten sich und seine Familie *ausrotten,* um *Ruhe* zu haben und Frau und Kinder nicht *diesem Treiben ausgesetzt* zu sehen. Es gehe *allmählich über das, was ein einzelner Mensch verkraften* könne, denn *nebenbei* sei der Verlag ja auch ein *wirtschaftliches Unternehmen* mit entsprechendem Druck auf seinen Leiter. *Ja, wenn ich Stefan Zweig verlegt hätte oder Alfred Neumann oder Wassermann oder Emil Ludwig, dann liesse man mich wahrscheinlich in Ruhe, denn ich hätte dann ja durch rasch bereites Unterdrücken aller meiner früheren Schandtaten Gelegenheit gehabt, guten Willen oder gute Gesinnung zu beweisen. Aber genug von diesem Jammer, ich muss wieder an die Arbeit.*[8]

Will Vesper meint zu wissen, woher die *ungeheure Gefahr* komme, in der man sich im *Kampf für eine wesenhafte deutsche Kultur und Literatur* befinde. Schuld seien die *alten Gegner,* die wahrhaft *schlimmsten Verräter am Deutschtum,* die *Ullstein, Mosse, Steegemann, Kilpper. Sie haben sich irgend ein Braunhemd vorgebunden, sind sozusagen unten durchgekrochen und in unsere alte Front hinein, aber nicht, um nun mit uns, die wir allein für die heilige Sache kämpfen, für das Gleiche zu kämpfen, sondern, nachdem der erste Schrecken, der sie befiel, vorbei ist und nachdem sie merken, dass ein grosser Teil der politischen Führer naturgemäss von dem kulturpolitischen und literarischen Kampf keinen Schimmer hat, finden sie, dass es ja viel leichter ist, uns nun von hinten und aus der scheinbar eigenen Front heraus anzufallen. Da es diesen Herren ja nie an Fixigkeit gefehlt hat, und da sie moralische Hemmungen nicht kennen, haben sie verstanden, sich vielfach sogar an «massgebende Regierungsstellen» zu schieben. Hieraus ergibt sich die ganze Schwierigkeit der augenblicklichen Lage.*[9]

Das «Börsenblatt für den Deutschen Buchhandel», die wichtigste und auflagenstärkste Zeitschrift der deutschen Buchbranche, gegründet 1834, ist im zweiten Jahr der Hitler-Diktatur zum reinen NS-Propaganda-Organ verkommen. Beworben werden Titel wie «Mein Kamerad – ein Handbuch für SA-Führer», «Diensttaschenbuch für SS-Führer», «Terror – die Blutchronik des Marxismus in Deutschland», «Der Jude als Rasseschänder», «Blut und Ehre – Lieder der Hitlerjugend», herausgegeben von Baldur von Schirach, oder «Der Hochverrat des Zentrums am Rhein» mit Reklamesprüchen wie «Ein Buch für Jedermann!», «Für jeden Deutschen von höchstem Interesse!», «Sofort ins Fenster!» oder «Vierte Auflage vergriffen – Neudruck in Vorbereitung – decken Sie sich rechtzeitig ein!». Ein «Redaktioneller Teil» bringt persönliche Meinungen. Karl Heinrich Waggerl, geboren 1897, auch nach dem Krieg viel gelesener österreichischer Autor und bis zu seinem Tod 1972 durch stimmungsvolle Weihnachtslesungen beliebt und verehrt, wiederholt das gängige Klischee von der Unvereinbarkeit des Jüdischen mit dem Deutschen – es gebe eine *jüdische Dichtung in deutscher Sprache,* aber *keine deutsche Dichtung jüdischer Herkunft,* jede *so deklarierte Kunstleistung* sei eine *Fälschung,* und es sei unentschuldbar, dass *jahrelang niemand diesen ungeheuerlichen Betrug entdeckte oder zu entdecken gewagt* habe.[10] Ein Beitrag berichtet über einen Besuch Hans Friedrich Bluncks bei der Hitlerjugend in Potsdam: *Diese Tatsache findet besondere Beachtung schon deswegen, weil sie eines der vielen Zeichen dafür ist, daß im neuen Staat Jugend und Dichter wieder zusammengehen. Wer dabei war, wer den lebendigen Vortrag Bluncks, das fröhliche Lachen und den bewegten Beifall der Jungvolkführer hörte, wer mit erlebte, wie sich die Worte des Dichters mit den Liedern der Jugend zu einem Ganzen zusammenfügten, der wird das nur bestätigen können.*[11] Ein anderer Beitrag erläutert das «Gesetz zum Schutze der nationalen Symbole»: Diese seien nur als Teil von *Bildern und Plaketten führender Persönlichkeiten* zulässig. *Hakenkreuze an Anstecknadeln oder Ketten* seien erlaubt, NICHT ZULÄSSIG seien sie, um *Gegenstände zu verzieren* oder deren *Absatzfähigkeit zu steigern,* zum Beispiel auf *Kinderspielbällen, Sparbüchsen, Papier, Manschettenknöpfen, Schokoladen- oder Tabakpackungen.* Symbole zu *Reklamezwecken* zu verwenden, sei in jedem Fall verboten, besonders dann, wenn die *Ausführung minderwertig* oder *mit entstellendem Beiwerk* versehen sei.[12] Wie ein Relikt aus einer anderen Welt erscheint eine einsame Anzeige von S. Fischer mit Titeln wie René Schickeles «Die Witwe Bosca», Hermann Hesses «Narziß und Goldmund» oder Thomas Manns «Die Geschichten Jaakobs».

Wie dünn das Eis ist, auf dem auch linientreue Nazis sich bewegen, zeigt der Band «Hitler in der Karikatur der Welt», erschienen im Verlag Braune Bücher Berlin Carl Rentsch, ein Hoch-Risiko-Projekt, das äußerstes Fingerspitzengefühl erfordert. Als Herausgeber fungiert Hitler-Intimus Ernst «Putzi» Hanfstaengl, ein gutes Aushängeschild, aber nicht gut genug. Mussolinis Empfehlung: *Ausgezeichnet! Menschlich und historisch höchst interessant!* schafft Sicherheit, aber reicht immer noch nicht aus. Um Missdeutungen vorzubeugen, wird betont, dass es sich bei den Karikaturen, besonders denen des Auslands, um LÜGEN handle, und um dies auch dem Begriffsstutzigsten klar zu machen, wird jede von ihnen durch eine Gegenüberstellung «Tinte» und «Tatsache» erläutert. Beispiel: Hitler sitzt auf der Spitze einer Pickelhaube («Chicago Daily News», 12. Februar 1933), Unterschrift: *Not the most comfortable seat.* Tinte: *Nach dem Bilde soll Hitler sich allein auf die Macht der Reichswehr stützen.* Tatsache: *Hitler sitzt nicht auf der Spitze eines Helmes, sondern wird vom Vertrauen und den breiten Schultern des ganzen deutschen Volkes getragen.* Nun ist man einigermaßen geschützt, aber die wichtigste Stellungnahme fehlt noch, ohne die das

Risiko unkalkulierbar wäre. Deswegen heißt es unter dem Foto eines sichtlich gut gelaunten Hitler: *Dieses lachende Bild und dieses Buch wurden dem Führer und Kanzler am 24. August 1933 in Obersalzberg vorgelegt und fanden seine ausdrückliche Billigung.* Aber weil Bildunterschriften leicht übersehen werden, steht am Schluss der Anzeige noch einmal groß: *VOM FÜHRER UND KANZLER DURCHGESEHEN UND GENEHMIGT!* Jetzt kann man einigermaßen beruhigt werben (immer in der Hoffnung, dass nicht doch noch etwas passiert): *Das Buch zählt damit zu den klassischen Werken der Hitler-Literatur! Es ist damit ein Buch für jedermann. 1. bis 20. Tausend vergriffen, 21. bis 30. Tausend ausgeliefert, 31. bis 40. Tausend im Druck, 41. bis 50. Tausend in Vorbereitung. Eine soeben von mir eingeleitete, erneute umfangreiche Propaganda wird neue Nachfrage wachrufen. AUCH ALS HALBLEDERBAND ZU HABEN.*[13]

Gibt es eine nationalsozialistische Literatur? Hans Heyck, geboren 1891, im Weltkrieg Flieger und Fluglehrer, später Sekretär der Deutschnationalen Volkspartei, seit 1931 Mitglied der NSDAP, Autor des Romans «Deutschland ohne Deutsche», weiß die Antwort: *Unbedingt ja!* Alle *großen Bewegungen* hätten ihre *arteigene Dichtung* hervorgebracht, Heinrich von Kleist wäre, lebte er heute, ein *fanatischer Hitlermann.* Der Unterschied zwischen *«national» und «nationalsozialistisch»* würde von *manchen Heutigen durchaus nicht begriffen* – es fehle ihnen ein *gewisses «Unbedingtes» im Blute.* Literatur, die nur *«deutsch gesonnen»* sei, könne nicht als *«nationale Dichtung der Gegenwart»* gelten. Wer *«dabei sein»* wolle, müsse dem *Volk in volkstümlicher Form etwas geben,* es *erheben* und für *bestimmte Ziele des Hitlerreiches reif* machen. Der Nationalsozialismus sei längst nicht mehr *PARTEI*, sondern *Träger und zugleich Inhalt des deutschen Reichs,* und die Zeit nicht mehr fern, in der man den *Begriff Nationalsozialismus* gar nicht mehr gebrauchen werde, weil er mit dem *Begriff des Deutschen* untrennbar verbunden sei. Diese Entwicklung lasse sich *nicht aufhalten*, auch wenn heute noch der *eine oder andere Dichter von Rang den Umbruch von 1933 als «nationale Revolution»* bezeichne, während er in Wahrheit eine *«nationalSOZIALISTISCHE Revolution»* gewesen sei. (Hervorhebung im Original.)[14]

— 14 —

Eine Abrechnung

Die SA läuft aus dem Ruder. Ihr Stabschef Ernst Röhm glaubt an die permanente Revolution. Die nationalsozialistische Bewegung dürfe nicht in Bürgerlichkeit und Behaglichkeit versinken, und wenn Hitler anderer Meinung sei, müsse man ohne ihn handeln. Eine gefährliche Lage. Ein offener Aufstand seiner «Privatarmee» hätte für Hitler unabsehbare Folgen. Aber Hitler zögert. Zu ihm vorzudringen ist außerordentlich schwierig, nachgeordnete Chargen müssen oft monatelang auf einen Termin warten, und sind sie endlich bei ihm, befasst er sich nach wenigen Minuten mit etwas anderem. Göring, Goebbels und Himmler haben leichteren Zutritt, aber auch sie stöhnen über die Unentschlossenheit ihres Chefs.

«Nörgler, Miesmacher und Kritikaster» sind die neuen Feinde. Goebbels macht klar, wer gemeint ist: *Reserveoffiziere, Intellektuelle, Journalisten, Geistliche*[1] – also alles, was im Umfeld von Vizekanzler Franz von Papen, von Zentrumspartei und bürgerlicher Mitte übriggeblieben ist. Reichspräsident Paul von Hindenburg liegt schwer krank auf Gut Neudeck in Ostpreußen. Hitler will ihn beerben, aber kann das nicht allein entscheiden. Sollte Hindenburg die innere Sicherheit gefährdet sehen, könnte er das Kriegsrecht verhängen und ihn absetzen. Hitler scheint verwundbar, umso überschwänglicher muss er gelobt werden: *Das Deutschland Adolf Hitlers steht unerschütterlich,* sagt Rudolf Heß vor Vertretern der Auslandshandelskammern, *Keiner wacht mehr über seine Revolution als der Führer!,* verkündet er im Radio.[2] *Nirgends kann die Glaubenskraft des Menschen besser verwurzelt sein als im Nationalsozialismus,* sagt Hermann Göring in Hamburg, *Deutschland lebt, wenn Adolf Hitler es führt,* sagt er in Köln.[3] *Schlagt die Reaktion, wo ihr sie trefft,* jubelt die Hitlerjugend und bedient sich dabei des berühmten Ausspruchs von Reichskanzler Joseph

Wirth nach der Ermordung Walther Rathenaus: «Der Feind steht rechts».[4]

Die SA-Führung merkt nicht, in welcher Gefahr sie schwebt. Je mehr der Juni 1934 voranschreitet, desto mehr rückt sie in den Fokus. Man wiegt sie, um möglichst wirkungsvoll zuschlagen zu können, erst einmal in Sicherheit: *14 Jahre lang stand die S. A. im Kampf. In 14 langen Jahren eilten die Männer von Versammlungsplatz zu Versammlungsplatz, von Propaganda zu Propaganda. An Urlaub oder Freizeit war nicht zu denken.* Jetzt ruft der «Völkische Beobachter» zu einer «Hitler-Spende» auf: Bürger sollen für einige Tage *kostenlose Unterkunft und Verpflegung für einen Angehörigen der S. A.* zur Verfügung stellen.[5] Überdies wird sie für den ganzen Monat Juli beurlaubt: *Der Schulferienmonat soll den SA-Mann bei seiner Familie, seiner Frau und seinen Kindern finden.* Um die Erholung auch wirklich zu gewährleisten, sei das *Ansetzen JEGLICHEN DIENSTES untersagt*, so auch *die Abhaltung von Festen oder geselligen Veranstaltungen,* und es gelte ein *Uniformverbot* – der *SA-Dienstanzug* sei ein *Ehrenkleid* und kein *x-beliebiges Kleidungsstück.*[6] Trotzdem verdichten sich Gerüchte über einen bevorstehenden Putsch durch Ernst Röhm und die SA. *Der Führer muss handeln*, notiert Goebbels in sein Tagebuch.[7]

Hitler handelt. Er beordert zwei Kompanien der SS-Leibstandarte nach Bad Wiessee und befiehlt der gesamten SA-Führung, am Vormittag des 30. Juni dort zu erscheinen. Er selbst fliegt in der Nacht des 29. Juni von Bad Godesberg nach München, lässt sich die örtlichen SA-Befehlshaber Schneidhuber und Schmid vorführen, reißt ihnen die Rangabzeichen ab, schreit: «Sie sind verhaftet und werden erschossen.» Der Befehl wird umgehend ausgeführt. Hitler, in fast hysterischem Zustand, fährt nach Bad Wiessee, kommt gegen halb sieben Uhr früh an, stürmt in Ernst Röhms Zimmer, hinter ihm Uniformierte mit gezogener Schusswaffe, beschimpft ihn, erklärt ihn für abgesetzt und verhaftet und lässt auch alle anderen SA-Führer verhaften, unter ihnen Edmund Heines, den gefürchteten Breslauer SA-Führer, der mit dem SA-Mann Erich Schiewek im Bett liegt, den er als Belohnung für gute Leistungen aus Breslau mitgenommen hat. Alle Verhafteten sind ahnungslos, ja freudig nach Bad Wiessee gekommen und haben die erwartete Aussprache mit Hitler sogar als Auszeichnung empfunden. Sie werden im Keller festgehalten, später nach Stadelheim gebracht. Mittags hält Hitler im «Braunen Haus» eine Rede, Augenzeugen berichten, dass ihm Schaum aus dem Mund spritzt. Später markiert er auf der Gefangenenliste die Namen derer, die unverzüglich getötet werden sollen. Vor ihrer Erschießung hören sie nur noch: «Sie sind vom Führer zum Tod verurteilt worden! Heil Hitler!»

Mordkommandos schwärmen aus. Papens Pressesprecher Herbert von Bose, Nationalist, aber kein Nazi, wird in seinem Büro von SS-Männern erschossen, man spricht von einem Unfall. Die Leiche seines Kollegen Edgar Jung liegt in einem Straßengraben bei Oranienburg. Reinhard Heydrich befiehlt die Ermordung Dr. Erich Klauseners, Leiter der Berliner «Katholischen Aktion», dem Nationalsozialismus nicht abgeneigt, aber auf die Unabhängigkeit der Kirche pochend. SS und Sicherheitsdienst töten ihn durch Kopfschuss in seinem Dienstzimmer, als Todesursache wird Suizid angegeben. Ein Musikkritiker wird versehentlich erschossen – eine Namensverwechslung lag vor. Gregor Strasser, der mit Hitler 1923 zur Münchner Feldherrnhalle marschiert ist, sich aber später mit ihm entzweit hat, wird ebenso ermordet wie Hitlers unmittelbarer Amtsvorgänger General Kurt von Schleicher, Letzterer im eigenen Haus samt seiner zweiten Ehefrau Elisabeth, die er erst 1931 geheiratet hat. Staatsanwälte, die den Mord aufklären wollen, werden von Staatssekretär Roland Freisler, später Präsident des Volksgerichtshofs, derart eingeschüchtert, dass sie alle Ermittlungen einstellen. 150 bis 200 Menschen sollen an jenem 30. Juni 1934 den Mordaktionen zum Opfer gefallen sein, die genaue Zahl ist unbekannt.

Ernst Röhm lebt bis zum 1. Juli. Er ist neben Rudolf Heß der engste Weggefährte Hitlers und einer seiner wenigen Duzfreunde. Hitler zögert, befürchtet Gesichtsverlust und erinnert sich an Röhms Verdienste, aber dass er sterben muss, steht außer Zweifel. Man bringt eine Pistole in seine Zelle mit der Aufforderung, er solle sich erschießen. Als nach zehn Minuten kein Schuss fällt, erschießt ihn Theodor Eicke, Kommandant des KZ Dachau, mit einem Gehilfen. *Dem ehemaligen Stabschef Röhm ist Gelegenheit gegeben worden, die Konsequenzen aus seinem verräterischen Tun zu ziehen. Er tat es nicht und wurde daraufhin erschossen,* heißt es im «Völkischen Beobachter».[8]

Im Ausland schlägt die Aktion hohe Wellen, aber Regierungen verhandeln weiter mit Hitler, als ob nichts gewesen wäre. Im Inland erntet Hitler Lob. Die Reichswehr sieht ihren mächtigsten Konkurrenten beseitigt, die Bevölkerung ist froh, die Plage SA los zu sein, der Reichspräsident dankt, aus allen Gauen kommen Treuegelöbnisse, die Kirchen halten still – niemand stört sich daran, dass sämtliche Tötungen ohne Verfahren durchgeführt wurden. Am 2. August stirbt Reichspräsident von Hindenburg. Hitler hat ein Gesetz vorbereiten lassen, das die Ämter des Reichspräsidenten und Reichskanzlers zusammenlegt. Damit ist er automatisch Oberbefehlshaber der Streitkräfte, Soldaten leisten hinfort ihm den Treueeid. Der Zauderer Hitler hat erreicht, was er wollte, und genau im richtigen Moment gehandelt. Wer künftig gegen ihn vorgehen will, weiß, dass Hitler nicht zögern wird, auch ihn *auszubrennen bis auf das rohe Fleisch.*[9]

Im wenige Kilometer entfernten Starnberg vollendet derweilen Ina Seidels Ehemann Heinrich Wolfgang Seidel seine Erzählungen «Elk» und «Nestwurz». Erst vor wenigen Wochen ist er von Berlin hierher gezogen, und er fühlt sich – er kann es nicht anders sagen – *sauwohl.* Nach dreißig Dienstjahren als Pfarrer in Berlin erlebt er den *wunderbarsten Frühling, zwischen Wiese und Wald, bezaubert von unsäglichem Blühen, Vogelsang und Himmelsschauspielen,* noch dazu auf eigenem Boden – kein Urlaub könnte schöner sein![10] Er hat sein Amt vorzeitig aufgegeben, nicht ohne Skrupel, aber er bereut es nicht. Endlich hat er Zeit zu schreiben, und Berlin war ihm verleidet, insbesondere wegen jener immer mächtigeren protestantischen Strömung, die sich Deutsche Christen nennt, das Christentum «entjuden» und das Kreuz mit dem Hakenkreuz verschmelzen möchte. Der Umgang mit ihnen stellt den Pfarrer Heinrich Wolfgang Seidel vor ein Problem: Darf er sie als Christ aus seiner christlichen Liebe ausschließen? Sind nicht auch sie seine christlichen Schwestern und Brüder?

Bei gewissen naheliegenden Ereignissen versagt die Dialektik. Es bleiben nur ungläubiges Staunen, hilfloses Sich-Wegducken und der verzweifelte Versuch, den eigenen inneren Frieden zu retten. Kurz nach dem 30. Juni berichtet Pfarrer Seidel einem Amtsbruder: *In einer der letzten Nächte ging meine Frau noch aus dem Hause zu Freunden, die im Zusammenhang mit den letzten Vorgängen in Deutschland schwere Sorgen hatten, nicht für sich selbst, aber für einen sehr Nahestehenden. Als sie wiederkam, war sie von den geführten Gesprächen aufs Tiefste bewegt, teils durch gewisse geschichtliche Tatsachen, die jeder kennt, teils durch die völlige Unmöglichkeit, über Wesentliches ein Urteil zu gewinnen. Jedenfalls hatten wir beide in diesem Augenblick ein sehr starkes Empfinden für die tragischen Elemente des augenblicklichen Zustandes und die Ungeheuerlichkeit des Geschehens, die Verantwortung, die die Führenden tragen müssen, die Armseligkeit des Menschen, der sich anschickt, das Geheimnis seiner Gegenwart bereits beurteilen zu wollen, hineinsprechend in Gottes Gewitter oder Gottes Schweigen. Meine Frau sagte damals zu mir: «Wir wollen über all dies nicht reden, wir wollen an unsere Arbeit gehen.»*[11]

— 15 —
Wie macht man es richtig?

Propagandaminister Joseph Goebbels ist Pragmatiker. Er will das Volk auf Linie, aber auch bei Laune halten. Er weiß: Zu viel Indoktrinierung schadet, Unterhaltung ist unabdingbar, so lang sie gewisse Grenzen nicht überschreitet. Aber da seine zahllosen Untergebenen nie genau wissen, wo der Grenzverlauf ist, werden sie immer vorsichtiger, trauen sich immer weniger und werden immer langweiliger. Das gilt auch für die Presse. Dagegen müsse etwas getan werden, meint Goebbels und hält vor dem Schutzverband der deutschen Presse eine Rede. Zwar sei es ein *Unglück,* dass Journalisten ihr *papiernes Unwesen* schon vor dem «Umsturz» betrieben hätten, aber ihre Schwierigkeit, auf einmal *andere Menschen* zu werden, sei verständlich – manche müssten sich den *Stil des Dritten Reichs geradezu anquälen.* Dabei sei ihre Verunsicherung ganz und gar unnötig. Man wolle keinen *Polizeistaat,* Kritik sei erlaubt, er wisse *einen Charakter* zu schätzen, *charaktervolle Reserve* sei ihm allemal lieber als die *übliche Nachlauferei.* Man solle zu ihm kommen, er sei jederzeit gesprächsbereit. *Ich kann doch die Presse nicht mutiger machen als sie ist,* ruft er in den Saal. *Habt doch endlich Mut und tut etwas!*[1]

Zwei Wochen später wird die populäre Sonntagszeitung «Das grüne Blatt» für die Dauer von drei Monaten verboten und Ehm Welk, ihr Chefredakteur, verhaftet und im KZ Oranienburg interniert. Er hat «etwas getan», aber offenbar das Falsche: Er hat Goebbels' Rede ironisch kommentiert. *Herr Reichsminister, bei aller Aufforderung, ich weiß nicht so recht …,* schrieb er und sprach von *tausend Zimmern und tausend Vorzimmern* im Propagandaministerium, die zwischen dem Besucher und dem Minister lägen. Da ist er zu weit gegangen. Durch *gekünstelte Wortbildungen* habe er das *Tag und Nacht zum Wohl des Volks* arbeitende Ministerium herabgesetzt, schimpft der

«Völkische Beobachter». Das Verbot sei notwendig geworden, um die *ehrliche Arbeit der deutschen Schriftleiter* vor *Schädlingen des Berufsstandes* zu schützen.[2] Ehm Welk kommt wieder frei, aber verliert seinen Chefredakteursposten. Er zieht sich in den Spreewald zurück und bestreitet seinen Lebensunterhalt mit «unpolitischen» Büchern. Aber weil er jetzt «das Richtige» tut, lässt man ihn gewähren und hat auch nichts dagegen, dass er mit seinen Büchern Erfolg hat und in «Die Helden von Kummerow» (1937) und «Die Gerechten von Kummerow» (1943) sogar gewisse sozialkritische Töne anschlägt.

Auch Rudolf G. Binding glaubt, das Richtige zu tun, und tut das Falsche. Er hat im letzten Herbst das «Gelöbnis treuester Gefolgschaft» an Adolf Hitler nicht unterzeichnet, aber sein Name stand auf der Liste. Er hat sich umgehend beim Reichsverband deutscher Schriftsteller beschwert, dort sagte man ihm, man habe sein Einverständnis vorausgesetzt. Das konnte man auch, schrieb Binding zurück, er habe nur deshalb nicht unterschrieben, weil er es für *überflüssig* hielt, *Selbstverständlichkeiten zu beteuern.* Jetzt erscheint er in Klaus Manns «Die Sammlung» als Unterzeichner, das ärgert ihn. Er schickt eine Protestnote nach Amsterdam, mit einem Begleitbrief – sein Name sei *zu Unrecht aufgeführt,* die *anliegenden Schriftstücke* stellten den *Tatbestand eindeutig fest,* er bitte um *möglichst weitgehende BERICHTIGUNG* und um Zusendung derselben. Eine Antwort von Klaus Mann bekommt er nicht, dafür sieht er Brief und Protestnote in Heft 4 der «Sammlung» abgedruckt, dummerweise auch seinen versehentlich mitgeschickten Brief an den Reichsverband Deutscher Schriftsteller, in dem er darlegt, dass er die «Erklärung» *innerlich voll und ganz* unterschreibe. «Die Sammlung» hat dafür nur einen ironischen Kommentar übrig: *Es ist schwer sich in der Fülle von Erklärungen, Dementis und zu den Dementis abgegebenen Erklärungen deutscher Autoren im In- und Ausland zurechtzufinden.*[3]

Binding, empört über die schnöde Behandlung, wendet sich an Werner Beumelburg, den Schriftführer der Abteilung für Dichtkunst: *Nun wird die Sache so gedreht (wie mir die Leute aus Paris berichten) als ob ich mich in die Emigranten-Zeitschrift hätte FLÜCHTEN (!) müssen um diese Berichtigung überhaupt zu erreichen da eine solche in deutschen*

Zeitungen überhaupt nicht zu lesen gewesen sei. Sie sehen also: Wie man es macht ist es den Leuten dort nicht recht. Wie man es macht wird der Maulkorb vermutet. Das ist der Sachverhalt. Daß mir daran gelegen sein muß für die deutsche Sache als Unbeeinflußter mit meinem Wort zu wirken, werden Sie wohl verstehen.[4]

Beumelburg trägt die Angelegenheit Hanns Johst vor und erteilt Binding einen Rüffel: *Generell nimmt Johst den Standpunkt ein, – und ich schließe mich dem vollkommen an – dass man an ein so gefährliches Unternehmen wie «Die Sammlung» in Amsterdam überhaupt nicht herantreten sollte, denn es ist nach Lage der Dinge mit Sicherheit anzunehmen, dass jegliche Bemühung falsch ausgelegt und in schädlicher Weise verdreht wird. Wir würden es begrüßen, wenn die Mitglieder der Akademie in Angelegenheiten, die leicht die gesamte Stellung des deutschen Schrifttums dem Ausland gegenüber in Mitleidenschaft ziehen können, vorher mit uns Fühlung nähmen.*[5]

Dabei schätzt auch Hanns Johst gewisse Konstellationen falsch ein. Als Chefdramaturg des Staatstheaters setzt er, vermutlich in bester Absicht, allzu viele Stücke auf den Spielplan, die Hellmuth Langenbucher «volkhaft» und «blutsmäßig» nennen würde. Das Berliner Publikum zeigt die kalte Schulter, die Sitzreihen bleiben leer. Statt höheren Orts zu gefallen, erregt Hanns Johst Unmut, namentlich bei Hermann Göring, der seinem Feind Goebbels die Kontrolle über das Staatliche Schauspielhaus Berlin und das Schauspielhaus Kassel hat entwinden können und nun mit Argusaugen über «seine Theater» wacht. Das hätte Hanns Johst bedenken müssen. Dass jetzt ausgerechnet das Staatliche Schauspielhaus Berlin, die renommierteste Bühne des Reichs, auf Provinzniveau zu sinken droht, ist für Göring nicht hinnehmbar. Er fackelt nicht lange, wirft Hanns Johst hinaus und den bisherigen Intendanten Franz Ulbricht gleich mit und beruft, zunächst kommissarisch, im Februar 1934 den 34-jährigen Gustaf Gründgens zum neuen Intendanten.

Eine mutige Entscheidung. Nicht Gründgens' Jugend ist das Problem – viele Nazi-Größen sind junge Männer (Heinrich Himmler ist noch ein Jahr jünger), die «Bewegung» sieht sich allgemein als jung – und nicht einmal Gründgens' Homosexualität: Wer begabt und nützlich ist, kann auch als Schwuler mit Sondergenehmigungen und Schutzbriefen rechnen. Aber Gustaf Gründgens war von 1926 bis 1929 mit Erika Mann verheiratet, die zur Stunde in Zürich und auf Tourneen durch Holland und die Tschechoslowakei mit ihrem Kabarett «Die Pfeffermühle» allabendlich ein antinazistisches Programm auf die Bühne bringt, das an Biss und Schärfe der Zeitschrift «Die Sammlung» ihres Bruders Klaus mindestens ebenbürtig ist – und auch mit dem war Gründgens verbandelt, als Regisseur von dessen frühen Skandalstücken «Anja und Esther» und «Revue zu Vieren», vielleicht sogar als dessen Liebhaber. Außerdem gilt er als «Salon-Bolschewist», der keine Gelegenheit ausließ, radikal linke Positionen zu vertreten, die auffällig mit dem eigenen Hang zum Luxus kontrastierten. 1899 in Düsseldorf geboren, begann er am dortigen Schauspielhaus unter Louise Dumont und Gustav Lindemann und kam 1930 von Erich Ziegels Hamburger Kammerspielen nach Berlin, wo er durch Förderung Max Reinhardts zum Stern am Theaterhimmel aufstieg. Er trägt Monokel und fährt rassige Autos. Das «f» in seinem Vornamen wurde zunächst als Marotte belächelt, ist aber mittlerweile allgemein akzeptiert. Dass er ein brillanter Schauspieler und Regisseur ist, bezweifelt niemand. Aber kann er ein Theater leiten? Versagt er hier, steht auch Göring schlecht da.

Göring hatte den richtigen Riecher: Gustaf Gründgens ist ein exzellenter Theaterleiter. Er kennt alle Mitarbeiter mit Namen, weiß um deren persönliche Umstände, ist ansprechbar, kollegial und dennoch distanziert. Seine Klassikeraufführungen sind mustergültig, Komödien und sogar Nazi-Stücke erhalten Eleganz unter seiner Leitung, kein Budget wird jemals überzogen. Das Preußische Staatstheater ist wieder das, was es sein sollte: kultureller und gesellschaftlicher Mittelpunkt der Hauptstadt. Bleibt die Frage nach seiner politischen Haltung. Er hält keine dröhnenden Reden, betreibt keinen Führer-Kult, aber weiß natürlich, dass die Mitglieder seines Star-Ensembles vor 1933 mehrheitlich in den Diensten von Berlins jüdischen Theaterleitern Max Reinhardt, Victor Barnowski, Carl Meinhard oder Rudolf Bernauer standen, und dass er mit ihnen jetzt einem System dient, das jene entmachtet und vertrieben hat. Emigrierte Weggefährten sind von Gründgens zutiefst enttäuscht, seine Schauspielerinnen und Schauspieler drängen sich unter seine Fittiche – er ist für sie der Garant, ihre Kunst weiterhin auf hohem Niveau ausüben zu können. Marcel Reich-Ranicki, damals Gymnasiast in Berlin, erinnert sich in seinem Buch «Mein Leben» an die *wahre Blütezeit der deutschen Bühnenkunst,* die er mit Gründgens erlebt habe – sie habe die *Tyrannei nicht zu mindern* vermocht, aber *das Leben vieler Menschen erträglicher, ja sogar schöner gemacht.*[6]

1963, wenige Monate vor seinem Tod, als er die Intendanz des Hamburger Schauspielhauses niedergelegt hatte und endlich leben und die Welt bereisen wollte, hat Gustaf Gründgens in einem Interview mit Günter Gaus über diese Zeit gesprochen. Unwirklich sei sie gewesen, losgelöst von jeglicher Normalität, quasi eine Existenz im luftleeren Raum. «Stell dir vor, wir säßen jetzt wirklich in Zeesen und ich wäre wirklich Intendant des Staatstheaters», habe er zu seiner Ehefrau Marianne Hoppe gesagt. Als Küchenpsychologe könnte man dies einen Fall übersteigerter Verdrängung nennen, denn beide saßen natürlich wirklich in Zeesen, und vermutlich war Gründgens' Dienstwagen auf dem Kiesweg geparkt. Im Mai 1934, damals noch Intendant auf Probe, hat er das schlossartige, Anfang des 19. Jahrhunderts erbaute Herrenhaus auf dem großen bewaldeten Grundstück am Zeesener See bei Königs Wusterhausen gekauft. Seit 1903 war es in jüdischem Besitz, erst von Eugen Gutmann, einem Mitbegründer der Dresdner Bank, ab 1925 von Ernst Goldschmidt, der ebenfalls Bankier war. Dessen Sohn Rudolph, nach Nazi-Auffassung «Halbjude», bot es für 150 000 Reichsmark zum Kauf an, wurde aber durch den für Gründgens tätigen Gerichtsassessor Gerd Voss auf 58 000 Reichsmark gedrückt, einschließlich aller Interieurs (auch des Tafelsilbers mit dem Monogramm «G»). In den Neunzigerjahren, nach der Wiedervereinigung Deutschlands und lange nach Gründgens' Tod, als Zeesen durch Gerichtsbeschluss dem damaligen Verkäufer Rudolph Goldschmidt wieder zugesprochen wurde, hielt dieser es für möglich, dass Gründgens «als Künstler» die Niedrigkeit des Preises nicht habe erkennen können.[7] Aber Gründgens bekam 1934 für eine Filmrolle etwa 25 000 Mark (und wirkte allein 1934 in vier Filmen mit), und dass 58 000

Reichsmark für ein Schloss mit Nebengebäuden und Parkgrundstück am See nicht viel waren, konnte ihm nicht verborgen bleiben. Im Interview sagt er davon nichts, und Günter Gaus spricht ihn nicht darauf an. Am Ende des Interviews fragt Günter Gaus: «Was wollen Sie jetzt mit Ihrem Leben machen? Vielleicht schreiben?» Ja, meint Gründgens, das sei es wohl. Und worüber? Gründgens pausiert – jetzt müsse er «etwas pathetisch» werden. Dann sagt er: «Über den Künstler und die Macht.»

Hanns Johst hält es indessen für geraten, für eine Weile aus Berlin zu verschwinden. Sein «Schlageter» wird nach kometenhaftem Lauf über mehr als hundert Bühnen nicht mehr gespielt – Hitler wünscht Ruhe und Konsolidierung, da ist Johsts überhitztes Drama nicht mehr zeitgemäß. Eine ausgedehnte Reise bietet sich an. Er hat sie später in einem Buch beschrieben: «Maske und Gesicht. Reise eines Nationalsozialisten von Deutschland nach Deutschland». Wer wissen will, wie Nationalsozialisten gedacht und gesprochen haben, wer ihre Attitüde und Selbstwahrnehmung kennenlernen, ihre Psychologie und Rhetorik begreifen will, der lese dieses Buch. Über Wittenberg, Bitterfeld, Leipzig und Nürnberg kommt Johst nach München, wo er studiert hat. *Dröhnend* fällt der *Stundenschlag* vom Turm der Theatinerkirche und *zersplittert* auf dem Odeonsplatz, dem *Bethlehem der Hitler-Bewegung* – auch hier habe ein *Herodes* eine *Geburt zu verhindern* gesucht, und wieder habe es die *Fügung* anders gewollt. Wie werde der *Nationalsozialismus als Weltanschauung* missverstanden! *Expansions-Dynamik wird vermutet, wo allein Intention, Anspannung und Verinnerlichung schlichte und klare Voraussetzungen bleiben.*[8]

Der Lindauer Passbeamte erkennt ihn. *Herrgott, ich könnte den Mann umarmen. [...] Gerade in dem Augenblick, da man eine Grenze übertritt, braucht man ein wenig Selbstbewußtsein. [...] Man fühlt, daß, weit über das Persönliche hinaus, man drüben als Typ, als Vertreter der Gesamtheit seines Volkes gewertet wird. [...] Und nun sagt einem der letzte Deutsche, mit dem man eine Formalität wechselt, ein solch liebes, gutes, beglückendes Wort. Wir geben einander die Hand.*[9] Im Züricher Baur au lac (dem Lieblingshotel Thomas Manns) trifft er Schweizer Bekannte. *Seltsam, die besten alten Studienfreunde sehen einen mißtrauisch an, weil man aus dem neuen Deutschland kommt. […] Ganz allmählich tauchen die ersten verlegenen Fragen auf: «… ist es wahr …?» Und wenn ich ruhig und bestimmt «Nein!» sage, dann das unerläßliche mitleidsvolle: «So werdet ihr also in Unkenntnis gehalten …» Es ist eine Tatsache, mit der sich jeder deutsche Auslandsreisende vertraut machen muß: Jeder Ausländer weiß über Deutschland ganz genau Bescheid, und jeder Deutsche ist von seiner Regierung falsch unterrichtet.* Bei der *zweiten Flasche Wein* aber brächen die *törichten Vorurteile* zusammen. *Ich habe die Emigranten für klüger* gehalten, meint Hanns Johst. *Lügen haben kurze Beine. […] Mit meinen Schweizer Freunden kam ich bald ins Reine.*[10]

In Zürich wird der «Towarisch» des Franzosen Jacques Deval gespielt. *Ein herrliches Theaterstück, ein witziges Theaterstück,* jubelt Hanns Johst, weit besser als deutsche Lustspieldichter es vermögen. Viele Darsteller habe *der Arierparagraph* aus Deutschland hierhergeführt. Es sei ein *Aberglaube des Auslandes,* man habe durch *diesen Paragraphen den Blick für objektives Können verloren. Grundfalsch! Wir kennen und werten das Können dieser Darsteller restlos richtig ein.* Das Ganze sei eine *Stilfrage:* Die italienische Oper verfüge über bessere Sängerinnen und Tenöre als die deutsche, *aber wir mühen uns trotzdem um eigene deutsche Stimmen.* Es gehe darum, *inländische Qualitäten zu entdecken* und so zu *steigern,* dass sie *exportfähig* werden, das sei eine *Frage der Kultur!*[11] So also ist das.

In Küsnacht kommt er ins Gespräch mit einem Gepäckträger, Schlesier, seit dreißig Jahren in der Schweiz, Marxist. Der hat nur eine Frage: *Glauben Sie, daß Hitler es mit den Arbeitern ehrlich meint …?* Johst stellt sich vor ihn hin: *Überprüfen Sie mich ruhig. Haben Sie den Eindruck, daß ich jetzt beabsichtige, Ihnen Märchen zu erzählen?* Der Gepäckträger verneint. *So wie wir uns jetzt überprüfen, so habe ich die Reden und Schriften Adolf Hitlers studiert und ich habe ihn auch ganz persönlich schon unter vier Augen sprechen dürfen. Wenn an dem Mann je eine Lüge befunden würde, dann hätte ich mit einem Schlage für immer das Lachen verlernt und jeden Glauben an das Menschenangesicht! Sorgen Sie sich nicht um Ihre deutschen Arbeitskollegen … für sie ist gesorgt!!*[12] Nachts steht er vor einer Kirche. *Die Straßen und die Häuser ruhen vom Tagesdienst erschöpft aus. Kirchen aber sind dann auf unheimliche Weise wach.*

Die Silhouetten ihrer Fassaden, ihre Bögen, ihre Türme sagen alles aus, was ihr Baumeister ihnen zu sagen befahl. [...] Ich bin unseres deutschen Führers froh. Er ist nicht umsonst ein durch und durch musischer Mensch.[13]

Von der Schweiz geht es nach Schweden. Ein Journalist konfrontiert ihn mit dem Schlageter-Zitat: «Wenn ich das Wort Kultur höre, entsichere ich meinen Browning!» Johst wehrt sich: Genauso gut könnte man Goethe das Götz-Zitat persönlich in den Mund legen. *Ein Dialog wird zum Bekenntnis des Dramatikers erklärt. Ein schmutziges Mittel, durch falsche Karten ein gestelltes Spiel zu gewinnen!*[14] Viktor Prinz zu Wied, Gesandter des Deutschen Reichs in Schweden, lädt ihn zum Diner. *Wie schön ist das Gefühl, begegnet man im Territorial des Reiches im Ausland einem Nationalsozialisten, einem alten Kämpfer, einem Mann, dem die Hitler-Treue Weltanschauung bedeutet. Die Gattin, die Töchter, alle halten hier in natürlicher Anmut Wacht für das deutsche Wesen. Die Bedienung sind prachtvolle Kameraden aus der Berliner SA. Das ganze Haus ist eine beispielhafte Keimzelle für unsere Art. Hier sieht jeder Fremde, was es mit dem Geiste der nationalsozialistischen Revolution auf sich hat.*[15] Herrlich ist das Nordische Museum (Nordiska museet): *Ein handgeschnitzter Löffel aus Västergötland oder Dalarne, der macht mich fromm. Den Löffel da, den hat vor hunderten von Jahren der Bauer seinem ersten Jungen in der langen Finsternis beim Herdfeuer herausgebastelt. Und den da, den hat der junge Bauer dem Ahn geschenkt, als seine fleißige Hand für das Schnitzmesser zu zittrig geworden war. Man hat sich in Europa eingeredet, daß die Kultur erst mit dem Städtebau begonnen hätte. Das ist solch ein dreimal verfluchter Hochmut eines völlig verstädterten Geisteslebens.*[16] Das finnische Wort SISU (Ausdauer) begeistert ihn: *Mit eiserner Konsequenz, unnachsichtig gegen das eigene Schlappmachen, thront diese Vokabel als sittliche Forderung über allem, was sich ein Finne einmal vorgenommen hat. Er kennt keine Gnade gegen sich selbst. Sisu, das ist Befehl, durchzuhalten, das ist Auftrag, im Angepackten die Erprobung durchzuführen: du oder ich! Es geht immer um den Einsatz des ganzen Ichs, es gibt keine Flucht, keine Ausrede diesem Entscheid gegenüber. Sisu!*[17]

Letzte Station ist Paris. Ehrfürchtig steht er vor der *schwarzen Silhouette von Notre-Dame,* vor Napoleons Grab, dem Grabmal des unbekannten Soldaten, hingerissen sitzt er im Theater der Sarah Bernhardt.

Problematisch ist nur eine Aufführung des Theaterstücks «Die Rassen», in dem Ferdinand Bruckner, seit 1933 in Paris lebend, die Verfolgung von Juden durch die Nazis anprangert. *Das Publikum setzte sich zu achtzig Prozent aus Juden zusammen. Es führte sich danach auf! Auf jedes braune Hemd, es mochte noch so stumm auftreten, ergoß sich ein Pfui!-Sturm. Von dramatischer Beurteilung war keine Rede. Man demonstrierte gegen Hitler und das Dritte Reich. Ich überprüfte an diesem Abend den deutschen Takt gegenüber dem französischen Nationalgefühl und diese französische Taktlosigkeit gegenüber dem deutschen Nationalgefühl! Wir Wilden sind doch bessere Menschen!!*[18]

Dann ist er wieder in Berlin: *Der Führer empfängt mich. Sein Zimmer ist sehr groß. Er sitzt hinter einem breiten Tisch. Er steht auf. Er erleichtert mir den spröden Weg zu sich. Er kommt mir entgegen. Dieser Mann kennt keine Masken. Er trägt immer sein Gesicht. Dieses Antlitz! Alle Welt kennt es. Jedermann sah es durch tausend und abertausend Prismen und Perspektiven, aus hunderten von photographischen, zeichnerischen, malerischen, bildhauerischen Versuchen.* Neben Hitlers *Augen* seien seine *Haare* besonders eindrucksvoll: *Weder Stahlhelm noch Mütze, weder Kamm noch Bürste vermöchten zu bändigen, was offen Wind und Wetter gehört. Wie eine Wolke wirft es bald Schatten über das Gesicht, bald öffnet es die Gesichtszüge durch seinen Schein.* Und erst Hitlers Schläfen! *Wie sensible Membranen ruhen sie zwischen Ohr und Auge. Es sind die einsamsten Schläfen, die ich je sah. Ihr Befehl ist Unnahbarkeit.*

Hitler gibt sich leutselig, behandelt Johst wie einen Freund, klingelt, lässt Baupläne kommen, breitet sie auf dem Fußboden aus. *Wir knien beide davor. Mit phantastischer Kraft beschwört der Führer aus nackten Grundrissen, aus Linientumulten, aus horizontaler Geometrie plastische Architektur. Mein Gesicht verwirrt sich im Fieber dieses Augenblicks. Ein fantastisches «Werde!» schwingt aus der Anschauungsgnade des Mannes neben mir. Die Baupläne verwandeln sich unter meinem Anblick zu einer Landkarte Deutschlands, und des knienden Führers Herz schlägt über diesem am Boden liegenden heiligen Stück Erde. Sein Gesicht fliegt wie ein Sturmvogel über weites Land.*

— 16 —

Bemerkungen zu zwei Büchern

Eine neue Literaturzeitschrift ist auf dem Markt: «Das Innere Reich». Sie erscheint im Verlag Langen-Müller, Dr. Pezold hat für ihre Gründung 100 000 Mark ausgegeben und scharfe Kritik der Verlagseigentümerin Deutsche Angestelltenschaft einstecken müssen, zumal er ja bereits Will Vespers teure «Neue Literatur» finanziert. Aber Gustav Pezold will sein Angebot ausweiten. Eine Zeitschrift von Niveau soll es werden, bebildert und auf gutem Papier gedruckt. Herausgeber ist Paul Alverdes, geboren 1897, Aktivist der Jugendbewegung, im Weltkrieg schwer am Kehlkopf verwundet, freier Schriftsteller in München, nach seinen Briefen zu urteilen ein eher grüblerischer, nicht sehr durchsetzungsfähiger Mann. Ihm zur Seite steht der gleichaltrige, für ein robustes Amt noch weniger geeignete Erzähler Karl Benno von Mechow, der durch Depressionsschübe immer wieder ausfällt. Aber das Team bemüht sich nach Kräften. Zu Wort kommen Autorinnen und Autoren wie Paula Grogger oder Veronika Lühe, Joachim von der Goltz, Hans Brandenburg, Otto Freiherr von Taube oder Josef Hofmiller, im rechten Spektrum beheimatet, keine Propagandadichter, der Regierung mal mehr, mal weniger zugetan. Aber weil man tief im NS-Reich steckt und dem Zeitgeist verpflichtet ist, erscheinen auch Beiträge von Josef Nadler, einem österreichischen Germanisten, dessen «Literaturgeschichte der deutschen Stämme und Landschaften» ein Standardwerk für das völkisch gesinnte Bildungsbürgertum ist. Es gilt, eine Balance zu halten: Nationalsozialismus ja, aber nicht polemisch-aggressiv, sondern maßvoll und qualitätsbewusst.

Glaubwürdigkeit gewinnt die Zeitschrift durch die Mitarbeit eines literarischen Schwergewichts: Ernst Wiechert, 1887 als Sohn eines Försters in den masurischen Wäldern geboren, Studienrat in Königsberg und Berlin, im Weltkrieg Offizier, Träger des Eisernen Kreuzes I. und II. Klasse, als Schriftsteller erst ausgesprochen deutschnational, dann fast religiös pazifistisch. Sein Kriegsbuch «Jedermann. Geschichte eines Namenlosen», erschienen 1931, gilt vielen als DAS Kriegsbuch schlechthin. Nicht Tapferkeit und Kampf sind hier das Thema, sondern die Angst und Verlorenheit junger Männer, die über Jahre in Situationen geworfen wurden, deren Sinn sie nicht verstanden, aus denen es kein Entkommen gab und die sie zynisch, gleichgültig und grausam machten. Den Nazis ist er spätestens seit dem 6. Juli 1933 ein Dorn im Auge, als er, drei Monate nach der Bücherverbrennung, im Auditorium Maximum der Münchner Universität Studenten vor der *Macht* gewarnt hat, die man in ihre Hände gelegt, vor dem *Richterstuhl,* auf den man sie gesetzt, vor dem *Stab,* den über *Leben und Werk* zu brechen man ihnen erlaubt habe. Fast alle Bücher Ernst Wiecherts spielen in Ostpreußen, seine Figuren sind schweigsam oder sprechen in Gleichnissen, das Moor ist dunkel, die Wälder rauschen, Reiher fliegen in den Abendhimmel. Das mögen heute nur noch wenige lesen, in den Dreißigerjahren ist seine Leserschaft riesig. Wer innere Einkehr sucht und sich ein sauberes Herz bewahren will, der liest, so scheint es, Ernst Wiechert. Seit 1933 lebt er mit seiner zweiten Frau in Ambach am Starnberger See im sogenannten Waldschlössl, einer Villa mit Türmchen oberhalb des Dorfs.

«Bemerkungen zu zwei Büchern» heißt sein Beitrag im März-Heft 1935.[1] Eines gehört für ihn *wenn nicht zu den schlechtesten, so doch zu den gefährlichsten Büchern des letzten Jahres,* während das andere ihn mit der *größten Beglückung erfüllt* habe, die ihm *im letzten Jahr von einem Buch* zuteil geworden sei. Das «gefährliche» Buch ist Hans Falladas «Wir hatten mal ein Kind», das «beglückende» Heinrich Wolfgang Seidels Erzählband «Abend und Morgen». Ernst Wiechert gibt zu: Hier würden *zwei Bücher verglichen,* die *nach ihrem Wert zwei gänzlich verschiedenen Ebenen* angehören, und er gebe sich *alle Mühe* zu vergessen, dass ihn alle bisherigen Fallada-Titel *mit einem tiefen Mißtrauen erfüllt* hätten. Vergessen wolle er auch, dass das Buch in *einem Verlag erschienen* sei, dessen *Name mit der ehemaligen Betreuung der Bücher Tucholskis (!) auf eine unheilbare Weise belastet* sei, aber nicht vergessen könne er, dass es sich *hier um einen Autor* handle, *dessen Name für viele eine Erfüllung* bedeute, *nicht nur in Deutschland, sondern auch im Ausland, besonders in Skandinavien,* und von dessen *Aufnahme und Beurteilung [...] einiges für das deutsche Gewissen und Ansehen* abhänge.

Unleugbar beginne «Wir hatten mal ein Kind» auf eine *anschauliche, gegenständliche und gleichsam geräumige Weise,* noch *stocke* man nicht, im *Hause der Kunst* gebe es *viele Wohnungen.* Aber dann tauchten Dinge auf, die nicht mehr *ganz amüsant* seien, als sammle der *Autor seine Trümpfe zum ersten Schlag,* später stelle sich mitunter das *Gefühl vollendeten Ekels* ein. Das sei nicht aus einer *Notwendigkeit herausgewachsen* wie etwa der *Tod der Desdemona,* gehorche nicht den *Gesetzen einer dichterischen Welt,* sondern basiere *auf Situationen, auf Spannung, auf Wirkung, auf Sensation.* Vieles in diesem Buch sei auf eine *außerordentliche Weise «gekonnt», anschaulich, lebendig, spannend und überzeugend,* aber er erhebe *nachdrücklich dagegen Einspruch,* dass es sich hier, wie Fallada in *fast tragischer Verwirrung* behaupte, um eine *Nachfolge Raabes und Jean Pauls* handle – es gebe eine *Heiligkeit bestimmter Vermächtnisse,* an der man *nicht rühren lasse.* Es tue ihm leid um Fallada. *Aber wir brauchen [...] seinen Weg wohl nun nicht weiter zu verfolgen. Wir müssen Abschied von ihm nehmen. Er hat seine Welt und sie ist nicht klein, aber sie ist nicht unsre Welt. Sie ist eine Welt des Ungeordneten und Unbenutzten. Sie ist keine Welt der Existenz. Und sie soll nun nach ihren eigenen Gesetzen ausrollen und sich vollenden.*

Ganz anders Heinrich Wolfgang Seidel! Hier komme man von der *Lautheit und Grellheit einer Filmwelt zu dem stillen Dasein einer laterna magica.* In der Tat sind die im Band «Abend und Morgen» zusammengefassten Erzählungen «Elk» und «Nestwurz», im Frühsommer 1934 in Starnberg vollendet, ungemein liebenswürdige, gar entzückende Werke, in denen wenig geschieht, aber das Wenige mit reicher Fantasie, einem hintergründigen Humor und einer schwebend leichten Sprache gestaltet ist. Kein Wunder, dass sie Ernst Wiechert gefallen. Was ist mit dem *deutschen Volk* los, fragt er, von dem man sage, es habe sich *abgetan* von dem, was *undeutsch und volksfremd und zersetzend* ist, das *einig* sei in seinem *guten Geschmack,* in seiner *Sehnsucht nach Reinheit und wahrer Kunst?* Man müsse sich wundern: Heinrich Wolfgang Seidel sei *kein Anfänger,* viele *schöne Bücher* von ihm seien auf dem

Markt, aber *das Publikum* wisse von ihm nichts. *Ja, Fallada, den kenne es natürlich, aber Seidel, nein, den kenne es nicht. Auch die Kritik weiß nicht viel – es gebe so viele Seidels –, und nur der Buchhändler weiß, daß Fallada eben «geht»,* während Seidel – *Sohn eines berühmten Mannes und Mann einer berühmten Frau* – mit *seinen fast 60 Jahren diese Kunst nicht erlernt zu haben scheint.* Wiechert selbst kann nicht klagen: Seine Verkaufszahlen sind vermutlich die höchsten aller im Land gebliebenen Autoren.

— 17 —

Raus aus allem

Am 1. 4. also Hannover. Ich erwarte sehr den Tag, wo ich hier alles hinter mich werfe. Obschon ich die neuen grossen Schwierigkeiten nicht verkenne, die mich bedrohn. Aber hier ist es zu Ende. Nicht etwa allein wirtschaftlich, vor allem geistig, was die Technik der Produktion angeht, die innere. Ausgeschöpft, leer. Milieuwechsel dringend geboten.[1]

Gottfried Benn, demnächst 49 Jahre alt, hat Aufnahme ins Militär beantragt und ist angenommen worden, zunächst auf Probe als Stabsarzt mit Aussicht auf Beförderung. Standort: Hannover. Seine Wohnung in der Berliner Belle-Alliance-Straße ist aufgelöst, seine Möbel sind untergestellt, zwei Zimmer in Hannover sind gemietet, Hohenzollernstraße 11, in der Oststadt, nahe der Eilenriede, die für Hannoveraner das ist, was der Englische Garten für Münchner und der Tiergarten für Berliner. *RAUS aus allem; u die R.[eichs] W.[ehr] ist die aristokratische Form der Emigrierung!*[2] Die Formulierung ist oft kritisiert worden, ihm gefällt sie, er benutzt sie bei verschiedenen Gelegenheiten. Die «Reichswehr», von der Benn spricht, heißt seit der Wiedereinführung der allgemeinen Wehrpflicht durch Hitler am 16. März 1935 «Wehrmacht» und soll mindestens auf Vorkriegsniveau aufgestockt werden. Dafür werden «Wehrersatzinspektionen» eingerichtet mit der Aufgabe, Musterungen und andere Aspekte der Mobilmachung voranzutreiben. Benns Aufgabengebiet ist bis heute unklar. Weder *Militarist* noch *Kriegstreiber* sei er gewesen, hat er nach 1945 versichert. Er habe *Wehrdienstbeschädigungen* begutachten und entscheiden müssen, *wieviel Prozent Rente* einer bekomme oder ob eine *Badekur* genehmigt werde.[3] In Briefen aus der Zeit hat er aber auch oft genug betont, Genaues über seine Tätigkeit nicht sagen zu dürfen.

Dass sich Gottfried Benn vom kruden Hitler- und Partei-Nationalsozialismus inzwischen abgewandt hat, ist mehr als wahrscheinlich.

Ich kann nicht mehr mit, schreibt er Ina Seidel nach der Röhm-Affäre im August 1934. *Gewisse Dinge haben mir den letzten Stoß gegeben. Schauerliche Tragödie! Das Ganze kommt mir allmählich vor wie eine Schmiere, die fortwährend «Faust» ankündigt, aber die Besetzung langt nur für «Husarenfieber». Wie groß fing das an, wie dreckig sieht es heute aus.*[4] Dass ihm der Nationalsozialismus als archaische Alternative zur bürgerlichen Wertewelt deswegen nicht uninteressant geworden ist, zeigt sein 1935 erschienener Aufsatz «Sein und Werden» über das Buch «Erhebung wider die moderne Welt» des radikalen Kulturpessimisten und selbsternannten Theoretikers des italienischen Faschismus Julius Evola. Dieser teilt die Weltgeschichte in zwei scharf voneinander getrennte Bereiche: «Traditionswelt» und «Moderne». Die erstere, höherwertigere umfasse, so Benn, *das dunkle Zeitalter des Orients, das eiserne des klassischen Altertums, das Zeitalter des Wolfs in den nordischen Ländern* und sei geprägt von *Ausnahme, Elitismus* und *Rang;* die «Moderne», die Schillers evolutionistischem Fortschrittsdenken huldige, wie sie dieser in seiner Antrittsrede in Jena «Was heißt und zu welchem Ende studiert man Universalgeschichte» formuliert habe, vertrete Werte wie *Genuß und Arbeit, friedliche[n] Besitz, volkreiche Städte, weise Gesetze, gefüllte Scheunen* und *Wunder des Fleißes* und sei minderwertig, nur für primitivere Naturen überzeugend. Benn hält nicht viel von den Errungenschaften der Zivilisation, da spricht ihm Evola aus der Seele. Im *Faschismus* und *Nationalsozialismus* hingegen sehe Evola *Möglichkeiten einer frischen Bindung der Völker an die Traditionswelt, neuer Legitimierung für die Beziehungen zwischen Geist und Macht,* ja, *auf dem Hintergrund der Evolaschen Lehre* erkenne man *die Tiefe und das Epochemachende dieser Bewegungen ganz besonders klar.* Wer Evolas Buch gelesen habe, werde *Europa anders sehen,* sagt Benn – und offenbart damit auch seine eigene Überzeugung.[5]

Die Provinz umfängt ihn. Die Vermieterin, Frau Sattler, möchte zu gern mehr über ihn erfahren, das Dienstmädchen fragt, ob er abends mit den Mitmietern Skat zu spielen gedenke. Im «Herrenzimmer» sieht er Offiziersbilder und, auf ein Holzbrett genagelt, die Epaulette eines Generals, die stamme vom Vater ihres verstorbenen Bräutigams, sagt Frau Sattler, auch ihr Mann sei verstorben, der habe sie *«menschgewordene[n] Sekt»*[6] genannt, so heiter sei ihr Temperament. Die Zimmer sind schlecht und teuer: *Im Schlafzimmer nicht mal was zum Spucken, kein Wasser u. das Badezimmer selbst klein, nichts zum Anhängen, Hinstellen drin.* Frau Sattler habe offenbar kein Geld, ihre Wohnung in Schuss zu halten. Als Mitmieter sind angeblich da: *ein Herr, Korrespondent der Köln. Zeitung, u. ein Ehepaar. Gesehn u. gehört habe ich noch nichts. Von dem Herrn steckt ein Rasierpinsel im Badezimmer an sichtbarer Stelle. An das Ehepaar glaube ich nicht. Das wird wohl Madame u. ihr gelegentliches Gschpusi sein. Manchmal glaube ich, das Ganze ist ein Buff [sic].*[7]

Das schreibt er seiner Freundin Elinor Büller-Klinkowström, im selben Jahr wie er geboren, Schauspielerin in Berlin. Sie ist seine Geliebte seit 1929. Er nennt sie Mor oder Morchen und spricht zu ihr offener und herzlicher als zu den meisten anderen. Seine zweite Freundin, Tilly Wedekind, seine Geliebte seit 1930, ebenfalls Schauspielerin, ebenfalls gleichaltrig und in Berlin lebend, behandelt er vorsichtiger. Die Beziehung ist vor allem erotischer Natur. Tilly neigt zu Gefühlsaufwallungen und Depressionen, wäre am liebsten immer bei ihm, das kommt für ihn nicht in Frage. Aber Benn ist ein treuer Freund. Beide Frauen erhalten mehrmals in der Woche Post von ihm. Ihre Antwortbriefe sind nicht erhalten, Benn entledigt sich ihrer diskret, denn beide Frauen wissen nichts voneinander, ein dummer Zufall könnte sein Gebäude einstürzen lassen.

Benn stellt fest: Auch Hannoveraner verstehen zu leben: *Machte alles einen sehr anständigen Eindruck. Gute Läden, schöne Straßen. Trank bei Kröpcke Kaffee. Aß bei Knickmeyer Abendbrot, ausgezeichnetes Essen, Bräucharakter. Riesig voll alles, enormer Betrieb überall.*[8] Aber kein Vergleich mit Berlin: *Gestern «Zigeunerbaron» ganz nett. Gute Aufführung. Opernhaus sehr anständig. 4 Ränge. Publikum recht mäßig. Ende 10 1/2. Dann Ausschweifung: Bei Kröpcke eine Orangeade. Dort wie immer maßlos voll. Immer der gleiche Eindruck. Als ob es gute Gesellschaft hier gar nicht giebt. Nur reduziertes Bürgertum.* Nach der Oper muss er klingeln. *Frau S. öffnete, sie hatte einen blutroten Schlafrock an, mit dem raschelte sie* – ihr momentaner Verlobter, ein Forstmeister, sei übers Wochenende da, *offenbar betreiben sie das Waidwerk, beide husten stark.*[9]

Ostern 1935, ein paar Wochen nach seinem Einzug, ist er selbst in prekärer Lage: Beide Freundinnen wollen ihn besuchen, Elinor ist ihm willkommen, Tilly momentan nicht, da ist Geschick erforderlich, oder «gute Regie», wie er es nennt. Er meistert die Lage, verlebt ein paar schöne Tage mit Elinor und holt, nachdem er sie abends auf den Zug gesetzt hat, am nächsten Morgen Tilly vom Bahnhof ab, die keine Ruhe gegeben hatte und nun ebenfalls kommen darf.

Ende April 1935 zieht er um, Breitestraße 28, großes Zimmer in der 2. Etage mit Erker und Balkon. Die Vermieterin, Fräulein Hoppe, ist Parteigenossin (Pg), Mitglied der NS-Frauenschaft und betreibt ihr Modeatelier in der Wohnung – *angenehm, daß sie noch einen Beruf hat u verdient, nicht bloß auf dem Flur herumschlurft u. sucht, wie sie Geld ersteißen kann.*[10] Am 1. Mai marschieren Kolonnen an seinem Fenster vorbei. *Marschieren Sie mit, gnädige Frau?,* fragt er Tilly. *Ich las, daß Frauen über 40 nicht mehr mitmarschieren sollen, ein guter Trick, wie sie alle laufen werden!! Aber die jungen wie Sie, zwischen 25 u. 35, die sowieso, wo es doch dabei so viel Möglichkeiten zu Anknüpfungen u. Bekanntschaften giebt u. enge Lagen u. Gedränge! Wie Sie ja vor 2 Jahren wohl bemerkten, gnädige Frau!*[11] Damals stand Tilly neben ihm am Fenster seiner Wohnung in der Belle Alliance Straße und war schockiert (sagte sie später) über seine Begeisterung angesichts fahnenschwingender SA auf dem Weg zum Tempelhofer Feld. Heute ist dergleichen nur noch Anlass für kleine Anzüglichkeiten, die Benn gerne in Briefe an Tilly einflicht. Sie schaffen erotisches Fluidum und haben auch einen ganz praktischen Zweck: Indem er sie eines lockeren Lebenswandels bezichtigt, lenkt er vom eigenen ab: *Kamst natürlich knapp zum Zug! Weiß alles! Hast geflirtet in der Bahn!*[12]

An Elinors Briefen schätzt er das Parfum, das ihm entgegenduftet, Erinnerung an ihre Berliner Wohnung, die ihm eine Art Zuhause ist, Sehnsucht nach Ruhe und Geborgenheit, auch ohne direkte Erotik. Er dankt mit vielen Bezeugungen echter Zuneigung, schreibt ihr, was ihn bewegt. Die Basler Zeitung hat in ihrer Osterausgabe eine Rezension seines Evola-Aufsatzes «Sein und Werden» gebracht, *natürlich mich miesgemacht, herabgesetzt, aber 4 Spalten immerhin u. sehr eingehend. Interessant, wie sie gewisse Zusammenhänge nicht wahrhaben WOLLEN.*

z. B. daß der Staat die Kunst auch MITschafft, statt zu behaupten, daß er sie nur unterdrückt, das wollen sie nicht wissen. Das ist gegen ihr demokratisch-liberalistisch-pazifistisches Gefühl, das MACHT immer als unethisch ansieht u. als feindlich. (trotzdem sie ihr Kapital gern von ihr schützen lassen) oder z. B. die Dämlichkeit: FORM immer gleichzusetzen mit Starrheit, Sturheit, Erstarrung, Leblosigkeit. Also das, worüber ich mir den Mund fusselig geredet habe: daß Form die ERSCHEINUNG der SCHÖPFUNG ist, das wollen sie nicht wissen. Denn dann wäre Disziplin, Zucht, Preußen, z.T. auch Hitler, eben sinnvoll und positiv. Na, hat ja keinen Zweck. Ich habe es ja nun auch satt, darüber zu quasseln. Mögen sie. Das Ausland verhöhnt mich, weil ich Nazi u. Rassist bin, u. die Nazis, weil ich undeutsch, formalistisch u intellektuell bin, Scheibenkleister! Strich drunter.[13]

Sein ehemaliger Verleger Erich Reiss will ihn besuchen, es ist ihm *nicht 100% angenehm,* denn Erich Reiss ist Jude, *aber schließlich wen geht's was an* – es werde ihn ja nicht gleich *sein K.[ommandeur] treffen* und nachfragen.[14] Erich Reiss, vermögender Sohn eines Fabrikanten, hat 1908 den Erich Reiß Verlag gegründet und ihn mit Autoren wie Alfred Polgar, Hugo von Hofmannsthal, Gabriele d'Annunzio, André Gide, Klabund und vielen anderen zu einem bedeutenden Literaturverlag ausgebaut. Seit 1934 darf er nur noch jüdische Autoren verlegen. Seine Freundschaft zu Benn ist geblieben, auch nach dessen Eintreten für den Nationalsozialismus. Benn behandelt ihn immer ein wenig von oben herab. Reiss sei ein *Umstandskasten,* schrieb er 1931 an Tilly Wedekind, ein *Neurotiker u. Negativist, ohne jeden Spass an Landschaft u. Volk, ohne jede Aufnahmefähigkeit, außer was seinen Kadaver und seine Geschäfte betrifft.* Das sei *doch wohl jüdische Ablehnung von allem, was überhaupt mit Land, Volk, Allgemeinheit* zusammenhänge.[15] Benn verkehrt gern in jüdischen Kreisen, mag die Gesellschaft von Juden, aber ärgert sich auch über sie. Wie viele andere glaubt er, dass es Juden im Ausland einigermaßen gut gehe und man sich um sie keine Sorgen zu machen brauche. Erich Reiss scheint ihm geradezu im Luxus zu schwelgen: *Er hat in Lugano, Hotel Splendid, gewohnt, dem feudalsten Hotel Europas,* für *60 Franken täglich,* berichtet er Elinor. Auf Wunsch werde dort die Einrichtung geändert, *andere Möbel, Teppiche, Bilder, wird sofort gemacht,* auch jeder Diätwunsch werde erfüllt, *täglich frische Wäsche, neue Blumen, 4–5 Süßspeisen zur Auswahl. Du siehst, Morchen, was uns noch beschieden sein könnte, wenn wir Geld haben.*[16] Erich Reiss bleibt zwei Tage in Hannover, die beiden reden, gehen essen, fahren im gemieteten Auto nach Steinhude. *R.[eiss] ist mir ziemlich auf die Nerven gegangen,* schreibt Benn an Tilly Wedekind.[17]

In Hannover ist das Militär sein Umgang, anderen hat er nicht. Er wird auch privat eingeladen, das schätzt er gar nicht, dann wird es doch ganz lustig: *Die Tischdamen wurden «erschossen»: mittels einer Luftpistole u. Gummistempel an die Wand geheftete Schmetterlinge.* Als es anfängt *«GEMÜTLICH»* zu werden, als man Reden *(auf die Damen)* hält und *Weltanschauungsfragen* hochkommen, geht er nach Hause.[18] Seine eigenen Liebschaften verwaltet er auf bewährte Weise brieflich, in Ausnahmefällen telefonisch, manchmal persönlich: *Du bist allein, ich bin allein – soll denn das noch so weiter sein? Nächsten Sonnabend: 13.21 ab H. 17.30 an Zoo 18.15 Klingsorstraße.*[19] Das ist Elinors Adresse. *Liebe gnädige Frau, wenn es nicht allzu unverschämt ist, würde ich also sagen, ich komme morgen Sonnabend gegen Abend. Bin um 5 ¼-6 in der Lessingstr. 50. Wenn es weiter nicht geradezu frech wäre, würde ich bitten, mir ein Nachtlager zu geben […] Haben gnädige Frau noch so viel Taschengeld, um für Abendbrot zu sorgen?*[20] In der Lessingstraße wohnt Tilly. Beide Damen klagen über mangelnde Zuwendung, spüren, dass etwas nicht stimmt, aber können es nicht benennen. Momentan hat Benn noch zwei weitere Geliebte, *Abteilungsleiterinnen im Warenhaus, grosse gute Figuren, tadellos gekleidet u. beschuht, man kann sich mit ihnen blicken lassen […] 3–4 mal sich treffen – und dann Erotik, das natürlichste von der Welt. Oft in meiner Vergangenheit hat es sich so getroffen: mit beiden gleichzeitig, es ist Blödsinn, dass die Frau uns alleine haben will. Ich habe ganz gegenteilige Erfahrungen gemacht.*[21]

Abends sitzt er in der Stadthalle Hannover – *wenig Menschen, vor einem ein bisher völlig unveränderliches Gemälde: ein Bassin mit 2 Schwänen, eingefasst von Alleen u. Blumenbeeten «in die Ferne sich verlierend», weiträumige Perspective, jeden Abend atme ich auf, wenn ich mich niederlasse,* «auswaschen» will er sein Gehirn, mit *Faulheit, Nichtsdenken, Indifferenz.*[22] Sonntags fährt er mit dem Omnibus ins flache Umland. Im Sommer 1935, in tiefer Nazizeit, isoliert in Hannover, entstehen einige seiner berühmtesten Gedichte: «Einsamer nie als im August», «Tag, der den Sommer endet», «Die weissen Segel», «Ach, das Erhabene», «Astern», «Am Saum des nordischen Meeres». Er schickt sie seinem Intimus Friedrich Wilhelm Oelze, getippt auf der Rückseite von Stadthallen-Menüs: *Gedeck 1.50M: Krebssuppe, Schweinebraten mit Roberttunke, gem Gemüse, Kartoffeln, Eisbombe; Gedeck 2.25M: Krebssuppe, Zungen-Ragout, Schwenkkart., Eisbombe.*

Ab 1. Oktober 1935 ist Benn Oberstabsarzt. Er lässt eine Uniform in Berlin machen, sie sitzt schlecht, eine Anprobe war nicht genug. Im Dezember mietet er eine Wohnung, Arnswaldtstraße 3, 1. Stock, drei kleine Zimmer zum Hof hinaus, das *Höhlenartige, Zurückgezogene* reizt ihn.[23] Wohin zu Weihnachten? Oelze plant Hahnenklee, Benn überlegt, entscheidet sich dagegen, fährt dann doch und sieht das Volk Adolf Hitlers am Fest der Liebe des Jahres 1935. Der Eindruck ist niederschmetternd. *Also: ich kam um 9 1/2 an, frühstückte im Hahnenkleer Hof, schauerliche Leute, feiste Ehepaare ihre weichgekochten Eier aufklopfend, nach der Post meckernd, «Ober, mein Gespräch nach Königsberg», (um noch die Losung von Heiligabend zu erfahren), «Ober, hier fehlt Salz, es kommt nichts raus, also ist wohl auch nichts drin» (in der Salzdestilliermaschine nämlich) – kurz, mir war schon an sich nicht gut, nun wurde mir vollends greulich.* Und diese Natur! Nicht nur *Schulbeispiel des Widernatürlichen,* sondern auch *ungemein beschwerlich, bergauf, bergab; Steigungen, die sich wieder aufheben, Fernblicke, die sich wieder verwischen, Ausluge, von denen man vorher nichts wusste u. die man wieder vergisst, kurz-: Blödsinn.* Er steht vor dem Haus, in dem Oelze logiert, sieht Baum und rote Kugeln durchs Fenster, klingelt nicht, meldet sich nicht, kehrt um, nimmt den ersten Bus zurück, atmet auf, als er wieder im Zug nach Hannover sitzt. *Ein beklemmendes Erlebnis!*[24]

Der Freund ist ernsthaft gekränkt. *Bitte, tun Sie das nicht wieder! Ich bin noch nicht beruhigt. Sie haben «Unrecht» getan.*[25] Seine Verehrung für Benn ist grenzenlos. Friedrich Wilhelm Oelze ist kultiviert und gebildet, Musikliebhaber, Kenner und Verehrer Goethes, Hölderlins, Nietzsches, ein in seinem Umfeld respektierter, vielleicht sogar herausragender Mann. Aber Benn zerbricht seine Ansichten, zertrümmert sein bürgerliches Weltbild. Oelze, so hat man den Eindruck, ruft ihm Zustimmung nach, aber schafft es nie, auf gleiche Höhe mit ihm zu kommen. Im Oktober hatte er Gesellschaft eines Pianisten, der habe als überzeugter Anti-Nazi behauptet, Benn sei *«unter Verleugnung einer grossen Tradition unter die Nazis gegangen»*. Benn widerspricht: Der Pianist habe nur *HALB* recht, so *GLATT* gehe die Rechnung nicht auf, denn alles, was sich hier abspiele, seien *MÄCHTE. Vergessen Sie das nicht! Der grosse Mann kann diese Mächte nicht übersehn u. ignorieren; sein Weltbild, sein Ausdruck bekäme Mängel u. würde schief. Er muss sie ansehn, auf sie zugehn, sie abschreiten. Nur Klavier spielen – das erschiene mir zu virtuos. […] Es SIND MÄCHTE, aus denen ich bin u. die an mir formen: darum nehme ich sie an, stelle mich ihnen, um sie, um mich u. mein Material zu erkennen. Wo erkenne ich es sonst? (Der grosse Mann ist untergangs- u. verlustbereit, der Klavierspieler kaum.)*[26] Benn ist kein Musikkenner, geht in keine Konzerte. *Musik erschließt sich mir nur schwer, u ich kann sie garnicht beurteilen,* schreibt er nach dem Krieg an Margret Boveri.[27] Oelzes «Klavierspieler» nötigt ihm wenig Respekt ab, aber vielleicht nimmt er dessen Kritik zum Teil auch persönlich. Dennoch geht seine Einschätzung der Epoche, in der er und die europäische Gesellschaft sich gerade befinden, weit über bloßes Beleidigtsein hinaus: MÄCHTE treffen aufeinander, mit denen der Einzelne sich auseinanderzusetzen hat, in seinem Fall, als Deutscher in Deutschland, mit dem Nationalsozialismus, dem mit «Klavierspielen» und anderen Ausprägungen bürgerlicher Kultur nicht beizukommen ist. Sein Hinweis auf die Untergangs- und Verlustbereitschaft «großer Männer» lässt drauf schließen, dass er den Abgrund, auf den die Entwicklung zusteuert, als unvermeidliche Konsequenz hinnimmt und dies auch anderen empfiehlt. Oelze stimmt nolens volens zu: *Sich am Grösseren aufrichten, wenn es denn sein muss, an ihm zerbrechen – das ist die edelste Aufgabe des Menschen […] – unter denen, versteht sich, «die Ohren haben zu hören». Der Rest kommt ja nicht in Betracht.*[28]

— 18 —

In größter Sichtbarkeit den anderen voran

Was wird aus der Dichterakademie? Im öffentlichen Bewusstsein ist sie kaum noch vorhanden, dabei hat sie, so Akademiesenator Hans Grimm, die Aufgabe, *den «totalen Staat» oder den Staat des Nationalsozialismus* vor *Banalität in geistigen und künstlerischen Dingen*[1] zu bewahren und die *schauderhafte Gschaftelhuberei in kulturellen und künstlerischen Dingen*[2] zurückzudrängen, die sich allenthalben ausbreite. Hans Grimm hat eine hehre Vision: In *feierlicher Form* müsse die Akademie vor die Nation treten, etwa in der Aula der Berliner Universität, und alljährlich *fünf unbekannte oder wenig bekannte Dichter* der Öffentlichkeit präsentieren, ihnen *vorausschreiten wie etwa der Lehrkörper einer Universität,* dabei *Talar* tragen, *große Musik* und *große Ausstattung* müssten die Feier umrahmen, und die Auserwählten müssten ihre Auszeichnung als *ungeheure Ehre* begreifen. Stelle der Staat keine Mittel zur Verfügung, müssten die Akademiker selbst in die Tasche greifen, er sei bereit, *natürlich ohne Namensnennung* einen *sehr erheblichen Betrag* zu zeichnen.[3]

Dabei ist nicht einmal klar, wem die Akademie untersteht: Kultusminister Rust, dem Propagandaministerium, gar Hitler selbst? Rudolf G. Binding fordert Aufklärung vom Minister und erhält eine typische Antwort: *Sehr verehrter Herr Binding! Ich verstehe Ihr Gefühl und begreife, daß Sie ungeduldig werden und den bestehenden Zwischenzustand bald beendet sehen möchten. Ich bin in diesem Wunsche durchaus mit Ihnen einig, bitte aber, nicht zu übersehen, daß die Frage der endgültigen Konstituierung der Akademie der Deutschen Kunst nur ein Teilproblem im Rahmen der gewaltigen Umwälzung ist, die die jetzt begonnene Neugliederung des Reiches bedeutet. Ich habe gerade im Interesse Ihrer Arbeit den*

Wunsch, daß auch der Neubau der Akademie vom Führer selbst sanktioniert wird, und ich bitte, Verständnis dafür zu haben, daß die ungeheure Belastung des Führers einerseits und andererseits die Notwendigkeit, auf die allgemeinen politischen Zusammenhänge Rücksicht zu nehmen, nun einmal eine Verzögerung bedingt, die auch ich bedaure, die aber leider nicht vermeidbar ist.[4] Börries von Münchhausen wird ungeduldig – warum geschieht nichts? *Wir warten immer noch auf die Umwandlung der Gesamtakademie, auf die neue Satzung, auf die Zuweisung der Akademie – mindestens auf irgend einen, wenigstens vorläufigen Bescheid, daß die Sache der Akademie von irgend einer Stelle betrieben wird.*[5]

Eine konkrete Aufgabe hat die Dichterakademie immerhin zu erfüllen: die Vergabe des Schiller-Preises 1935. Er wurde 1859 zum 100. Geburtstag Friedrich Schillers gestiftet und sollte alle drei Jahre herausragende dramatische Werke würdigen. Kaiser Wilhelm II. hatte verfügt, ihn nur alle sechs Jahre zu vergeben und dabei die dramatische Produktion der letzten zwölf Jahre zu berücksichtigen – 1935 also seit 1923. Wer war in dieser Zeit der herausragende Dramatiker? Ein Ausschuss bestehend aus Rudolf G. Binding, dem Literaturwissenschaftler Prof. Dr. Julius Petersen und dem Schauspieler Friedrich Kayssler soll die Frage klären. Am 7. Februar 1935 tritt er erstmals zusammen. Ausschussmitglied Dr. Rainer Schlösser, seit 1933 Reichsdramaturg von Goebbels Gnaden, lässt sich krankheitshalber entschuldigen.

Zahlreiche Namen sind vorgeschlagen, aber einer fehlt, der eigentlich nicht fehlen dürfte: Carl Zuckmayer. Der Ausschuss überlegt: Hat jemand ähnlich durchschlagende Erfolge gefeiert wie Zuckmayer mit dem «Fröhlichen Weinberg», «Schinderhannes», «Katharina Knie» oder dem «Hauptmann von Köpenick»? Nein, keiner. Weder Brecht noch Hanns Johst. Kann man Zuckmayer einfach übergehen? Nein, kann man nicht. Die Diskutanten wissen: Zuckmayers Mutter ist Jüdin, er lebt in Österreich, ist im deutschen Literaturbetrieb eine Unperson. Aber hier geht es um Qualität. Zwölf Jahre sind zu berücksichtigen, in denen war Zuckmayer nun einmal die Nummer Eins. Was tun? Als Preisträger, so viel ist klar, hat er keine Chance, aber ihn unter den Tisch fallen zu lassen, wäre ein Eingeständnis von Schwäche und Ahnungslosigkeit, keine gute Empfehlung für ein Fachgremium.

Man versucht es mit Diplomatie, spielt den Ball der Gegenseite zu, in der Hoffnung, dass sie, wer weiß, großzügiger und klüger als erwartet sein könnte, und einigt sich auf folgenden Wortlaut: *Der Ausschuss war sich darüber einig, dass das Werk Carl Zuckmayers sowohl im Einzelnen wie als Gesamtwerk in grösster Sichtbarkeit den anderen genannten Werken voranstehe, dass es jedoch illoyal gegenüber dem Ministerium wäre, von dem die Kommission eingesetzt ist und in dessen Auftrag sie ihres Amtes waltet, wollte sie gegebenenfalls einem Vorschlag Zuckmayers für die Erteilung des Preises nähertreten.*[6]

Geht's noch naiver? Haben die Fachleute das System nicht begriffen? Statt Verständnis ernten sie einen gewaltigen Anpfiff des Reichsdramaturgen Rainer Schlösser. Er stelle fest, so Schlösser, dass die Kommission die Dramen *«Der fröhliche Weinberg», «Schinderhannes», «Katharina Knie», «Der Hauptmann von Köpenick»* des *Halbjuden Zuckmayer* den Werken *arischer Dichter wie Otto Erler, Wolfgang Götz, Hanns Johst, Kolbenheyer, Schwarz* vorziehe und allen Ernstes behaupte, für den Schillerpreis komme *im Grunde nur Herr Zuckmayer in Frage,* ein bei der *Machtübernahme aus Deutschland verschwundener Literat,* dessen *Preiskrönung Oedon Horwaths* (Kleist-Preis 1931, Zuckmayer selbst erhielt ihn 1925, vorgeschlagen von Paul Fechter) und dessen Eintreten für *des heute landesflüchtigen Hasenclevers Machwerk «Ehen werden im Himmel geschlossen»* unvergessen seien. Dass der Ausschuss von seiner Empfehlung abgerückt sei, ändere nichts an der Ungeheuerlichkeit, sie überhaupt gefasst zu haben. Im Übrigen sei die *größere Sichtbarkeit* Zuckmayers lediglich die Folge einer *beispiellosen Propaganda durch die jüdische Presse, insbesondere der Frankfurter Zeitung, des Berliner Tageblatts und der Vossischen Zeitung unseligen Angedenkens*. Er weise ausdrücklich darauf hin, dass er diese hinter seinem Rücken getroffene Entscheidung *innerlich nicht anerkenne* (eine dringend gebotene Vorsichtsmaßnahme, um nicht selbst infiziert zu werden).[7]

Eine Zeitungsnotiz informiert die Öffentlichkeit: *Mit Rücksicht darauf, daß mit der Verleihung dieser außergewöhnlichen staatlichen Anerkennung nur ein IM NATIONALSOZIALISTISCHEN GEISTE SCHAFFENDER DICHTER GRÖSSTEN FORMATS in Frage kommen kann, ein entscheidendes Übergewicht aber zur Zeit noch bei keinem*

Werke bzw. keiner Dichtererscheinung vorliegt, hat die Kommission vorgeschlagen, den Preis als solchen diesmal nicht zu vergeben, sondern nach Artikel 11 der Satzung als WERKHILFEN oder in anderer Weise für dramatische Dichter zu verwenden.[8]

Carl Zuckmayer lebt derweilen in seinem Haus in Henndorf am Wallersee nordöstlich von Salzburg. Es geht ihm gut. Er arbeitet an seinem Roman «Salváre oder die Magdalena von Bozen», hat Filmangebote. Seine Frau Alice ist bei ihm, sein lebenslanger Freund Albrecht Joseph, Regisseur und gelegentlicher Co-Autor seiner Stücke, besucht ihn regelmäßig (und wird spaßeshalber schwarz eingefärbt, denn er ist jetzt ein «Neger», will sagen: einer jener jüdischen Autoren, die in Wien ohne Namensnennung zum halben Honorar für deutsche Produktionsfirmen Drehbücher verfassen, es gebe dort schon *eine ganze Negerkolonie).*[9] Das schreibt er seiner Jugendliebe Annemarie Seidel, der elf Jahre jüngeren Schwester Ina Seidels, von Beruf Schauspielerin. Er hatte sie heiraten wollen und war sogar bereit, sich wegen ihr scheiden zu lassen, dann kam es anders: Annemarie wurde krank, der holländische Musikwissenschaftler Anthony van Hoboken, bekannt durch sein Verzeichnis der Werke Joseph Haydns, heiratete sie 1922 und bot ihr ein Leben in Luxus. Mittlerweile ist sie von ihm geschieden und mit Peter Suhrkamp verheiratet, der eben dabei ist, mit Gottfried Bermann Fischer die Aufspaltung des S. Fischer Verlags in eine in- und ausländische Abteilung zu verhandeln. Zuckmayer hat 1925 in zweiter Ehe Alice Herdan geheiratet und mit ihr die gemeinsame Tochter Winnetou. Dass er und Annemarie kein Paar mehr sind, ändert nichts an ihrer Vertrautheit. Der vitale Naturbursche Zuckmayer beherrscht, so scheint es, die Kunst der Leichtigkeit. Er denkt positiv, lebt positiv, ist wach und kritisch, auch streng, wenn es sein muss, aber letzten Endes immer versöhnlich. Seine Briefe unterzeichnet er mit Carlchen und würzt sie mit lockeren Sprüchen: *O, meine Lieben! Lasst uns den Pacific mit Brandy mischen und am Cap der guten Hoffnung scheitern. Was sind alle Schätze der Welt gegen ein gutes Gewissen und eine geregelte Peristaltik. Amen.*[10]

Anfang der Zwanzigerjahre hatte Zuckmayer Brecht in München kennengelernt und sogleich dessen genialische Überlegenheit erkannt.

Gemeinsam gingen sie nach Berlin, wurden Dramaturgen an Max Reinhardts Deutschem Theater, kündigten gemeinsam, schlugen sich durch, Brecht im Zentrum eines von ihm gebildeten Kollektivs, Zuckmayer jung mit Alice verheiratet, mit deren kleiner Tochter Michaela in seiner Obhut. Anstatt zum Brecht-Epigonen zu mutieren, besann er sich auf seine eigenen Stärken, voller Kraft und Optimismus, witzig und selbstironisch, dabei gütig und großzügig. 1925 schrieb er sein Stück «Der fröhliche Weinberg» über einen Weingutbesitzer, der seine Tochter verheiraten will, die einen anderen liebt. Die Hähne krähen, der Misthaufen dampft, Paare schlagen sich ins Gebüsch, alle babbeln hessisch und alle kriegen sich zum Schluss, sonst wäre das Stück nicht gut, das habe schon Goethe gesagt. Als Höhepunkt wird eine Sau geschlachtet. Kein Theater wollte es spielen, ein jüdischer Gönner ermöglichte eine Uraufführung am 22. Dezember 1925 am Berliner Theater am Schiffbauerdamm. Für Zuckmayer ging es um alles oder nichts. Aus dem Zuschauerraum kam Lärm, was war das? Er lugte aus den Kulissen, sah vorgehaltene Taschentücher, konvulsivisch lachende Menschen. In der Pause umarmten sich Fremde, schlugen sich gegenseitig auf die Schulter, weinten vor Freude: Welch herrliches Stück! Welch köstliche Unterhaltung! Am Premierenvormittag hatte der Ullstein Verlag Zuckmayers Bitte um fünfzig Mark Vorschuss abgelehnt, sein Konto sei ungebührlich überzogen, am Morgen danach erhielt er die Nachricht: Beträge bis zehntausend Mark seien jederzeit abrufbar – in der Nacht hatten mehr als hundert Theater das Stück telegrafisch bestellt. In Berlin lief es zweieinhalb Jahre lang, in anderen Städten wurde es als Schweinerei, Verhöhnung der deutschen Frau, der Kriegsverletzten, der deutschen Studenten, des deutschen Beamtentums beschimpft.[11]

Mittlerweile ist Brecht ihm fremd geworden. Dessen 1931 erschienenes Stück «Die Heilige Johanna der Schlachthöfe» findet er *rückhalts- und einschränkungslos gross,*[12] aber Brechts Kommunismus überzeugt ihn nicht. Zwar sei *es ungeheuer verlockend,* sich von dieser *gradlinigen und anscheinend so robusten, unbedenklich direkten Strömung,* die momentan sogar *«recht»* habe, *einbetten, strebepfeilern, eisenbetonieren und rückenstärken* zu lassen, aber Leute, die das täten, verlören *rettungslos ihr Gesicht.*[13] Den Nazismus von außen zu bekämpfen, hält er für unrealistisch. *Ich bin der Überzeugung,* schreibt er Gustav Hartung, Regisseur seines jüngsten Stücks «Der Schelm von Bergen», uraufgeführt im Oktober 1934 am Wiener Burgtheater, *dass Erklärungen usw. nur dann Sinn haben, wenn man die Möglichkeit hat, sie am richtigen Ort abzugeben: nicht dort, wo alle so denken, zu unsrem persönlichen Wohlgefallen.* Furtwängler habe das versucht, vielleicht würden andere folgen, vielleicht auch nicht. *Die drinnen, IN Deutschland, noch ein Forum und eine Stimme haben, – die können für alle kämpfen. Ich habe dort leider keine Möglichkeit dazu. Wer, glauben Sie, würde eine Erklärung von mir drüben drucken, wer sich damit identifizieren? [...] Ich glaube halt, dass es wichtiger ist, dass Bücher von uns in D. erscheinen, gelesen werden, wirken, beweisen: wir sind da, wir schaffen weiter!, als dass man macht- und wirkungslose, nur allzusehr missverstandene Proteste im Ausland loslasse. Ich wiederhole: nur was DRINNEN geschieht, hat kämpferischen und symptomatischen Wert. Was einer draußen macht, ist in den Wind gesprochen.*[14]

— 19 —
Aspekte 1935

Dr. phil. Paul Landau, geboren 1880, Literaturwissenschaftler, Kunst- und Theaterkritiker, Herausgeber der Kulturzeitschrift «Faust», war im Weltkrieg Chef von Börries von Münchhausen und Hans Grimm bei der Auslandsabteilung der Obersten Heeresleitung. Seitdem sind beide mit ihm befreundet und suchen wegen seiner Lebensklugheit und Bildung immer wieder seinen Rat. Alle drei teilen ein konservatives, deutsch-nationales Weltbild, trotzdem bangt Paul Landau um seine Existenz. Schon sein Vater hatte sich taufen lassen, er selbst wurde in einem evangelischen Pfarrhaus erzogen, aber Jude bleibt Jude, und ohne den Kulturkammerausweis des Reichsverbands deutscher Schriftsteller kann er publizistisch nicht arbeiten. Hans Grimm wendet sich an Will Vesper, der dort im Beirat sitzt – kann der etwas tun? Landau sei *sehr nervös* und befinde sich in *zunehmender Angst.* Er zählt alle Vorzüge Landaus auf: Er sei in seiner Dienststelle *SEHR tüchtig* gewesen, sein General habe *sehr grosse Stücke* auf ihn gehalten, er habe nie mit *Linksblättern* gearbeitet und nicht zuletzt sei es sein Verdienst, dass Arthur Moeller van der Brucks Kritik der Versailler Verträge «Das Recht der jungen Völker» 1919 erscheinen konnte. *Ich wende mich gerade an Sie und nicht an einen anderen Herren, weil ich nicht ein Versprechen hören möchte oder schöne Worte, sondern weil ich eine gerade Antwort hören möchte. Ich meine nicht, dass Sie für diese Sache irgendwie aus ihrem Wege gehen sollten, aber vielleicht haben Sie die Möglichkeit, sich irgendwo in der nächsten Zeit darüber zu erkundigen.*[1]

Hans Grimm erhält eine «gerade Antwort»: Will Vesper sieht keinen Anlass, für Paul Landau tätig zu werden. *Lieber Herr Will Vesper,* reagiert Grimm, *ich kenne Sie gut und wir haben uns ja immer freundlich unterhalten, und da will ich Ihnen nichts vormachen und will Ihnen sagen, dass ich Ihren Brief mit Empörung las. Lieber Herr Vesper, ich gehöre nicht zur Kirche und habe meinen eigenen Herrgott, aber ich will Ihnen ehrlich wünschen, dass Ihnen der Herrgott das Wort nicht anrechnet, durch das Sie vorschlagen, dass ein bald sechzigjähriger Mann, weil er jüdischer Herkunft ist, eine andere Lebensmöglichkeit sucht als die, die er ein Leben lang vor dem Ewigen und vor dem Staate, dem er verpflichtet war, sauber ausgeübt hat. Ich meine, solcher Zynismus des Wortes müsste jungen Menschen vorbehalten bleiben, die das Schicksal dann schon an den Kragen fassen wird, denn so etwas rächt sich bestimmt.*[2] Seine Kontaktaufnahme mit Vesper sei ein *völliger Misserfolg* gewesen, klagt er Börries von Münchhausen, im Reichsverband Deutscher Schriftsteller säßen jetzt nur noch *Scharfmacher*, der Geschäftsführer sei ein *ahnungsloser Laie,* Hans Friedrich Blunck habe die Reichsschrifttumskammer zu einem *reinen Büro* verkommen lassen. Er habe ihn trotzdem um Hilfe gebeten: *Denn was soll Landau noch tun? Er kann sich nur noch auf die Straße setzen und verhungern.*[3]

Es nützt nichts. Paul Landau erhält keinen Kulturkammerausweis und wird aus der Reichsschrifttumskammer ausgeschlossen. Ein trauriger Münchhausen schreibt ihm: *Mein lieber lieber Herr Doktor, der Brief der Reichsschrifttumskammer, von dessen Inhalte mir Blunck schon Mitteilung gemacht hatte, hat mich durch Form und Inhalt wahrhaft erschüttert, und es bleibt mir nichts übrig, als Ihnen in herzlichem Mitgefühl stumm die Hand zu drücken. Irgend etwas zu unternehmen halte ich nunmehr für zwecklos, denn wenn meine bisherigen starken Briefe in Ihrer Angelegenheit so völlig ohne Wirkung geblieben sind, ist es ausgeschlossen, daß eine Wiederholung meiner Gründe mehr Wirkung hat. Meine Frau empfindet mit mir das Schlimme Ihrer Lage und trägt mir die herzlichsten Grüße an Sie und Ihre liebe Frau auf. Meine Frau erinnert mich daran, daß sie damals, als Sie den Titel «Die Garbe» für mein letztes Prosabuch gefunden hatten, gesagt hatte: «Eigentlich müßte Doktor Landau für seine Mitarbeit eine Gans haben.» Da nun eine solche zur Zeit nicht greifbar ist, beschloß sie, Ihnen gleichzeitig ein Päckchen von unserem gestrigen Schlachten zu schicken als kleinen Beweis großer Verehrung und großen Mitgefühles vom Hause Windischleuba. Mit herzlichen Grüßen, lieber Herr Doktor, bin ich Ihr treu ergebener Münchhausen.*[4]

Ein Päckchen Geschlachtetes – ist das nicht ein bisschen wenig?

Dass weitere Eingaben nichts genützt hätten, darf man glauben, aber hätte er Dr. Landau und Frau nicht Unterkunft in Windischleuba anbieten können? Nein, davon war nicht die Rede. Paul Landau emigriert nach Palästina, arbeitet als Journalist in Tel Aviv und stirbt dort 1951. Börries von Münchhausen schreibt ihm im Januar 1937 einen letzten Brief: *Mein lieber alter Herr Doktor, gestern fiel mir Ihre Einleitung zu Chodowieckis Illustrationen in die Hand, und ich las sie voll höchster Anerkennung, Freude, Genuß und Belehrung. Herzlichen Dank, – wenn er auch leider 23 Jahre post festum kommt!* (Paul Landau hatte 1923 eine Biografie über den Kupferstecher Daniel Chodowiecki veröffentlicht.) *Wie geht es Ihnen, wie leben Sie, was machen Frau und Tochter? Bitte lassen Sie mich wieder einmal teilnehmen an Ihrem Schicksal, Sie wissen ja, daß nicht Neugier sondern echtes freundschaftliches Mitgefühl mich zu der Frage treibt. Von mir nichts weiter als das alte. Viel Geselligkeit, mehr Briefe, zumeist Arbeit, – freilich wird die literarische allmählich weniger, da ich allzu unzeitgemäß bin. 63 Jahre ist schon schlimm, «Baron» noch schlimmer, – das Unbequemste an mir ist vielleicht mein sogenannter Ruhm … Aber er läßt sich halten, der Lorbeer welkt zusehends! In alter Treue bin ich, lieber Landau, Ihr ergebener Münchhausen.*[5] Der Brief trägt einen Vermerk von unbekannter Hand: *Erster und letzter Brief von Börries von Münchhausen nach Tel-Aviv, auf den Dr. Landau nicht mehr antwortete, um M. nicht durch Korrespondenz m. Juden in Pal. zu gefährden.*

*

Wir waren gestern Abend noch in dem Film «Triumph des Willens» in den Sendlingertor-Lichtspielen, der hauptsächlich deswegen interessant ist, weil man Hitler soviel zu sehen bekommt und oft mit sehr ergreifendem Ausdruck, schreibt Ina Seidel ihrer Mutter. *Vielleicht gehst Du auch noch hin. Obgleich ich Dir im allgemeinen nicht zureden will, weil Dich vielleicht die langen Aufmärsche und das viele Trommeln ermüden könnten.*[6] Ob Mutter Seidel den Film gesehen hat, ist nicht bekannt, Millionen deutscher Frauen und Männer sahen ihn. Er berichtet vom 6. Parteitag der NSDAP vom 5. bis 10. September 1934 auf dem Nürnberger Parteitagsgelände. Erst sieht man nur Wolken, dann Propeller, dann den Schatten eines Flugzeugs über einer Nürnberger Straße und marschierende Kolonnen, wahrscheinlich auf dem Weg zu einer Kundgebung. Das Flugzeug landet, Hitler steigt aus, frenetischer Jubel begrüßt ihn, uniformierte Kordons halten die Massen zurück. Tatsächlich sieht man Hitler minutenlang aus nächster Nähe, den düsteren Gesichtsausdruck, die Nase, den Schnurrbart, die Ohren, den Haaransatz, den Rücken, den weichen Stoff des Hemds, man ahnt das weiche Fleisch darunter, die Hände, die zuckenden Armbewegungen, die ruckartig erhobene Rechte, die den rechten Hitlergruß nie richtig zustande bringt. Man sieht und hört ihn reden, erst stumm musternd, dann zögernd beginnen, sich langsam steigernd, in wüstes Geschrei ausartend, das Gesicht dabei emotionslos, ohne Lächeln, scheinbar ohne menschliche Regung. Man sieht seine Paladine Rudolf Heß, Walther Darré, Robert Ley, Fritz Todt, Viktor Lutze (Nachfolger des ermordeten Ernst Röhm), diverse Gauleiter, die ihn ankündigen, alle exakt im selben Gestus und Tonfall wie er selbst. Göring und Goebbels stehen abseits, man kennt den Grund nicht, irgendetwas wird es zu bedeuten haben, der Wind eines gewaltigen Machtapparats weht einen an. Man sieht morgendliche Balgereien junger Männer im Zeltlager, Waschen und Rasieren an der Wasserrinne, einer schrubbt dem anderen den Rücken ab (der Unterleib bleibt ausgespart trotz erotischen Fluidums), Essenausgabe aus riesigen Kesseln, ein wohlwollender Koch prüft eine Sauce, Wiener Würstchen werden an Stangen aufgezogen, hungrige Jugendliche beißen in Stullen, gesund, gut gelaunt und allem Anschein nach erwartungsfroh am Beginn eines neuen, großen Tages. Aufmärsche paradieren in endloser Folge am unbewegten Hitler vorbei. Fanfaren setzen sekundengenau ein, Arbeitsdienstmänner sprechen Gelübde in perfektem Gleichklang, Spaten blitzen synchron, zehntausend, zwanzigtausend, fünfzigtausend, hunderttausend Menschen tun zur selben Zeit alle ganz genau dasselbe.

Ist Leni Riefenstahls Film «Triumph des Willens» Dokumentarfilm oder Propaganda? Spiegelt er den Nationalsozialismus, wie er war, oder wie das Regime ihn sehen wollte? Die Frage wird bis heute diskutiert. Denkt man darüber nach, wird man sagen müssen: beides.

Hitler hat den Film persönlich in Auftrag gegeben und der 33-jährigen Regisseurin unbegrenzte Mittel zur Verfügung gestellt, 170 Mitarbeiter, 45 Kameramänner, neun davon auf Flugaufnahmen spezialisiert. Sie habe, heißt es, auch an der Planung des Parteitags mitgewirkt, um möglichst günstige Kamerapositionen zu erreichen, und natürlich war sie bemüht, ihren Auftraggeber zufriedenzustellen und sich für weitere Aufgaben zu empfehlen. Das Endprodukt ist im Schneideraum entstanden. Andererseits fand auf dem Parteitag jedes Ereignis nur ein Mal statt. Leni Riefenstahl konnte nicht sagen: «Halt, zurück – das Ganze bitte nochmal!» Sie hat gefilmt, was war, hat wohl hier und da die Chronologie verändert, aber hatte auf das Geschehen, nachdem es angelaufen war, keinen Einfluss. Die endlosen Aufmärsche sind in der Tat ermüdend, aber aus heutiger Sicht auch erstaunlich: Wie ist solche Präzision möglich? Wie viel davon war Zwang, wie viel Ehrgeiz, wie viel deutscher Perfektionismus, wie viel echtes Engagement? Hitler spricht vom Frieden, Hans Frank, der spätere «Schlächter von Polen», garantiert Freiheit und Sicherheit – wer wisse, wie «heilig dem Führer die Grundsätze des Rechts» seien, könne daran keinen Zweifel haben. Schaut man in die Gesichter, sieht man Glauben, Hingabe, Begeisterung – lässt sich das einüben? Können derart viele Menschen schauspielern? So gesehen ist der Film auch echt und zeigt den Nationalsozialismus, wie er wirklich war, will sagen: wie ihn die Menschen damals empfunden haben. Ina Seidel, so viel ist sicher, war beeindruckt. Sie fand Hitler «ergreifend» und war bestimmt nicht die Einzige. Ein paar Jahre später wird sie eine Huldigung an ihn verfassen, die ihren Ruf für alle Zeiten ruiniert.

*

Wie geht es Erich Kästner? Nach Karten und Briefen an seine Mutter zu urteilen ausgezeichnet. Er hat eine schöne Dreizimmerwohnung in Kurfürstendammnähe, Roscherstraße 16, Berlin-Charlottenburg, ruhig gelegen im Gartenhaus. Er steht spät auf, empfängt mittags seine Sekretärin Elfriede Mechnig, genannt &Co, die seit Jahren für ihn tippt, einkauft, Briefe expediert, Besorgungen macht. Freundinnen gehen ein und aus, dauerhaft oder wechselweise, gemäß Kästners Maxime «Die Liebe ist ein Zeitvertreib, man nimmt dazu den Unterleib». Abends besucht er Theater-, Kino- oder Kabarettaufführungen, hockt mit Freunden im Café, mit dem Drehbuchautor Werner Buhre oder dem Zeichner Erich Ohser, der mit der strikten Auflage, «unpolitisch» zu bleiben, unter dem Pseudonym E. O. Plauen für die «Berliner Illustrierte Zeitung» Comics zeichnen darf und mit seiner Serie «Vater und Sohn» großen Erfolg hat. Kästner selbst lebt im Dauerclinch mit den Nazis. Sie mögen ihn nicht und er mag sie nicht, aber er ist zu populär, gefragt und begabt, als dass man ihn ignorieren könnte. Der Schutzverband Deutscher Schriftsteller hat ihn im März 1933 ausgeschlossen, trotzdem hat er immer Projekte, an denen er arbeitet, und wenn nichts Eigenes anliegt, hilft er Freundinnen und Freunden bei dem, was sie gerade tun, oder schreibt Texte für Trude Hesterberg und andere Größen der Kabarett-Szene.

Seiner Mutter schreibt er jeden Tag: Frau Ida Kästner, Dresden N 6, Königsbrücker Straße 38 II. Angeblich ist sie der Hauptgrund für sein Hierbleiben. Die Ehe der Eltern ist nicht glücklich. Die Mutter, eine hochneurotische, depressive Frau, droht gern mit Selbstmord und musste auch schon von einem Brückengeländer geholt werden, von dem sie herabspringen wollte. Erich Kästner erzählt seiner Mutter alles, einschließlich seiner erotischen Verwicklungen, letztere mit einer Offenheit, wie sie sonst allenfalls Männer unter sich pflegen – dass ein Mann, Mitte Dreißig, Dinge, die doch gewissermaßen intim sind, derart detailliert mit seiner Mutter bespricht, ist zumindest erstaunlich und jedenfalls Zeugnis eines besonderen Verhältnisses. *Wenn nur Dein Herzchen bald wieder besser würde. Hast Du bei der Wäsche zu sehr geschuftet? Duuu? Milliardonen Gr. und Küßchen von Deinem ollen Jungen,* schreibt der Sohn. Die Mutter schreibt auf den Umschlag: *Die Herzgeschichte der Mutter war natürlich infolge des Verbotes.*[7] Es geht um Kästners hartnäckiges Bemühen, in die Reichsschrifttumskammer aufgenommen zu werden. Mit «Wäsche» ist die Schmutzwäsche gemeint, die ihr der Sohn nach Dresden schickt, obgleich er sie ebenso gut in eine Berliner Wäscherei geben könnte.

Kästners Kampf mit dem nationalsozialistischen Literaturbetrieb ist ein Dauerthema. Sein Roman «Drei Männer im Schnee», bei Rascher in Zürich erschienen, darf in Deutschland nicht beworben werden, aber liegt in allen Schaufenstern. Unter dem Pseudonym Robert Neuner hat er den Stoff gemeinsam mit seinem Freund Werner Buhre für die Bühne bearbeitet (welchen Anteil jeder der beiden hatte, konnte die Forschung bisher nicht klären). «Das lebenslängliche Kind» heißt das so entstandene Werk, das Schauspielhaus Bremen hat es uraufgeführt, mit Riesenerfolg, andere Bühnen spielen es nach. Dann wird Kästners Autorenschaft bekannt, das Stück in Deutschland verboten, Österreich, die Schweiz, die Niederlande, Ungarn, Dänemark, Norwegen und Estland spielen es munter weiter. *Es muß möglich sein, einen wirklich einwandfreien deutschen Spielplan aufzustellen,* schimpft Will Vesper in der «Neuen Literatur», *und zwar so, daß auch am besten von der Theaterkammer aus die Leiter der deutschen Theater wissen, woran sie sind, und nicht immer wieder auf Judenstücke hereinfallen und nachher die mit großen Kosten einstudierten Schmarren wieder absetzen müssen, wie das z. B. mit dem «Lebenslänglichen Kind» von Neuner-Kästner selbst Staatstheatern geschah.*[8] (Kästners jüdische Herkunft ist, sofern es sie überhaupt gibt, im nationalsozialistischen Deutschland unbekannt und «Das lebenslängliche Kind», genau wie der Roman, dem es entstammt, eine harmlose Verwechslungskomödie. Aber für Will Vesper ist der Name Kästner offenbar gleichbedeutend mit «jüdisch», will sagen: für das unter allen Umständen Abzulehnende.)

Ein heilloses Durcheinander, schreibt Kästner der Mutter. *Ich war gestern mit Dr. Pagel von der Verlags-Anstalt beim Geschäftsführer der Reichsschrifttumskammer. Wir haben uns ganz nett unterhalten. Er will noch einmal versuchen, ob in meiner Sache noch etwas zu machen ist. Na ja. Also abwarten und Tee trinken. [...] Hier trägt sich fast alles mit dem Gedanken, sehr bald ins Ausland zu gehen. Filme, Stücke etc., alles wird verboten, dann erlaubt, dann wieder verboten. Da fällt das Geldverdienen schwer. Na, man muß eben doch versuchen zu bleiben.* Mutter Kästner sieht das anders: *Es regnet Verbote, Kofferpacken – Ausland reisen,* schreibt sie auf das Kuvert.[9]

Aber auch von dort kommt herbe Kritik: *Wie sich das angepaßt hat!* höhnt Klaus Mann in Leopold Schwarzschilds «Neuem Tage-Buch».

Mit welcher Fixigkeit das hinuntergleitet, ganz hinab, bis zum morastigen Schlammgrund der Ufa-Presse [...] Das war doch einmal ein Schriftsteller. Eine Zeitlang überlegte er sogar, ob er es nicht lieber bleiben wollte. Er dachte daran, in die Emigration zu gehen. Aber inzwischen hat er mit all seinen schlagfertigen Reden dahin gefunden, wohin er also gehört.[10]

Stimmt das? Wie unterscheidet sich Kästners erstes in der Nazi-Zeit geschriebene Kinderbuch «Das fliegende Klassenzimmer» von seinen Vorgängern «Emil und die Detektive» und «Pünktchen und Anton»? Man muss sehr spitzfindig sein, um im Konflikt zwischen den «guten» Gymnasiasten eines Internats und den «bösen» ortsansässigen Realschülern Bezüge zum «neuen Deutschland» zu sehen. Aber es wird «Kriegsrat» gehalten, «Meldegänger» werden ausgesandt, ein «Sturmangriff» wird vorbereitet. Der Ton rutscht leicht ins Militärische ab, die Kameradschaft steht hoch im Kurs, die bedingungslose Verehrung und Hingabe der Gymnasiasten an ihren Hauslehrer Dr. Bökh riecht, wenn man will, ein wenig nach Führerprinzip. Mitunter geschieht Verstörendes: Die Realschüler halten einen Gymnasiasten im Keller gefesselt, als Rache für eine ihnen zugefügte Beleidigung, und verabreichen ihm alle zehn Minuten sechs Ohrfeigen. Ein «Gymnastiker» lauscht an der Tür: *«Kurt», sprach die Stimme, «es sind schon wieder zehn Minuten herum.» «Na, da wollen wir mal weiterarbeiten», meinte eine andere fremde Stimme. «Mir tun schon die Hände weh.» Und jetzt vernahm man, sechsmal hintereinander, lautes Klatschen. Dann war's wieder still wie im Grabe.* Der Gefangene wird nach mehreren Stunden befreit, das Entwürdigende der Situation nicht thematisiert. Die Realschüler verbrennen Diktathefte der Gymnasiasten – die Bücherverbrennung liegt erst ein paar Monate zurück. Hat Kästner das bedacht? Oder hat er unbewusst Atmosphärisches aufgesogen, was im Sommer 1933 während des Schreibens in der Luft lag?

Andere Passagen zeugen von Kästners Empathie und Menschlichkeit. Ein Gymnasiast kann Weihnachten nicht nach Hause, die Eltern können das Fahrgeld nicht aufbringen. *Es reicht an keiner Ecke, und dass Vater nichts verdient, weißt du ja,* schreibt ihm die Mutter. *Wenn ich dran denke, dass du zu Weihnachten in der Schule bleiben musst, wird mir ganz elend zumute. Ich habe mir den Kopf zerbrochen. Bei Tante Emma war ich auch. Aber vergeblich. Vater ist zu einem früheren Kollegen gelaufen. Doch der hatte auch nichts übrig. Keinen Pfennig.* Die Folgen der Weltwirtschaftskrise sind Weihnachten 1933 noch spürbar, die Arbeitslosigkeit ist hingegen bereits erheblich gesunken. Arbeitslosigkeit ist kein zeittypisches Thema. Aber vielleicht denkt Kästner an die vielen Menschen, die der Nationalsozialismus beiseitegedrängt und ausgespien hat, die, plötzlich allein gelassen, feststellen müssen, dass andere, mit denen sie befreundet waren, sie auf einmal nicht mehr kennen. *Es gibt keinen Ausweg, mein Kleiner. Du musst diesmal im Internat bleiben. Und wir werden uns vor Ostern nicht wiedersehen. Wenn ich daran denke – aber man darf es nicht, weil es keinen Zweck hat. Im Gegenteil. Wir wollen kolossal tapfer sein und die Zähnchen zusammenbeißen, gelt?* Die Hilflosigkeit von Eltern, die ihre Kinder nicht beschützen können, auch das ein Thema der Zeit.

Den Nazis zum Trotz ist «Das fliegende Klassenzimmer» wieder ein großer Erfolg, Auslandslizenzen sind verkauft, der Film interessiert sich. Im Sommer 1935 ist ein neues Buch in Arbeit. *Wie gefällt Dir der Titel «Emil und die drei Zwillinge»,* fragt Kästner die Mutter[11] und schickt eine Ansichtskarte «Ostseebad Warnemünde – Fliegeraufnahme»: *Wo das Kreuz ist, sitze ich meist bei Tage und arbeite. Es ist die windstillste Ecke auf der Kurhausterrasse.*[12]

*

Ein Großereignis naht: Thomas Manns 60. Geburtstag am 6. Juni 1935. Er lebt mit seiner Frau Katia in Küsnacht bei Zürich, sein mittlerer Sohn Golo geht ihm organisatorisch zur Hand, seine Tochter Elisabeth besucht in Zürich die Schule, sein jüngster Sohn Michael studiert Geige am Züricher Konservatorium. Klaus und Erika kommen zu Besuch, Ersterer aus Südfrankreich oder Amsterdam, Letztere auf der Durchreise zu Kabarett-Veranstaltungen in der Tschechoslowakei oder anderenorts, meist in Begleitung der Schauspielerin Therese Giehse. Seine Stimmungslage ändert sich stündlich, er isst mit Vorsicht, Magen und Verdauung streiken häufig, auch der Schlaf lässt zu wünschen übrig und stellt sich oft erst nach Einnahme diverser Medikamente ein – liest man seine Tagebücher, hat man den Eindruck einer hochsensiblen, von Tag zu Tag lebenden Persönlichkeit, in ständiger Furcht vor physischen oder psychischen Einbrüchen, dabei fortwährend aktiv. Er empfängt Gäste, geht mit den Hunden spazieren, hört klassische Musik im Radio oder vom Grammophon, besucht Konzerte und Theater, führt eine umfangreiche Korrespondenz, liest Kafka, Proust, Gottfried Keller, freut sich über eine Wiederbegegnung mit Fontane, ist unglücklich, wenn die eigene Arbeit stockt, und dankbar, wenn sie vorangeht. Seine Weltgeltung steht außer Frage. Schon Wochen vor dem 6. Juni erscheinen Würdigungen in Zeitungen vieler Länder, Stöße von Briefen treffen ein, die «New York Times» bringt eine Rezension der «Geschichten Jaakobs», Echo kommt aus Frankreich, Russland, Skandinavien – kein europäischer Dichter, so scheint es, vielleicht sogar der ganzen Welt, hat mehr Gewicht als Thomas Mann. Im Tagebuch zieht er Bilanz: *Die Artikel und Briefe, die mein 60. Geburtstag zeitigt, ergeben ein wesentlich anderes Bild von mir, wie es der Welt vorschwebt. Werk und Person sind gewachsen, die Akzente sind feierlicher, rein-ehrerbietiger, eine Art von Sicherung, Verewigung, hat eingesetzt, die Arbeiten bis zurück zu den Anfängen, stehen in einem veränderten, gereinigten Licht. Die Welt hat sich mit dem bleibenden Charakter dieses Lebens abgefunden und trägt einer geistigen Tatsache Rechnung in Ton und Haltung, die sich in schwankendem Prozeß mit der Zeit, halb gegen ihren Willen, durchgesetzt.*[13]

Wie reagiert Deutschland? Die «Neue Rundschau», die verlagseigene Zeitschrift des S. Fischer Verlags, bringt eine vielseitige, maß- und respektvolle Würdigung von Rudolf Alexander Schröder, aber eine offizielle Gratulation bleibt aus. Rudolf G. Binding will das nicht hinnehmen. Er hält den Bruch zwischen exilierten und daheimgebliebenen Autoren immer noch für imaginär. Thomas Manns Jubiläum zu übergehen, widerstrebt seinem Naturell und würfe ein schlechtes Licht auf das deutsche Kulturleben und namentlich auf die Dichterakademie, deren 2. Vorsitzender er jetzt ist. Er will seinen Einfluss geltend machen, Positives bewirken, Brücken bauen und wendet sich, der Wichtigkeit des Anlasses entsprechend, direkt an Innenminister Wilhelm Frick: *Die Deutsche Akademie der Dichtung wünscht – aus dem Geiste und als sichtbares Zeichen des neuen Deutschland, das sie in geistiger Beziehung vor aller Welt und im eigenen Volke zu vertreten hat, – am 6. Juni d. Js. THOMAS MANN, der an diesem Tage sein sechzigstes Lebensjahr vollendet, durch einen Glückwunsch, vielleicht auch durch Entsendung einer Abordnung, welche der Senat beschließen mag, zu ehren.*[14]

Aber das «neue Deutschland» schweigt – was mag Thomas Mann denken? Binding beschließt, ihm die Hintergründe persönlich zu erläutern. Die Gelegenheit dazu böte ein Zwischenstopp in Zürich auf der Rückreise von Pontresina, wo er mit seiner Lebensgefährtin Elisabeth Jungmann den Sommer zu verbringen gedenkt. Er schreibt einen Brief mit der üblichen sparsamen Kommasetzung: *Sehr verehrter Herr Mann, ich nehme die Gelegenheit meiner Rückreise über Zürich wahr um den Versuch zu machen, Sie in Kenntnis von einigen Dingen zu bringen die ich nur dem mündlichen Wort anvertrauen möchte und die, wie ich meine, in jeder Hinsicht so wichtig sind dass Sie sie wissen müssten.* Er bitte deshalb um Erlaubnis, ihn am 14. August am Züricher Hauptbahnhof treffen zu dürfen, zwischen *15.27 und 16.50 Uhr,* da seine Zeit *sehr kurz bemessen* sei, um ihm zu erklären, warum man seines Geburtstags *ausser in persönlichen Glückwunschäusserungen und verehrenden Worten* nicht gedacht habe.[15] Thomas Mann (soeben von einer Amerikareise zurück, auf der ihn Präsident Roosevelt zu einem längeren Gespräch im Weißen Haus empfangen hat) ist nicht erfreut: *Brief [...] von Binding, der durchkommt und mich unnötiger Weise über die Gründe des Ausbleibens deutscher offizieller Kundgebungen zu meinem Geburtstag informieren will.*[16] Dennoch signalisiert er Zustimmung, und offenbar in einer Weise, die Binding jubeln lässt: *Sehr verehrter Herr Mann, Ihre Antwort auf meinen Vorschlag einer Begegnung hat mich froh gemacht und die Unumwundenheit und Unmittelbarkeit Ihrer Worte, die als so schöne Verräter Ihres Herzens und Ihrer Gesinnung zu mir kommen, sind mir nicht entgangen. So danke ich Ihnen für Ihren freundlichen Brief und freue mich herzlich Sie am 14. wie angekündigt zu sehen.*[17] Die Begegnung findet statt, wie verabredet im Züricher Bahnhof, Rudolf G. Binding fährt ins nationalsozialistische Deutschland zurück, vermutlich mit dem Hochgefühl, seine Sache gut gemacht zu haben. Thomas Manns

Reaktion erfährt man erst, als seine Tagebücher zwanzig Jahre nach seinem Tod geöffnet werden: *Nach Tische mit K. nach Zürich zum Bahnhof zur Abholung BINDINGS und der Jungmann. Ins Restaurant, wo er mich beim Café-Crème mit seinem Briefwechsel mit dem Innenminister Frick in Sachen meines Geburtstags bekannt machte. War es Ironie, oder Frechheit oder Torheit, der Wunsch, die Verhältnisse vor sich selbst dissimulierend zu beschönigen, wenn er zur Ehre Deutschlands eine Abordnung der Akademie beantragt hat? Ich nahm dankbar Kenntnis.*[18]

*

Seit Anfang 1935 nehmen Aktionen gegen Juden wieder zu. Vor Ortschaften stehen Schilder «Juden unerwünscht!», Juden werden drangsaliert, geschlagen, ihre Geschäfte verwüstet. Täter sind oft fanatisierte Jugendliche, Angehörige der HJ, aber auch immer wieder SA-Männer, die trotz der Säuberungs- und Mordwelle des Vorjahres keine Ruhe geben und das «Judenproblem» in ihrem Sinn lösen wollen. Hitler weiß, dass rüpelhafte Gewaltaktionen bei der Bevölkerung schlecht ankommen, andere wie Gauleiter Julius Streicher wollen noch härter zuschlagen. Der Konflikt, der auch einer zwischen Parteiaktivisten und Ministerialbürokratie ist, soll mit gesetzlichen Mitteln beigelegt werden. Während des Reichsparteitags der NSDAP in Nürnberg, der diesmal «Parteitag der Freiheit» heißt, tritt der Reichstag zusammen (er besteht nur noch aus NSDAP-Abgeordneten) und verabschiedet einstimmig die sogenannten Nürnberger Gesetze, das «Reichsbürgergesetz» und das «Gesetz zum Schutz des deutschen Blutes und der deutschen Ehre». Es verbietet die Eheschließung zwischen Juden und Nichtjuden und erklärt auch solche Ehen für nichtig, die im Ausland geschlossen werden. Außerehelicher Geschlechtsverkehr zwischen «Juden und Staatsangehörigen deutschen oder artverwandten Blutes» ist ebenfalls verboten und kann mit Gefängnis oder Zuchthaus bestraft werden. Juden dürfen keine Hakenkreuzfahne mehr hissen, weil sie sich dadurch als «Arier» tarnen könnten und deutsche Frauen unter 45 Jahren nicht in ihrem Haushalt beschäftigen. *Das Judentum ist schwer geschlagen,* notiert Goebbels ins Tagebuch. *Wir haben seit vielen hundert Jahren als Erste wieder den Mut gehabt, es auf die Hörner zu nehmen.*[19] Erste «Rassenschande-Prozesse» finden statt. Das Altonaer Landgericht verurteilt einen Juden wegen «versuchter Rassenschändigung» zu neun Monaten Gefängnis – bereits «die Absicht eines sexuellen Verkehrs mit einer Arierin» sei strafbar, heißt es in der Urteilsbegründung.[20] Am 15. November 1935 verkündet Goebbels vor dem frisch geschaffenen Reichskultursenat in Berlin: «Es ist im Kulturleben unseres Volkes kein Jude mehr tätig.»[21]

Am selben 15. November 1935 nimmt Artur Schnabel in London die letzte Sonate seiner Gesamteinspielung der 32 Klaviersonaten Beethovens auf, die kleine Sonate in G-Dur op. 79, Presto alla tedesca, Andante, Vivace. Das Projekt beschäftigt ihn seit 1932, an 27 Tagen auf acht London-Besuchen hat er den Zyklus in den Abbey-Road-Studios eingespielt, die erste Gesamteinspielung überhaupt. Artur Schnabel, geboren 1882 in Lipnik bei Bielsko-Biala südlich von Krakau, damals Österreich-Ungarn, seit seinem zweiten Lebensjahr in Wien und seit 1898 in Berlin, spielt nur Musik, die seiner Meinung nach «besser ist, als sie gespielt werden kann». Er hat Beethoven entschlackt, entromantisiert, modernisiert, auf lebenslanger Suche nach Wahrheit, Werktreue und Spiritualität. Seine Berliner Konzerte waren Ereignisse, man meinte, Beethoven nie so gehört zu haben, als habe Artur Schnabel ihn neu entdeckt – im Fall von Schuberts Klaviersonaten stimmt das sogar: Bevor Artur Schnabel sie spielte, kannte sie kaum jemand. Artur Schnabel ist ein strenger Mann, der Kompromisse nicht liebt. Als ihn 1933 ein Telefonanruf informierte, dass er als Jude seine Stellung an der Berliner Musikhochschule verloren habe, soll er «ich bin vielleicht nicht reinblütig, aber mit Sicherheit kaltblütig» geantwortet und aufgelegt haben. Er reiste ab und betrat nie wieder deutschen oder österreichischen Boden. Er starb 1951 in der Schweiz. Seine Beethoven-Gesamtaufnahme setzt bis heute Maßstäbe, Generationen von Pianisten haben sich an ihr orientiert und tun es noch immer. Seine Aufnahme von Schuberts posthumer B-Dur Sonate ist ein Meilenstein der Interpretationsgeschichte. So viel zu Goebbels' Kulturpolitik.

*

Am 21. Dezember 1935 stirbt Kurt Tucholsky in einem Göteborger Krankenhaus. Am Abend vorher hat er in seiner gemieteten Villa Nedsjölund in Hindas eine Überdosis Tabletten geschluckt, ob in selbstmörderischer Absicht oder versehentlich, ist umstritten. Er ist lange krank gewesen, hatte Kehlkopf- und Atemwegsprobleme und zeitweise den Geruchs- und Geschmackssinn verloren, musste fünf Mal operiert werden. Bitten um Textbeiträge und politisches Engagement musste er ablehnen. Von 1924 bis 1929 hat er in Paris gelebt, ab Januar 1930 in Schweden, 1934 hat er die schwedische Staatsbürgerschaft beantragt, in Deutschland ist er kaum noch gewesen, nachdem die Nationalsozialisten an die Macht gekommen waren, gar nicht mehr. Man habe seine Berliner Wohnung durchsucht, hieß es, Erich Kästner hielt das für ein Gerücht: *Ich wette, er hat seit Jahren keine Berliner Wohnung mehr. [...] Es wird nichts so heiß gegessen, wie es gekocht wird.*[22] Tatsächlich war es die Wohnung seiner Frau Mary Gerold-Tucholsky. SA-Männer drehten als erstes die Matratze um, in deren Sprungfedern sie Tucholskys Briefe versteckt hatte – zum Glück hatte eine geistesgegenwärtige Putzfrau sie vorher herausgeholt –, dann schleppten sie kistenweise Papiere fort. Tucholskys Name stand auf der ersten Ausbürgerungsliste des Dritten Reichs, inzwischen ist die Ausbürgerung erfolgt. Offizieller Grund: Tucholskys Pazifismus.

«Hier ruht ein goldenes Herz und eine eiserne Schnauze. Gute Nacht –!» soll Tucholsky sich als Grabspruch gewünscht haben, und wer in der «Weltbühne» in seinen zahllosen Aufsätzen, Glossen, Gedichten und Besprechungen stöbert, wird verstehen, warum. Bei aller Schärfe des Arguments schimmert immer auch Liebe durch, ist immer der Mensch Tucholsky zu spüren. Und wenn er praktisch gegen alles ist, was ihm begegnet, die SPD, die USPD, die Revolution, die Republik, das Parlament, die KPD, Moskau, die Engländer, die politische Rechte sowieso und vieles andere mehr, dann hetzt er nicht wie seine Kollegen von der Nazi-Presse, sondern verlässt sich auf seine Klugheit, seinen Witz und sein unbestechliches Urteil. Seine Buchrezensionen sind Muster an Sorgfalt, Kenntnis und Gespür. Vor allem ist Tucholsky gegen den Krieg. «Soldaten sind Mörder» hat er 1931 in der «Weltbühne» geschrieben. Carl von Ossietzky, Herausgeber der

«Weltbühne», wegen angeblichen Landesverrats in Gefängnishaft, wurde daraufhin erneut angeklagt, Tucholsky selbst, als im Ausland lebend, nicht. Er wollte ihm zu Hilfe eilen, aber seine Angst, in Deutschland behelligt oder von Rechtsradikalen angegriffen zu werden, war zu groß, das hat ihm später leidgetan. Das Nazi-Regime hat er nicht unterschätzt wie viele andere, hat gewarnt und polemisiert, jetzt steht er ihm ohnmächtig gegenüber. *Gegen einen Ozean pfeift man nicht an,* hat er im April 1933 an Walter Hasenclever geschrieben. *Man muß die Lage so sehn wie sie ist: unsere Sache hat verloren. Dann hat man als anständiger Mann abzutreten.*[23] Dass Goebbels in seinen Reden auf ihn schimpfe, lasse ihn kalt – *mir fallen kaum noch Witze dazu ein, so unendlich gleichgültig ist mir das alles. [...] Aber eines will ich Ihnen sagen: Mit genau derselben Unerbittlichkeit, mit genau derselben Kraft und Stärke, mit der man in Deutschland unsre gemeinsamen Freunde drillt, einsperrt, erniedrigt, sie das Horst Wessel Gebrüll singen läßt, plagt und verhungern läßt – mit genau derselben ruhigen Unerbittlichkeit lehne ich es ab, mit irgendeinem Deutschen am Tisch zu sitzen, der mir nicht ganz hasenrein ist. Da kann er nun heißen wie er mag.*[24] Zum Schreiben ist er zu schwach. Früher sei er morgens aufgewacht und habe gewusst: *Heute wirds was. WAS ich dann anfasse, ist ziemlich gleichgültig – ob einen Brief, eine Frau oder einen Artikel –: das wird dann und hat jenen Schwung, den ich mit meiner Marke signieren kann.* Heute wisse er: Es wird nichts. *Man soll in seinen besten Stunden schreiben, nicht in seinen schwachen.*[25]

In einem letzten, sechs Tage vor seinem Tod an Arnold Zweig geschriebenen Brief diskutiert er seine Sicht auf Juden, Emigranten und die politische Linke. Es ist eine trübe Sicht. Die «eiserne Schnauze» ist sehr pessimistisch geworden. Arnold Zweig, 1934 nach Palästina emigriert, ist dort dafür kritisiert worden, dass er, anstatt Hebräisch zu lernen, für die deutschsprachige Zeitschrift «Orient» schreibt – die Beharrlichkeit, mit der deutsche Juden auch in Palästina an ihrem Deutschtum festhalten, empfinden viele Zionisten als Schwächung der nationalen Sache im Kampf um einen eigenen Staat. Aber Arnold Zweig, soviel ist sicher, lebt sein Judentum bewusst, bekennt sich dazu, will seinen Beitrag leisten. Nicht so Kurt Tucholsky: *Ich bin 1911 «aus dem Judentum ausgetreten»,* schreibt er ihm. *Ich habe es getan, weil ich noch aus der frühsten Jugend her einen unauslöschlichen Abscheu vor dem gesalbten Rabbiner hatte.* 1918 hat er sich evangelisch taufen lassen und ist auch nicht, wie beispielsweise Emil Ludwig, angesichts eines wachsenden Antisemitismus zu seinen jüdischen Wurzeln zurückgekehrt. Geblieben sind Trauer, Enttäuschung und vor allem Resignation: *Das Judentum ist besiegt, so besiegt, wie es das verdient – und es ist auch nicht wahr, daß es seit Jahrtausenden kämpft. Es kämpft eben nicht. […] Mir hat schon diese faule und flaue Erklärung nie gefallen, mit der man mir erzählt hat: Die Gettojuden im 16. Jahrhundert KONNTEN nicht anders, sie waren bedrückt, man ließ sie ja nichts andres tun als schachern. Nein, liebe Freunde. Getto ist keine Folge – Getto ist Schicksal. Eine Herrenrasse wäre zerbrochen – diese da «müssen doch leben». Nein, so muß man nicht leben, so nicht. […] Wer die Freiheit nicht im Blut hat, wer nicht fühlt, was das ist: Freiheit – der wird sie nie erringen. Wer das Getto als etwas von vornherein gegebenes akzeptiert, der wird ewig darin verbleiben. Und hier und nur hier steckt das Versagen der gesamten deutschen Emigration, aus der ich keine Judenfrage machen möchte – hier ist ihre Schuld, ihre Erbärmlichkeit, ihre Jämmerlichkeit. […] Ich klage die Gesinnung der Juden an, und viel weiter gehend, die Gesinnung der sog. «deutschen Linken» und hier darf das Wort nebbich angewandt werden. Man hat eine Niederlage erlitten. Man ist so verprügelt worden, wie seit langer Zeit keine Partei, die alle Trümpfe in der Hand hatte. Was ist nun zu tun –? Nun ist mit eiserner Energie SELBSTEINKEHR am Platze. Nun muß, auf die lächerliche Gefahr hin, daß das ausgebeutet wird, eine Selbstkritik vorgenommen werden, gegen die Schwefellauge Seifenwasser ist. Nun muß – ich auch! ich auch! – gesagt werden: Das haben wir falsch gemacht, und das und das – und hier haben wir versagt. Und nicht nur: die andern haben … sondern: wir alle haben. […] Statt einer Selbstkritik und einer Selbsteinkehr sehe ich da etwas von «Wir sind das bessere Deutschland» und «Das da ist gar nicht Deutschland» und solchen Unsinn. Aber ein Land ist nicht nur das, was es TUT – es ist auch das, was es verträgt, was es duldet. Es ist gespenstisch zu sehen, was die Pariser Leute treiben – wie sie mit etwas spielen, was es gar nicht mehr gibt. Wie sie noch schielen – wie sie sich als Deutsche fühlen – aber zum Donner, die Deutschen wollen euch nicht! […] Das ist bitter zu erkennen. Ich weiß es seit 1929 – da habe ich eine Vortragsreise gemacht und «unsere Leute» von Angesicht zu Angesicht gesehen, vor dem Podium, Gegner und Anhänger, da habe ich es begriffen, und von da ab bin ich immer stiller geworden. Mein Leben ist mir zu kostbar, mich unter einen Apfelbaum zu stellen und ihn zu bitten, Birnen zu produzieren. Ich nicht mehr. Ich habe mit diesem Land, dessen Sprache ich so wenig wie möglich spreche, nichts mehr zu schaffen. Möge es verrecken – möge es Rußland erobern – ich bin damit fertig. [...] Man muß ganz von vorn anfangen, ganz von vorn. Wir werden das nicht erleben. Es gehört dazu, was die meisten Emigranten übersehen, eine Jugendkraft, die wir nicht mehr haben. Es werden neue, nach uns, kommen. So aber gehts nicht. Das Spiel ist aus.*[26] In seinem letzten Brief bittet er seine Frau Mary Gerold-Tucholsky um Verzeihung. Sie hat viel mitgemacht, unter seinen vielen Seitensprüngen gelitten. Seit August 1933 ist er von ihr geschieden. Auch die Beziehung zu ihrer Nachfolgerin Lisa Matthias ist zerbrochen. Die «eiserne Schnauze» schweigt, das «goldene Herz» schlägt nicht mehr. In zweieinhalb Wochen wäre er 46 Jahre alt geworden.

Erich Kästner schreibt seiner Mutter: *Frau Jacobson ist in London am Schlag gestorben. Und Tucho in Paris auch. In einer Anstalt. So ist das Leben.*[27] Edith Jacobsohn ist die Witwe des «Weltbühne»-Gründers Siegfried Jacobsohn. Sie hat Kästner auf die Idee gebracht, es doch einmal mit Kinderbüchern zu versuchen. Resultat war der Welterfolg «Emil und die Detektive». Kurt Tucholsky hat als Verschleierung seines Aufenthaltsorts in Briefen oft «Zürich» als Adresse genannt. So weit ist Kästner von der Welt der Emigranten bereits entfernt, dass er meint, Tucholsky sei noch in Paris.

— 20 —
Ferkeleien

Bei manchen und gewissen Leuten ist das Dichten eine Art geistiger Verdauungsprozeß, bei dem zwangsläufig übelriechende Blasen aufsteigen. Erinnern wir uns nur des Berserkers Alfred Kerr, dessen Gemauschel die geistigen Mistbeete in Deutschland auf das angenehmste zu fördern wußte. Die Zeiten jener Gedichte eines Tucholsky, Kerr, Kästner und wie sie alle heißen mögen, sind dahin, nur einige vereinzelte, von Spinnweben romantisch umzogene und bereits reichlich verwitterte Säulen zeugen vom Untergang jenes Zeitalters. Eine dieser Säulen macht sich jetzt wieder bemerkbar, es ist Gottfried Benn, dessen «Ausgewählte Gedichte» wir mit tiefer Ergriffenheit in der Hand halten.[1]

«Das schwarze Korps. Zeitung der Schutzstaffel der NSDAP» erscheint jeden Mittwoch im Franz Eher Verlag, der auch den «Völkischen Beobachter» herausgibt. Jeder SS-Mann ist verpflichtet, es zu lesen und für seine Verbreitung zu sorgen, die Auflage liegt momentan bei etwa 150 000 Exemplaren. Oberster Schirmherr ist Heinrich Himmler, assistiert vom «Chef des Sicherheitsdienstes» Reinhard Heydrich. Schriftleiter ist Gunter d'Alquen, 25 Jahre alt, sichtbares Zeichen dafür, dass man in der SS früh Karriere machen kann und Anreiz für andere junge Männer, es ebenfalls zu versuchen. Redakteure des «Schwarzen Korps» bekommen Informationen direkt von der Gestapo und liefern ihre Erkenntnisse dorthin. Beiträge erscheinen in der Regel anonym. Kurzum: «Das schwarze Korps» ist ein Blatt, in dessen Visier man besser nicht gerät.

Die Deutsche Verlags-Anstalt hat zu Gottfried Benns fünfzigstem Geburtstag einen Lyrikband herausgebracht, der auch frühe Gedichte enthält, darunter das Gedicht «Der Selbsterreger» von 1925. Es handelt von Einsamkeit, Isolation, Vergeblichkeit. Das «Schwarze Korps» verwendet den Gedichttitel als Überschrift seiner Benn-Schmähung und suggeriert damit das Bild eines Homosexuellen, dessen *Selbsterregung* vornehmlich *warme Luft* produziere. Ebenfalls zitiert ist das Gedicht «Synthese» von 1917 mit der Strophe:

Ich bin gehirnlich heimgekehrt
aus Höhlen, Himmeln, Dreck und Vieh.
Auch was sich noch der Frau gewährt,
ist dunkle süße Onanie.

Die Redakteure müssen über diese Steilvorlage entzückt gewesen sein. Effektvoll lassen sie die letzte Zeile weg und schreiben ... *ist nicht wiederzugeben. D. Red. [...] Gib es auf, Dichter Benn, die Zeiten für derartige Ferkeleien sind endgültig vorbei, daran ändert auch nichts die Tatsache, daß der Verleger vorsichtshalber unter den Titel setzte: 1911–1936. Das Publikum kann schließlich nicht feststellen, ob es sich bei oben wiedergegebenen Extrakten um sogenannte «Jugendverwirrungen» handelt, welche Behauptung man bei Beanstandungen doch so gut aufstellen kann. Verwunderlich ist noch der Mut der Deutschen Verlagsanstalt, die es im Jahre 1936 wagt, eine derartige Geistesverblödung ins Volk zu tragen und zum Überfluß noch den Hersteller als Dichter mit deutschen Heroen vergleicht.*

Der «Völkische Beobachter», Auflage 600 000, hat den Artikel nachgedruckt. Der Angriff könne ihn *Uniform u. Stellung kosten,* schreibt Benn an Oelze.[2] Ist die «Ehre» eines Offiziers in Frage gestellt, kann ein «Ehrverfahren» eingeleitet werden, das darüber entscheidet, ob der Betroffene bleiben kann oder gehen muss. *Und was dann?,* fragt Benn. *Als bemakelter Mann bei den CIVILÄRZTEN wieder unterkommen? Sicher kaum möglich. Die sind schlimmer als andere noch.* Wozu nehme er *diese vielen Kämpfe, Peinigungen, geradezu doch Verfolgungen* auf sich? Wohin soll er gehen? Ins Ausland? *Vielleicht auch löst sich vorher bei einem S. S. Mann ein Schuss auf der Strasse u ich bin hinüber. Wenn es Deutschland von der «nordischen Idee» erlöste, sei es mir willkommen. Satt habe ich den Dreck, den deutschen Dreck.*[3]

Verleger Gustav Kilpper wendet sich an Ina Seidel: *Ich weiss nicht, ob Ihnen die schamlosen Angriffe bekannt geworden sind, die im «Schwarzen Korps» und auch im Völkischen Beobachter gegen Gottfried Benn ge-*

richtet worden sind. Herr Dr. Benn schreibt mir nun heute einen fast verzweifelten Brief in dem Sinn, dass er seinen Abschied als Oberstabsarzt einreichen müsse, wenn nicht Hanns Johst und andere Freunde ihn als deutschen Dichter legitimieren. Wäre es Ihnen wohl möglich, Herrn Schulte Strathaus für den Fall zu interessieren? Ich weiss zwar, dass Sie derartiges nicht gern tun. Da es sich hier aber um den Schutz eines Mannes, den auch Sie verehren, vor unwürdigen Angriffen handelt, finden Sie vielleicht doch einen Weg, ihm zu helfen. Eigentlich müsste sich die ganze Akademie der Dichtung, wie ein Mann, gegen derartige Anpöbelungen auflehnen.[4]

Ernst Schulte Strathaus, Literaturwissenschaftler, Antiquar und Astrologe, zwei Mal geschieden und ein Mal verwitwet, ist Ehemann von Ina Seidels Tochter Heilwig. 1881 geboren, ist er 27 Jahre älter als seine Frau und vier Jahre älter als seine Schwiegermutter Ina Seidel. Irgendwann ist er in der Familie aufgetaucht, «ungemein gesprächig» und «bisweilen ganz amüsant», wie sich Inas Sohn Georg erinnert[5], hat Blumen und Geschenke gebracht. Heilwig, damals Schauspielelevin bei Otto Falckenberg an den Münchner Kammerspielen, hatte ein Faible für ihn. Bei der Hochzeit war sie schon schwanger, jetzt ist ein Mädchen da, Christine, und Ina Seidel mit fast 51 Jahren Großmutter. Sie freut sich ihres Enkelkindes, mit ihrem Schwiegersohn hat sie sich abgefunden. Er gilt als zugänglich und verständnisvoll und ist – darauf kommt es an – seit April 1934 Sachbearbeiter für Kulturfragen im Stab von Rudolf Heß im Braunen Haus und somit für alle, die etwas wollen, eine Art Joker, auf den man zurückgreift, wenn andere Verbindungen nicht zur Verfügung stehen. Der Weg zu ihm führt nicht selten über Ina Seidel.

Aber Ina Seidel reagiert kühl: Warum, fragt sie, hat Kilpper es zugelassen, dass Benn-Gedichte, deren Brisanz absehbar war, in die Sammlung aufgenommen wurden? Der Verlagsleiter ist schwer gekränkt: *Ganz allgemein möchte ich feststellen, dass es keinen Verleger geben kann, der mehr um das künstlerische und öffentliche Ansehen seiner Autoren besorgt ist als ich und jede Zeile selber aufmerksamer liest. [...] Wenn Benn aber nach langer und sorgfältigster Sichtung aus seinem über 25 Jahre sich erstreckenden dichterischen Werk die ihm als wesentlich er-*

scheinenden Stücke in einem schmalen Band von kaum 100 Seiten zusammenfasst, so hielt und halte ich mich nicht für berechtigt, ihm dabei mit Bedenken in den Weg zu treten, denen jede wirkliche sachliche oder künstlerische Begründung fehlt. Er könne nicht sein *ganzes Tun und Handeln darauf abstellen,* ob *irgend ein übler Bursche* Anstoß nehmen könnte. Benns frühere Gedichtbände seien alle vergriffen, einzelne Gedichte würden ohne die jetzige Publikation vielleicht *für immer ausgelöscht* werden, kein *ernster Kritiker* habe Bedenken geäußert, die Sammlung sei *mit höchstem Respekt* aufgenommen worden. *Ich bitte es mir nicht übelzunehmen, wenn ich so ausführlich auf diese Dinge eingehe und meine Haltung mit allem Nachdruck zu rechtfertigen versuche. Es hat mich aber in der letzten Zeit kaum ein Vorwurf so schwer getroffen wie der Ihres letzten Briefes.*[6] Auch Benn erhält, wie er Tilly Wedekind berichtet, einen *geradezu arroganten* Ina-Seidel-Brief, *voll Belehrung u Kritik u. Ablehnung,* anscheinend habe sie *Angst um ihre Honorare.*[7]

Inzwischen ist klar: Benn darf bleiben. Sein General, *FABELHAFT*, schreibt er Oelze, hat sich hinter ihn gestellt: Nicht durch *Anpöbeleien* werde seine Offiziersehre verletzt, sondern nur dadurch, wenn er sich *danach umsähe u. reagiere.*[8] Hanns Johst schickt ein Telegramm: *Ignorieren Sie Kritik. Verbürge mich für Integrität und Makellosigkeit Ihrer dichterischen Persönlichkeit. Hanns Johst, Präsident der Reichsschrifttumskammer, Preussischer Staatsrat, SS-Oberführer.*[9] Nach einigem Zögern stimmt auch das Kriegsministerium seinem Verbleiben zu.

Mit der Erleichterung kehrt auch Benns Kampfgeist zurück. Entsprechend deutlich ist seine Antwort an Ina Seidel: *Sehr verehrte Gnädige Frau, Haben Sie Dank für Ihren Brief vom 18. d. M. Ich gehe sofort auf ihn ein, da er mein ausserordentliches Erstaunen erregt, als Sie einen so langen Brief weniger an mich als gegen mich schreiben, und ich mir garnicht erklären kann, was Ihre innere Veranlassung dazu ist. Sie schreiben so, als ob Sie sich mir gegenüber präcisieren müssten. Sie schreiben fast so, als ob ich Sie um Ihre Hilfe gebeten hätte und Sie sie mir begründetermassen verweigern müssten. Aber ich habe Sie doch tatsächlich um nichts gebeten, wüsste garnicht, um was Konkretes ich Sie überhaupt bitten könnte.* Er frage sich, was sie veranlasst haben könnte, in ihrem Brief *weit offenherziger* zu werden, als es ihrer *bisherigen Stellung* zueinander entspräche. *Eine Betonung oder irgend eine Schärfe des Ausdrucks ist doch garnicht nötig, das steht oder stand doch nie zur Diskussion, meinen Sie denn, ich könnte mich darauf berufen, einmal von Ihnen anders empfunden zu sein?* Benn schickt ein Gedicht zurück, das ihm Ina Seidel einmal geschenkt hat. *Damit gleiche ich die Gegenwart aus, in der wir uns, wie mir Ihr Brief zeigt, so weit von einander entfernt haben.*[10] Beziehung abgebrochen? Benn ist nicht nachtragend. Bis zum Lebensende bleibt er Ina Seidel freundschaftlich verbunden.

— 21 —
Dichtung – Bühne – Politik

Schon in den Vorjahren hat Hans Grimm im Klosterhaus Lippoldsberg Dichtertagungen veranstaltet, im Sommer 1936 soll endlich die oft gehörte Forderung erfüllt werden, «Dichter» und «Volk» zusammenzubringen. Die Universität Göttingen stellt im nahegelegenen Landheim des Pädagogischen Seminars Unterkünfte zur Verfügung, *teils in Einzelzimmern, teils in Dormitorien mit ordentlichen Betten und NICHT gedrängt*, heißt es in der Einladung, sechs der *älteren Herren* können bei ihm wohnen, er erwarte Gäste auch aus England. Ein Reisekosten-Budget unterstützt Bedürftige, es gibt an der Weser einen Bade- und Liegeplatz, *Badezeug mit Badetuch oder Mantel* bitte er mitzubringen, *denn genug Badetücher für alle Gäste werde ich nicht haben.* Am Ankunftsabend soll eine *geschlossene Besprechung* stattfinden, alles andere soll öffentlich sein. Er bittet um frühzeitige und verbindliche Anmeldung, man möge sich die *dörflichen Verhältnisse* gefallen lassen, und *hoffentlich schenkt uns der Himmel gutes Wetter.*[1]

Hans Grimm will große Namen und hofft auf die Teilnahme von Ernst Wiechert. Aber Ernst Wiechert zögert. Er hat im Sommer 1935 wieder vor Münchner Studenten gesprochen, mehr als tausend sind gekommen, angeblich saß auch Heinrich Himmler im Auditorium, und alles wartete darauf, ob sich der berühmte, vor den Toren Münchens ansässige Dichter endlich zum Dritten Reich bekennen würde. Er tat es, so der allgemeine Eindruck, nicht, und Studenten, so seine Erinnerung, bildeten beim Verlassen der Universität einen regelrechten Schutzwall um ihn. Seitdem fühlt er sich noch mehr unter Beobachtung als vorher. Hans Grimm versucht ihn umzustimmen: *Ich weiss wohl, dass damals Ihre Rede hier und dort missverstanden worden ist, doch kann das allen geschehen, und unsere Begegnung hier wird sicher nicht verdächtigt durch Sie, denn die Leute, die sich hier treffen, kommen ja wohl aus vielerlei geistigen Richtungen, und die Aussprache kann nur gut sein. [...] Es wird auch ganz selbstverständlich so sein, dass das, was einer hier sagt, nicht missbraucht wird.*[2] Aber Ernst Wiechert sagt ab, Hans Grimm bedauert: *Ob Sie ganz recht haben, weiss ich nicht. Ich fürchte, wir kommen in der völligen Vereinzelung nicht vorwärts, wenn ich auch durchaus überzeugt bin und es immer wieder sage, dass bei allen Dingen die Einzelnen am Anfang stehen müssen und jetzt mehr als je.*[3]

Die Lippoldsberger Dichtertage vom 24. Juni bis zum 1. Juli 1936 sind auch ohne Ernst Wiechert ein Erfolg. Das «Dörfliche» ist ein Bonus. Teilnehmer steigen in Northeim in den Bummelzug und werden ab Bodenfelde per Leiterwagen und Pferdegespann zum Tagungsort kutschiert. Hunderte Menschen drängen sich auf Hans Grimms Hof, Vereine schicken Abordnungen, Wehrmachtsangehörige kommen aus Hofgeismar und Holzminden. Nach einer musikalischen «Intrade» liest Börries von Münchhausen seine berühmte Ballade «Der Todspieler», es folgen Hermann Claudius mit Plattdeutschem und Hermann Burte mit Alemannischem. Auch Paul Alverdes, Rudolf G. Binding und Rudolf Alexander Schröder lesen. Am Sonntagmorgen gibt die Göttinger Akademische Orchestervereinigung ein Konzert in der Klosterkirche, eine «Nächtliche Serenade» mit Kerzen- und Fackellicht bringt romantische Stimmung, eine Schifffahrt weseraufwärts zum Klostergut Bursfelde sorgt für Abwechslung. Der Bade- und Liegeplatz an der Weser wird gern genutzt. Dass es trotz Freizeitvergnügens um eine ernste Sache geht, sprich: um die deutsche Dichtung, zeigt die Kleiderordnung: *Kleiner Gesellschaftsanzug (Smoking) für das gemeinsame Empfangsessen. Dunkler Anzug für die Sonntagsvorlesung und Abende.*[4]

Hans Friedrich Blunck ist nicht dabei. Hans Grimm will ihn nicht sehen. Er wirft ihm Amtsmissbrauch und Selbstherrlichkeit vor. Tatsächlich ist die Unzufriedenheit mit ihm als Präsidenten der Reichsschrifttumskammer im Lauf seiner zweijährigen Amtszeit so groß geworden, dass man ihm kurzerhand den Stuhl vor die Tür und Hanns Johst an seine Stelle gesetzt hat. Jetzt drängt Blunck den Langen-Müller Verlag, eine Gesamtausgabe seiner Werke herauszubringen, entweder weil er Geld für seinen Bauernhof braucht oder sich literarisch neu aufstellen will. *Da ich einen derartigen Unfug nicht mitmachen wollte und konnte,* schimpft Verlagsleiter Gustav Pezold in einem Brief an Will Vesper, *die Hanseatische Verlagsanstalt aber bereit war, ihm diesen «kleinen Gefallen» zu tun, ist er mit seinen Büchern dorthin übergesiedelt.* Das sei aber nicht alles: Inzwischen habe er aus Prag erfahren, dass *der Herr Altpräsident und Auslandsreisende der Reichsschrifttumskammer* von den *dortigen Deutschen* für einen Vortragsabend *TAUSEND Mark Honorar* verlangt und ihnen, da sie so viel nicht zahlen konnten, nahegelegt habe, einen *Zuschuss von der Reichsschrifttumskammer* zu beantragen – er mute den *Auslandsdeutschen* also zu, im *Reich um Almosen zu betteln,* um seine *unanständigen Honorarforderungen* zu bezahlen! *Sie müssten einmal die Briefe lesen, die ich daraufhin erhalten habe. Man schämt sich dieses reichsdeutschen Landsmannes wegen in Grund und Boden hinein.*[5]

Will Vesper kann dem nur zustimmen: *So peinlich ist das Ganze! Man kann manchmal wirklich vor dem ganzen Schriftstellerpack das große Speien kriegen. Ich sehne mich oft recht von aller Literatur weg nach Kuhmist. Am liebsten würde ich mir auch einen Bauernhof kaufen. Aber dazu reicht es leider nicht. Und so geschickt wie Blunck verstehe ich nicht, die verlegerischen Kühe zu melken.*[6] Dabei ist Will Vesper seinem Ziel schon greifbar nah: Seit Jahren macht er Urlaub auf dem Gutshof seines Freundes Hans Rimpau in Triangel östlich von Hannover in der Nähe der Kreisstadt Gifhorn. Hans Rimpau ist im Januar 1936 gestorben. Will Vesper kümmert sich um den Nachlass, berät die Witwe Rose Rimpau in Geschäftsdingen, wird Vormund ihrer zwei Kinder, und ehe allzu viel Zeit vergeht, ist Rose Rimpau von ihm schwanger. Will Vesper ist 53 Jahre alt und seit dreißig Jahren verheiratet, seine vier Kinder sind aus dem Haus, da ist es Zeit für einen Wechsel. Ein Gutshof mit Torfproduktion ist keine schlechte Dreingabe. Hans Friedrich Bluncks Gesammelte Werke erscheinen indessen in neuer Ausstattung in der Hanseatischen Verlagsanstalt Hamburg, das verschlungene Monogramm HFB auf dunkelblauem Leineneinband.

*

Die Münchner Kammerspiele waren schon vor 1933 Hitlers erklärtes Lieblingstheater, und auch als Reichskanzler schaut er sich bei München-Aufenthalten Vorstellungen an. Dafür wird tagelang jeder Winkel des Hauses durchsucht und am Abend das gesamte rechte Foyer durch SS-Wachen abgesperrt. Wie aus dem Boden gewachsen erscheint Hitler in der Direktionsloge, verlässt in der Pause nie den abgesperrten Bereich und verschwindet so schnell, wie er gekommen ist, und alle sind froh, die Nervenprobe überstanden zu haben. Intendant der Münchner Kammerspiele ist seit 1917 Otto Falckenberg. Zahlreiche Uraufführungen haben unter seiner Ägide stattgefunden, große Stars sind aus seinem Ensemble hervorgegangen, unter ihnen Therese Giehse, früher angeblich Hitlers Lieblings-Schauspielerin, zur Stunde Hauptattraktion in Erika Manns Exil-Kabarett «Die Pfeffermühle». 1933 war Otto Falckenberg kurzzeitig in Haft. Ein Neujahrsgruß eines nach Moskau emigrierten Kollegen hatte genügt, ihn verdächtig zu machen, Reinhard Heydrich, damals Chef der Bayerischen Politischen Polizei hat ihn verhört. Seitdem ist er vorsichtig geworden. Er versucht weiterhin, gutes Theater zu machen, aber beugt sich den Vorgaben des Regimes. Einmal pro Jahr muss er seinen Spielplan der «Reichsdramaturgie» unter Rainer Schlösser vorlegen, auch zahlreiche andere Stellen sprechen mit, alle möglichen «ungeschriebenen Gesetze» sind zu beachten – am 9. November, dem Gedenktag der 1923 vor der Feldherrnhalle gefallenen Hitler-Putschisten, darf zum Beispiel keinesfalls «Dantons Tod» gespielt werden.

Die Reichstheaterwoche, das wichtigste Ereignis des gesamten Theaterjahres, findet 1936 in München statt. Beitrag der Münchner Kammerspiele ist das antisemitische Tendenzstück «Rothschild siegt bei Waterloo» von Eberhard Wolfgang Möller, Jahrgang 1906, Theaterreferent im Propagandaministerium und Jungstar in der Riege nationalsozialistischer Theaterautoren. Die Aufführung sei die *größte Schmach* gewesen, die sich *während aller Jahre des Dritten Reichs auf der Bühne des Schauspielhauses* zugetragen habe, erinnert sich Wolfgang Petzet, damals Dramaturg des Theaters und später Verfasser eines großen Buches darüber. Falckenberg habe alles darangesetzt, die Inszenierung zu vermeiden, aber Reichsdramaturg Rainer Schlösser habe per Telegramm gedroht: *entweder Rothschild-Inszenierung von Falckenberg mit Friedrich Domin in der Hauptrolle oder Ausschluß aus der Reichstheater-Festwoche mit allen Konsequenzen.* Dann allerdings habe Falckenberg das Stück nach allen Regeln der Kunst *entgiftet* und Friedrich Domin die Hauptrolle so *gelassen souverän* gespielt, dass *jede Spur eines konventionellen «Shylock»* vermieden gewesen sei. Der *kleine verkniffene* Möller sei *wütend* gewesen und habe geglaubt, *ein ganz anderes Stück zu sehen;* am Schluss habe er sich geweigert, auf der Bühne den *obligaten Beifall der Parteigrößen* entgegenzunehmen.[7]

Gustav Pezold, der auch im Publikum saß, beurteilte die Sache ganz anders. *Es ist einfach trostlos,* schreibt er Will Vesper, *miterleben zu müssen, wie die ehemaligen Theater-Routiniers jetzt die Anschauungen verwirren, indem sie alles Konjunkturgemässe grotesk übersteigern. Weil sie innerlich unsicher sind und nicht zur Sache gehören, können sie wohl nicht anders.* Falckenbergs Inszenierung sei eine *grobe stürmerartige Geschmacklosigkeit* gewesen, statt eines *gefährlichen Rothschilds, der auch imponieren* könne, habe er einen *widerwärtig gemeinen jüdischen Trödler-Typen* geschildert, nicht *Londoner Börse* sei das gewesen, sondern *Krakauer Ghetto,* der Autor Eberhard Wolfgang Möller habe *Mühe gehabt, das Theater nicht während der Vorstellung zu verlassen. Aber natürlich, Herr Falckenberg, ehemals Freund aller Juden, muss zu solchen Mitteln greifen, um ungestört im Beruf weiterwirken zu können* – und natürlich habe Herbert Ihering vom «Berliner Tageblatt» Falckenbergs Aufführung «vorzüglich» gefunden. Jürgen Fehling vom Berliner Staatstheater, ein *Routinier vom alten, Reinhardtschen Schlage,* sei ein ähnlicher Fall. *Was sollen die heutigen Spielleiter denken, meist jüngere Menschen,* fragt Dr. Pezold, *wenn sie erleben, wie eine Fehling-Aufführung in den Himmel gehoben wird? Sie bekommen ein falsches Vorbild, wie sollen wir da je zu einem deutschen Theater kommen?* Vespers «Neue Literatur» solle nicht in das *allgemeine Lobhudeln* einstimmen, auch wenn das *gefährlich* sei, denn man wisse ja: *Kritik an Personen oder Leistungen des Berliner Staatstheaters sind ein Spiel mit dem Feuer.*[8]

Dann erfährt Will Vesper selbst die Untiefen nationalsozialistischer Kulturpolitik. Er hat eine Aphorismen-Sammlung «Rufe in die Zeit» zusammengestellt, die seine politische Haltung ausdrückt. Aber auch

Werke altgedienter Parteigenossen müssen der «Parteiamtlichen Prüfungskommission zum Schutze des nationalsozialistischen Schrifttums» vorgelegt werden. Sie wird vom SS-Mann und Kanzleramtschef Philipp Bouhler geleitet, wird deshalb Bouhler-Kommission genannt und überprüft Werke auf ihren nationalsozialistischen Gehalt: Ist weltanschaulich alles in Ordnung? Sind Hitler-Zitate korrekt wiedergegeben? Gibt es irgendwo einen falschen Zungenschlag? Nationalsozialisten sind ehrpusselig, nicht jeder darf bei ihnen mitmachen, und wenn es um «echte» oder «aufgesetzte» Gesinnung geht, sind sie übergenau. *Da eine Feier für die Hitler-Jugend in Ihrem Bändchen enthalten ist, muss es unbedingt der Kommission vorgelegt werden,* erklärt Lektor Herbert G. Göpfert vom Langen-Müller Verlag. *Es braucht nur in einem Buch ein einziges Gedicht sich mit NS-Gedankengut zu befassen, sofort ist die Kommission zuständig. Wir haben deswegen schon einmal einen scharfen Rüffel bekommen.*[9] Will Vesper ist ungeduldig, der Verlag bedauert: *Es wäre uns ja wirklich auch lieber, wenn wir vor der Herausgabe von Büchern die Prüfungskommission nicht zu befragen brauchten, und Ihre Ansicht, lieber auf eigene Verantwortung zu handeln und dafür gerade zu stehen ist uns ausserordentlich sympathisch und für Sie natürlich ganz bezeichnend. Aber es geht wirklich nicht anders, wir setzen uns sonst einfach der Gefahr aus, dass das Buch sogleich nach Erscheinen verboten wird. Wir haben allen Grund, nach bisherigen Erfahrungen mit solchen Stellen möglichst vorsichtig zu sein. Das einzige, was wir tun können, ist, dass wir diese Kommission immer wieder um Beschleunigung mahnen. Sie arbeitet leider nämlich langsam.*[10]

Die Kommission lässt das Werk passieren, natürlich. Will Vesper ist ein regimetreuer Autor, und sein Buch enthält nichts, was irgendwie zu beanstanden wäre.

— 22 —
Volkes Gäste

Schon 1916 sollten die Olympischen Spiele in Berlin stattfinden, der Krieg verhinderte es. 1920 und 1924 durfte Deutschland als Kriegsverlierer nicht teilnehmen, seit Amsterdam 1928 war es wieder dabei, nicht zuletzt dank der internationalen Verbindungen des Sportfunktionärs Theodor Lewald, der Deutschland schon 1893 bei der Weltausstellung in Chicago vertreten hatte. Obgleich von Vaters Seite jüdischer Herkunft, ist er seiner großen Erfahrung wegen auch 1936 Chef des Organisationskomitees und macht die Spiele überhaupt erst möglich, indem er mit dem zögerlichen Hitler über das Reichssportfeld geht und ihm die Größe und Wucht des Ereignisses vor Augen führt. Hitler ordnet daraufhin einen Monumentalbau an: Wenn man die ganze Welt einlade, müsse etwas Großartiges entstehen, ein paar Millionen spielten da gar keine Rolle.

Theodor Lewald kümmert sich um alle Details, so auch um die Olympia-Hymne. Richard Strauss soll sie komponieren. Der ist zwar ein erklärter Verächter des Sports und nennt Skifahren eine «Beschäftigung für norwegische Landbriefträger», aber will sich der Aufgabe nicht entziehen, auch um die eigene Stellung zu stärken, die gelitten hat, als er darauf bestand, Stefan Zweig als Librettisten seiner Oper «Die schweigsame Frau» zu nennen, den man als Juden auf Plakaten und Programmzetteln unterschlagen hatte. «Wenn der Name Stefan Zweig nicht genannt wird, wird die Oper nicht aufgeführt», soll er gesagt haben. Das hat Hitler verärgert. Die Oper wurde nach drei Vorstellungen abgesetzt, er selbst musste als Präsident der Reichsmusikkammer «aus Gesundheitsgründen» zurücktreten. Die Olympia-Hymne ist eine gute Gelegenheit, verlorenen Boden gutzumachen.

Als Textdichter ist Gerhart Hauptmann vorgesehen, der sagt auch zu, aber lässt dann nichts mehr von sich hören. Theodor Lewald delegiert die Angelegenheit an die Deutsche Dichter-Akademie, die ernennt Börries von Münchhausen zum Juror eines Wettbewerbs, bei dem auch Jüngere zu Wort kommen sollen. Als Münchhausen dann trotzdem den gleichaltrigen Akademiekollegen Wilhelm von Scholz zum Sieger erklärt, öffnet Theodor Lewald den Wettbewerb für die Allgemeinheit. Mehr als 3000 Einsendungen sind die Folge. Börries von Münchhausen muss alle prüfen und wird darüber trübsinnig. Dichter sind Berufene, meint er, Dichten muss man können, er selbst hat sich sein Leben lang darum bemüht und auch so begabte Kolleginnen wie Ina Seidel und Agnes Miegel immer wieder im Handwerklichen beraten – was wird ihm da als «Volkes Stimme» vorgesetzt? Ist das Dritte Reich hier auf dem richtigen Weg? Sein Selbstverständnis als Dichter ist in Frage gestellt. So sehr treibt ihn die Erfahrung um, dass er sie in einer Schrift «Das Weihelied der Elften Olympiade» zusammenfasst, privat drucken lässt und an Freunde verschickt. Bei *allem Respekt vor dem Handwerk* und der *immer wieder gepriesenen Gleichwertigkeit der Arbeiter von Kopf und Hand,* gehe es doch *entschieden zu weit,* wenn der *16jährige Pikkolo einer kleinen Bahnhofswirtschaft an Seine Exzellenz den Herrn Staatssekretär Dr. Lewald* einen Hymnen-Text schickt:

Nun hab ich eine Bitte,
An alle schönen Fraun:
Ihr seid im Bund der Dritte
Den Spielen zuzuschaun.
Jedoch ihr sollt auch kämpfen,
Mit Leib und Fröhlichkeit,
Und nicht die Näschen rümpfen
Bei unsrer Gastlichkeit

Auch habe sich der Einsender wohl überschätzt, der seinem Text die Fußnote beigefügt habe: *Sollte die von mir in Strophe 5 besungene Einheit des Volkes im Jahre 1936 nicht mehr bestehen, so muß diese Strophe entfallen.* Man könne sagen, was man wolle: Mit dem *Massen- und Gleichheitswahn auf geistigem Gebiete* komme man nicht weiter. *Große geistige Leistungen* könnten nur auf einem *in Geschlechtern langsam aufgezüchteten Boden* entstehen.[1]

Von 3000 Einsendungen bleiben vier übrig. Richard Strauss, der das letzte Urteil hat, wählt eine davon aus:

Völker! Seid des Volkes Gäste,
kommt durchs offene Tor herein!
Ehre sei dem Völkerfeste!
Friede soll der Kampfspruch sein.
Junge Kraft will Mut beweisen,
Heißes Spiel Olympia!
Deinen Glanz in Taten preisen,
Reines Ziel: Olympia!

Verfasser ist Robert Lubahn, 31 Jahre alt, Schauspieler, angeblich stellungslos, eine «Stimme aus dem Volk», aber immerhin eine, die hoffen kann, eine gewisse Unsterblichkeit zu erlangen.

Neben sportlichen Leistungen sind bei den Olympischen Spielen auch die Disziplinen Architektur, Malerei, Musik und Literatur im Rennen. Preisgerichte sollen die Sieger ermitteln. Rudolf G. Binding hat 1928 bei den Amsterdamer Spielen mit seiner Novelle «Reitvorschrift für eine Geliebte» die Silbermedaille gewonnen. Er reicht sie guten Glaubens ein weiteres Mal ein, nur um fassungslos festzustellen, dass eben dieses preisgekrönte Werk, in das seine ganze Lebenserfahrung und seine intime Kenntnis des Wesens von Pferden geflossen sind, auf einer Liste mit Einsendungen von Ministerialrat Heinz Wismann *mit ROTSTIFT UND LINEAL DURCHGESTRICHEN* wurde. Der Ministerialrat erhält einen achtseitigen Brief mit dem Vermerk «Eilt sehr!»: Was sollen *ausländische Studenten* denken, fragt Binding, wenn *die wichtigsten Dichter* fehlen? Er zählt seine Verdienste auf: Als es *FAST VERBOTEN* war, habe er den *Mythos Richthofen* gepflegt, als *alle Welt «Nichts mehr vom Krieg!» schrie*, habe er *das Langenmarck-Heldentum deutscher Jünglinge* beschworen, gegen einen *Sturm von Millionen* habe er Remarques «Im Westen nichts Neues» verrissen – sei das alles nichts? Wolle man ihn zum *NICHT-MITGLIED DEUT-*

SCHER DICHTUNG degradieren? *Wissen Sie, dass Sie mich damit in die Reihen der Emigranten stellen würden? […] Soll man da lachen oder weinen, Herr Doktor Wismann? Soll man es als grotesk oder soll ich es als beleidigend für mich bezeichnen? Ich glaube, dass Sie es im Sinne deutscher Haltung begrüßen, dass man um solche Dinge kämpft. Ich tue es hiermit.*[2] Der Ministerialrat korrigiert sich und reiht die «Reitvorschrift für eine Geliebte» nachträglich in eine *repräsentative Ausstellung von Büchern zur Olympiade* ein.[3]

Wie Literatur und Sport zusammengehören, erklärt Hanns Johst bei einer «Kundgebung des Deutschen Schrifttums zu den XI. Olympischen Spielen»: *Deutschland hiesse zu Unrecht das Land der Dichter und Denker, wenn es nicht versuchen würde, den olympischen Spielen, die in diesem Jahr in seinen Grenzen stattfinden, eine Deutung zu geben, die dem körperlichen Wettstreit auch eine seelische und geistige – eine kulturelle Deutung zuspricht. […] Das deutsche Schrifttum […] möchte vor aller Welt dokumentieren, dass sein junges und stolzes Nationalgefühl die Leibesübungen gar nicht mehr getrennt zu sehen vermag von der weltanschaulichen Charakterschulung seines Volksbewusstseins. Leib und Seele sind im Deutschland Adolf Hitlers wieder eine organische, harmonische, gesunde Ganzheit geworden, in der sich kein Teil des anderen zu schämen braucht. […] Eine fröhliche Naivität, eine unvoreingenommene Natürlichkeit ermöglicht eine neue Bindung der körperlichen Ertüchtigung und der geistigen Übung. […] Der deutsche Staat schaut wieder voll Stolz und Freude auf den Volkskörper, der ihm anvertraut wurde und er führt diesen Körper wieder mit kultischer Inbrunst zu den Leibesübungen. […] Wir Geistigen aber, die wir Hüter des Schrifttums sind und damit die Siegelbewahrer der schriftlichen Überlieferungen, wir fühlen erneut die hohe Aufgabe, in dieser körperlichen Bewegungsdisciplin und Bewegungsfreiheit unseres gesamten Volkes repräsentativen Rhythmus zu sehen, Schauspiel, Architektur und adliges Symbol! […] Das Gesunde ist heroischer Befehl! Und der gesunde Körper gibt dem Begriff vom Heldischen neue Form und neue Gestalt.*[4] Dass er selbst keinerlei Sport treibt, an allen möglichen Zipperlein laboriert und wegen eines Herzfehlers nicht in den Krieg musste, ist hierbei unerheblich.

Am 1. August 1936 geht es los. Die Sowjetunion verweigert ihre

Teilnahme, die USA erwägen bis zuletzt einen Boykott und werden nur durch das trickreiche Vorgehen von Avery Brundage, dem Vorsitzenden der Amateur Athletic Union, mit knapper Mehrheit zu einer Teilnahme überredet. In Paris tagt ein «Komitee zur Verteidigung der olympischen Idee», Heinrich Mann spricht warnende Worte: *Ein Regime, das sich stützt auf Zwangsarbeit und Massenversklavung; ein Regime, das den Krieg vorbereitet und nur durch verlogene Propaganda existiert, wie soll ein solches Regime den friedlichen Sport und freiheitlichen Sportler respektieren? Glauben Sie mir, diejenigen der internationalen Sportler, die nach Berlin gehen, werden dort nichts anderes sein als Gladiatoren, Gefangene und Spaßmacher eines Diktators, der sich bereits als Herr dieser Welt fühlt.*[5]

Die Sportler kommen trotzdem, 3961 an der Zahl, aus 49 Ländern, mehr als je zuvor. Während Richard Strauss seine Hymne dirigiert und ein tausendstimmiger Chor des Schauspielers Lubahns Worte singt, läuft ein fackeltragender Athlet eine Treppe empor und entzündet das olympische Feuer, hierher getragen über 3000 Kilometer aus Athen. Die Idee dazu hatte der jüdische Sportfunktionär Alfred Schiff, sein Freund und Kollege Carl Diem, Generalsekretär des Organisationskomitees, setzte sie um, seither werden alle Olympischen Spiele so eröffnet. Ausländische Delegationen defilieren emporgereckten Arms an Hitler vorbei, die Bilder gehen um die Welt. Leni Riefenstahl dreht einen Film mit doppelt so großem Aufwand wie beim «Triumph des Willens». Das Luftschiff Hindenburg überfliegt das Stadion, der Rundfunk überträgt in vierzig Länder, das Fernsehen sendet neunzehn Stunden Programm, 1800 Journalisten sind akkreditiert, die Reichsbahn bietet Rabatte bis zu 60 Prozent.

Die Bevölkerung ist wie im Rausch. So müsste es immer sein! «Stürmerkästen» und Schilder «Juden unerwünscht!» sind abgebaut, wer zuwiderhandelt, wird bestraft. Die Berliner freuen sich, den mehr als 150 000 ausländischen Gästen zu zeigen: Das sind wir! Das ist unser Land! Auch sportlich geht alles nach Wunsch: Deutschland gewinnt dreiunddreißig Goldmedaillen, neun mehr als die USA. Das deutsche Publikum liebt Jesse Owens, den farbigen Superstar der Spiele, wenn Hitler das anders sieht, ist das sein Problem – für kurze Zeit scheint alles möglich und die Welt ein friedlicher, großzügiger Ort. Die feiernden Massen in Stadien und Cafés wissen nicht (oder wollen es nicht wissen), dass zur selben Zeit Häftlinge und Zwangsarbeiter das Konzentrationslager Sachsenhausen errichten und dass Roma und Sinti vorsorglich in Lager außerhalb der Stadt verbracht worden sind.

Ein fleißiger Olympia-Besucher ist Erich Kästner. Er hat sonst wenig zu tun. Im Februar ist sein Buch «Die verschwundene Miniatur» bei Atrium in Zürich erschienen, eine Mischung aus Verwechslungskomödie und Kriminalroman um einen leichtgläubigen Metzgermeister, der eine Holbein-Miniatur von Kopenhagen nach Berlin transportieren soll. Auslandslizenzen sind verkauft, eine dänische Übersetzung ist auf dem Markt, Filmverhandlungen sind im Gang, aber die Reichsschrifttumskammer hat ihm immer noch die Aufnahme verweigert, so dass er offiziell in Deutschland nicht arbeiten kann. Der «Emil und die Detektive»-Film läuft mal mit, mal ohne Nennung seines Namens. Er stellt einen Gedichtband zusammen «Doktor Erich Kästners lyrische Hausapotheke», Walter Trier, als Jude auf dem Sprung nach England, bastelt an Entwürfen, aber die Sekretärin & Co kommt nur noch selten und sucht, traurig aber wahr, eine neue Stellung. Ein stiller Erich Kästner schreibt seiner Mutter: *Heute will ich wieder versuchen, zum Polospielen zu gehen. Hoffentlich gibt's noch Karten. Im Stadion, wo die leichtathletischen Kämpfe stattfinden, ist immer alles ausverkauft. Na, man sieht's ja im Kino auch. […] Gestern war ich zum Ringen in der Deutschlandhalle und heute gehe ich zum Fußballspiel Norwegen gegen Italien ins Große Stadion. Aber was soll man andres machen. Alles spricht davon. Alle gehen hin. Da muß ich eben auch dabei sein. Vielleicht kann man's einmal für eine Geschichte brauchen. O je, es ist ja schon Zeit, daß ich losgehe! Ehe man sich nämlich da durchgewurstelt hat, vergeht manchmal eine Stunde. So viele Menschen! […] Morgen gehe ich das letzte Mal ins Stadion. Zum Fußballschlußkampf. Wenn nur das Hinaus- und Wiederherauskommen nicht wäre. Obwohl alles großartig organisiert ist, gibt es doch im Zug viel Drängelei u. schlechte Luft. Na, am Sonntag ist's ja vorbei.*[6]

Theodor Lewald ist nach dem Ende der Olympiade für das Regime nicht mehr von Nutzen. Seine jüdische Herkunft steht wieder im

Fokus, Hitler will ihn in keinem Sportkomitee mehr sehen. Das sei auch gar nicht nötig, verkündet er, denn an herkömmlichen Olympiaden werde sich Deutschland nicht mehr beteiligen. Er werde in Nürnberg weit größere Sportereignisse abhalten, und ab 1940 würden Olympische Spiele, wenn überhaupt, ohnehin nur noch in Deutschland stattfinden.

— 23 —
Unter Frauen

Ina Seidels schroffe Reaktion während der Krise um Gottfried Benn im Mai 1936 hat möglicherweise einen einfachen Grund: Sie ist verliebt, unglücklich verliebt. Objekt ihrer Sehnsucht ist die elf Jahre jüngere Illustratorin und Kirchenmalerin Annemarie Naegelsbach, in Würzburg geboren, seit dem Studium in München lebend. Ina Seidel hat sie im Dezember 1935 kennengelernt, vermutlich in einem Münchner Lokal, und ihr gleich am nächsten Morgen Rosen geschickt, als *Beweis* dafür, dass der *gestrige seltsame Abend wirklich* gewesen sei. Sie habe das *lange nicht mehr erlebt,* Gespräche, die einer *Erkundung bei Nacht in fremdem Gebäude* glichen, bei denen es von *hüben und drüben* immer wieder heiße: *Halt! Wer da?* Und dann zurücktöne: *Gut Freund!* Sie wisse kaum noch, *WAS* gesprochen wurde, klar sei nur, *dass wir die Instrumente gestimmt haben.*[1] Ina Seidel ist 50 Jahre alt, seit fast dreißig Jahren verheiratet, Beziehungen zu anderen Männern sind keine bekannt. Gibt sie jetzt einer Neigung nach, die schon immer in ihr angelegt war? Zelebriert eine Art Coming-Out? Sicher ist, dass das Jahr 1936 für Ina Seidel ganz im Zeichen dieser Liebe steht. Kein Wunder, dass sie wenig Geduld für andere Belange hat.

Schon drei Tage nach dem Kennenlernen schreibt sie: *Kommst Du zu mir? Kommst Du? Ach, Du kommst.*[2] Ina Seidel meint es ernst: *Ich möchte den Rest meines Lebens im Geist und in der Wahrheit leben. Nur auf dieser Grundlage konnte ich noch einmal zu einem Menschen in das Verhältnis treten, das sich zu Dir ergab – nur auf dieser Grundlage kann es bestehen.* Annemarie Naegelsbach nennt sich Amsel, auf Lateinisch Merula, und, Zufall oder nicht: Merula ist just der Name der Heldin in Ina Seidels Roman «Weg ohne Wahl», erschienen 1933, in dem eine ältere Schwester für ihren schutzbedürftigen Bruder lebt, mit nicht geringer emotionaler Belastung für sich selbst. Die Autorin hat darin ihr

Verhältnis zu ihrem Bruder Willy Seidel thematisiert, einem begabten, aber glücklosen Autor mit lebenslangen Herzbeschwerden, an denen er im Dezember 1934 gestorben ist. Ina Seidel hat sich immer für ihn und sein Werk eingesetzt, jetzt rückt vielleicht Annemarie Naegelsbach an seine Stelle. Von ihr sind keine Briefe erhalten, aber Ina Seidels Briefe machen deutlich: Das Verhältnis ist von Anfang an schwierig. Vielleicht fühlt sich Annemarie durch Ina Seidels Zuneigung emotional überfordert, vielleicht auch im eigenen Schaffen beeinträchtigt. Sie ist, so viel steht fest, kein williges Werkzeug in den Händen der Älteren und vielfach Berühmteren. Aber Ina Seidel gibt nicht auf: *Ich habe viel über das von Dir angebotene Gespräch nachgedacht und bin doch zu keiner anderen Antwort gekommen als zu seufzen über Deine seltsame Torheit. Und zu dem Ergebnis, dass Du mich doch anscheinend trotz allem immer noch nicht kennst. Dir vielleicht auch nicht klar werden kannst über das Stadium meines Lebens, in dem Du mich nun einmal angetroffen hast. Siehst Du vielleicht den Wald vor lauter Bäumen nicht?*[3]

Ina Seidel ist ehrgeizig für Annemarie. Sie will, dass es ihr gut geht und sie beruflich vorankommt. *Ich mache mir manchmal ein bisschen Sorge um Dich – die Amsel «flattert» immer noch, sie findet noch keine Ruhe zum Brüten und zum großen Gesang! Vielleicht, weil das Nest noch nicht fertig gebaut ist.* Annemarie soll aus München weg aufs Land ziehen, am besten in ihre Nähe nach Starnberg. *Ja, ich weiss, es schlösse gewisse Entsagungsmomente ein – ich weiss es! Dennoch WÜNSCHE ich es! Ich bin so tief zufrieden, wie immer, wenn ich bei Dir gewesen bin.*[4] Umso schlimmer ist es, wenn sie die Freundin nicht sieht: *Ich möchte Dich inständig bitten, am Sonntag doch ZU MIR zu kommen, nicht nach Garmisch zu jagen! Es gibt doch SO VIEL zu besprechen – es gibt Dinge, die nur in gewissen Perioden besprochen werden können und müssen, weil sie dann eben spruchreif sind (und einfach vom Baum fallen und verloren gehen, wenn sie nicht gepflückt werden). Verzeih, wenn ich in Dein Programm hineinfunke, ich tue es nicht gern. Aber Rücksichten sind in manchen Fällen doch einfach Mangel an seelischer Energie. Ich höre auf – bitte ruf mich morgen Vormittag an! Oh verstehe mich, BITTE! Deine I.*[5] Die Liebe gibt ihr Kraft: *Die Tatsache, dass ich arbeiten kann, und viel besser und GANZ ANDERS als noch in den letzten Monaten – dass eine ganz neue oder mir längst nicht mehr bekannte Gelassenheit Störungen gegenüber mich erfüllt, sagt da genug. ICH DANKE DIR! Ich sage oder denke das den ganzen Tag – wenigstens im Untergrund meines Bewusstseins. Ich LEBE wieder. [...] Meine Amsel, die eigentlich ein junger Adler ist – ich brauche Dich SEHR. D. I.*[6]

Wie stehen die beiden politisch zueinander? Wie schätzen sie ihre Stellung als Künstlerinnen im nationalsozialistischen Kulturbetrieb ein? Ina Seidel liest öffentlich aus ihren Werken, lässt sich über den Absatz ihrer Bücher informieren, verfolgt ihre literarische Karriere. Hitler als Person, das zeigen Briefe an andere Adressaten, steht sie noch immer positiv gegenüber, mit anderen Aspekten des Dritten Reichs hadert sie, aber glaubt offensichtlich noch immer, ihr christlich-humanistisches Weltbild künstlerisch und persönlich aufrechterhalten zu können. Seit Jahren arbeitet sie an einem großen Roman «Lennacker» über ein protestantisches Pfarrergeschlecht von der unmittelbaren Nach-Luther-Zeit bis zu den Nachwehen des Weltkriegs, in dem sie moralische und politische Konflikte der verschiedenen Epochen thematisiert.

Annemarie scheint dem offiziellen Kulturbetrieb distanzierter gegenüberzustehen. Vielleicht wirft sie Ina einen zu lockeren Umgang mit der Öffentlichkeit vor. Ina Seidel präzisiert ihre Position: *Du fragtest: Ist es möglich, ohne sich von der Welt abzuschließen, ein wahrhaftiges Leben zu führen? Ich frage zurück: Was wird hier unter Wahrhaftigkeit verstanden? Kompromisslosigkeit? Ist es schon Kompromiss, wenn ein Schütze beim Zielen die Abweichung mitberechnet, die sein Geschoss durch den Widerstand der Luft erfahren wird? Ist es Kompromiss, einen Berg in Serpentinen zu ersteigen, anstatt steil anzustürmen und auf halbem Wege zu versagen? Das Leben in der Welt ist ein Leben der beständigen Anpassung an Widerstände und ist nur nach dem Jesuswort zu bewältigen: Seid klug wie die Schlangen UND ohne Falsch wie die Tauben. Was möglich IST.*[7]

Sie erzählt der Freundin eine Geschichte: *Eine Gräfin wurde mit 42 Jahren gefangen gesetzt, nachdem sie 10–12 Kinder geboren hatte, und als sie herauskam, war sie 64. Ihr Kerker war ein Loch mit gekalkten Wänden und einem Fussboden aus festgetretenem Unrat; er hatte ein einziges, unter der Decke sitzendes, vergittertes Fenster. Der Nachtstuhl wurde wöchentlich einmal ausgeleert (ihren silbernen «Bettopf» hatte man ihr bei der Gefangennahme mit anderen Besitztümern abgenommen.) Sie war unschuldig, ihr Verbrechen war, dass sie ihren politisch denunzierten Mann nicht im Stich gelassen hatte. Das alles spielte sich im glorreichen 17. Jahrhundert ab, das zwar auch den 30jährigen Krieg hervorbrachte, aber nicht minder Leibniz, Descartes, Spinoza, Rembrandt, Corneille, Racine, Pascal und unzählige andere «Leuchten Europas». Solche Feststellungen dienen dem Herzen zur Festigung, liebe Amsel, und dienen zur Gelassenheit in der Betrachtung der Weltläufte.*[8]

Im September 1936 gibt Elly Ney in Tutzing ein Konzert, weltberühmte Pianistin und Gallionsfigur des nationalsozialistischen Musiklebens, von Spöttern «Reichsklaviergroßmutter» genannt. 1882 als Tochter eines Feldwebels und einer Musiklehrerin in Düsseldorf geboren, hatte sie Unterricht bei bedeutenden Pädagogen, darunter bei Theodor Leschetizky, dem Lehrer Artur Schnabels. Ihr ungestümes Temperament beeindruckte und verschreckte zugleich, manche Lehrer fanden ihre Klavierhand ungünstig, aber Elly Ney setzte sich durch und feierte zwischen 1921 und 1930 in Amerika große Erfolge. Ihr Klavierstil ist modern und zupackend, das Drumherum weihevoll. Applaus wehrt sie ab, die Musik soll in geradezu religiöser Atmosphäre nachklingen, das kommt in Teilen des Publikums gut an. 1933 hörte sie Hitler reden, seitdem ist sie seine begeisterte Anhängerin. *Bin tief erschüttert,* schrieb sie ihrem Mann, dem Dirigenten Willem van Hoogstraaten. *Lies die Rede! […] Das ist Wahrheit einer tief empfindenden und entflammten Menschenseele. Hitler sprach mir aus der Seele über die Kunst. […] Endlich wird es ausgesprochen und wird die Bahn frei.*[9] In Tutzing gastiert sie mit dem Geiger Max Strub und dem Cellisten Ludwig Hoelscher, Trios von Brahms und Beethoven und Solowerke von Chopin stehen auf dem Programm, Beginn ist 17 Uhr, die Karten kosten 1, 2 oder 3 Reichsmark, Ina Seidel erhält eine persönliche Einladung: *Verehrte liebe Frau Ina Seidel! Endlich sind für mich einige Wochen der Erholung und Besinnung gekommen; wie sehr darf ich nun in Stunden innerer Einkehr mich an Ihren schönen neuen Gedichten erfreuen! Haben Sie warmen Herzensdank für diese wahrhaft «tröstliche Begegnung» mit*

Ihrem reichen Schaffen, dessen Weiterwachsen auch mich stets neu zu Dank verpflichtet. Würden Sie mir die Freude machen, Sie am Sonntag wieder in meinem Konzert zu wissen, – gerne würde ich Ihnen nach dem Musizieren dankbar die Hand geben. Nehmen Sie die herzlichsten Dankesgrüße Ihrer Elly Ney.[10] Weitere Ehr- und Sympathiebekundungen Elly Neys an Ina Seidel sind erhalten. 1944 nimmt Hitler beide Frauen in seine „Gottbegnadeten-Liste» auf.

Im Oktober 1936 bereisen Ina Seidel und Annemarie Naegelsbach den Schwarzwald. Annemarie fährt Inas Auto, das sie wegen ihrer Gehbehinderung nicht selbst fahren kann. Es ist ihre schönste Zeit zusammen – warum kann es nicht immer so sein? *Diese Lust, dieser Wunsch, diese Sehnsucht nach gemeinsamem Leben, die in mir ist, seit ich Dich kenne – warum war ich nicht imstande, sie als erfüllt zu empfinden?*[11] Ina hofft auf Zukunft und ahnt den Abschied: *Ich möchte Dich gern – SO gern, Amsel – gelassen und voller Ruhe wissen, auch mit Bezug auf mich. Wenn Du FÜHLTEST, wie ich Dich im Herzen trage – nimm das wörtlich! – dann wäre alles gut. Deine I.*[12]

Das Ende kommt schneller als erwartet. Im Spätherbst 1936 meldet sich ein Vetter Annemaries aus Afrika mit dem Wunsch, sie zu heiraten. Ina ist schockiert. Annemarie scheint drauf und dran, eine Liebe zu verraten, in der Männer nichts zu suchen haben. *Du kannst meine Briefe zerreissen, Du kannst es mir auch meinetwegen mit beleidigenden Ausdrücken mitteilen, aber Du wirst es nie ändern können, dass ich, wenn ich eine Gefahr für Dich sehe, Dich warne – ich tue das aus der Erfahrung heraus, die mir eine lebenslange und oft sehr schmerz- und opfervolle Auseinandersetzung mit den unmittelbaren Wirklichkeiten des Lebens beigebracht hat. Diese Wirklichkeiten sind überall im Spiel, wo ein Mann eine Frau so umwirbt, wie dein Vetter es tut, und wenn der Ausdruck dieser Werbung zehnmal ein «übertragender» sein mag. Sie haben es aber an sich, sich erst zu enthüllen, wenn «die Schwelle überschritten ist». Ich könnte weinen darüber, dass Dein Instinkt hier versagt, aber mir bleibt jetzt nichts weiter übrig, als Schweigen. Deine Ina*[13]

Ina Seidel erwähnt Annemarie Naegelsbach in keinem ihrer späteren Briefe und schreibt auch nichts über sie in persönlichen Notizen. Annemarie Naegelsbach heiratet weder ihren Vetter noch einen anderen Mann, sondern kehrt nach einem Afrika-Besuch nach München zurück und lebt dort bis zu ihrem Tod 1985. Ein paar Bücher mit Illustrationen von ihr aus den Zwanziger- und Dreißigerjahren sind antiquarisch erhältlich, die Porzellankacheln im Brunnen der St. Anna Schule in München und der Mosaikfußboden der Aussegnungshalle des Friedhofs am Perlacher Forst sind von ihr entworfen. Vielleicht gibt es andere Werke von ihr im öffentlichen Raum, an denen Menschen vorbeigehen, ohne zu wissen, dass sie von Annemarie Naegelsbach stammen.

— 24 —
Mephisto

Klaus Mann hat im August 1934 am Ersten Kongress des Sowjetischen Schriftstellerverbands in Moskau teilgenommen, Oskar Maria Graf, Johannes R. Becher, Willi Bredel, Franz Carl Weiskopf, Friedrich Wolf, Wieland Herzfelde, Adam Scharrer, Theodor Plievier, Ernst Toller, Balder Olden und Albert Ehrenstein waren mit ihm Teil der deutschen Delegation. Aus Frankreich kamen André Malraux und Louis Aragon. Ja, gibt Klaus Mann in der «Sammlung» zu, die Sowjetunion ist eine Diktatur, freilich eine, die ihre *Kraft aus dem Volke* beziehe – der Aufbau des sozialistischen Staates sei hier *wirklich die große, allgemeine Angelegenheit, welche die Herzen ergreift, die Gemüter bewegt, die Köpfe beschäftigt.* Und ja, es gebe *Abseitsstehende, Verbitterte,* aber sie seien eine *verschwindende Minorität* – das *riesige Geräusch des Aufbaus* übertöne alles, was sie *etwa vorzubringen* hätten. Klaus Mann räumt der sowjetischen Diktatur moralischen Kredit ein, wie es die Linke in Deutschland vor 1933 routinemäßig getan hat (Gottfried Benn hat in seinem Essay «Der neue Staat und die Intellektuellen» darauf hingewiesen). Dabei ist Klaus Mann kein Kommunist und nicht einmal ein Linker. Das allgegenwärtige sowjetische Militär verunsichert ihn, und es schmerzt ihn, dass sowjetische Schriftsteller alles Metaphysische prinzipiell ablehnen: *Ist der nicht-materialistische Schriftsteller wirklich schon reaktionär und arbeitet, ohne es zu wissen, im Dienst des Faschismus?*[1] Klaus Mann bleibt, was er seiner Herkunft nach ist: ein bürgerlicher Mensch mit hohem moralischem Anspruch.

Das Übersehen moralisch-künstlerischer Defizite im Sowjetreich erfährt seine Umkehrung, wenn es um Nazi-Deutschland geht. Hier ist Klaus Mann überwach, sein Urteil ist scharf und kompromisslos. Nichts, was aus Nazi-Deutschland kommt, damit zu tun hat oder auch nur danach riecht, kann bei ihm auf Verständnis oder Gnade hoffen, besonders wenn es um die Literatur geht. Stets gut informiert, gießt er Hohn und Spott über die im deutschen Literaturbetrieb verbliebenen Autoren, die in seinen Augen allesamt vor Hitler moralisch kapituliert haben. Sein bevorzugtes Stilmittel ist die Wir-Form: Wir sehen, wir glauben, wir vermissen, wir stellen fest – immer wieder suggeriert er, für die Emigration als Ganzes zu sprechen. Das ist keineswegs der Fall. Die Emigration ist zerstritten und fragmentiert. Bei Weitem nicht alle schätzen Klaus Mann und sein polemisches Vorgehen, für nicht Wenige ist er auch jetzt das, was er in ihren Augen schon immer war: ein präpotenter Jüngling, der zu allem und jedem seine Meinung äußern muss. Aber Klaus Mann ist unermüdlich – endlich ist er nicht mehr nur Sohn seines Vaters, sondern fast schon dessen Hüter! *Nie lebte Klaus intensiver, angespannter, tätiger als in den ersten Jahren der Emigration; darum auch wohl: nie glücklicher,* erinnert sich sein Bruder Golo. *Der Herausforderung der deutschen Tyrannei hielt er nicht nur stand, sie erst führte ihn auf die ihm erreichbare Höhe.*[2]

Privat ist es schwierig. Der Lyriker Wolfgang Hellmert, sein enger Freund und Geliebter, hat sich in Paris mit einer Überdosis Morphium 27-jährig das Leben genommen, desgleichen, auch in Paris, der Schriftsteller René Crevel, eine weitere große Liebe, 35 Jahre alt, vordergründig wegen einer unheilbaren TBC, aber auch aus allgemeinem Lebensüberdruss: *Je suis dégoûté de tout – mich ekelt vor allem,* kritzelte er vor seinem Tod auf einen Zettel.[3] Klaus Mann ist einsam, voller Sehnsucht nach Liebe und Sex, Erstere bleibt im versagt, für Letzteren muss er zahlen, Zufallsbekanntschaften, Matrosen, Strichjungen sind seine Gesellschaft. Als eigentliche Lebenspartnerin sieht er seine Schwester Erika, aber diese Verbindung sei ihm nun einmal *nicht beschieden.*[4] Im August 1935 kommt eine weitere große Enttäuschung: «Die Sammlung» muss ihr Erscheinen einstellen. Die Schulden sind übermächtig geworden, auch kostspielige Werbekampagnen konnten keine neuen Abonnenten anlocken, Verleger Emanuel Querido hat das Interesse verloren. Das Konzept, offiziell der Literatur zu dienen, in Wahrheit gegen NS-Deutschland zu agitieren, ist nicht aufgegangen – Klaus Manns literarische Waffe, scharf geschliffen, wie sie sein mag, ist gleichzeitig stumpf. Was er auch tut, wie er sich bemüht, die große Wirkung bleibt aus.

Klaus Mann schlittert in eine Depression. Sein Drogenkonsum ist unkontrollierbar geworden. Bis etwa Herbst 1934 hat er nach eigener Angabe einen *Schwebezustand von freier Gewöhnung und Gelegentlichkeit*[5] durchhalten können, mittlerweile setzt er sich selbst Spritzen, meist Eukodal, ein morphiumhaltiges, stark suchtbildendes Schmerzmittel mit den Nebenwirkungen Verwirrtheit, Angst und Verstopfung, manchmal nimmt er auch Heroin. Drogenkonsum gilt als schick, sein gesamtes Umfeld ist angesteckt, die Schwester Erika sowieso, aber auch die Schweizer Freundin Annemarie Schwarzenbach, und besucht man Jean Cocteau, geht auch dort das Opium-Pfeifchen bald von Hand zu Hand. Klaus Manns Schreiben geht «unter Wirkung» (so sein Euphemismus) allemal besser, aber was die Verträglichkeit betrifft, scheint er in seiner Gruppe einer der Schwächsten zu sein, schwächer jedenfalls als Erika, die seinen Verfall besorgt und missbilligend beobachtet, aber immer wieder daran teilhat. Auch die Eltern wissen davon. *Ich MUSS aufhören!*[6] *Oh, dieses Spiel mit dem Feuer. Ich bin halb-verbrannt.*[7]

Dann bessert sich die Stimmung. Ein neuer Roman kündigt sich an. (Seit Beginn des Exils hat er zwei geschrieben: «Flucht in den Norden» 1934 und «Symphonie Pathétique – ein Tschaikowsky-Roman» 1935). Hermann Kesten, jüdischer Journalist und Autor, 1900 in Galizien geboren, gibt die Anregung: Der *Roman eines homosexuellen Karrieristen im dritten Reich* solle es werden, angelehnt an die *Figur des Staatstheaterintendanten Gründgens.* Klaus Mann will eigentlich einen Roman über den Selbstmörder Kleist schreiben, Fritz Landshoff rät ab: Kleist sei ein «sehr deutsches Thema», das könne er «im vierten Reich» bearbeiten, Kestens Vorschlag sei gut: *es muss ja kein Gründgens werden – sondern irgend ein «Karrierist».*[8]

Währenddessen gerät der zum Romanobjekt gekürte Gründgens selbst in Schwierigkeiten. Eine Hamlet-Premiere im Januar 1936 ist der Anlass, mehrmals verschoben wegen Gründgens' Selbstzweifeln. Er spielt den Hamlet nervös, brillant, weniger grüblerisch als üblich, mehr als fiebernden Tatmenschen, erhält von führenden Rezensenten Lob, aber Wolf Braumüller vom «Völkischen Beobachter» sieht in Gründgens' Darbietung *überspitzte Geistigkeit (übrigens eine Haupteigenschaft der jüdischen Rasse),* sein Kollege Waldemar Hartmann meint, nur der könne den Hamlet begreifen, der *endgültig mit jener grundfalschen, von jüdischer Mentalität beeinflußten Auffassung* breche, ihn als *genialisch-geschwätzigen Schwächling* zu sehen[9], als den *Dorian Gray des 16. Jahrhunderts*[10]. Der Hinweis auf Oscar Wildes berühmten Homosexuellen ist ein gefährliches Signal. Nach der Ermordung des bekanntermaßen homosexuellen Ernst Röhm haben Gestapo und Polizei in ganz Deutschland, besonders in Berlin, einschlägige Lokale durchkämmt und hunderte, tausende Männer in Konzentrationslager verbracht, darunter Ärzte, Rechtsanwälte, Akademiker, Künstler. Gustaf Gründgens hat seine Homosexualität nie so offensiv vertreten wie etwa Klaus Mann, sie aber auch nie geleugnet. Sie gilt als offenes Geheimnis und hat ihm bisher nicht geschadet. Das könnte sich rasch ändern. Dass die Nationalsozialisten auch vor der Verhaftung Prominenter nicht zurückschrecken, weiß er. Er reist in die Schweiz, um, wie er später sagt, nicht zurückzukehren, also die Emigration zu vollziehen, die seine früheren Freunde von ihm erwarten. In Basel erreicht ihn ein Telefonanruf Görings. Was gesprochen wird, wissen nur die beiden, alles Spätere ist Gründgens' Interpretation. Tatsache ist, dass er nach Deutschland zurückkehrt und die Emigration, so er sie überhaupt ernstlich erwogen hat, sofort wieder abbricht. In Berlin werden ihm angeblich die beiden Rezensenten vorgeführt, die beteuern, ihn gar nicht gemeint zu haben, sondern Alexander Moissi, den im Vorjahr verstorbenen ehemaligen Star aus Max Reinhardts Ensemble. Göring habe versichert, solche Angriffe würden sich nie wiederholen. *Ich bat mir Bedenkzeit aus und versprach, am nächsten Tag noch einmal mit ihm zu sprechen*, erinnert sich Gründgens. *Ich fuhr daraufhin zu meinem Arzt, Dr. Hanns Mauss, Kaiserdamm 45. Das kann um 5 Uhr gewesen sein. Als ich kurze Zeit bei Dr. Mauss war, fuhr unten ein Wagen der SS vor. Ihm entstiegen zwei SS-Leute, die an der Wohnung von Dr. Mauss klingelten und nach mir fragten. Ich war überzeugt, dass ich verhaftet werden sollte und sagte zu Dr. Mauss: «Da haben Sie Görings Ehrenwort!»* Tatsächlich überbrachten ihm die beiden Männer einen Brief Görings mit seiner Ernennung zum Preußischen Staatsrat. Der Rundfunk hatte die Meldung bereits verbreitet, Gründgens stand vor vollendeter Tatsache. Eine öffentliche Ablehnung hätte äußersten Mut erfordert und seinen

Verbleib in Deutschland ernsthaft in Frage gestellt. Gleichzeitig musste er wissen, dass ihn die Annahme noch enger an seinen Protektor Göring binden würde. In der Rückschau beurteilt Gründgens sein Verhalten realistisch: *Es ist damals über den Rahmen meiner inneren Möglichkeiten hinausgegangen, nach dieser Publikation und mit diesem Titel ins Ausland zu gehen*. Im Nachsatz relativiert er das Eingeständnis: *Das schien mir alles so unernst und eine solche Köpenickiade, dass ich mich dazu nicht entschließen konnte.*[11]

Gerüchte, Gründgens sei in Ungnade gefallen, vielleicht sogar im KZ gelandet, dringen auch nach draußen. Klaus Mann sieht sein Projekt gefährdet – ein inhaftierter Gründgens ist ein schlechtes Satireobjekt. *Das Modell scheint wirklich gestürzt zu sein, was mich sehr irritiert und ärgert,* schreibt er seiner Mutter. *Einen anderen Moment konnte er sich nicht aussuchen. Er hat es nur mir zum Schabernack getan.*[12] Dann kommt Entwarnung: *Ich habe genaue Nachricht, dass Gründgens in GRÖSSTER Gunst ist*, weiß Fritz Landshoff. *Der Roman kommt also zur rechten Zeit.*[13]

«Mephisto. Roman einer Karriere» erscheint im Oktober 1936 bei Querido in Amsterdam in einer Auflage von 2500 Stück. Autor und Verleger tun alles, dem Eindruck eines Schlüsselromans entgegenzuwirken, umso mehr, als das deutschsprachige Emigrantenblatt «Pariser Tageszeitung» ihn soeben als solchen angekündigt hat. *«Ein Schlüsselroman»?*, wehrt sich Klaus Mann, *wann hätte ein Schriftsteller, der solchen Namen irgend verdient, etwas hervorgebracht, was er mit dieser nicht gerade ehrenvollen Bezeichnung belegt sehen möchte? [...] Ich bin genötigt, feierlich zu erklären: Mir lag NICHT daran, die Geschichte eines bestimmten Menschen zu erzählen. [...] Mir lag daran: einen TYPUS darzustellen, und mit ihm die verschiedenen Milieus [...] die soziologischen und geistigen Voraussetzungen, die seinen Aufstieg erst möglich machten. [...] Bin ich so tief gesunken, Romane um Privatpersonen zu schreiben? Meine Entrüstung, mein Zorn, mein Schmerz – sind sie so ziellos, so «privat», daß sie sich mit Individuen beschäftigen, denen ich dieses oder jenes übelnehme und an denen ich mich in Form eines Schlüsselromans räche? [...] Nein, mein Mephisto ist nicht dieser oder jener. In ihm fließen vielerlei «Züge» zusammen.* Das Lesepublikum, so Klaus Mann, werde auch ohne seine Erklärung feststellen, dass seine *erzählerische Arbeit* mit der Bezeichnung *«Schlüsselroman» unzutreffend charakterisiert* sei.[14]

Eine kühne Behauptung. Denn einen deutlicheren Schlüsselroman als den «Mephisto» kann man kaum schreiben. Die zentrale Figur heißt Hendrik Höfgen, ist Intendant des Preußischen Staatstheaters, protegiert von einem «Ministerpräsidenten und Fliegergeneral» gewaltigen Leibesumfangs und befehdet von einem klumpfüßigen Zwerg, der Herr ist *über das geistige Leben eines Millionenvolks,* eine *böse, gefährliche, einsame und grausame Gottheit* – hier nicht an Gründgens, Göring und Goebbels zu denken, ist kaum möglich. Auch Görings Ehefrau Emmy Sonnemann, *ährenblond, hochbusig,* mit *etwas hervortretenden Kuhaugen* und *schon ein wenig zu dick,* ist als «gewesene Aktrice Lotte Lindenthal» unverkennbar. Klaus Mann scheint gar nicht erst zu versuchen, Personen und Umstände zu verändern, sondern schreibt die Historie einfach ab: Hendrik Höfgen heiratet Barbara Bruckner – die Konflikte einer Frau aus gehobenen Kreisen mit einem niedergeborenen, nervösen, aber begabten Künstler, wie sie die Ehe von Gustaf Gründgens und Erika Mann bestimmten, werden treffend dargestellt. Die Liebe zwischen Barbara Bruckner und Nicoletta von Niebuhr (Erika Mann und Pamela Wedekind) zerbricht, weil Nicoletta den viel älteren Dramatiker Theophil Marder (Carl Sternheim) heiratet – genau so hat es sich zugetragen. Klaus Mann weiß von Hanns Johsts nicht ganz freiwilliger Reise im Frühsommer 1934 und hat offensichtlich dessen Buch «Maske und Gesicht. Reise eines Nationalsozialisten von Deutschland nach Deutschland» gelesen. *Ich habe viel Schönes und Häßliches gesehen in der Fremde,* lässt er ihn sagen. *Jedoch reiste ich durch die Lande nicht nur als Schauender, nicht nur als Genießender, sondern mehr noch als Wirkender, Lehrender. Mich deucht, es ist mir gelungen, dort draußen neue Freunde für unser neues Deutschland zu gewinnen.*[15] Treffender kann man Hanns Johsts Position nicht umreißen. Als Staatstheater-Intendant Cäsar von Muck und Vorgänger Hendrik Höfgens ist er für jeden Berliner Theaterbesucher auf den ersten Blick erkennbar. Max Reinhardt, bei Klaus Mann «der Professor», hat die Gewohnheit, beim Nachdenken die Zunge in die Backe zu schieben, wer ihn kennt, weiß das, so auch Klaus Mann, sein

«Professor» tut es bei jeder Gelegenheit. Mag das Lesepublikum nicht alle Zusammenhänge durchschauen, die hier Dargestellten tun es mit Sicherheit.

Wo Klaus Mann verfremdet, tut er es mit Kalkül. Seine Schwester Erika, im Buch Barbara Bruckner, ist sanft, klug und zurückhaltend, während die echte Erika Mann frech, aufmüpfig und kompromisslos ist. Klaus Mann muss sie schützen: Sie betreibt noch immer ihr scharf antinazistisches Kabarett «Die Pfeffermühle» in Ländern, die Nazi-Deutschland fürchten, zum Teil mit ihm sympathisieren und über Erika Manns Aktivitäten nicht immer erfreut sind – in der Schweiz hat sie in mehreren Kantonen Auftrittsverbot, in Holland wird ihr dringend nahegelegt, auf «politische Inhalte» zu verzichten, auch in der Tschechoslowakei, dem gefährdetsten Land, betrachtet man ihre Aufritte mit Sorge. Eine allzu draufgängerische Barbara Bruckner wäre das falsche Signal. «Geheimrat Bruckner», ihr Vater, gleicht physiognomisch und politisch mehr Heinrich als Thomas Mann. Letzterer hat sich zwar im Februar 1936 in einem Brief an den Schweizer Literaturkritiker Eduard Korrodi eindeutig zur Emigration bekannt, aber seine jahrelange Unentschlossenheit ist noch frisch im Gedächtnis, da ist es besser, ihn als *marxistisch beeinflußt* und wegen einer *Vortragstournée durch Sowjetrußland* von der *nationalistischen Presse*[16] *angegriffen zu schildern.* Bei Pamela Wedekind, seiner Ex-Braut, ist solche Vorsicht unnötig. Sie hat sich, sehr zu seiner Enttäuschung, 1934 nicht der Emigration, sondern Gustaf Gründgens' Berliner Staatstheater-Ensemble angeschlossen, steht klar auf der «Gegenseite», kann getrost so dargestellt werden, wie man sie kennt: Angereist mit *vielen Handkoffern aus rotem Lackleder,* einem *breitrandigen schwarzen Herrenhut* zu einem *brennendroten Gummimantel,* einer *großen gebogenen Nase und leuchtenden Katzenaugen unter einer hohen schönen Stirn.* Mit *schneidender Präzision* habe sie ihre Worte geformt, jeder Satz habe *vor Akkuratesse* geradezu *geklirrt,* noch die *beiläufigste Floskel* sei zum *Triumph der Sprachtechnik* geworden. Dabei habe man nie wissen können, ob sie *aufrichtig sei oder posierte,* aber vielleicht sei gerade dieser *radikal entschlossene Zynismus* eine *Maske* gewesen, *hinter der sich ein ganz anderes Gesicht verbarg*[17] – Klaus Mann nimmt Bezug auf ihren Vater Frank

Wedekind, den er persönlich nicht mehr erlebt hat, aber dessen überdeutliche Aussprache Thema vieler Anekdoten ist und der neben den Grobheiten und Beleidigungen, mit denen er seine Mitmenschen traktierte, auch immer Mitleid für sie empfand. Klaus Mann weiß, wie sehr sich Pamela an ihrem Vater orientiert und wie sehr sie sein früher Tod geschmerzt hat, in seiner Autobiografie «Der Wendepunkt» beschreibt er es ausführlich, auch im Roman schwingt noch ein Hauch von Sympathie mit.

Nicht so bei Hendrik Höfgen alias Gustaf Gründgens. Nichts, was der tut, sagt oder denkt, ist ambivalent oder auch nur menschlich verständlich, sondern ausschließlich feige, opportunistisch, rücksichtslos, eitel und larmoyant, das «aasige Lächeln», sein hervorstechendstes Merkmal, wird an die hundert Mal erwähnt. Zu sehr ist Klaus Mann mit Gustaf Gründgens emotional verbunden, zu groß ist die Rolle, die dieser in seinem Leben gespielt hat, als dass er ihn mit Abstand betrachten könnte. 1925 haben sie sich an den Hamburger Kammerspielen kennengelernt. Klaus Manns Drama-Erstling «Anja und Esther» sollte aufgeführt werden, Gustaf Gründgens, damals noch Lokalgröße, übernahm die Regie und hinterließ bei Klaus Mann, der selbst noch mit dem Gedanken spielte, Schauspieler zu werden, durch seine Brillanz, Schnelligkeit und Energie bleibenden Eindruck. Es war Gründgens' Idee, den Autor, dessen Verlobte Pamela Wedekind und dessen Schwester Erika sich selbst spielen zu lassen, der Coup trug wesentlich zum Erfolg des Stückes bei, verursachte auch einen kleinen Skandal, der die Karriere des damals 19-jährigen, von Gründgens ins Rampenlicht geschobenen Klaus Mann deutlich befeuerte.

Klaus Mann, so viel ist sicher, bewunderte den sieben Jahre Älteren, und man geht sicherlich nicht fehl, wenn man annimmt, dass er auch eifersüchtig auf ihn war. Denn Gustaf Gründgens hatte sich alles selbst erarbeitet, ohne Bonus und Bürde eines berühmten Vaters und, notabene, ohne die Zuhilfenahme von Drogen. Er hatte sein Karriereziel fest im Blick, und es war früh klar, dass er es weit bringen würde. Gustaf Gründgens war ihm, Klaus Mann musste es erkennen, in Vielem überlegen – außer in Fragen der Moral. Gründgens' Geschick, seine Glätte, Egozentrik, Hysterie und vermeintliche Rücksichtslosigkeit, kurzum: sein Mangel an Anstand, wie ihn Klaus Mann wahrnahm, waren ihm schon immer ein Dorn im Auge und ein Stich im Herzen – und vielleicht einer der wenigen Bereiche, in denen er sich als der Bessere fühlen konnte. Er hatte ihn schon einmal porträtiert, mit mehr oder minder denselben Charakteristika wie jetzt, als Gregor Gregori im Roman «Treffpunkt im Unendlichen», 1931, als von einer Karriere im Dritten Reich noch keine Rede war, und kam auch damals nicht von ihm los. Eine gemeinsame Liebe, Charly Forcht, die Gustaf Gründgens ihm angeblich ausgespannt hat, soll das Verhältnis zusätzlich belastet haben. *Viel, und böse an Gustaf und seinen Charly gedacht,* notierte er im Dezember 1931 ins Tagebuch. *Warum denke ich soviel und mit so bewegter Antipathie an ihn? Er ist nicht mein «Gegenspieler», wenn ich es klarer sehe. Durch Gregor Gregori sollte ich ihn abgetan haben. Warum drängt er sich wieder in unsere Nähe?*[18]

Mittlerweile ist Gustaf Gründgens für Klaus Mann zum opportunistischen Verräter schlechthin mutiert. Aber so schlecht und in jeder Hinsicht verworfen, wie er ihn darstellt, kann ein Mensch aus Fleisch und Blut eigentlich nicht sein und ist es natürlich auch Gustaf Gründgens nicht. So gesehen hat Klaus Mann tatsächlich einen «Typus» geschaffen und kein «Porträt». Aber wenn es kein Porträt war: Warum hat er ihn so täuschend ähnlich abgemalt, einschließlich so vieler bekannter und nachprüfbarer Fakten? Mit seiner Analyse des Künstlers, der mit der Macht paktiert und seine Integrität und Glaubwürdigkeit verliert, hat Klaus Mann vollkommen recht. Solche Künstler hat es immer gegeben, aber selten, wenn überhaupt, sind sie nachhaltiger beschädigt worden als in der Zeit des Nationalsozialismus. Emigranten haben das frühzeitig erkannt, die Hiergebliebenen vielfach bis zum Ende nicht. Dennoch ist der Roman «Mephisto» ohne Frage ein schwerer persönlicher Angriff Klaus Manns auf seinen früheren Freund. Die Entschuldigung, ihn nicht als Homosexuellen dargestellt zu haben, gilt nur halb. Er hat ihm dafür alle möglichen Eskapaden angedichtet, einschließlich der «Rassenschande». Dass solche Unterstellungen für den Betroffenen, und stehe er noch so hoch, im nationalsozialistischen Deutschland höchst gefährlich werden können, muss er wissen.

Aber Klaus Mann will treffen. Auf der Liste zu verschickender Freiexemplare steht *Intendant Gustaf Gründgens, Staatstheater Berlin* an erster Stelle. Über dessen Reaktion gibt es widersprüchliche Zeugnisse. Einige zitieren ihn mit der Behauptung, das Buch nie gelesen zu haben, sein Assistent Rolf Badenhausen meint hingegen, er habe es fast auswendig gekannt und zeitweise sogar selbst verfilmen wollen. Andere schieben ihm den Kommentar «Ach, das alberne Kläuschen» in den Mund und meinen, er habe sich, so unwahrscheinlich das klingt, «totgelacht».[19] Gottfried Benn, im «Mephisto» als Dichter Benjamin Pelz mit weit unter seinem Niveau liegenden Äußerungen zitiert, schreibt an Oelze: *Geistig sehr schwach, sachlich abgestanden, kritisch unergiebig.* Gründgens sei ja ein *guter Intendant* und *interessanter Schauspieler,* aber wohl kaum eine *dämonische Figur,* wen er verrate oder nicht, sei *ziemlich schnuppe,* Klaus Mann mache ein *europäisches Ding* daraus. *Nein, die Emigranten sehn die Lage falsch, beziehn sie noch viel zu sehr u. viel mehr als wir selbst auf ihr eigenes Ich, kommen zu keinem Resultat, sehn die Schnittflächen der Welten, das Kampffeld garnicht.*[20]

Die literarische Qualität des «Mephisto», eilig geschrieben wie alles von Klaus Mann, ist oft bemäkelt worden, und ist doch eine eindrucksvolle Talentprobe eines knapp dreißigjährigen Autors. Mitunter gelingen ihm glänzende Pointen: *Sie sind ja ne dolle Type!* sagt Theophil Marder zu dem noch unberühmten Hendrik Höfgen, der ihm in Hab-Acht-Stellung gegenübersitzt (die unbarmherzigen Sottisen des Vorbilds Carl Sternheim sind in der Tat gefürchtet). *Hendrik – Hendrik – ulkiger Name, muß ich schon sagen – sehr ulkig!* Plötzlich lacht er laut auf: *Hendrik! Wieso Hendrik? Natürlich heißen Sie eigentlich Heinz! Heißt eigentlich Heinz und nennt sich Hendrik! Hahaha, das ist aber mal gut!*[21]

Der echte Gustaf Gründgens veranstaltet derweilen laut «B. Z. am Mittag» das *tollste Theater-Erlebnis, was es bisher überhaupt in Berlin zu sehen gab*[22]*:* «Hans Sonnenstößers Höllenfahrt» von Paul Apel, ein Traum- und Vexierspiel mit so vielen Aperçus über Gesellschaft und Politik, dass Göring seine Absetzung erwägt, es aber wegen des enormen Erfolgs bleiben lässt. Am 6. Juni 1936 hat Gründgens die elf Jahre jüngere Schauspielerin Marianne Hoppe geheiratet, eine frische, kameradschaftliche Person. Die Ehe ist für beide eine Zweckheirat, aber eine kluge Entscheidung. Nach dem Standesamt gab es einen Imbiss auf Gründgens' Landgut Zeesen, die Braut ging schwimmen, der Bräutigam ruhte sich aus, spielte abends den Hamlet. Es fuhr ihn ein Chauffeur, sein Auto ist ein Horch, selbst bezahlt, wie er betont. Aber dass auch jeder sieht, wer darin fährt, sind die Türen mit den goldenen Initialen «GG» verziert.[23]

Als Gustaf Gründgens die Buchausgabe des «Mephisto» in Händen hält, hat Klaus Mann Europa bereits verlassen, ist mit der Schwester Erika per Schiff nach New York gereist, hat Wohnung im Hotel Bedford in Manhattan genommen, wo er die nächsten Jahre bleiben wird, aktiv und engagiert wie immer, aber auch beneidet von ärmeren Emigranten, die sich eine Hotelunterkunft nicht leisten können.

— 25 —
Das war's

1.I.37, H.[annover]

Liebste Tilly, ich ging schlafend ins neue Jahr, war um 10 zu Bett gegangen. Wohl dem, der schläft, schlafen kann! [...] Dank für Deinen Neujahrsgruß! Du schreibst, wann Du nach H. kommen magst. Du hast recht, es war immer so sehr schön, wenn Du hier warst, aber jedesmal bist Du mit Vorwürfen fortgegangen, daß Du schon wieder zurück solltest u. daß Du nicht immer hier bliebest. Und von Deinem Standpunkt aus mit Recht. Aber es ging nicht u. es geht weiter nicht u. darum möchte ich, daß Du den Gedanken fallenläßt, demnächst herzukommen. Diese Art Beziehung, wo man sich alle Viertel- oder Halbjahr einige Tage sieht, sind für Dein u. sind für mein Leben zu schwierig u. unnatürlich. Für ganz aber geht es nicht, das weißt Du wohl. Man muß sich das Leben einfach u. klar einrichten u. gar nichts mehr erwarten, anders geht es nicht. Ich habe mir hier eine kleine Vertraute herangezogen, die in ihren freien Stunden für mich schreibt, arbeitet, sich um meine Sachen etwas kümmert.

Das war's. Die Liebe kommt, die Liebe geht. Für Tilly Wedekind ist nach sieben Jahren Benn jetzt Schluss. Da nützt seine Versicherung nichts, *keine Leidenschaft u. keine Sache des Glücks* habe den Bruch veranlasst, sondern nur *Ordnungssinn* und *Bedürfnis nach etwas Gespräch u. Nähe,* da kann er noch so oft beteuern, dass *selbstverständlich NIEMAND* in seine *Privatdinge* hineinsehe, dass *keine Frau* Tilly *ersetzen,* sie *verdrängen,* sich mit ihr *vergleichen* könne[1] – Tilly hat die Liebe ihres Lebens verloren und stürzt in ein tiefes Loch.

Elinor Büller, seinem *Mörchen,* ergeht es nicht besser: *Was mein Schreiben vom Freitag angeht, so wollen wir einmal über folgendes ruhig u. freundschaftlich reden: Du bist meine einzige menschliche Beziehung; der einzige Mensch, übriggeblieben von 5 Jahrzehnten, mit dem mich etwas Tieferes verbindet als Bekanntschaft, Laune, Interesse. Wohl auch der ein-*

zige, der mich kennt u. tiefere Blicke – soll ich sagen in mein Inneres, ich will lieber sagen: in meine Organisation, meinen Ablauf getan hat als irgendwer. Dein Urteil ist mir viel wert, ich höre immer sehr genau auf alles, was Du sagst, während ich sonst wohl auf gar nichts höre. Aber: *Es hätte keinen Sinn, über das u. das folgende zu reden, wenn wir nicht ganz offen wären. Ich werde also jetzt sagen, daß in unseren Beziehungen das erotische Moment sich abgebogen hat u. trotz guten Willens von beiden Seiten nicht wieder zurückzuholen war. An dieser Tatsache wollen wir nicht vorbeisehn u. vorbeidenken. Es ist für mich keine neue u. alleinstehende Erfahrung meines Lebens, daß zu einer Frau, in dem Umfang wie die menschliche Bindung wuchs, die erotische nachließ. Ob es ein Gewinn oder ein Verlust für die Beziehung war, lasse ich dahingestellt. In unserem Fall halte ich es für einen Gewinn hinsichtlich meines Lebens, denn Deine jetzige Stellung in meinem Leben ist für mich das Wertvollste u. Schönste, was es giebt.* Es folgt die Formulierung von der «kleinen Vertrauten».[2]

Benn sieht keinen Grund, warum Liebe nicht in Freundschaft übergehen sollte, aber es gibt einen wesentlichen Unterschied: Tilly Wedekind erhält nach der Trennung alle paar Wochen einen Brief von ihm, meist unverbindlichen Inhalts, er denke viel an sie, habe viel Arbeit, der Frühling sei scheußlich, Hannover grässlich, und wenn er wenig schreibe, dann deswegen, weil nichts passiere und er *völlig parterre* sei[3], Elinor hingegen schreibt er fast täglich, voller Heimweh und Sehnsucht: *Ich hefte mich an Deine Rockschöße! Du mußt mich erretten aus allem, was ich mir hier eingebrockt habe.*[4]

Sogar seine neue Beziehung bespricht er mit ihr, in wenig liebevollen Worten: Sie trage den *unschönen Vornamen: HERTHA*, werde zwar bei ihrer Arbeit in einem Industriebetrieb wie die anderen *Mädel über Tarif* bezahlt *(wegen Leistungen und Kenntnissen)*, aber komme so *zerschunden u. ausgewrungen* nach Hause, dass es *unmöglich* sei, sie dann noch *im Haushalt arbeiten zu lassen, zum Einholen zu schicken u.s.w.* Er könnte ihr vorschlagen, eine *Halbtagsstelle* zu suchen, für *den Rest* würde er aufkommen, oder sie als Hausgehilfin anstellen, da begännen andere Schwierigkeiten: *ihre Familie, Hannover, die Kleinstadt, der Klatsch,* auch das sei unmöglich. Schließlich könne er *zu dem Wesen* sagen: *ich werde dich heiraten, Kameradschaftsehe, Kinder ausge-*

schlossen, zwei Schlafzimmer; ich bin innerlich nur in der Lage, in dem u. dem Umfang an mir teilnehmen zu lassen. Aber dann setzten die *inneren Konflikte* ein: Er wolle ja gar nicht heiraten, sie würde sein Leben nicht begreifen, *alles das Bekannte, Schwierige, Üble, Eiskalte,* sie würde sich *wund* und *tot* daran laufen. Sollte er mit sechzig immer noch auf die *Teufelsinsel* Hannover verbannt sein, bliebe ihm *wohl nichts anderes übrig,* als sie *irgendwann zu heiraten,* im Moment aber, wo er *hier fortkönnte,* sei *alles anders* und er *dächte nicht daran,* sich dann *festzulegen.* Am liebsten würde er mit Elinor leben, er habe es *nach ALLEN Richtungen bedacht*, heiraten komme nicht in Frage, da sie geschieden und er Offizier, *Du verstehst (Schuldiger Teil, geht nicht),* unverheiratet würden sie *tarnen u. verdecken* müssen *wegen Klatsch u.s.w.* Und käme sie denn überhaupt? Wie wäre es gemeinsam in Garmisch? *Ich ginge mit Dir überall hin, denn ich hänge unendlich an Dir. Schreibe Du, liebster Mor! Oder komme mal her u. betrachte Dir alles. Hab Dank, daß Du Dir das alles anhörst seit Wochen, den ganzen Unrat u. Gnatsch. Ich bin down u. alt, brüchig u. ekelhaft. Dich küßt zärtlich Dein F.*(äta)[5]

Wie reagiert Elinor? Offenbar nicht sehr gnädig: *Liebes Morchen, Dein Brief ist ja sehr deutlich! Faules Fleisch bin ich, also ein eingewachsener Nagel – das ginge ja noch. Auch daß Du mich u. meine Bücher so in Grund u Boden schmähst, soll Dir auch nicht angerechnet werden, da Du ja recht hast. Aber daß ich nicht nach Berlin kommen soll, ist die Höhe. Natürlich komme ich u. WERDE BEI DIR WOHNEN; wenn Du mich nicht in die Wohnung läßt, werde ich sie aufbrechen lassen […] u. mich dort einnisten mit meinem faulen Fleisch. Und Du mußt mich ernähren u. warten u. Bier holen u. Süppchen kochen. Sicher hast Du einen Schatz, von dem ich nichts merken soll.*[6]

Aus Benns Berlinreise wird nichts, und Elinor lässt sich nicht in Hannover blicken. Im März 1937 schreibt sie ihm den einzigen Brief, der aus ihrer Feder an ihn erhalten ist: *Lieber Fäta, ich möchte Dir […] sagen,* daß *ich finde, daß Du mehr als erlaubt DEIN Leben lebst und von einer Eigensucht besessen bist, die nicht mehr schön ist! Dein Leben! Dein Ich! Du, Du, Du!!! Seit Jahren immer dasselbe, von nichts unterbrochen, als vorübergehend von Deinen erotischen Anwandlungen, oder gewohnheitsmäßigem Seelenkomfort! […] Am 11. Januar bekam ich Deinen Brief, der mir in Abschnitten Deinen Entschluß mitteilte, daß Du Dir eine Freundin zugelegt hättest und die Begründung dafür in allerlei drolligen Redewendungen. Lieber Fäta, das Merkwürdige ist, daß mich dieser Brief in einer ganz anderen Richtung traf und Gefühle in mir auslöste, wie Du es Dir beim Schreiben vielleicht gedacht hast. Ich kann Dir heute, nachdem alles zu mir in einer ganz enormen Distanz steht, sagen, daß dieser Brief doch die größte Pleite meines Lebens war, unweigerlich mit Deiner Person verknüpft! […] Zwischen uns stand ja mehr, als das bißchen Liebe und was sonst noch dazugehört. Den Aufwand, den Du plötzlich triebst mit diesen Dingen, darüber habe ich allerdings ein wenig gelächelt, aber ich hätte Dir gern alles gelassen, was Dir Freude macht, das kannst Du mir glauben. WAS ich erwarten konnte, Deinen freundschaftlichen Rat, Dein Zuhören, und MIT MIR ÜBERLEGEN, ging unter in Deinen eigenen Dingen und Erlebnissen und, während ich mich mit der Umgestaltung meines Lebens beschäftigte, schaltetest Du ein neues Gefühl ein und gingst, ohne irgend eine Frage, über mich und mein Leben hinweg. DAS ist der springende Punkt, mein lieber Fäta, und darum KANN und WILL ich Dir Deine Fragen, was aus meinen verschiedenen Dingen wird, nicht mehr beantworten!*[7]

Elinor hat den Brief nicht abgeschickt, Benn hat ihn nie zu Gesicht bekommen, erst lange nach seinem Tod ist er ans Licht der Öffentlichkeit gelangt. Elinor hat kaum noch Arbeit als Schauspielerin, weiß nicht, wie sie ihre Miete bezahlen soll. Benn schickt ihr nach wie vor Geld, es reicht bei Weitem nicht. Er rät ihr, eine Stellung zu suchen, vielleicht als Hausdame bei einer jüdischen Familie, sie ist älter als 45 Jahre, da wäre das erlaubt, es würden *enorm weibliche Arbeitskräfte* gesucht, jetzt *gesellschaftlich verblendet zu sein,* wäre verkehrt, sie würde *aufatmen,* wenn sie aus dem *furchtbaren Zustand heraus* sei und Arbeit hätte, wenn es sein müsse *auch ohne Gehalt, bei freier Pension,* zum Beispiel als Saisonarbeiterin in einem Hotel. *In unserem Alter muß man sich sehr bescheiden. Nun füge ich noch hinzu, daß wenn Du fortfährst immer zu antworten, ich verstünde Dich u Deine Lage nicht u. stünde allem sehr fern, ich bestimmt aufhören werde, nicht nur hierüber zu schreiben, sondern auch mich dafür zu interessieren. Ich werde Dir dann, solange ich dazu in der Lage bin, die kleine Summe monatlich senden, aber eine per-*

sönliche u. freundschaftliche Mitverantwortung für Deine neue Lage übernehme ich dann nicht.[8]

Die Korrespondenz zieht sich noch monatelang hin. Benn schreibt regelmäßig, in Unkenntnis ihrer wahren Gefühlslage und wenig bereit, ernsthaft darauf einzugehen: *Was Du von so kolossalen Mißverständnissen zwischen uns schreibst, verstehe ich nicht. Ich weiß von «unfaßlichen Irrtümern» nicht u. weiß nicht recht, was Du damit meinst.*[9] Aber er kümmert sich weiter, überlegt, wie ihr zu helfen sei, macht Vorschläge. Von einem gemeinsamen Leben mit ihr ist nicht mehr die Rede, aber auch mit Hertha, dem offiziellen Trennungsgrund, sieht er keine Zukunft: *Habe ganz fest beschlossen, mich nicht wieder zu verheiraten. Das wird diese Beziehung wohl von selbst in absehbarer Zeit beenden. Denn natürlich setzt sie ihre Tricks u. Tücken in dieser Richtung an, berechtigterweise u. in anständiger Form u. in erlaubten Grenzen, aber ohne Erfolg. Übrigens sind wir NIE zusammen ausgewesen, nie essen, nie im Kino, nie auf der Straße, ich führe das eisern durch, um jede Kompromittierungsmöglichkeit zu vermeiden.*[10] Mitte Juni fährt er von einer Dienstreise nach Cottbus über Berlin und übernachtet bei Elinor: *Liebes Morchen, ich danke Dir nochmals für die freundliche Pflege. Ich habe lange nicht so friedlich geschlafen wie unter Deinem Dach u. Deinem Schutz.*[11] Ende Juni wird Benns Versetzung nach Berlin genehmigt, zur gleichen Zeit verlässt Elinor Berlin und zieht nach Oberbayern. *Also, Mor, nun für uns beide wieder ein neuer Lebensabschnitt! «Laß fahren hin das Allzu flüchtige/Du suchst bei ihm vergebens Rat/Nur im Vergangenen lebt das Tüchtige/Beflügelnd uns zu neuer Tat» (Goethe) Und das Vergangene sind Du u ich, 8 Jahre lang, u. es wird weiter Gegenwart und Zukunft bleiben. Damit nehme ich Abschied von Klingsorstr. 66 II. Leb wohl, liebe Wohnung, auf Wiedersehn süßer, lieber Mor! Dein F.*[12] Damit endet die Korrespondenz. Ob er und Elinor sich noch einmal gesehen haben, ist ungewiss. Im Juli 1944 ist Elinor Büller im Harz gestorben.

Im September 1937 erhält Tilly Wedekind plötzlich wieder einen langen Brief von Benn: *Es ist sehr unrecht von mir, daß ich nichts von mir hören ließ, aber es hatte seine sehr schwerwiegenden Gründe. Seit 2 Monaten, unmittelbar nach meinem Eintreffen hier begann eine neue Kampagne gegen mich wie im vorigen Frühjahr, nur sehr viel gefährlicher u. bis heute unerledigt. Ich glaube sicher, daß ich abgehn muß.* Worum geht es? Der Maler Wolfgang Willrich hat zur Ausstellung «Entartete Kunst» ein Begleitbuch verfasst: «Säuberung des Kunsttempels: Eine kulturpolitische Kampfschrift zur Gesundung deutscher Kunst im Geiste nordischer Art» und darin Benn womöglich noch schärfer angegriffen als es «Das schwarze Korps» im Jahr zuvor getan hat. *WÜSTE unerhörte Beleidigungen gegen mich*, schreibt Benn an Tilly. *«Lump»; Skandal, daß ich noch nicht interniert sei; Skandal, daß ich Offizier sei. Der Führer würde aber aufgefordert, mich zu verjagen usw. [...] Ich hatte sehr dunkle Zeiten, heute sage ich mir, es nützt ja alles nichts, mein Gewissen ist rein. Ich habe das Schicksal meiner Generation auf mich genommen, ohne zu fragen, ob es gut oder böse ist, ob es Ruhm oder Vernichtung mit sich bringt. So habe ich gearbeitet, so habe ich geschrieben u. so habe ich gelebt. [...] Ich kann kein Wort zurücknehmen. Es ist der Weg des Geistes u. der Kunst aus so viel Zersetzung u. Nihilismus schließlich doch Gedicht oder Form zu machen. Eine chemisch reine Kunst giebt es nicht, kann es nicht geben.* Er bitte um *VÖLLIGES STILLSCHWEIGEN HIERÜBER, auch zu P. [amela]. Es soll nichts in die Theaterkreise kommen.*[13]

Hanns Johst will helfen, aber Wolfgang Willrich, unterstützt von Ernährungsminister Walther Darré, greift auch ihn an, schließlich hat auch Johst als Expressionist und Jungautor «dumme Sachen» gemacht. Hanns Johst mobilisiert den eigenen Protektor Heinrich Himmler, eine Nummer größer als Darré, der schreibt einen scharfen Brief an Willrich: *Ich kenne den Fall BENN sehr gut und halte das Aufrollen dieses Falles von Ihrer Seite für unnötig. Benn hat ohne Zweifel früher diese Gedichte geschrieben. Die Meinung des Führers auf dem Gebiete der Kunst ist jedoch folgende: Die Künstler hatten 4 Jahre Zeit um sich zu ändern und Kunstschöpfungen, die Zerfallserscheinungen sind, nicht mehr in die Welt zu setzen, sondern wirkliche Kunst zu schaffen. Benn hat sich seit dem Jahre 1933 und auch schon früher in nationaler Hinsicht absolut einwandfrei gehalten. Jetzt wie ein Amokläufer gegen diesen Mann vorzugehen, der sich gerade im internationalen Leben einwandfrei für Deutschland gehalten hat, halte ich für unnötig und unangebracht. Ich habe meinen gesamten Dienststellen verboten, sich in die Angelegenheit Benn irgendwie einzumischen.*[14] Hanns Johst gibt die Entscheidung an Benns Dienstelle weiter: *Ich komme mit diesen Zeilen der angenehmen Pflicht nach, mich vor die Ehre des Herrn Dr. G. Benn stellen zu dürfen. Der Reichsleiter SS, Herr Himmler, hat an den Autor des Angriffs gegen Herrn Dr. Benn bereits in schärfster Form Front gemacht. Ich bitte Sie, darüber hinaus zur Kenntnis zu nehmen, daß Herr Dr. Benn dem nationalsozialistischen Staat bereits mehrfach durch seinen persönlichen und schriftstellerischen Einsatz viele Dienste geleistet hat.*[15]

Im Januar 1938 erhält Tilly noch einmal einen Brief von Benn, diesmal aus der Bozenerstraße 20 in Berlin-Schöneberg, seiner letzten Adresse: *Was mich angeht, so will ich Dir nun eine Mitteilung machen, von der ich Dich bitte, sie freundschaftlich zu beurteilen und anzusehn. Ich habe nun seit Dezember eine eigene Wohnung u. meine Zukunft ist doch so, daß ich unbedingt bei meiner jetzigen Behörde bleiben muß, woanders bekomme ich keine Arbeit mehr u. die Verfolgungen können ja jeden Tag wieder losgehn. Ich muß also mein Leben konsolidieren, nach außen immer mehr abdichten, ich brauche Ordnung, Ruhe u. Hilfe, ich bin alt u. sehr müde u kann allein nicht mehr weiter. Ich werde mich verheiraten u. zwar jetzt bald. Keine Passion, keine Illusion, Ordnung, Kameradschaft, gegenseitige Hilfe. […] Ich nehme die junge Dame aus Hannover. Sie ist 20 Jahre jünger, kann arbeiten, ist intelligent, stammt aus Offizierskreisen. Sie kann kochen, ich brauche in der Richtung keine Sorgen zu haben. Dich, liebe u. süße Tilly, kann ich nicht heiraten. Du weißt warum. Also sei so unendlich lieb u. sieh diesen Plan mit Güte u. Freundschaft. Schreibe mir bitte, daß Du es verstehst. Die Erinnerung an unsere Jahre wird immer ganz unvergänglich in mir weiterleben als ein großes Geschenk des Lebens, das ich nie vergessen kann. Aber die Zeit ist so dunkel geworden u. die Welt so leer, man muß alles für sich selbst erleben u. abmachen, eine Kette vor der Tür u. ein Gitter vor sein Gehirn u. vor seinen Worten. Und das geht nur mit einem Menschen, der zu einem auch äußerlich gehört. Mir nützt nur eine Frau, mit der ich auch wirklich verheiratet bin, nur sie kann mich vertreten, mir alles abnehmen, für mich die äußeren Dinge erledigen. Darum muß es sein. Bitte schreibe mir! Wir beide bleiben unverändert die Freunde, die wir waren. Bitte, ja? Hoffentlich sehen wir uns auch bald wieder! Dich grüßt zärtlich u. dankbar Dein G. B.*[16] Tillys Reaktion ist nicht bekannt. Der nächste Brief Benns an sie datiert von 1946.

Oelze erhält eine Anzeige:

Meine Verheiratung mit Fräulein HERTA VON WEDEMEYER, Tochter des auf dem Felde der Ehre gefallenen Hauptmanns im Kaiser Franz-Garde-Grenadier-Regiment Nr. 2, Herrn Adolph von Wedemeyer und seiner Frau Herta, geb. von Eisenhart-Rothe erlaube ich mir anzuzeigen.

Dr. med. Gottfried Benn
Oberstabsarzt (E) bei den Offizieren zur Verfügung
des Oberkommandos des Heeres
Berlin-Schöneberg
Bozenerstr. 20[17]

Lieber Herr Oelze, ich machte mir den Witz, Ihnen die Anzeige pur zu senden, ich dachte, daß Sie Sinn für diesen Scherz hätten. Heute beeile ich mich hinzuzufügen, dass die «regels» gewahrt sind. Keine Passion, keine Illusion, eine Sache der Ordnung des Lebens, der Hilfe für die äusseren Dinge, der Kameradschaft. […] Aber sehn Sie, ich habe die letzten Jahre in zerrissener Bettwäsche geschlafen u. wenn ich krank war, musste ich mir die Haferflocken allein durchs Sieb rühren –, ich mag nicht mehr! Soll ich nun hier ein Dienstmädchen nehmen, das nichts zu tun hat, oder eine Aufwartefrau, die stiehlt, u. daneben wieder die 2–3 Freundinnen, die doch nur alle geheiratet werden wollen, – da sagte ich mir, ich kombiniere das lieber alles u. nehme mir eine Frau, die gesellschaftlich sicher ist u. ausserdem arbeiten kann u. die – 21 Jahre jünger, – zu erziehen mir sogar Freude macht u. der dieser elende Staat sogar noch Pension zahlen muss, wenn ich tot bin […] Übrigens: dies ist keine konventionelle Sache, ich bleibe für mich, u. wir schreiben uns immer ohne Floskeln u völlig als die alten Freunde à deux. Immer Ihr Benn[18]

Drei Monate später wird Gottfried Benn aus der Reichsschrifttumskammer ausgeschlossen. *Meine Gegner arbeiten immer mit dem Argument, dass ich und meine Schriftstellerei eine Schande für Deutschland wäre,* schreibt Benn an Hanns Johst. *Dies ist bestimmt nicht der Fall. Im Ausland gelte ich auch heute noch als ein in Deutschland verbliebener zum Nationalsozialismus gehörender Dichter. […] Aber ich lege auf dies alles schon garkein Gewicht mehr. Ich möchte nur in Frieden gelassen werden.*

Wenn ich Sie und Ihre persönliche Freundschaft nicht hätte, wäre ich doch schon längst eingestampft, und wenn ich mir überlege, was aus mir wird, falls einmal Sie, Herr Johst, von Ihrem Posten gingen, so frage ich mich, ob es nicht das Beste wäre, ich verliesse die Reichsschrifttumskammer und die Deutsche Akademie der Dichtung –, aber nicht in dieser Form, sondern freiwillig. […] Ich muss weiter sagen, mich mit Hilfe des Paragraph 10 als politisch unzuverlässig hinzustellen, ist im Rahmen eines totalen Staates geradezu absurd. Ich bin bei meiner Dienststelle mit den geheimsten Mobilmachungsvorbereitungen betraut. Erfahre Dinge militärisch-politischer Art, die nur ganz zuverlässigen Leuten, verschwiegenen Leuten bekannt werden dürfen. Dass die Wehrmacht nationalsozialistisch ist, brauche ich Ihnen nicht zu sagen. Sie ist es bis zur letzten Dienststelle. Wer sich in ihr hält und bewährt, ist nicht politisch verdächtig. Ich schreibe Ihnen das ganz im Vertrauen, natürlich können das die Herren der Kammer nicht so übersehen und wissen. Aber Sie für Ihre Entscheidung sollen es doch wissen, meine ich. Genug nun wieder von diesen sich leider ewig wiederholenden Dingen. Ich wäre sehr dankbar, wenn Sie mir die Anlagen gelegentlich wiederschickten. Mit Heil Hitler Ihr gehorsamst und dankbar ergebener Benn.[19]

Das war's. Göring soll den Ausschluss persönlich veranlasst haben, da ist Hanns Johst machtlos. Gottfried Benns Gegenwart im nationalsozialistischen Literaturbetrieb endet spätestens jetzt. Erst nach dem Krieg wird man wieder von ihm hören.

— 26 —
Was gleichzeitig geschieht

Hans Fallada, den Ernst Wiechert menschlich und künstlerisch aufgegeben hat, war seit dem Erscheinen des Romans «Wir hatten mal ein Kind» drei Mal in stationärer psychiatrischer Behandlung und hat zwei neue Bücher geschrieben: «Altes Herz geht auf die Reise» und «Das Märchen vom Stadtschreiber, der aufs Land flog». Beide sind schwach. Er könne nicht mehr richtig *produzieren,* klagt er seinem Schwager, man müsse, um *recht erzählen* zu können, *drauflosschreiben,* ohne Gedanken an Erfolg oder Rezeption.[1] Es sei ihm praktisch verboten, *zwielichtige Gestalten zu schildern,* nur das *Gute, Brave, Anständige,* aber daraus kämen *keine Probleme, die des Schilderns* wert seien.[2] Am 27. Juli 1936 beginnt er ein neues Buch. Niemand weiß, um was es sich handelt, auch Rowohlt nicht. Das Verhältnis hat sich abgekühlt. Fallada hat Geldsorgen, und Rowohlt möchte am liebsten nur noch leichte, gut verkäufliche Ware herausbringen. Fallada schreibt täglich, nennt im Kalender keine Namen. Erst nach knapp vier Monaten, am 20. November, erfährt man Näheres: *Roman «Wolf unter Wölfen» Niederschrift des ersten Teils vollendet.* In der Buchausgabe wird dieser erste Teil 516 Seiten umfassen.

Mitten in der Arbeit erreicht ihn die Nachricht, dass das Erbgesundheitsamt den Landwirt Johannes Kagelmacher, Falladas Freund aus Rügen, in die Heilanstalt Leipzig-Dösen eingewiesen hat, um festzustellen, ob er nach dem «Gesetz zur Verhütung erbkranken Nachwuchses» zu sterilisieren sei. Ein Bekannter, der ihm helfen will, berichtet Fallada von *Unordnung und Schmutz* in *nicht vorstellbarem Maß* in Kagelmachers möbliertem Zimmer, eine Kommission habe den Raum versiegelt. Kagelmacher sei in *trostloser Verfassung,* man zwinge ihn, Fleisch zu essen, obgleich er Vegetarier sei, er nehme deshalb *nur sehr wenig Speise* zu sich, Fallada sei seine *einzige Hoffnung*.[3] Fallada hat

Kagelmacher bis vor Kurzem monatlich 40 Mark überwiesen, seine Zahlungen aber wegen Geldmangels eingestellt. Jetzt hat er nur gute Worte: *Hoffentlich gehen die sechs Wochen einigermassen vorüber und Sie können dann heimkehren zu Ihren Arbeiten und Ihren geliebten Dingen. Suse und ich, wir denken hier beide viel an Sie – seien Sie nur geduldig, lieber Kagelmacher. Ich kann mir sehr wohl denken, das Leben schmeckt Ihnen jetzt gerade nicht gut, aber man muss doch durch. Und seien Sie sicher, so bald ich irgend eine Möglichkeit sehe, Ihnen zu helfen, tue ich es sofort.* Im Februar 1937 taucht Kagelmacher in Carwitz auf: Seine Sterilisierung ist verfügt worden. Fallada fährt mit ihm nach Berlin im Versuch, das Urteil anzufechten. Ob es vollstreckt wurde, ist nicht bekannt. Kagelmacher hat Fallada in landwirtschaftlichen Fragen oft beraten, und Fallada hat seine Ratschläge immer befolgt. Im Februar 1942 verfasst Kagelmacher eine an Hitler persönlich gerichtete Schrift mit Vorschlägen zur *Bewirtschaftung der besetzten Ostgebiete,* um den *dort besonders unabsehbaren Folgen der Dürre entgegenzutreten,* verbunden mit konkreten Hinweisen auf die Technik des Pflügens und der Anordnung von Fruchtfolgen.[4] Die Schrift ist in verschiedenen Ministerien und Dienststellen herumgereicht, aber Hitler nie vorgelegt worden. Johannes Kagelmacher ist 1952 vollkommen verarmt in Bartelshagen gestorben.

Am 11. Mai 1937 beendet Fallada die Niederschrift des zweiten Teils des Romans «Wolf unter Wölfen», 1400 Druckseiten sind es geworden, 139 Tage hat er dafür gebraucht. Eine Sekretärin tippt bis zum 8. Juni, am 24. August ist Falladas umfangreichster Roman fertig, ein verschlungenes Gewebe menschlicher Schicksale, ein Epos des Verfalls mit kleinen Inseln des Glücks. Rowohlt ist wie beflügelt. Sein alter Schwung ist zurückgekehrt. *Sie können Gift darauf nehmen, daß wir mit größter Energie an diese Sache herangehen und uns alle freuen, endlich wieder ein großes und gutes Buch im Buchhandel vertreiben zu können.*[5]

«Wolf unter Wölfen» spielt im Inflationsjahr 1923 an zwei Fallada bekannten Orten: der Großstadt Berlin und dem Rittergut Radach, dreißig Kilometer nordöstlich von Frankfurt an der Oder, wo Fallada von Anfang Mai bis Oktober 1923 Buchhalter war. Im Buch heißt das Gut Neulohe, die Protagonisten sind realen Personen nachgezeichnet:

Rittmeister a. D. Joachim von Prackwitz, im wirklichen Leben Gustav Schwanecke, Falladas Arbeitgeber auf Gut Radach, und dessen Schwiegervater, der Geheime Ökonomierat Horst-Heinz von Teschow, im wirklichen Leben Curt von Pappritz. Auch ihr Konflikt ist real: Der Schwiegervater hat seinen Schwiegersohn mit einem Knebel-Pachtvertrag an sich gekettet, vornehmlich um zu beweisen, dass seine Tochter einen Dummkopf geheiratet hat, was Letzterer durch hanebüchene Fehler auch immer wieder bestätigt. Kein Zweifel: Diesmal erzählt Fallada «drauflos». Es wird hasardiert, gekokst und gehurt, und auf dem Dorf, wo der geheiligte deutsche Bauernstand zu Hause ist, geht's womöglich noch toller zu als in der Großstadt. Weio von Prackwitz, des Rittmeisters 15-jährige Tochter, *schon ein bißchen voll, schwere Brust, fleischige Hüften, starkes Gesäß,* ist ein richtiges Früchtchen, das, von Brunst und Langeweile getrieben, die Männer toll macht. Platzhirsch ist der Feldinspektor Meier, genannt «Negermeier», *klein, mit wulstigen Lippen, eingedrückter Nase und hervorstehenden Augen,* dem alle Mädchen nachlaufen, denn: *Auf Schönheit kommt es nicht an. Ein bißchen apartes Aussehen lockt die Mädchen an wie die Salzlecke das Wild.* Die Geflügelmamsell Amanda Baks, eigentlich eine vernünftige Person, kriecht bei ihm durchs Fenster, die Kutschersgattin Hartig, Mutter von acht Kindern, zieht in seinem Büro die Vorhänge zu. *«Ja, du,»* fragt «Negermeier», *«ist deine Bluse eigentlich vorn oder hinten zum Knöpfen?» «Vorne»,* sagt die Hartig, *«willst du mal sehen?» «Ja»,* sagt er. *«Nu mach bloß los!»* Sie habe doch ihren Mann für Sex, hält Amanda Baks ihr vor. Tja, sagt die Hartig, das wisse man eben vorher nicht. Was wisse man nicht? *«Daß der eigene Mann dagegen gar nichts hilft.» «Magst du denn deinen Mann garnicht leiden?» «Gott, ja, natürlich: Ganz nett ist er ja soweit. Und ganz ordentlich auch. Aber sooo doch nicht. Schon lange nicht mehr. Und wenn es einen dann so kribbelt …»* Wie verträgt sich das mit dem nationalsozialistischen Wertekanon? «Arisch ist, wer frei ist von schwarzem oder jüdischem Bluteinschlag», heißt es in der Frauenbeilage des «Völkischen Beobachters».[6] Ein «Negermeier» von sagenhafter Potenz, der reihenweise deutsche Frauen und sogar Mütter beglückt – wie kann Fallada hoffen, damit durchzukommen?

Im September 1937 wird «Wolf unter Wölfen» ausgeliefert. Die bürgerliche Presse ist begeistert. *Wir haben ihn wieder, den großen Erzähler Fallada,* jubelt die Zeitschrift «Die Dame». *Mit einem einzigen Panthersprung hat er sich aus dem Lianengewirr der Idylle wieder auf den wilden Sturzacker des Lebens zurückgerettet.*[7] Aber was sagt die Nazi-Presse? Darauf kommt es an. Der Schauspieler Mathias Wieman, angeblich eng mit Goebbels befreundet, gibt im Radio einen ersten Hinweis: *Erschüttert und hingerissen* sei er gewesen, *Gott* habe dem *Dichter die Hand* geführt. *Mich hat dieses Buch zwei Nächte gekostet. In der letzten Nacht habe ich die Uhr aufs Zifferblatt gelegt und bis zur letzten Zeile gelesen, wo steht: «Gute Nacht.» Aber da war es schon hell, und ich habe es nicht bereut.*[8] Dann geschieht das Wunder: Auch die Nazi-Presse ist angetan. In vier Wochen sind 7000 Exemplare abgesetzt, noch vor Weihnachten muss nachgedruckt werden. Das «Amt Rosenberg» macht Einwände, auch im Propagandaministerium ist man nicht mit allem einverstanden, aber der Chef, will sagen: der Minister selbst, notiert am 31. Januar 1938 ins Tagebuch: *Nachmittags gelesen: Fallada «Wolf unter Wölfen». Ein tolles Buch. Aber der Junge kann was.*[9] (Goebbels ist vier Jahre jünger als Fallada.)

Und schon wieder naht ein Großauftrag! Emil Jannings, 54 Jahre alt, 1929 aus den USA zurückgekehrt, wo man ihn mit einem Oscar als besten Schauspieler geehrt hat, sucht gemeinsam mit der Tobis-Filmgesellschaft, deren Vorstandsvorsitzender er ist, nach einer Rolle und hat sich dafür den Droschkenkutscher Gustav Hartmann ausersehen, den «eisernen Gustav». Der ist, um zu zeigen, dass das lebendige Pferd sich vor den Pferdestärken der immer zahlreicher werdenden Automobile nicht zu verstecken braucht, vom 2. April bis zum 4. Juni 1928 mit seiner Kutsche und dem Wallach «Grasmus» von Berlin nach Paris gefahren, eine Strecke von mehr als tausend Kilometern. Der alte Herr lebt noch, ein bekanntes Berliner Original, Emil Jannings und die Tobis versprechen sich viel von der Verfilmung seiner Geschichte. Das Drehbuch soll Hans Fallada schreiben – wer sonst? Wann soll es fertig sein? Am liebsten gestern. Fallada protestiert, ein Vierteljahr brauche er mindestens: *Ich kann gewaltig schnell arbeiten, ich kann hetzen wie kaum einer, aber zaubern kann ich nicht.*[10] Außerdem müsse er eine Geschichte ganz erzählen, wenn es etwas werden solle, Filmexposés sollten andere machen. Dann zaubert er doch und schreibt zwischen dem 13. November 1937 und dem 29. Januar 1938 den fabelhaft dichten, 754 Seiten starken Roman «Der eiserne Gustav».

Die Parisreise spielt darin nur eine Nebenrolle, der Hauptteil ist eine Analyse der Kriegs- und Nachkriegsjahre in Berlin, festgemacht an der Geschichte des Droschkenkutschers Gustav Hackendahl, einst Wachtmeister bei den Pasewalker Kürassieren, jetzt Fuhrunternehmer mit dreißig Droschken, die Tag und Nacht für ihn fahren, genauestens überwacht, pfenniggenau abgerechnet, diktatorisch beherrscht genau wie Frau und Kinder. Mit dem Zollstock misst er aus, wo der Bettvorleger zu liegen habe, das Futter für den Kanarienvogel wiegt er mit der Briefwaage ab, Inbegriff von Preußenzucht, Militarismus und Vaterlandstreue. Kriegsbegeistert bis in die letzte Faser und felsenfest vom Sieg überzeugt, ist er stolz, als man seine Pferde für die Kavallerie requiriert und gibt auch die Ponys willig hin, die er statt der Pferde gekauft hat. Ungebeugt durch Meldungen deutscher Niederlagen, entlässt er seine Angestellten, fährt mit dem letzten verbliebenen Schimmel wieder selbst. Seine Kinder sind ihm längst entglitten. Otto, der Älteste, hat mit einer Schneiderin einen Sohn gezeugt, aber wagt es nicht, es dem Vater zu sagen. Er fällt in Frankreich. Erich, der Lieblingssohn, gerät in schlechte Gesellschaft, wird Kriegsgewinnler, die Lieblingstochter Eva Geliebte eines Verbrechers, der sie auf den Strich schickt und auf jede nur erdenkliche Weise demütigt. Der «Schandfrieden» von Versailles verbittert ihn wie zahllose andere, die Entwertung der Kriegsanleihen hat seine Ersparnisse vernichtet, sein Unternehmen ist auf ein Minimum reduziert – wer fährt noch Pferdedroschke, wenn es Automobile gibt? Seine Tochter Sophie, scharf rechnende Oberin eines Stifts, nimmt ihn als Lohnkutscher in ihren Dienst, mal für betuchte Patientinnen, mal für Uringläser ins Labor. Der «eiserne Gustav» bleibt bei alledem eisern, aber entwickelt nach und nach einen gewissen volkstümlich-menschlichen Humor, der gut ankommt und seine stoisch durchgeführte Fahrt nach Paris zum Ereignis werden lässt. Dennoch enden alle Protagonisten im Elend. Er selbst will vom Rummel um seine Person nichts mehr wissen, die Frau stirbt, er sitzt wieder auf dem Kutschbock, bei jedem Wetter, ein Relikt aus vergangener Zeit. Tochter Eva befreit sich aus den Fängen ihres Zuhälters, aber ist nach siebzehn Jahren Prostitution nur noch ein Wrack, Sohn Erich wird Kleinkrimineller auf niederstem Niveau. Einzig der jüngste Sohn Heinz gibt Anlass zu Hoffnung. Während des Kriegs noch «Pennäler», ist er zum interessierten und engagierten jungen Mann herangewachsen, voller Ehrgeiz und Lust auf Leben. Aber als es beginnen soll, schlittert er in die Arbeitslosigkeit wie Millionen andere einer verlorenen Generation. Seine Frau verweigert ihm das Ehebett aus Furcht vor einem zweiten Kind, denn ein Kind, das man nicht ernähren kann, soll auch nicht geboren werden. Nachts sitzt er auf einer Parkbank, 27 Jahre alt, ohne Zukunft und Würde, nach jahrelanger erfolgloser Arbeitssuche, ähnlich wie Pinneberg in «Kleiner Mann – was nun?», aber ohne die menschliche Wärme eines Lämmchen.[11]

So endet der Roman nach einer von Günter Caspar, Cheflektor des Aufbau Verlags, 1964 in der DDR erstellten Fassung. Das Originalmanuskript ist verschollen, das ursprüngliche Romanende kennt niemand. Das Drehbuch für den geplanten Film haben Lohnschreiber der Tobis-Filmgesellschaft verfasst. Es musste Minister Goebbels vorgelegt werden, was der davon hielt, zeigt sein Tagebucheintrag vom 23. Juli 1938: *Ausführliche Aussprache mit Jannings. Ich halte ihm alle Schwächen seines Filmmanuskripts vor. Er ist zwar widerborstig, faßt sich dann doch. Das Ende wird gänzlich umgearbeitet und positiver gestaltet. Ich diktiere selbst einen neuen Schluß. Der sitzt nun aber.*[12] Der Film, so Goebbels, muss mit der «Machtergreifung» der Nationalsozialisten enden – mit was sonst? Fallada, der seinen Auftrag als erledigt betrachtet, reist mit seiner Frau vom 3. Mai bis zum 21. Juni 1938 in einem neu gekauften Ford Cabriolet quer durch Deutschland. Nach seiner Rückkehr wird er nach Berlin beordert und erfährt die neue Sachlage. *Ich saß starr bei diesen Ausführungen,* erinnert er sich. *Das hatte ich nicht geahnt. Hätte ich so etwas vorausgesehen, ich hätte nie diesen Auftrag angenommen! Ich hatte eine Figur für den Schauspieler E.(mil) J.(annings) schaffen wollen, Propagandatätigkeit für die Partei lag mir sehr, sehr ferne!*[13] Aber am 3. August 1938 vermerkt er im Kalender:

Geschichte der Partei zusammengestellt. Am 8. August heißt es: *Beginn der Umarbeitung.* Er beendet sie am 30. August, diktiert sie bis zum 6. September und notiert am 8. September: *In Berlin bei Tobis und Rowohlt.*

Auch in dem neuen Schluss sitzt der junge Heinz Hackendahl auf seiner Parkbank. Aber es nähern sich drei Gestalten, Kommunisten, wie man erfährt. Sie dreschen auf einen auf dem Boden liegenden Menschen ein, der sich als Nationalsozialist zu erkennen gibt, ein junger Adeliger, Kriegsveteran. Er verzichtet darauf, den Vorfall zu melden, denn mit *so einer Binde am Arm,* könne man *heute im deutschen Vaterlande auf viel Entgegenkommen bei den Behörden* nicht rechnen – es ist die «Kampfzeit» der NSDAP. Der junge Nazi verwickelt Heinz in ein Gespräch, fragt nach dessen Umständen, erfährt von seiner Arbeitslosigkeit und dem Konflikt mit seiner Frau, nimmt ihn mit in die *gute Stube* (wahrscheinlich das SA-Lokal). Dort diskutieren Kameraden, wie man Flugblätter verteilt, wo man besser zu zweit oder zu dritt hingeht, wie man heil nach Hause kommt, und schimpfen auf die Polizei, die *eigentlich immer Stellung gegen sie* nimmt. *Also auch Arbeitslose,* denkt Heinz Hackendahl, *aber an Mangel an Beschäftigung hatten sie nicht zu leiden gehabt, und an Depressionen auch nicht. Im Gegenteil, sie waren ganz guter Dinge gewesen, ein ganz neuer Typ Arbeitsloser, vergnügt, aufgeräumt, und, er ahnte es ganz richtig, voll der besten Hoffnungen. Da saß er, Heinz Hackendahl und tat gar nichts, im Gegenteil, er verfiel immer mehr.* Heinz will bei ihnen mitmachen. *So kam Heinz Hackendahl zu einer Aufgabe, zu Arbeit, zu vielen Mißhelligkeiten, so kam er zu Zorn, zu Haß, zu Glauben – so kam er in die Partei.* Frau und Schwiegermutter sind entsetzt, aber können nicht leugnen, dass Heinz wieder Mut gefasst hat, wieder aufrecht durchs Leben geht, die Zukunft packen will. Sie lassen ihn gewähren.

Man muss Falladas Geschick bewundern, wie er in kürzester Zeit den Roman umbauen und dennoch zusammenhalten konnte. Er rückt die Parisreise des alten Hackendahl hinter die Konversion des jungen Heinz, verzichtet auf das traurige Ende der Geschwister, lässt statt dessen den Vater mit seinem Sohn (jetzt in SA-Uniform) über Politik reden, offensichtlich im Jahr 1930, denn die Arbeitslosenzahl hat die

Viermillionen-Grenze erreicht, 107 Abgeordnete der NSDAP sitzen im Reichstag, und Thüringen hat einen ersten NSDAP-Minister (Wilhelm Frick). *Der alte Mann sah und hörte; er sah zum erstenmal, was ein älterer Mann dem jüngeren sein konnte, auch ein Vater dem Sohne – aber er war es nicht gewesen! Er hatte geglaubt, die Welt sei aus den Fugen, ohne Zucht, Respekt und Sitte sei sie. Aber nun sah er, daß etwas Neues wurde. Im Gesicht des Sohnes las er, daß die Jugend noch immer gehorchen konnte, aber dort, wo sie selbst gewählt hatte; daß sie verehren konnte, aber nur, was sie selbst der Verehrung wert fand; daß sie sich führen ließ, doch nur von selbstgewählten Führern!* Gustav Hackendahl, der «eiserne Gustav», lässt sich trotz vieler Zweifel überzeugen: *Er ergreift die dargereichte Hand, drückt sie und sagt: Also denn: mit euch!*[14]

Aus der Sicht von 1930 ist der neue Romanschluss nicht einmal unwahrscheinlich. Zahllose junge Männer aus der Generation des Heinz Hackendahl, zwischen 1900 und 1905 geboren, sind damals mangels Arbeit und Perspektive zum Nationalsozialismus übergelaufen, in der Generation ihrer Eltern haben ebenso viele gehofft, alte, verloren geglaubte Werte würden von diesem wiederbelebt. Aber Hans Fallada schrieb seinen Roman 1937/38, nach fünf Jahren Nazi-Herrschaft, im Wissen um Konzentrationslager, Korruption, Lügen und Judenverfolgung, nicht zuletzt auch um das Schicksal seines Freundes Kagelmacher. Dass Hans Fallada kein Nazi war, ist so sicher wie nur irgend etwas, aber als es darauf ankam, hat er dem Regime sein Talent zur Verfügung gestellt, ist eingeknickt wie andere auch. Sein überproduktives Gehirn hat ihm Szenen geliefert, auch wenn er mit dem Inhalt nichts zu tun haben wollte. Den Monat der Umarbeitung hat er später als «in seinem Kalender schwarz umrandet» bezeichnet. Man kann es ihm glauben. Ausgeführt hat er sie trotzdem.

Das Filmprojekt wird abgeblasen. Alfred Rosenberg, der schon «Wolf unter Wölfen» kritisch beurteilt hat, legt sein Veto ein, vielleicht auch um seinem Rivalen Goebbels zu schaden, der wegen seiner Affäre mit der tschechischen Schauspielerin Lida Baarová bei Hitler momentan in Ungnade ist. Hans Fallada beschreibt das Szenario: *Drei Tage nach dem berühmten Rosenbergischen Diktat wußte kein Mensch mehr in den Filmateliers, in der ganzen großen Stadt Berlin, daß je ein*

Film «Der eiserne Gustav» geplant worden war, niemand hatte sich je mit einem solchen Filmvorhaben befaßt, aller Name war Hase.[15] Das Drehbuch landet in einem Papierkorb der Tobis, jede Spur von ihm fehlt, der Roman existiert in zwei Fassungen. Es bleibt zu fragen: Warum hat Fallada den Roman geändert, wenn Goebbels nur das Drehbuch beanstandet hat? Warum mussten Roman und Drehbuch übereinstimmen? Goebbels kannte den Roman nicht. Er war noch im Druck, als das Filmprojekt sich zerschlug. War es vorauseilender Gehorsam, aus Angst der Roman könnte verboten werden? Keiner der Beteiligten hat sich zu dieser Frage geäußert. 1938 stand der Rowohlt Verlag hinter Fallada: *Wir wiederholen aber, dass Sie keineswegs irgendwie ein Katergefühl zu haben brauchen. Anständiger in der Gesinnung und in allem, wie Sie die Aufgabe gelöst haben, könnte sie niemand lösen, und auch die neuen Schluss-Seiten sind zum überwiegenden Teil «allerbester Fallada».*[16]

Ernst Rowohlt ist zu dieser Zeit nur noch nominell Verlagsleiter. Obgleich er 1937 der NSDAP beigetreten ist, aus taktischen Gründen, wie es heißt, wird er im Juli 1938 auf Anordnung Goebbels' aus der Reichsschrifttumskammer ausgeschlossen und sein Verlag von der Deutschen Verlags-Anstalt in Stuttgart übernommen. Den Namen darf er behalten, sein Sohn Heinrich Maria Ledig-Rowohlt agiert als Geschäftsführer, er selbst hat keine Funktion mehr und erwägt, nach Brasilien zu gehen. In Carwitz und Feldberg wird der Roman «Altes Herz geht auf die Reise» verfilmt, zum Teil sogar auf Falladas Grundstück. Der berühmte Eugen Klöpfer spielt den weltfremden Professor Kittguss, der mit Hilfe von Dorfkindern eine Nichte aus den Fängen eines niederträchtigen Ehepaars rettet, die Musik dazu komponiert Werner Egk. Auch dieser Film gelangt nicht in die Kinos, verschwindet in Archiven, noch bevor die amtliche Prüfstelle ihn gesehen hat.[17] Angeblich verstößt er gegen die nationalsozialistische Weltanschauung. Schon der Roman hat Anstoß erregt und Fallada vorübergehend zum «unerwünschten Autor» gemacht, auch damals konnte man die Gründe nur vermuten, vielleicht war das Christentum des Professors zu ausgesprochen, der Landarzt Dr. Kimmknirsch zu naturheilkundlich, ein geistig behinderter Jugendlicher zu sympathisch – die Gedankengänge nationalsozialistischer Kulturfunktionäre sind verschlungen und voller Überraschungen.

Während Hans Fallada mit seiner Frau im Auto durch Deutschland reist, fährt ein anderes Auto den Berg von Wolfratshausen nach Münsing hinauf, biegt rechts in eine Seitenstraße ein und hält vor dem Tor eines Grundstücks. Drei Männer steigen aus, der Hausherr sieht sie durchs Fenster, öffnet ihnen und sieht zu, eine Decke über den Knien und eine Zigarette rauchend, wie sie, mehr oder minder unbedarft, sein Arbeitszimmer durchsuchen. Es ist der 6. Mai 1938. Die Durchsuchung dauert sieben Stunden. Danach wird ihm mitgeteilt, dass er wegen «belastenden Materials» verhaftet sei. Es ist der Schriftsteller Ernst Wiechert. Im Vorjahr ist er hierhergezogen, von Ambach am See, hat hier ein Haus gebaut und einen Garten angelegt, auf einem terrassenartigen Grundstück mit weitem Blick über das Isartal zu Benediktenwand und Alpenkette. Das Auto fährt mit ihm den Berg wieder hinunter ins Hauptquartier der Münchner Gestapo im ehemals Wittelsbacher Palais an der Ecke Brienner- und Türkenstraße. Er bleibt dort sieben Wochen. Die Bedingungen sind erträglich. Er darf Essen von außerhalb bestellen, darf rauchen, lesen, Schach spielen, Besuch empfangen und redet viel mit seinen Mitgefangenen, hochanständigen, bewundernswerten Menschen, wie er findet, die durch unbedachte Äußerungen, meist von Nachbarn oder guten Bekannten denunziert, in die Mühlen des Regimes geraten sind. Sie erzählen haarsträubende Geschichten von Häftlingen, die an ihren auf dem Rücken gefesselten Armen aufgehängt und auf alle möglichen anderen Arten langsam zu Tode gequält wurden oder sich in Verzweiflung selbst töteten. Auf seiner Pritsche liegend gedenkt er *jenes vielgewandten Dichters, der im Dritten Reich zu einem hohen Amt gekommen war* (und meint damit Hanns Johst im nahe gelegenen Oberallmannshausen, «Schlageter», hat er erfahren, bedeutet im Häftlingsjargon die Prügelstrafe), der ihm einmal *tadelnd entgegnet* hatte, dass im Nazi-Reich *seit Goethes Zeiten zum ersten Mal die Würde der Kunst wiederhergestellt* sei – wie mag der wohl jetzt *behaglich auf dem Lager seiner Würde schlummern,* fragt sich Ernst Wiechert (und ist trotz allem froh, nicht an Johsts Stelle zu sein).[18]

Was wird ihm vorgeworfen? Er hat bei der gleichzeitig in Deutschland und Österreich stattfindenden Volksbefragung, die den «Anschluss» Österreichs legalisieren soll, mit Nein gestimmt, eine vergleichsweise mutige Tat, denn fast alle Befragten haben auf die Wahlkabine verzichtet und ihren Stimmzettel öffentlich angekreuzt, um nicht als Abweichler ins Gerede zu kommen. Nein-Stimmen waren entsprechend leicht zuzuordnen. Dann hat er in einem Brief an die örtliche Parteibehörde alle Unterstützung wohltätiger Einrichtungen zurückgezogen und wissen lassen, diese Mittel nur noch der Frau und den Kindern Pastor Martin Niemöllers zukommen zu lassen. Pastor Niemöller war im März als «Staatsfeind» zu sieben Monaten Haft verurteilt worden, die durch die Untersuchungshaft bereits abgegolten waren, wurde aber beim Verlassen des Gerichtsgebäudes erneut verhaftet und ins KZ Sachsenhausen verbracht. Das hat Ernst Wiecherts Gerechtigkeitsempfinden verletzt, seinen Widerspruchsgeist herausgefordert. Pastor Niemöller hat 1933 den «Führerstaat» begrüßt und Pfarrern «nichtarischer Abstammung» Zurückhaltung bei der Bewerbung um höhere Kirchenämter empfohlen, sich dann aber dem Pfarrernotbund und der Bekennenden Kirche angeschlossen. Dadurch ist er in Konflikt mit den Deutschen Christen und mit Hitler selbst geraten. Ernst Wiechert kennt Martin Niemöller nicht, aber als er in einer Hitler-Rede den Satz las «Recht muß Recht sein, auch für Deutsche», schrieb er den erwähnten Brief.

Nach sieben Wochen Gestapo-Haft erfährt Ernst Wiechert, dass ein Bescheid aus Berlin «leider» seine Einweisung ins KZ Sachsenhausen verfügt habe, wo auch Niemöller einsitzt. Den Grund dafür nennt Goebbels' Tagebuch: *Vernehmungsprotokoll von dem sogen. Dichter Wiechert gelesen. So ein Dreck will sich gegen den Staat erheben. 3 Monate Konzentrationslager. Dann werde ich ihn mir persönlich kaufen.*[19] Auf dem Transport, der insgesamt acht Tage dauert, erfolgt eine Änderung: Nicht Sachsenhausen soll es sein, sondern das teilweise noch im Bau befindliche Konzentrationslager Buchenwald bei Weimar. Was er dort erlebt, hat er später im Bericht «Der Totenwald» aufgeschrieben und sich dabei den Namen Johannes gegeben, wahrscheinlich in Anspielung auf Johannes den Täufer, der seine aufklärerische und missionarische Tätigkeit mit dem Tod bezahlte.

Das Konzentrationslager Buchenwald liegt auf dem Ettersberg, unweit des Schlosses der Herzogin Anna Amalia. Goethe ist hier oft gewesen, er und Schiller haben ihre Initialen in die Rinde eines Baums geritzt. Schaudernd erinnert sich Ernst Wiechert an Goethes Wort vom Menschen, der «edel, hilfreich und gut» sein solle, und an Schillers Vermutung, «droben überm Sternenzelt» wohne ein «lieber Vater». Jetzt steht er mit anderen Neuangekommenen auf dem Appellplatz und hört die Rede eines «Unterlagerführers», angeblich Sohn eines Pfarrers, die er in Inhalt und Sprache nicht für möglich gehalten hätte: Wer sich dem Drahtverhau auf dreißig Meter nähert, wird «abgeschossen». Wer einem Befehl nicht gehorcht, wird «abgeschossen». Wer sich einem Wachtposten während der Arbeit auf weniger als sechs Meter nähert, wird «abgeschossen». Sollte in einer der Baracken während der Nachtzeit ein Brand ausbrechen, ist das Verlassen des brennenden Raums verboten, alle Maschinengewehre würden auf diese Baracke gerichtet. Während er spricht, geht der «Unterlagerführer» auf Gefangene zu, schlägt ihnen mit voller Kraft ins Gesicht, spricht weiter als sei nichts geschehen – Gefangene haben die «Schnauze» geradeaus zu halten, man werde «den Schweinen den Schliff schon beibringen». Ein *seltsamer, hölzerner Gegenstand* wird gebracht, ein *Bock auf vier Füßen, in der Längsrichtung zu einer länglichen Mulde vertieft, mit Riemen, die lose herabhingen:* der Prügelbock. Häftlinge werden darauf geschnallt und ausgepeitscht, acht oder zehn nacheinander, sie schreien, brüllen, röcheln, nach fünfzehn oder zwanzig Schlägen ruft eine kalte Stimme «Halt!», der Gefangene wird blutüberströmt, mit aufgeplatztem Rücken fortgeschleift, das nächste Opfer wird gebracht. Es ist ein feststehendes Ritual, erfährt Ernst Wiechert, jeden Montag und Donnerstag, wenn neue Transporte ankommen, um *schon am ersten Abend den Sinn des Wortes «Jedem das Seine» zu erläutern,* das sie am Lagertor gelesen haben. Um vier Uhr früh wird geweckt, um viertel vor fünf steht man auf dem Appellplatz, dann heißt es Steine einen Kilometer vom Steinbruch ins Lager schleppen, zwölf bis vierzehn Stunden lang – die Lagerstraße wird gerade gebaut. Die Hitze ist erbarmungslos, Wassertrinken bei strengster Strafe verboten, zum «Schutz» der Häftlinge, das Wasser sei «choleraverseucht». Ernst

Wiechert ist 51 Jahre alt, herzkrank und auch sonst von schwacher Physis. Er weiß, dass er so nicht lange durchhalten wird.[20]

Der schlimmste Ort ist der Steinbruch selbst: *Es war nämlich so, daß man hier einen großen Teil der jüdischen Belegschaft und unter ihr anscheinend auch die Schwächsten und Hinfälligsten zusammengetrieben hatte. Hier standen die rohesten Posten, die rohesten Unterführer, die rohesten Vorarbeiter. Hier bekam der Siebzigjährige, der nur noch wie ein Schatten dahinwankte, dieselbe Last auf die Schultern geworfen wie der Siebzehnjährige, und wenn er dreimal zusammenbrach, so wurde sie ihm viermal aufgelegt, und wenn er liegenblieb, so «meuterte» er eben, und auf Meuterei stand die Todesstrafe.* Juden bekommen nur die halbe Essensration, melden sie sich krank, bekommen sie gar nichts – wer nicht arbeitet, muss auch nicht essen, heißt es dann.

Wie Pastor Niemöller hat auch Ernst Wiechert gewisse Vorbehalte gegenüber dem jüdischen Volk – irgend eine «Gottesstrafe» müsse es wohl erleiden, lässt er durchblicken, aber was hier geschieht, erweckt seine tiefe Scham: *Und mochten jene schuldig sein an manchem in der Summe ihres Lebens, mochte das ganze Volk schuldiger sein als andere Völker: hier zerging ihre Schuld in nichts vor der Schuld derjenigen, die sich als das neue Volk priesen. Furchtbarer war nie gebüßt worden, als jene büßten. Und mehr Schande war niemals auf die Stirn eines Volkes gefallen als auf jenes, das nun ihre Henker stellte. Sein Volk, dachte Johannes, sein eigenes Volk! Für dessen Erhellung und Reinigung und Tröstung sie alle ihr Leben verbracht hatten, zu denen auch er als ein Arbeiter im Weinberg gehörte. Das Volk, von dem sie sagten, daß an seinem Wesen einmal die Welt genesen werde, und das sich erhob über andere Völker, um eine neue Sittlichkeit aufzurichten, einen neuen Himmel, einen neuen Gott.*[21] Dieses *Reich* werde zerfallen, erkennt Wiechert, eine *grauenhafte Narbe* werde zurückbleiben. *Du musst wie ein Stein durchs Lager gehen, darfst nichts sehen und nichts hören*, rät ihm ein Mithäftling. *Wer hier mitleidet, zerbricht!*

Ernst Wiechert hat Glück. Er wird an einen Ort versetzt, wo Feuerholz für die Küche kleingemacht wird, eine vergleichsweise leichte Arbeit, vornehmlich von «Blöden» ausgeführt, sprich: geistig Behinderten, die oft reglos vor sich hinstarren oder mittels einer Glasscherbe Äste von ihrer Rinde befreien, ohne ersichtlichen Zweck, vielleicht ist Nutzlosigkeit ein weiteres Erziehungselement der Lagerleitung. Dann darf er in einem überdachten Raum Strümpfe stopfen. Angehörige dürfen ihm Geld schicken, er kann Zigaretten und Schmalz kaufen, ein Sanitäter streicht Salbe auf seine aufgerissenen Hände, manchmal singt jemand abends ein Lied zur Gitarre. Ende August wird er entlassen, muss vor Goebbels antreten: *Ich lasse mir den Schriftsteller Wiechert aus dem K. Z. vorführen und halte ihm eine Philippika, die sich gewaschen hat. Ich dulde auf dem von mir betreuten Gebiet keine Bekenntnisfront. Ich bin in bester Form und steche ihn geistig ab. Eine letzte Warnung! Darüber lasse ich auch keinen Zweifel. Der Delinquent ist am Schluß ganz klein und erklärt, seine Haft habe ihn zum Nachdenken und zur Erkenntnis gebracht. Das ist sehr gut so. Hinter einem neuen Vergehen steht nur die physische Vernichtung. Das wissen wir nun beide.*[22]

Vermutlich als zusätzliche Erziehungsmaßnahme erreicht ihn der Befehl, beim alljährlich in Weimar stattfindenden «Großdeutschen Dichtertreffen» zu erscheinen. Wiechert schätzt solche Zusammenkünfte nicht, ist auch Hans Grimms Veranstaltungen auf dem Lippoldsberg stets ferngeblieben, jetzt beschließt er zu gehorchen, denn niemand würde ihn *lebendig noch einmal in ein Lager bringen.* In Weimar sei es *erbärmlich* hergegangen, mit *steinernem Gesicht* habe er alles an sich *vorüberrauschen* lassen. *Ich war eingeladen, aber ich war kein Gast. Ich saß an der Tafel, aber ich war ein Fremder. Ich war nur ein Plakat, das man aushängen konnte, damit jedermann sehe, wie großmütig das Dritte Reich war. Ich fühlte mich geschändeter, als ich mich in Ketten gefühlt hatte.* Manche hätten ihn verstohlen, die meisten gar nicht begrüßt. Einzig Gabriele Reuter, 79 Jahre alt, die «Dichterin der weiblichen Seele», 1895 mit ihrem Frauenroman «Aus guter Familie» berühmt geworden, habe ihn *gestreichelt,* als sei er von *den Toten auferstanden* – Frauen, meint Ernst Wiechert, könnten *schönere Tapferkeit haben* als *Männer* und auch *als Dichter.* Beim Hinausgehen fragt ihn ein *hoher SS-Führer,* ob er dem Wolfratshausener Ortsgruppenleiter schon seine *Aufwartung* gemacht habe – es sei *ratsam,* das zu tun.[23]

So beschmutzt und erniedrigt fühlt sich Ernst Wiechert, dass er auf seinem Hof oberhalb von Wolfratshausen noch im Sommer oder Herbst

1938 (etwa gleichzeitig mit Falladas Umarbeitung des «Eisernen Gustav») ein neues Buch beginnt: «Das einfache Leben», im typischen Wiechert-Stil, symbolträchtig und voller Gleichnisse, sprachlich brillant, sofern man mit dem Wiechert-Stil etwas anfangen kann. Korvettenkapitän a. D. Thomas von Orla blickt aus dem Fenster seines Arbeitszimmers in den Abendhimmel einer großen Stadt, wahrscheinlich Hamburg, und lässt den Globus kreisen, auf dem die Erdteile mit allem, was auf ihnen geschieht, an ihm vorbeiziehen. 1916 hat er in der Schlacht vor dem Skagerrak gegen die Royal Navy gekämpft, aber als zwei Jahre später seine Matrosen rebellierten, hat er sie nicht daran gehindert, wie es seine Pflicht gewesen wäre, sondern sich von ihnen ins Meer werfen lassen. Sein Dasein als Pensionär erscheint ihm sinnlos und unmoralisch. Seine Frau, im Abendkleid, will Licht machen, er untersagt es und verweist auf einen Vers aus Psalm 90.9: Wir bringen unsere Jahre zu wie ein Geschwätz. *«Was bist du doch für ein unvorstellbarer Narr»*, sagt seine Frau. Sein Sohn Joachim spielt im Bett mit dem Modell eines Kriegsschiffes. Thomas von Orla sagt ihm Gute Nacht und läuft lange durch die Straßen, während seine Frau Gäste empfängt. Auch beim Nachhausekommen ist noch Licht in den Fenstern, Thomas kehrt um, hört den Glockenschlag einer Kirche, geht auf das Pfarrhaus zu, der Pfarrer öffnet, als habe er auf ihn gewartet. Nicht Orla habe den Psalmenvers gefunden, meint der Pfarrer, sondern der Vers ihn, als Aufforderung, sein Leben zu ändern. Er könne nicht «ohne weiteres fromm» werden, hält Orla dagegen. *«Wie kommen Sie darauf?»*, fragt der Pfarrer. *«Arbeiten soll man, arbeiten! Verstehen Sie? Nichts als arbeiten. Das heißt es.»*

Thomas von Orla verlässt Frau und Sohn und fährt mit dem Zug eine Nacht und einen halben Tag nach Osten, ins Land der unendlichen Wälder und Seen, kurz gesagt: nach Ostpreußen. Gäbe es irgendwo eine Fischerei zu pachten? Eine Hütte, in der er wohnen könnte? Einen Herd zum Feuermachen? Mehr brauche er nicht. Ein alter General in einem schlossartigen Gutshof mit vielen Geweihen, ausgestopften Vögeln, Waffen und Ahnenbildern hat nur zwei Fragen: *«Gedient? Dekoriert?»* Als Thomas beides bejaht, wird er Nachfolger des eben entlassenen Pächters, darf die Hütte auf der Insel im See beziehen, an dem das Gutshaus liegt, hat Boot und Netze zur Verfügung, muss den Fischstand überwachen und den Fang seinem Dienstherrn liefern. Thomas richtet sich ein, verbessert dieses und jenes, bringt das Dach in Ordnung, legt einen Teil des Fußbodens neu, kocht sich einfaches Essen, raucht seine Pfeife, wird eins mit der Natur, kommt langsam zur Ruhe. Der Globus steht immer noch da, ist ihm irgendwie nachgeschickt worden, auch Bücher hat er zur Hand.

Der General hat eine Enkelin, Marianne von Platen, ein waches, nachdenkliches Mädchen von dreizehn Jahren. Orla freundet sich mit ihr an, spricht mit ihr über den Sinn des Lebens, gibt Einiges von sich selbst preis, seinen Kriegserlebnissen, die ihn immer noch umtreiben, seiner eigenen Suche. Ein Vertrauensverhältnis entwickelt sich, fast eine Symbiose. Orla gibt Marianne Schwimmunterricht, hält sie im Wasser, während sie die Bewegungen übt. Dem modernen Leser stellen sich alle Haare auf, aber nein: Bei Ernst Wiechert geht es sittlich zu, Humanitas und Anstand sind unerschütterlich, alle Grenzen bleiben gewahrt, nichts kribbelt, nicht bei Orla, und nicht bei Marianne.

Jahreszeiten kommen und gehen, Thomas von Orla lebt sein einfaches, einsames Leben, heizt seinen Herd, kocht sein Essen, raucht seine Pfeife. Sohn Joachim besucht ihn, ein forscher, ehrgeiziger Jüngling, ohne des Vaters Sinn für Distanz und Qualität. Er und die Enkelin Marianne wirken wie füreinander bestimmt, aber Marianne entzieht sich seinem Werben. Sie soll auf einem Internat Lebensart lernen, ist mehrere Jahre fort. Thomas von Orlas Frau reist an, ausgelaugt und krank, stirbt in seiner Hütte, wird im gefrorenen Boden am See begraben. Ein Vertrauter vieler langer Abende, ein junger Graf, auf Sinnsuche wie Orla selbst, in physikalische Experimente vertieft, Chopin auf dem Flügel spielend, verübt Selbstmord, vererbt Thomas Haus und Vermögen. Thomas nimmt nur einige Bücher, verfügt, dass alles bleiben solle, wie es ist, lebt weiterhin in seiner Hütte. Marianne kehrt aus dem Internat zurück, eine perfekt erzogene junge Dame, aber der Kern ihres Wesens ist unverändert. Sie wird, so viel steht fest, den jungen Joachim von Orla nicht heiraten. Sie und Vater Thomas sind und bleiben ein Paar im Geist. Sie schlingt ihre Arme um ihn, küsst ihn lange auf den Mund, entschwindet. Damit endet das

Buch. *Alles hatte seinen Platz und seine Ordnung, alles war richtig wie es war und werden würde. Es war nicht gut und nicht böse. Er hatte einen Sohn, der ihm Ehre machen würde, und es kam nicht darauf an, daß er nicht sein Ebenbild war. Er hatte eine junge Schwester namens Marianne, und es kam nicht darauf an, daß sie ebensogut fünfzehn oder zwanzig Jahre älter hätte sein können. Die Schöpfung hatte es nicht gewollt, und sie hatte ihre zureichenden Gründe dafür gehabt.* Am Schluss schaut er in den Abendhimmel wie am Anfang. *Ein paar Tropfen fielen und schlugen in das Laub der jungen Eichen, aber er blieb noch sitzen, den Kopf an die harte, rissige Rinde gelehnt, und sah den Blitzen zu, die immer höher über die Wälder stiegen.*[24]

Nachdem Ernst Wiechert in dieser Weise seinen Geist befreit und seine Seele gereinigt hat, ist es ihm möglich, auf etwa einhundert Seiten seine Buchenwald-Erlebnisse festzuhalten, voll abgrundtiefer Verachtung für das Nazi-Regime und seine Repräsentanten, mit bitteren Seitenhieben gegen Kolleginnen und Kollegen, die es nicht für nötig befanden, seiner Frau irgendein Zeichen der Anteilnahme zu schicken, voller Dankbarkeit und Hochachtung, ja Verehrung für seine gepeinigten und entrechteten Leidensgenossen im Lager Buchenwald. «Der Totenwald. Ein Bericht» soll das Werk heißen. Das Manuskript vergräbt er im Garten seines Hofs bei Wolfratshausen. Würde es gefunden, bedeutete es fraglos die von Goebbels angedrohte «physische Vernichtung». Der Roman «Das einfache Leben» erscheint 1939 im Langen-Müller Verlag und wird eines der erfolgreichsten Bücher der gesamten Nazi-Ära. Bis 1945 werden mehr als 250 000 Exemplare verkauft.

Gustav Pezold ist zu dieser Zeit schon lange nicht mehr Verlagsleiter. Eine Intrige hat ihn zu Fall gebracht. Robert Ley, Chef der Deutschen Arbeitsfront mit rund zwanzig Millionen Mitgliedern, wegen seiner Alkoholsucht auch «Reichstrunkenbold» oder «Immerblau» genannt, hat der Deutschen Angestelltenschaft den Langen-Müller Verlag entwunden und der eigenen Organisation einverleibt. Ein neuer Aufsichtsrat soll alles anders und besser machen. Gustav Pezold, nach Aussagen von Mitarbeiterinnen und Untergebenen ein autoritärer, aber begeisterter Verlagsleiter, hat von Anfang an darauf bestanden, in allen Entscheidungen das letzte Wort zu haben, und dies auch zur Bedingung seines Vertrags gemacht. Reibereien mit den neuen Herren konnten nicht ausbleiben. Zwei Jahre lang hat er um seine Stellung gekämpft, dann kam die Kündigung, am 16. Januar 1938, erst telefonisch, dann per Einschreibebrief.

In einem vielseitigen Protest- und Verteidigungsschreiben rollt Dr. Pezold die Verlagsgeschichte seit seinem Eintritt im Mai 1930 noch einmal auf und verweist auf seine Verdienste: Es sei damals die *Zeit der völligen literarischen Vorherrschaft der Juden* gewesen, *sowohl im Verlagswesen als auch in der Presse,* weshalb es darauf angekommen sei, *gegen alle herrschenden Verhältnisse den Kampf aufzunehmen.* Seine *Alleinverantwortlichkeit und Selbstständigkeit* sei hierfür unabdingbar gewesen, der Umsatz habe sich unter seiner Leitung verdreifacht und den Langen-Müller Verlag zum *grössten literarischen Verlag gemacht, den es jemals in Deutschland gegeben* habe. Als *urteilsfähige Zeugen für die geistige Bedeutung des Verlages* nennt er mehr als zehn Persönlichkeiten, angeführt vom *Sachbearbeiter für Kulturfragen im Stab des Stellvertreters des Führers, Herrn Schulte Strathaus,* gefolgt von diversen Professoren aus Deutschland, Holland, Finnland, England, dem Heimatdichter aus Kronstadt Heinrich Zillich und dem gefeierten österreichischen Lyriker Josef Weinheber. Sie alle könnten bestätigen, dass *der Albert Langen-Georg Müller Verlag eine im Sinn des Nationalsozialismus durchaus positiv zu bewertende geistige und künstlerische Macht von grosser Bedeutung* sei, die im *Ausland als eine nicht unwichtige Stütze des Kulturansehens des Dritten Reichs, ja sogar als «Machtfaktor des deutschen Kultureinflusses»* gesehen werde.[25]

Will Vesper eilt seinem Freund zu Hilfe und schreibt persönlich an Karl Heinz Hederich, Leiter der Schrifttumsabteilung im Propagandaministerium und Nachfolger von Ministerialrat Heinz Wismann, der eine frühere Ehe mit einer «Halbjüdin» verschwiegen hatte und seinen Posten räumen musste: Unter *großen Opfern* habe Gustav Pezold die *völlig festgefahrenen Verlage Langen und Müller* von *jüdischen Einflüssen befreit* und eine *Front führender deutscher und nordischer Dichter gegen das jüdische Verleger- und Literatentum* aufgebaut, eine *weithin sichtbare Burg deutschen Geistes, heute weltbekannt* und *neben dem füh-*

renden Parteiverlag DER Verlag des neuen Deutschland, drinnen wie draußen geachtet und von den Feinden Deutschlands natürlich gehasst. Neben den *Ideen der Bewegung* sei die *deutsche Dichtung unsere beste Kampftruppe,* aber sie müsse auch *verlegerisch so geschlossen und klug geführt* werden, wie das *in Deutschland zur Zeit allein der Langen-Müller Verlag* könne.[26] Hans Grimm will bei Kultusminister Rust und Hermann Göring intervenieren und den Langen-Müller Verlag verlassen, wenn *Pezold keine Gerechtigkeit* geschehe. Es nützt nichts, Gustav Pezold, NSDAP-Mitglied seit 1922, muss gehen. Nachfolger wird ein Herr Fischer, gewesener Buchhändler.

Den Grund für Gustav Pezolds Entlassung kann auch Ernst Wiechert nur vermuten, wahrscheinlich habe man *jemandem einen Posten verschaffen* wollen, der ihn durch *seine «Zuverlässigkeit» verdient* habe, meint er in seinen Memoiren «Jahre und Zeiten». Aber statt *schweigend und verächtlich* seine Entlassung hinzunehmen, habe Pezold *wie ein Ertrinkender um sein Amt* gekämpft und eine *große Autorenversammlung* nach München berufen und ihn, Wiechert, dabei als Einzigen nicht eingeladen – es sei *«für die Sache» unvorteilhaft* gewesen, da er *bei der Schrifttumskammer einen schlechten Ruf* habe. Das habe ihn dem Langen-Müller Verlag entfremdet.

Im Sinn eines Abschieds gedenkt Wiechert seiner dort tätigen engsten Vertrauten: Korfiz Holm und Reinhold Geheeb, beide älter als 65 Jahre und Beispiele jener merkwürdigen, epochenübergreifenden Biografien, die es in der Ära des Nationalsozialismus oft gab: Korfiz Holm, ein Balte aus Riga, hatte als Gymnasiast in Lübeck den Schüler Thomas Mann kennengelernt, war etwa gleichzeitig mit ihm nach München gekommen, hatte mit ihm bei Albert Langen in dessen soeben nach München verpflanztem Verlag angeheuert und 1896 die Entstehung des «Simplicissimus» mitgestaltet. Während Langens viereinhalbjährigen Pariser Exils als Folge der «Majestätsbeleidigungs»-Affäre um Wilhelm II. hatte er in München die Stellung gehalten, sich mit Frank Wedekind gestritten, mit allen literarischen Größen der Zeit verkehrt. 1909 hat ihn Albert Langen kurz vor seinem Tod als einen von vier Kuratoren eingesetzt, die anstelle seiner unmündigen Kinder den Verlag verwalten sollten. Jetzt, dreißig Jahre später, nach Weltkrieg, Revolution und Weimarer Republik, sitzt Korfiz Holm noch immer in seinem Büro und unterzeichnet Briefe mit «Heil Hitler», ob mit oder ohne Überzeugung, aber jedenfalls in einem Umfeld, das er sich damals, als es noch keine Autos gab und er und Thomas Mann gerade das Radfahren entdeckten, nicht hätte träumen lassen. Reinhold Geheeb, stiller und zurückhaltender als Holm und bereits schwer krank, war ebenfalls Mitglied des von Langen eingesetzten Kuratoriums und von 1901 bis 1929 Hauptredakteur des «Simplicissimus» gewesen. Während sein älterer Bruder Paul Geheeb, Gründer der Odenwaldschule mit Klaus Mann als prominentem Zögling, in der Schweiz seine Ideen neu zu verwirklichen sucht, sitzt auch Reinhold Geheeb noch immer in seinem Büro in der Hubertusstraße in München-Nymphenburg. Auch von ihm sind mit «Heil Hitler» unterzeichnete Briefe erhalten, auch er hat sich seine Zukunft vermutlich anders vorgestellt. Ernst Wiechert zieht Bilanz: *Als Holm und Geheeb gestorben waren, hörte der Verlag völlig auf, mir eine Heimat zu bedeuten, und die langen Jahre der Verbundenheit endeten damit, daß ich alle Beziehungen zu ihm löste.*[27]

— 27 —

Zwei Todesfälle, ein Geburtstag

Am 4. August 1938 stirbt Rudolf G. Binding in einem Münchner Krankenhaus, kurz vor seinem 71. Geburtstag, an einer unbedeutenden Operation, eigentlich an einem Unfall, wie Freunde meinen. Jeden zweiten Samstag hat er mittags in sein Starnberger Haus eingeladen, in dem er seit drei Jahren wohnte. Oben auf der Treppe stehend, die zu seinem Haus hinaufführte, hat er seine Gäste empfangen. Das Aristokratische, Elastische, Leichte, das die Kameraden seiner Jugend bewundert hatten, umgab ihn noch immer. Man saß im Garten mit Blick auf die Berge oder im Speisezimmer, es gab Braten oder Fische aus dem See, die Atmosphäre war entspannt. Die Gäste waren allesamt in derselben Lage wie er selbst: Im nationalsozialistischen Deutschland lebend und arbeitend, vom Regime geduldet oder gefördert, mehr oder weniger an ihm leidend, ihm mehr oder weniger kritisch gegenüberstehend, aber alle, darf man annehmen, um persönliche Integrität bemüht.

Zum Beispiel Wilhelm Hausenstein, Schriftsteller, Kunstkritiker, Kulturhistoriker, seit 1932 in Tutzing wohnhaft, 1933 wegen seiner jüdischen Ehefrau Margot als Redakteur der «Münchner Neuesten Nachrichten» entlassen, 1936 aus der Reichsschrifttumskammer ausgeschlossen und mit Veröffentlichungsverbot belegt, momentan noch Herausgeber der Literatur- und Frauenbeilage der «Frankfurter Zeitung» (1943 wird man ihn auch aus der Reichspressekammer ausschließen). Oder der Arzt und Dichter Hans Carossa, der allen Lockungen der Akademie widerstanden hatte und mit den Nazis nichts zu tun haben wollte, aber den Goethe-Preis der Stadt Frankfurt dann doch entgegengennahm und sich 1941 zur Präsidentschaft der «Europäischen Schriftstellervereinigung» bequemte. Oder Reinhold Schneider, katholischer Autor, von den Nazis kritisch beäugt, aber ein Buch nach dem anderen publizierend. Oder André Germain, französischer Dandy, demonstrativ homosexuell, mit angeblich guten Verbindungen in die Nazi-Hierarchie, einst Vertrauter Klaus Manns, von ihm im Roman «Mephisto» als schleimige Klatschtante Pierre Larue porträtiert. Oder Wilhelm Emanuel Süskind, einst Teil der Herzogpark-Clique um Klaus und Erika Mann, 1933 aus Überzeugung im Land geblieben, jetzt Herausgeber der Zeitschrift «Die Literatur». Oder sein Kollege Paul Alverdes, Herausgeber der Zeitschrift «Das Innere Reich». Ein großzügiger Gastgeber sei Binding gewesen, darin stimmen alle überein, man habe sich wohl gefühlt in seiner Gegenwart, und, da er älter war als die meisten, fast väterlich zu ihm aufgeblickt. Ernst Penzoldt, 25 Jahre jünger als er und nach dem Krieg maßgeblich am Aufbau eines neuen literarischen Deutschland beteiligt, fasst seinen Eindruck zusammen: *Du konntest bei ihm erfahren, wie Menschen einander in edlem Anstand begegnen, wie man Gespräche führt, wie man sich verneigt, ohne an Würde einzubüßen, wie man sich pflegt und gut kleidet, ohne weichlich zu werden. Du fandest bei ihm Stolz ohne Hoffart, Kraft ohne Brutalität, Empfindsamkeit ohne Sentimentalität. Du lerntest, wie man fremde Leistung ohne Selbstaufgabe achtet, was Gegnerschaft ist ohne Niedertracht und Gehässigkeit, was eines Menschen und Deutschen würdig und seiner nicht würdig ist, wie man das Echt vom Schein, das Lautere vom Gewöhnlichen unterscheidet – mit einem Wort: Du lerntest bei ihm, was Kultur haben heißt.*[1]

Erstaunlich wenige Menschen hätten sich zur Trauerfeier im Krematorium des Münchner Ostfriedhofs eingefunden, berichteten Freunde. Hanns Johst habe durch Abwesenheit geglänzt, auch andere Vertreter des offiziellen Literaturbetriebs seien ferngeblieben – ein *wichtiges Propagandainstrument für das NS-Regime*, das sich *bereitwillig als Aushängeschild des nationalsozialistischen Deutschland einsetzen ließ*, wie Wikipedia ihn charakterisiert, war Rudolf G. Binding wohl schon lange nicht mehr. Am Schluss der Trauerfeier habe sich ein Vorhang geöffnet, der Sarg sei routinemäßig in einem Nebenraum verschwunden, irgendwie unangebracht sei das gewesen, meinten einige – aber vielleicht hatte einfach eine Laune des Schicksals entschieden, auch Bindings letztem Auftritt die große Bühne zu verweigern. Seine

Lebensgefährtin. Elisabeth Jungmann – *die Jungmann,* wie Thomas Mann sie nannte – emigrierte nach London, arbeitete im Jewish Central Information Office, wurde Sekretärin und Vertraute des Schriftstellers und Karikaturisten Max Beerbohm, der sie kurz vor seinem Tod heiratete. Ihre Mutter wurde in Auschwitz ermordet. Sie selbst starb 1958 in Rapallo.

Ludwig Fulda wurde 1862 in Frankfurt am Main als Sohn eines Bankiers geboren. Er hat in Heidelberg, Berlin und Leipzig Germanistik und Philosophie studiert, hält Doktortitel in beiden Fächern, war Mitarbeiter des Lexikographen Joseph Kürschner, zwanzig Jahre lang Vorsitzender des Verbands deutscher Bühnenschriftsteller und Bühnenkomponisten und Mitbegründer und erster Präsident des deutschen P. E. N.-Clubs. Seine Lustspiele sind in viele Sprachen übersetzt worden, seine Molière-Übersetzungen wurden in Deutschland hunderte Male gespielt. 1914 gehörte er zu den Verfassern des Aufrufs «An die Kulturwelt!», in dem 93 deutsche Wissenschaftler und Künstler Berichte von Gräueltaten deutscher Truppen in Belgien als *Lügen und Verleumdungen* zurückgewiesen haben, unter ihnen Gerhart Hauptmann, Max Liebermann, Wilhelm Röntgen, Max Planck und Max Reinhardt. 1932 hat ihm Reichspräsident von Hindenburg die Goethe-Medaille für Wissenschaft und Kunst verliehen, 1933 das Wiener Burgtheater den «Burgtheater-Ring». Jetzt ist er einsam, arbeitslos und vergessen, ein alter Jude, um den sich niemand mehr kümmert, auch die ehemaligen Kollegen der Abteilung für Dichtkunst nicht, die er 1926 mitgegründet hat. Er kann es nicht fassen. *Meine Vorfahren sind seit Jahrhunderten in Deutschland ansässig gewesen. Zeit meines Lebens war ich ein deutscher Patriot. Schon mein Vater war es in leidenschaftlichem Grad, und die Nachricht von einem deutschen Sieg bereitete ihm 1917 auf seinem Sterbebett ein letztes Glück. So habe ich schon als Kind in meinem Elternhaus nichts anderes empfunden als die Liebe zum deutschen Vaterland. In der Bibliothek meiner Eltern standen Goethe, Schiller, Lessing und andere deutsche Klassiker und entflammten mich frühzeitig für deutsche Sprache und deutsche Bildung, die mein Heiligtum und mein Lebensinhalt geblieben sind. Fünfzig Jahre lang habe ich der deutschen Sache im In- und Ausland aus innerstem Herzen und mit allen meinen*

Kräften zu dienen gesucht. Ich brauche nicht zu sagen, wie es mich bei der hier skizzierten Lebensleistung und meiner treudeutschen Gesinnung bis ins Mark getroffen hat, als ich wegen meines jüdischen Ursprungs die Zugehörigkeit zur deutschen Volksgemeinschaft verlor. Ich wurde aus der Akademie der Künste, der ich sieben Jahre lang als Mitglied und Senator im eifrigsten Wirken angehört hatte, ebenso wie aus allen meinen Ehrenämtern, soweit ich sie nicht schon vorher freiwillig niedergelegt hatte, wegen dieses Ursprungs ausgeschlossen und jeder Möglichkeit beraubt, mich weiter öffentlich zu betätigen. Dieses schwere Schicksal hindert mich aber nicht und wird mich niemals hindern, meine deutsche Heimat und die kostbaren Güter, die ich ihr verdanke, zu lieben, wie ich sie immer geliebt habe, bis zu meinem Ende.[2]

Weihnachten 1937 hat er seinen Sohn in den USA besucht, der als «Mischling ersten Grades» in Deutschland keine Studienerlaubnis bekommen hatte, aber ist zurückgekehrt. Jetzt bemüht er sich verzweifelt um Emigration, aber die USA nehmen immer weniger Flüchtlinge auf. Ein letztes Mal beschwört er seine Lebensleistung: *Meine dramatische Produktion umfaßt 80 Bühnenwerke (30 abendfüllende Originalstücke, 29 Übersetzungen, 13 Einakter). Die Mehrheit davon hat bedeutende und dauerhafte Erfolge errungen, auch im Ausland; einige sind in fast allen zivilisierten Ländern gespielt worden.* Er erwähnt seine Vortragsreisen in den USA, *61 Vorträge in mehr als 30 Städten,* sein Buch «Amerikanische Eindrücke» von 1914, sein dramatisches Märchen «Der Talisman», das in *den meisten High Schools für den Deutschunterricht* verwendet werde und vieles mehr. Sein Auskommen in den USA sei gesichert, durch seinen Sohn und durch Bekannte. *Alles hängt aber davon ab, daß uns die Einreise bald ermöglicht wird, denn ich bin 76 Jahre alt und meine Frau 60. Auf dem gewöhnlichen Weg müßten wir wegen der Erschöpfung der Quoten jahrelang warten, und unser Sohn könnte uns auch erst in 2 ¼ Jahren anfordern, da seine Einbürgerung erst dann stattfinden wird. So lange würde ich nicht durchhalten können.*[3]

Ende März 1939 ist seine Kraft erschöpft. Er schreibt seiner Frau einen Abschiedsbrief: *Mein guter Engel! Mein innigst geliebtes Herz! Nun muß es sein. Ich kann es nicht länger ertragen, dir durch meine bloße Existenz eine Kette von Leiden aufzuerlegen, die weiter andauern und aller*

Wahrscheinlichkeit nach sich noch verschärfen werden. Ich habe keine Hoffnungen mehr, weder hinauszukommen, noch eine Änderung zu erleben. Was also soll ich noch? Da ohnehin meine Tage durch das Naturgesetz gezählt sind. Zusammen wären wir verloren; du allein aber wirst es nicht sein. Du bist 16 ½ Jahre jünger als ich und hast Anrecht auf Leben. Du bist Arierin, und es wird dir, wenn ich nicht mehr bin, nichts geschehen können. […] Da ich nicht zu meinem guten Jungen gelangen kann, so gehe ich zu meinen guten Eltern, in das einzige Land, bei dem man keine Devisen, keinen Permit, keinen Paß und kein Visum nötig hat. Von Wiederbelebungsversuchen bitte ich abzusehen. Sie wären eine unnütze Grausamkeit. Mein letzter Hauch wird Dank, Liebe und Segen für dich sein. Der Deine bis in den Tod Ludwig.[4]

Drei Wochen später, am 20. April 1939 wird Hitler fünfzig Jahre alt. Landauf, landab befestigen Bürgerinnen und Bürger Hakenkreuzfahnen und Hitlerbilder an Fenstern und Balkonen, flechten Girlanden, schicken Geschenke. Berlin ist beflaggt wie nie zuvor. Monumente und Gebäude sind angestrahlt, Fackeln leuchten, als Hitler und Speer am Vorabend die neue Teilstrecke der Ost-West-Achse befahren, am Großen Stern vorbei, wo jetzt die um siebeneinhalb Meter erhöhte Siegessäule steht. Der Morgen beginnt mit einem Tusch des Musikkorps der Leibstandarte, Hitler erscheint in der Tür, finster dreinblickend, die Kinder kaum beachtend, die ihm von allen Seiten zugeführt werden. Es folgt ein Umzug volkstümlich gekleideter Frauen und Männer, ausländische Würdenträger gehen grüßend oder salutierend durch das Spalier von SS-Wachen in die termingerecht fertiggestellte neue Reichskanzlei. Offene Mercedes-Wagen, er selbst stehend im ersten, bringen ihn und seine Korona zur Ehrentribüne, wo er die größte Militärparade des Dritten Reichs abnimmt, im Stechschritt marschierende Infanterie- und Marineeinheiten, Fallschirmjäger, synchron trabende Pferde, motorisierte Verbände, Truppentransporter, Motorradstaffeln mit und ohne Beiwagen, Geschütze, Panzer, schweres Gerät, viereinhalb Stunden lang. Die Luftwaffe überfliegt das Geschehen. Hitler verzieht keine Miene, reckt nur manchmal den rechten Arm empor. Der Himmel ist grau, die Bäume sind noch kahl.

Unter einer Unzahl von Huldigungen und Geburtstagsgedichten erscheint im «Neuen Wiener Tageblatt» ein Text Ina Seidels, der ihren Nachruhm zunichte macht: «Der lebendige Pol in unserer Mitte»: *Wir Mitgebornen der Generation, die im letzten Drittel des vergangenen Jahrhunderts aus deutschem Blut gezeugt wurden, waren längst Eltern der gegenwärtigen Jugend Deutschlands geworden, ehe wir ahnen durften, daß unter uns Tausenden der Eine war, über dessen Haupte die kosmischen Ströme deutschen Schicksals sich sammelten, um sich geheimnisvoll zu stauen und den Kreislauf in unaufhaltsam mächtiger Ordnung neu zu beginnen. Erst als wir uns nach den gewaltigen Erschütterungen und Umwälzungen der letzten zwanzig Jahre als ein aus tiefster Erniedrigung auferstehendes Volk so wie niemals zuvor in deutscher Geschichte auf den einen lebendigen Pol in unsrer Mitte bezogen fanden, ein jeder dort, wo er dem Ganzen nach seinen Gaben am besten zu dienen vermochte, als wir es erlebten, wie in diesem verjüngten Volkskörper das Wunder der Wiedergeburt spürbar wurde an unsern Kindern – da begriffen wir ehrfürchtig, was uns geschehen war. Dort, wo wir als Deutsche stehen, als Väter und Mütter der Jugend und der Zukunft des Reiches, da fühlen wir heute unser Streben und unsre Arbeit dankbar und demütig aufgehen im Werk des einen Auserwählten der Generation – im Werk Adolf Hitlers.*[5]

Ina Seidel liest Zeitung, hört Radio. Sie hat den Abriss der Münchner Hauptsynagoge an der Herzog Max Straße erlebt, die «Reichskristallnacht» hat in München unter Anwesenheit von Hitler und Goebbels besonders heftig gewütet, Starnberger Gaststätten ist die Bewirtung von Juden bei Androhung der Schließung verboten, ihr Kollege Ludwig Fulda hat sich umgebracht, vor einem halben Jahr ist ihr großer Roman «Lennacker» erschienen, ein Plädoyer für christliche Werte und Humanität. Trotzdem schreibt sie diesen Text. Warum tut sie das? Oder urteilt man zu streng? *Gewiss war Hitler damals der zweifellos populärste Regierungschef in Europa,* meint sein Biograf Ian Kershaw, *sogar die exilierten Führer der Sozialdemokratie hatten erkannt, daß dieses Phänomen nicht durch Propaganda allein zu erklären war.*[6] Empfand Ina Seidel echte Dankbarkeit für einen Mann, der Deutschland wieder groß gemacht hat? Bewunderte sie Hitler so sehr, dass sie dies öffentlich kundtun musste? Ina Seidel hat ihren Text nach dem Krieg bitter bereut, sich vielfach von ihm distanziert, genützt hat es ihr nicht: Wer sonst nichts von ihr weiß, keine Zeile von ihr gelesen hat, weiß, dass sie Hitler zum 50. Geburtstag gehuldigt hat.

Nichts deutet darauf hin, dass sie sich im Sommer 1939 der fatalen Folgen ihres Tuns bewusst ist. Das Leben geht einfach weiter. Rudolf Heß gibt einen Empfang im Braunen Haus, Ina Seidel ist geladen. *Interessant* sei es gewesen, berichtet sie ihrer Mutter, und *zauberhaft* die Wirkung *der vielen mondhaften Lampions in den Bäumen des Parks*. Leider sei man einander *nicht vorgestellt* worden, Familien hätten *rudelweise zusammengehockt* und Ehepaare *eisern aneinandergeschmiedet an kleinen Tischen,* immerhin habe man einige Leute gekannt, zum Beispiel *Falckenberg mit Frau, den Direktor der Pinakothek Buchner* und andere. Das *Stross-Quartett* habe gespielt (Wilhelm Stross, Professor an der Münchner Musikhochschule), von *Regierungsleuten* seien dagewesen: *Goebbels, Rust, Frau Scholtz-Klink* (Gertrud Scholtz-Klink, Reichsfrauenführerin) und der *ital. Minister Alfieri* (Dino Alfieri, Minister für Volkskultur in der Regierung Mussolini).[7]

Dann ist der Sommer vorbei, der 1. September 1939 kommt heran, und *seit 5 Uhr 45 wird jetzt zurückgeschossen*.

— 28 —
Krieg (I)

Es gibt in ganz Deutschland keinen Ausgangspunkt für eine Fahrt, der nüchterner und sachlicher wäre als der Bahnhof Berlin-Friedrichstraße. Ununterbrochen laufen Züge ein ... Züge aus ... Züge kommen von der Westfront ... Züge gehen nach dem Osten ... Ununterbrochen ... Tag und Nacht ...[1] Es ist Januar 1940, Hanns Johst, Präsident der Reichsschrifttumskammer, begleitet den Reichsführer-SS Heinrich Himmler auf einer Inspektionsreise durch das «Generalgouvernement für die besetzten polnischen Gebiete», jenen Teil Polens westlich der Flüsse Narew, Weichsel und San, die Polen von dem östlichen, von Sowjetrussland besetzten Teil abgrenzen. Zwölf Millionen Menschen leben in dem neu eroberten Gebiet, darunter zwei Millionen Juden. Hanns Johst fasst seine Erlebnisse in einem Buch zusammen: «Ruf des Reiches – Echo des Volkes! Eine Ostfahrt». Es erscheint 1940 im Verlag Franz Eher Nachf. in München. 1944 ist die 7. Auflage und das 106. bis 148. Tausend erreicht.

Während Himmler in seinem Salonwagen *dringlichsten Arbeiten* nachgeht, sinniert Hanns Johst über den Spruch aus dem *«Cherubinischen Wandersmann»* des Angelus Silesius, den man im Dritten Reich *endlich begriffen* habe: *Mensch, werde wesentlich!*[2] Während draußen *die Hochöfen der oberschlesischen Industrie ihre rotzuckenden Kerzen gegen die bittere Kälte des eisigen Januars stemmen,* ist es *am Abendtisch des Reichsführers gemütlich, huschelig warm.* Später, die *Arme unter dem Kopf verschränkt* auf seinem *behaglichen Bett* liegend, erinnert er sich seines Gangs durch Warschau im Oktober: *Alle Häuser sind von der Pflugschar des Krieges durchpflügt ... aufgerissen ... in sich zusammengestürzt ... Kadaver ... Die Menschen, mit großen Augen in den entsetzten Gesichtern, taumeln wortlos durch das Chaos.* Hanns Johst weiß, wo die Schuld zu suchen ist: *Dieser ganze Wirrwar aus zerfetztem Stahl und*

Stein, aus Blut und Tränen ist eine einzige Anklage gegen England, das diese Katastrophe befahl.[3]

Jetzt geht es um «Wolhyniendeutsche». Sie sollen «heimgeholt» werden. Durch sowjetisch besetztes Gebiet kommend überqueren sie den Grenzfluss San: *Da … aus dem abgegrenzten Drüben rollt ein erstes Gefährt […] In der Mitte der Brücke streckt eine Frauenhand eine Hakenkreuzfahne heraus […] Ein bärtiges Männergesicht […] beugt sich vor, weit über seine harten Hände, die die Zügel halten. Er schaut dem Reichsführer in die Augen und sagt ohne jede Weinerlichkeit und doch tränenüberströmt, ernst und tief aus der Brust heraus: «Jetzt sind wir da!» Hinter sich, im Halbdunkel des Wageninneren, sein gehorsames Weib, die zu seinen Worten lächelt, verklärt von einer Erlösung, wie ich sie noch nie sah. […] Öffne dein Herz, Leser, und heiße mit uns den neuen Landsmann willkommen!*[4]

Himmlers Zug fährt weiter. *Zaun und Weg sind vernachlässigt. Aber Zaun und Weg sind weit mehr als zufällige Aussagen. Zaun und Weg verraten Charakter und Kultur. Man muß diese polnischen Wege tagelang gefahren sein, um das Todesurteil der Geschichte über den polnischen Staat zu verstehen. Ein Organismus, der keinen Sinn für seine Schlagadern, für seinen Blutdruck und Blutkreislauf aufbringt, den trifft der Schlag! Das ist das natürlichste Gesetz der Welt. Hier hat es sich wieder einmal erfüllt.*[5] Nachts steht der Zug. *Der Schritt der Wache stapft vor dem Fenster des Abteils hin und her … hin und her … Es ist der Pendelschlag der deutschen Stunde in der Welt …*[6]

Morgens Besuch einer Kaserne der «SS-Totenkopfstandarte»: *Prachtvolle Männer bekennen sich hier mit Leib und Leben, in Form und Uniform zur letzten Konsequenz der Revolution, die der Führer uns allen als Lebensaufgabe verlieh.* Himmler spricht zu ihnen: *Soldaten! Werdet nie weich! Soldaten! Werdet nie roh! Aber zornige Kraft muß die Stichflamme der Liebe bleiben, die Deutschland heißt! Die Stichflamme!*[7] Mittags Termin in Krakau auf dem Wawel, von dem aus die Könige Polens 700 Jahre ihr Land regiert haben. Hanns Johst sitzt zwischen dem «Generalgouverneur» Hans Frank und dem «Distriktchef von Lublin», dem Mann, in *dessen Bereich sich die Juden des Reichs massieren* und ihr *erstes territoriales Reservat in Europa* erhalten werden. (Gemeint ist der

Höhere SS- und Polizeiführer Friedrich-Wilhelm Krüger, geboren 1894 in Straßburg, für zahllose Deportierungen von Juden in Vernichtungslager verantwortlich, an der Liquidierung des Warschauer Ghettos beteiligt, 1945 in amerikanischer Gefangenschaft durch Selbstmord gestorben.) *Ich bin wieder einmal von der Tatsache beschenkt, daß eben nur der Nationalsozialismus es fertiggebracht hat, solch junge Energien einzusetzen und fast naive Naturen aus dem untrüglichen Gefühl ihrer Unbedingtheit und revolutionären Klarheit heraus mit einer solchen neuartigen Verantwortung zu begeben. […] Ich liebe solche Pioniere des neuen Staates, die die Gesetzmäßigkeit unserer Rasse den neuen Provinzen vor Augen führen.*[8]

Auf der Fahrt von Lodz nach Warschau lässt Himmler den Zug anhalten, steigt aus, betritt einen Acker, nimmt Humus auf, riecht daran, zerbröckelt ihn – *dies war nun also alles deutsche Erde!* Hanns Johst stellt fest: *Die Polen sind kein staatsbildendes Volk. Es fehlen ihnen die einfachsten Voraussetzungen dazu. Ich bin an der Seite des Reichsführers SS kreuz und quer durchs Land gefahren. Ein Land, das so wenig Sinn für das Wesen der Siedlung hat, so daß es nicht einmal für den Stil eines Dorfes reicht, hat keinen Anspruch auf irgend eine selbstständige Machtstellung im europäischen Raum. Es ist Kolonialland!*[9] Abends entspanntes Zusammensein: *Nichts ist schöner, als wenn alte Gardisten des Führers aus den Anfängen der Kampfzeit erzählen! Wie die Augen groß und lustig werden … wie weit die Arme im Erzählen ausholen und wie die Hände die Geschichten und Erinnerungen mitgestalten helfen! […] Frank und Himmler lachen, daß ihnen die Tränen kollern …*[10]

Über Zakopane und das schlesische Braunkohlenrevier geht es zurück. *Der Zug rollt durch die Nacht … Ich sitze auf meinem Bett und bedenke die Tage. Wie schnell der Zug fährt … «Sieg …! Sieg …! Sieg …!!!» hämmern Motoren, Hände, Herzen! Und «Lang lebe der Führer!» steht als großes Gebet über dem Volke … unter den Sternen …*[11]

*

Wenn diese Zeit einmal vorüber ist, werden wir erst voll merken, wie sie an uns – den (anscheinend) wenigen mit Vorstellungskraft begabten Menschen gezehrt hat. Jetzt gibt einem eine Art Fieber eine schreckliche Anspannung von einem Tag, von einer Woche zur anderen. Die noch Jüngeren sind wie in einem Rausch, der Krieg geht so schnell, kein Vergleich mit der furchtbaren Graben-Zermürbung von 14–18, sie sind wirklich die Sieger. Ich kann es oft nicht fassen, daß die Leute von 14 mit heiler Haut davongekommen sind, 4 Jahre im Trommelfeuer; sie hatten ganz entschieden das bitterere Los gegenüber den Jungens heute, die mit Waffen arbeiten, die der übrigen Welt wie schwarze Magie erscheinen und dahinter wieder einmal mit einem Einsatz, der, glaube ich, wirklich nicht seinesgleichen hat.[12]

Annemarie Seidel berichtet ihrer Schwester Ina von Berlin nach Starnberg. Peter Suhrkamp, ihr Mann, ist von morgens bis nachts mit Verlagsdingen beschäftigt, sie selbst hat viel Zeit zum Nachdenken. Bis vor kurzem hat sie lange Perioden in ihrem Haus in Kampen auf Sylt verbracht, das ihr erster Mann Anthony van Hoboken ihr gekauft hatte und das sie nach der Scheidung behalten durfte, auch Peter Suhrkamp hat, sofern sein rastloses Arbeiten es zuließ, dort Entspannung gesucht. Jetzt ist Sylt militärisches Sperrgebiet, englische Flieger haben die Insel bombardiert, Annemarie Seidel ist auf Berlin beschränkt. Sie ist eine wache Beobachterin und steht dem Nationalsozialismus distanzierter und auch pragmatischer gegenüber als ihre Schwester, aber als am 25. Juni 1940 Frankreich besiegt ist, als in etwas mehr als sechs Wochen gelang, was die geballte deutsche Militärmacht von 1914 bis 1918 nicht vermochte, ist auch sie überwältigt: *Der schnelle Zusammenbruch Frankreichs ist unfaßbar und hat neben allem Erlöst-Sein, daß es so gekommen ist, etwas schrecklich Tragisches. Ob sich jetzt vielleicht unter ganz anderen, unerwarteten Vorzeichen der alte Traum eines neuen europäischen Statuts verwirklicht, das werden die Friedensverhandlungen lehren. Diese unsägliche Tüchtigkeit des deutschen Volkes, diese Kraft und dieser Willen, das ist nur noch zum Niederknien.*[13]

Im September ist der Ton schon ein anderer: *Das ganze Reich soll systematisch in die Bombardierungen einbezogen werden. Ein Verlagsreisender, der 4 Wochen unterwegs war, hat jede Nacht im Keller verbracht. In Berlin werden ganze Straßenzüge evakuiert, Menschen sollen bei anderen unterkommen. München, als Hauptstadt der Bewegung, wird schon aus demonstrativen Gründen nicht verschont bleiben. 5 Flakgeschütze sind in Sichtweite unserer Wohnung aufgebaut, Du machst Dir von dem Sperr-*

feuer mitunter keinen Begriff. Die Motoren sind jetzt amerikanische, die Flieger Kanadier in Uniform, es sind auch Frauen darunter. Wir gehen erst in den Keller, wenn die Schießerei losgeht. Die Gefahr ist bei allem ein hoher Reiz, u. man fühlt sich merkwürdig produktiv und wach. Wie das auf die Dauer u. im Winter werden soll, ist freilich etwas, was man nicht gern in Gedanken streift.[14]

Aus Amerika schreibt ihr Carl Zuckmayer. Er hat in der Nähe des Tausend-Einwohner-Städtchens Barnard in Vermont für 10 Dollar pro Woche ein Farmhaus gemietet, der nächste Nachbar wohnt eine halbe Stunde entfernt, Tochter Winnetou reitet *bareback wie ein Rodeo-Boy* auf einem Pferd. Das Leben ist hart, aber Zuckmayer ist positiv und optimistisch wie immer. Er schreibt fleißig, hat Aufträge von New Yorker Magazinen, will versuchen, ein richtiger Farmer zu werden: *Ich habe seit unserem Hiersein einen solchen Spass an körperlicher und handwerklicher Arbeit gefunden wie nie zuvor, der Gürtel geht auch in immer engere Löcher.* Das Lustigste sei das Klo, freistehend in der Scheune, mit einem *Doppelsitz für den farmer und sin fru. Wir hängten einen bunten Kattunvorhang davor und abends eine Laterne darüber, es sah dann aus wie ein Puff.* Wie geht es in Berlin? Er möchte *so gern wieder etwas* hören, Peter Suhrkamp solle herüberkommen, es würde ihm gefallen! *Ich wünsche Euch bombenfreie Nächte und womöglich ein paar Fläschchen im Luftschutzkeller. Sei umarmt von Deinem Carlchen*[15]

Am 24. Februar 1941 stirbt im Alter von 56 Jahren in Berlin der Lyriker und Lektor Oskar Loerke. Seine physischen und psychischen Leiden waren zum Schluss kaum mehr unterscheidbar, das Unglück, von dem er sich verfolgt fühlte, hat ihn bis zum Schluss nicht losgelassen. *Ich bin wie eine Kerze, deren Licht ängstlich hin und her im Winde flackert, deren Stumpf aber dunkel und kalt ist,* notierte er schon 1905. *Kaum gelebt, kaum etwas schaffend, das soll ein Dasein sein!*[16] Dabei hat er viel geschaffen, Gedicht- und Novellenbände, Essays, Romane, Reiseerzählungen, die allesamt Beachtung fanden. Als Lektor schrieb er zahllose Aufsätze, prüfte hunderte eingegangener Manuskripte, reiste viele Male zu Gerhart Hauptmann nach Agnetendorf, arbeitete mit ihm an einer Gesamtausgabe seiner Werke und war dennoch immer wieder mutlos, verzagt, von Selbstzweifeln geplagt. *Unruhe. Fast nie*

Einkehr zu mir selbst. In keiner Weise Erfolg. Unmöglich, sich mit seinem Wesen durchzusetzen.[17]

Zu seinem fünfzigsten Geburtstag im März 1934 erlebte er eine Überraschung: So klein, wie er immer dachte, war er gar nicht! Würdigungen erschienen in deutschen, österreichischen, schwedischen, französischen, schweizerischen Zeitungen, viele Briefe und Telegramme gingen ein, der Verlag überreichte ihm eine Mappe mit Grüßen von Thomas Mann, Gottfried Benn, Hans Carossa, Alfred Döblin, Otto Flake, Annette Kolb, Hermann Hesse, Heinrich Eduard Jacob und vielen mehr. Gerhart Hauptmann schickte ein Geburtstagsgedicht «Freund, der du Freund den Besten gewesen …» und zwanzig Flaschen Sekt aus dem Hotel Adlon, jede mit einem Bändchen «Loerkes Geburtstagswein» – *so viel Widerhall hätte ich in meinen kühnsten und frechsten Träumen nicht erwartet,* notiert er ins Tagebuch.[18] Keine Frage: Oskar Loerke hätte auch im Dritten Reich Karriere machen können, aber eine unüberwindliche Scheu hielt ihn davor zurück: *Ein Verbrechen hört dadurch, daß es zum Gesetz erhoben wird, nicht auf, Verbrechen zu sein. Vielmehr wird ihm dann die Anerkennung gegeben und seine tausendfache Verbreitung gewährleistet. Demnach: wenn hunderttausend lügen und nur einer sagt die Wahrheit, so sagt eben nur einer die Wahrheit und die hunderttausendfache Majorität gegen ihn lügt.*[19] In einem letzten Tagebucheintrag vom Dezember 1939 berichtet er vom Besuch des Weihnachtsoratoriums unter Günther Ramin (Thomaskantor, Leiter des Berliner Philharmonischen Chors, 1935 an der musikalischen Ausgestaltung von Görings Hochzeit beteiligt).

An seine Freunde hat er eine «letztwillige Bitte»: *Nicht mein Andenken besudeln zu lassen und jedem entgegenzutreten, der etwa behaupten wollte, ich sei an dieser oder jener Krankheit gestorben, etwa an meinem Herzleiden, einer Erkältung oder was es sein mag, weil eine jegliche Krankheit, selbst jede Disposition zu einem Unglücksfall, durch die feindlichen Handlungen und Anschauungen veranlaßt worden ist in langen Jahren.* Sollten seine *wahren Freunde* irgendwann das Bedürfnis haben, eine *Gedenkstunde* für ihn abzuhalten, so mögen sie *auf dem Klavier das «Benedictus» aus der f-moll Messe von Bruckner* spielen, ein leicht zu spielender Klavierauszug sei in seinen Noten zu finden, und wolle man ein

Übriges tun, so spiele man *das Adagio oder gar die drei vorhandenen Sätze der Neunten Symphonie von Bruckner: darin ist alles Glück, Geheimnis und Leid dieser Welt enthalten.*[20] Die Totenmaske wird abgenommen. *Sie ist erstaunlich lebensvoll,* findet Annemarie, *wie zwei ganz ungleiche Hälften zerschnitten und ihm wie wir ihn im Leben sahen, ungemein ähnlich. Mag sein, daß es daran liegt, daß ihm die Klärung, die Überleitung einer das Fleisch verzehrenden Krankheit nicht vergönnt war, und nur die ständige Herzensqual. So hast Du darin keinen Hauch des überirdischen Friedens, wohl aber eine große Schönheit und einen tiefen Ernst. Er hatte sich wohl als Mensch vollendet, so weit uns das vergönnt ist.*[21] Peter Suhrkamp hält die Grabrede. Verlagsmitarbeiter legen noch Wochen nach seinem Tod Blumen auf seinen Schreibtisch.

In der Nacht vom 10. auf den 11. Mai 1941 fliegt Rudolf Heß nach England und springt per Fallschirm über Schottland ab. Hitler und Goebbels tun alles, die Tat auf «Verworrenheit» und «geistige Zerrüttung» zurückzuführen, die Welt ist schockiert, aber auch amüsiert. «Dass unsere Regierung verrückt ist, das wissen wir schon lange», spotten die Berliner. «Aber dass sie es zugibt, das ist neu.» «Sie sind also der Verrückte», sagt Churchill zu Heß. «Nein», antwortet der, «ich bin der Stellvertreter.» «Kehre zurück, alles ist verziehen», telegrafiert Hitler an Heß. «Ich bin doch nicht verrückt», telegrafiert Heß an Hitler.[22] Ina Seidel und Familie betrifft der Fall direkt: Ernst Schulte Strathaus, sechzig Jahre alt, bisher immer ein willkommener Zugang zur Macht, Ehemann von Ina Seidels Tochter Heilwig, die soeben ihr viertes Kind geboren hat, wird sofort nach dem Verschwinden seines Chefs verhaftet und an einen unbekannten Ort verbracht. Irgendwann erfährt man: Er ist in Berlin, seine Frau darf ihm einmal pro Woche schreiben. Er soll Rudolf Heß bei seinem Plan astrologisch beraten haben.

Am 22. Juni 1941 überfällt das Deutsche Reich im sogenannten Unternehmen Barbarossa auf einer 1000 Kilometer langen Front die Sowjetunion. Annemarie Seidel schreibt aus Berlin: *Es ist ja auch eine Art Erleichterung, daß dieses Eitergeschwür endlich geplatzt ist. Für die Soldaten, die seit Monaten im Osten herumliegen – viele unserer Bekannten darunter – wird die Aktivität sicher eine Art Erleichterung sein zunächst.*[23]

Ina Seidel schreibt ein Gedicht für die Soldaten, darunter auch für ihren Sohn Georg:

Aber wissen sollt ihr, sollt es spüren,
Daß wir dennoch ständig um euch sind,
Mag euch einer Linde Duft berühren,
Fächelt euch die feuchte Stirn ein Wind.
Schatten Bäume schützend auf euch nieder,
Wird euch Rast auf sanftem Wiesengras,
Badet fremder Strom euch kühl die Glieder,
Labt die dürre Kehle euch sein Naß:
Unser Sorgen ist es, unser Beten,
Unser Dank, der Erde anvertraut –
Doch auch wenn ihr vorgeht, immer treten
Wir mit an, ob ihr uns gleich nicht schaut.

Das Gedicht, nach dem Krieg als schwülstig-nazistische Kriegsverherrlichung geschmäht, hat enorme Wirkung. Etwa vierzig Zeitungen drucken es ab, darunter die Frontzeitung «Wacht im Osten», zahlreiche Feldpostbriefe, in Ina Seidels Nachlass verwahrt, zeugen von der Dankbarkeit derer, an die es gerichtet ist. *Mit Ihrem wundervollen Gedicht «Aber wissen sollt ihr …» haben Sie hunderttausenden von deutschen Müttern aus der Seele gesprochen,* schreibt Verleger Gustav Kilpper seiner Autorin. *Auch meine Frau hat das Gedicht aufs Tiefste bewegt, sie hat es sofort unserem jüngsten Sohn, der irgendwo in Rußland steht und kämpft, übersandt. Ob und wo es ihn erreichen wird?*[24]

— 29 —

Drei Frauen, ein Mann

Jochen Klepper wird am 22. März 1903 als Sohn eines Pfarrers im oberschlesischen Beuthen geboren, ein schwaches, asthmatisches Kind, in der Schule Einzelgänger. Das Theologiestudium hat er abgebrochen, Kommilitonen haben ihn als elegant gekleidet in Erinnerung, einen Wappenring am Zeigefinger tragend, mit schwermütigen Augen Gedichte rezitierend. Im März 1931 heiratet er Hanni Stein, seine Zimmervermieterin. Sie ist Witwe, Jüdin aus wohlhabendem Haus, dreizehn Jahre älter als er, mit zwei Töchtern, Brigitte und Renate, elf und neun Jahre alt. Jochen Kleppers Vater, schon über den Abbruch des Studiums nicht erfreut, ist es über seine Ehe mit einer Jüdin noch weniger. Es kommt zum Bruch, auch Mutter und Geschwister wenden sich ab. 1932 zieht Jochen Klepper mit seiner Familie nach Berlin-Südende. Hier beginnt sein Tagebuch. Es umfasst mehr als eintausend Seiten. Fast jedem Eintrag ist ein Bibelspruch vorangestellt.

In Berlin schreibt er sein erstes Buch: «Der Kahn der fröhlichen Leute», die Geschichte eines Mädchens, das den vom Vater geerbten Oder-Schleppkahn nicht verkauft, sondern selbst befehligt und sich dafür eine bunte Truppe von Gefährten zusammensucht, für den Autor eine *völlige Überraschung,* weil er es weder *plante* noch *ahnte,* weil es *heiter und unpsychologisch* ist und von *einfachen Leuten* handelt.[1] Die Deutsche Verlags-Anstalt nimmt es zur Veröffentlichung an. Jochen Klepper arbeitet beim Rundfunk, hat Aussicht, Abteilungsleiter zu werden, aber wird wegen seiner Ehe mit einer Jüdin im Juni 1933 gekündigt und darf bis zur *endgültigen Regelung* seiner *Angelegenheit*[2] das Rundfunkgebäude nicht mehr betreten. Seine Frau bietet die Scheidung an, Jochen Klepper lehnt ab: *In diesem «jüdischen Schicksal», in das Gott einen einbezieht, ist etwas, wogegen ich nicht ankann.*[3] Seine Entlassung wird zurückgenommen, er darf «anonym» im Rundfunk weiterarbeiten.

Für ein neues Buch muss das Thema von Gott kommen, die Hingabe an ihn, das Lauschen auf seinen Willen ist Jochen Kleppers eigentlicher Lebensinhalt. Dann ist das Thema da, klar und unabweislich: *«Der Vater. Die Geschichte Friedrich Wilhelms I.»*[4] Erst dachte er, der eigene Vater sei gemeint, aber nein, es ist der Soldatenkönig Friedrich Wilhelm I., der eigene Vater wird mit hineinfließen, das eigene Wesen, der eigene Glaube, die eigenen Werte. Er schließt Freundschaft mit dem katholischen Dichter Reinhold Schneider, im gleichen Jahr wie er geboren, Seelenbruder und Vorbild zugleich.

Auf dem Kurfürstendamm werden Juden ohne Anlass geschlagen, kaum jemand hilft ihnen, die meisten fürchten, selbst in Schwierigkeiten zu geraten. *Es ist nicht zu fassen, was da über ein Sechzig-Millionen-Volk gekommen ist,* notiert Jochen Klepper. *Alle klagen, toben – und nehmen alles stumpf hin und sehen keinen Ausweg und spielen verängstigt das begeisterte, geeinte Volk. Das ist so unendlich traurig.*[5] Trotzdem muss an die Zukunft gedacht, für die Töchter vorgesorgt werden. Von Hannis verbliebenem Geld wird ein Grundstück gekauft, Karlstraße 6, Berlin-Südende, darauf ein Haus gebaut. Ende September 1935, zwei Wochen nach Verabschiedung der «Nürnberger Gesetze», ziehen Kleppers dort ein.

Brigitte hat sich mit einem Schulkameraden angefreundet, er heißt Hildebrand, sie lieben sich, schmieden jugendliche Pläne, aber seit einiger Zeit verhält sich Hildebrand merkwürdig verkrampft. Seine Eltern wissen nicht, dass Brigitte Jüdin ist, und wüssten sie es, fürchtet er, würden sie ihn hinauswerfen. *Die arme Gitteline hat einen recht schweren Tag,* schreibt Jochen Klepper seiner Frau. *Sie haben gestern noch 1 ½ Stunden in der Kälte vor der Haustür gestanden und geredet. [...] Es waren in Brigittes Gegenwart schon ein paarmal recht prekäre Situationen, und es ist ihnen schon aufgefallen, dass wir nie flaggen.* Seine Eltern würden seine Jugend zerstören, klagt Hildebrand, aber weiß auch, dass er mit Brigitte an seiner Seite nicht Offizier, nicht Ingenieur und vieles andere nicht werden kann. Er will sich heimlich mit Brigitte treffen, ihr schreiben, aber Brigitte hält nicht viel davon – *eben angesichts seiner völligen Abhängigkeit,* meint Jochen Klepper. *Sie benimmt sich sehr brav und tapfer, aber es geht ihr recht nahe, und Hildebrand scheint mir auch recht mitgenommen. Was uns angeht, so sagte er ihr, wir wären wie Eltern zu ihm gewesen.*[6]

Sein neues Buch gefällt Jochen Klepper nicht. Er redigiert, verändert, schreibt neu, ringt mit dem Verlag um Kürzungen, will noch die Fahnen bearbeiten, ist gänzlich ohne Hoffnung. Im Februar 1937 erscheint es, 1045 Seiten stark, und ist sofort ein Riesenerfolg. Es regnet Lobsprüche auf den Autor, der historische Roman «Der Vater», meint man, könnte ähnlich oft verkauft werden wie Ina Seidels «Wunschkind». Dennoch wird Jochen Klepper wenige Wochen nach Erscheinen als «jüdisch versippt» aus der Reichsschrifttumskammer ausgeschlossen. Wie immer sucht er Trost in der Bibel: *Wenn du bis an der Himmel Ende verstoßen wärest, so wird dich doch der Herr, dein Gott, von dort sammeln und dich von dort holen. (5. Mose 30, 4)*[7] Und siehe: Gott hilft! Der Journalist Bruno E. Werner verspricht Unterstützung in der «Deutschen Allgemeinen Zeitung», Paul Fechter in der «Deutschen Zukunft», die Amelang'sche Buchhandlung gestaltet ein «Klepper-Sonderfenster», Reichskriegsminister Werner von Blomberg erhält das Buch zu seinem vierzigjährigen Dienstjubiläum, Werner von Fritsch, Oberbefehlshaber des Heers, als Geschenk von seinem Stab. Walter von Molo, der seit der Neugründung der Akademie so gut wie nicht mehr in Erscheinung getreten ist, setzt sich bei Staatskommissar Hans Hinkel für Jochen Klepper ein, desgleichen der Schauspieler Mathias Wieman. Ministerialrat Wilfried Bade vom Propagandaministerium, Verfasser einer Goebbels-Biografie und der Schrift «Die SA erobert Berlin!», bietet an, Kontakt zu Hanns Johst und vielleicht sogar zu Goebbels selbst herzustellen. Jochen Klepper ist vorsichtig: Er hat Hanns Johst ein paar Mal in Artikeln erwähnt – ist es ratsam, sie einem Schreiben beizulegen? Oder sollte man sie besser verschweigen?

Aber alles wendet sich zum Guten: Im September 1937 erhält Jochen Klepper eine «jederzeit widerrufliche Sondergenehmigung» mit der Bedingung, dass er jedes neue Manuskript im Propagandaministerium zur Prüfung vorlegt. «Der Vater» soll verfilmt werden, mit Emil Jannings in der Hauptrolle, Jochen Klepper schreibt Treatments für die Tobis. Sein Gedichtband «Kyrie» erscheint, eine Sammlung von Kirchenliedtexten, mehrere von ihnen sind bereits vertont und werden in Gottesdiensten gesungen. Im Propagandaministerium behandelt man ihn höflich und zuvorkommend, mit Dr. Koch, der ihn «beaufsichtigen» soll, hat sich ein echtes Vertrauensverhältnis entwickelt: *Ich bin nicht einmal auf dem Ministerium, ohne daß man mir etwas besonders Freundliches sagt!!*[8] Wie nach dem «Kahn der fröhlichen Leute» hat er auch nach Beendigung des «Vaters» sofort ein neues Buch begonnen. Es soll «Das ewige Haus» heißen und von Katharina von Bora handeln, der Ehefrau Martin Luthers. Das eigene Haus wird inzwischen Opfer einer Hitler'schen Baumaßnahme: Für die Nord-Süd-Achse der geplanten «Welthauptstadt Germania» muss der ganze Straßenzug weichen. Hanni geht erneut auf Grundstücksuche, wird fündig in Berlin-Nikolassee, Teutonenstraße 24, gibt ein neues Haus in Auftrag. *Alle Juden verkaufen, brechen ab, wandern aus; und ich baue mit dir!* sagt sie zu ihrem Mann. *Alle menschlichen Erwägungen sagen Nein; der Glaube Ja!,* entgegnet der.[9]

Am 7. November 1938 schießt der Jude Herschel Grynszpan in Paris auf den jungen Diplomaten Ernst vom Rath, der stirbt zwei Tage später. Die «Reichskristallnacht» ist die Folge. Jochen Klepper ist überzeugt: Hier ist die Partei am Werk, nicht das deutsche Volk. *Aus den verschiedenen «jüdischen» Gegenden der Stadt hören wir, wie ablehnend die Bevölkerung solchen organisierten Aktionen gegenübersteht. Es ist, als wäre der 1933 noch reichlich vorhandene Antisemitismus seit der Übersteigerung der Gesetze in Nürnberg 1935 weit, weithin geschwunden.* Aber die Partei ist unerbittlich: *Nach einer Auswahl, die unergründlich ist, werden jüdische Männer aus ihren Wohnungen von der Geheimen Staatspolizei weggebracht. Wie man im Schlafe aufschrickt – als würden Hanni, Brigitte, Renerle abgeholt –, das sagt genug.*[10] Beide Töchter besuchen seit Ostern 1938 keine Schule mehr. Ein Studium ist für jüdische Mädchen kaum mehr möglich. Brigitte soll Stenotypistin werden, Renate in die Modebranche gehen. Weihnachten 1938 tritt Jochen Kleppers Ehefrau Hanni Stein zum christlichen Glauben über. Ihr Taufspruch lautet: *Kämpfe den guten Kampf des Glaubens; ergreife das ewige Leben, dazu du auch berufen bist. (1. Timotheus 6, 12)*[11] Danach werden Kleppers kirchlich getraut.

Brigitte hat ein Permit für England, die Polizei verlangt ihren

Fingerabdruck, wieder hat Jochen Klepper über das deutsche Volk nur Gutes zu sagen: *Auch diesmal sind die Beamten nicht bloß väterlich, sondern auch ritterlich zu den Jüdinnen, aber auch den Juden. Es ist ergreifend, wenn Hanni – so einfach – die Töchter ermahnt, daß die nationalsozialistische Regierung nicht Deutschland ist und daß sie sich im Ausland niemals gegen Deutschland aufhetzen lassen; und wie selbstverständlich und entrüstet die Töchter einen solchen Gedanken ablehnen.*[12] Brigitte gibt ein Abschiedsfest, die Mutter begleitet sie nach Hamburg, sie besteigt ein Schiff, ist weg. Ende Mai 1939 beziehen Kleppers das neue Haus.

Die Hauptsorge gilt jetzt Renate. Sie ist «Volljüdin», mit Jochen Klepper nicht verwandt. Zwei Männer der *Totenkopf-SS* fragen nach ihr, Kleppers sind *sehr, sehr erschrocken.* Jochen Klepper muss seinen Pass zeigen. *«Dann ist ja hier alles gut»,* sagt einer der Männer. Muss er sich wegen Renate Sorgen machen? *«Nein, Sie haben für Ihre Stieftochter nichts zu befürchten.»*[13] Carl Jacob Burckhardt, Schweizer Diplomat, Repräsentant des Internationalen Komitees vom Roten Kreuz, will für Renate eine Ausreise in die Schweiz erreichen, sie sogar in seinem Haus aufnehmen. Nach langem Warten kommt ein Brief von ihm: *Ich bin in so vielen Einreise- und Aufenthaltsangelegenheiten um Hilfe angegangen worden, daß meine Möglichkeiten zur Zeit etwas verbraucht sind.*[14] Der Kanton Zürich schickt eine Absage wegen *Überfremdung* und *Belastung des Arbeitsmarkts.*[15] Im Juni 1940 lässt sich auch Renate taufen. Ihr Taufspruch lautet: *Siehe, ich habe dir geboten, daß du getrost und freudig seist. Laß dich nicht grauen und entsetze dich nicht; denn der Herr, dein Gott, ist mit dir in allem, was du tun wirst. (Josua 1,9)* Im September wird sie zur Arbeit in den Siemens-Schuckert-Werken eingezogen, 50 Pfennig Stundenlohn, 75 Pfennig pro Tag Steuerabzug. *Sie wissen ja, was es bedeutet, daß Sie als Jüdinnen in Berlin wieder arbeiten dürfen,* sagt ihr ein Beamter. Und: *Besser arbeiten in Berlin als in Lublin.*[16] Die Eltern haben Gewissensbisse: *Vor allem unseretwegen ist Renerle nicht mit Brigitte nach England gegangen; es wäre damals durch die gleichen Verbindungen genau so wie für Brigitte möglich gewesen.*[17]

Im Januar 1941 wird Jochen Klepper Soldat und freut sich darüber: Hanni erhält 200 Mark monatlich «Familienunterstützung», Renate 30 Mark, und Angehörige von Soldaten, sagt man, genießen Schutz.

Über Polen und Österreich geht es nach Rumänien, seine Hauptbeschäftigung ist Quartiermachen. Viele in seiner Truppe haben den «Vater» gelesen, Jochen Klepper darf Vorträge zu selbstgewählten Themen halten: «Der Helm der Langen Kerls – das Zeichen unserer Division» oder «Von der Wehrpflicht der alten preußischen Armee». *Seit der Klepper da ist,* sagen Kameraden, *sind die Abende so hübsch,* es werde nicht mehr *nur gesoffen und geschweinigelt.*[18]

Im Zuge von Hitlers Überfall auf die Sowjetunion dringt Jochen Klepper mit seiner Truppe in die Ukraine vor. Er sieht Verwundete, tote Pferde, muss Munition zur Front bringen, hilft beim Brückenbau, aber bleibt von direkten Kampfhandlungen verschont. Das deutsche Kriegsziel hinterfragt er nicht, die moralische Überlegenheit der Wehrmacht steht für ihn außer Frage: *Unsere Truppen machen immer wieder so großen Eindruck auf mich. So ohne alles Theater. So gesammelt. Klarheit. Kraft. Ernst. Sauberkeit. Aber die Rumänen – nichts als ein Straßenhindernis. [...] Zusammentreiben von Vieh; Vergewaltigungen von Frauen – alles, alles der krasseste Gegensatz zu uns.*[19] Er sieht Juden, wie überall in den besetzten Gebieten durch eine Armbinde mit blauem David-Stern gezeichnet, er nimmt es kommentarlos hin. Er ist ein guter Kamerad, stets hilfsbereit und geduldig, alle mögen ihn. Seine Vorgesetzten befürworten eine Offizierslaufbahn, aber für «jüdisch Versippte» sind Beförderungen nicht möglich. Dann greift ein Erlass vom April 1940: «Mischlinge ersten Grades» und «jüdisch Versippte» sind aus der Wehrmacht auszuschließen. Unter allgemeinem Bedauern, größtem Mitgefühl für seine Lage und vergeblichen Versuchen, ihn zu halten, wird Jochen Klepper im Oktober 1941 nach Hause geschickt. Die Zeit beim Militär war für ihn eine Pause, ein Aufatmen, eine Erholung. *Ich bin sehr müde, sonst aber kerngesund aus dem Kriege heimgekehrt und habe in meiner ganzen Soldatenzeit sogar zehn Pfund zugenommen.*[20]

Zuhause ist die Lage verzweifelt. Auch im Reich müssen Juden jetzt den «Judenstern» tragen, er ist gelb, in Herzhöhe auf den Mantel zu nähen. Hanni ist als «arisch verheiratet» davon befreit, Renate nicht. Beim Gang zur Arbeit hält sie ihre Handtasche darüber, das tun viele, man erkennt sie sofort, Ausnahmegenehmigungen werden nicht erteilt. Die systematische Deportation von Juden hat begonnen.

Jochen Klepper erbittet eine Audienz bei Innenminister Wilhelm Frick, der, wie er weiß, ihn als Autor schätzt und den «Vater» oft verschenkt hat – dass er bereits am nächsten Tag vorgelassen wird, gibt Anlass zur Hoffnung. Der Minister wirke *gequält,* meint er, ob seine *Haltung einer gewissen Menschlichkeit* mehr sei als *eine Pose,* lasse sich nicht entscheiden. *Hinter den Maßnahmen,* so Frick, stehe der *entschiedene Wunsch des Führers,* dagegen sei nichts zu machen, die Deportationen seien *«Aussiedlungen» zur Schaffung von Wohnraum angesichts der Wohnungsknappheit.* Er sei bereit, Renates Auswanderung nach Schweden zu befürworten, Jochen Klepper solle seinen Antrag schriftlich einreichen, darin aber das Tragen des gelben Sterns nicht erwähnen, denn das sei *eben der entschiedene Wunsch des Führers.*[21] Ein paar Tage später kommt ein Brief: *Im Auftrage von Herrn Reichsminister Dr. Frick teile ich Ihnen auf Ihr Schreiben vom 15.10.41, in dem Sie Ihre häusliche und persönliche Lage nochmals referieren, mit, daß Sie wegen des Verbleibens Ihrer Stieftochter Renate Stein bei Ihnen sich keine unnötigen Sorgen zu machen brauchen. Sie fällt nicht unter die Maßnahmen, die in Verbindung mit dem Evakuierungsprogramm zur Zeit durchgeführt werden.*[22] Dieser Brief ist ab jetzt Jochen Kleppers Faustpfand, die entscheidende Waffe zur Abwendung von Renates Deportation, ein unersetzliches Gut, das nur in höchster Not zum Einsatz kommen soll.

Jüdische Gemeinden müssen die Deportationen selbst organisieren. Sie erhalten von der Gestapo nummerierte Briefe zur Weiterleitung an die Betroffenen mit der Aufforderung, alle in ihrer Wohnung befindlichen Gegenstände aufzulisten und pro Person 200 Mark «Auswanderungsgebühr» bereit zu halten. Auch für Renate kommt eine solche Nachricht: *Frau Renate Stein, Teutonenstraße 24,* mit dem Vermerk des Briefträgers *«Empfänger Teutonenstraße 24 unbekannt»*[23] – ist das ein Hinweis, dass die Deportation unmittelbar bevorsteht? Freunde in Schweden könnten sie aufnehmen, aber ein Erlass Himmlers vom Oktober 1941 verbietet Juden das eigenmächtige Verlassen des Reichsgebiets, und auch Schweden sperrt sich gegen Einwanderung. Renate spricht offen darüber, sich im Fall einer Deportation das Leben zu nehmen, auch Hanni und Jochen Klepper erwägen es. Sie wissen: Selbstmord ist aus christlicher Sicht eine Sünde, eine Auflehnung gegen Gott, aber eine größere Sünde als andere ist er nicht. Die Anzahl jüdischer Selbstmorde in Berlin, offiziell streng vertuscht, ist bis auf dreißig am Tag angewachsen, Beerdigungsinstitute sind überlastet. Juden, die am Stock gehen oder in anderer Weise behindert sind, dürfen sich nicht mehr auf der Straße zeigen, um nicht das Mitleid der Bevölkerung zu erregen. Jochen Klepper wird bei der jüdischen Gemeinde vorstellig, wo Scharen von Menschen auf Klärung ihrer Angelegenheiten warten. Es ist ihm peinlich, dass er als «Arier» sofort vorgelassen wird, aber erreicht durch Zeigen des Frick-Briefs eine vorläufige Zurückstellung für Renate. Weihnachten 1941 gehen Kleppers gemeinsam in die Kirche, aber sitzen hinten, weil Renate mit dem gelben Stern nicht gesehen werden möchte.

Brigitte hat in England einen jungen Emigranten geheiratet. Seine Eltern haben in Wien gelebt und sind ins Ghetto von Lodz deportiert worden. Jetzt hat sie ein Kind geboren. Es soll Katharina heißen, nach Katharina von Bora aus Jochen Kleppers neuem Buch. Aber er kommt nicht zum Schreiben, die Ungewissheit über Renates Schicksal überschattet alles andere. Die Schweiz ist wieder im Gespräch, alle möglichen Varianten werden durchgespielt, Adoption durch christliche Eltern, Scheinehe, Vorspiegelung einer anderen Vaterschaft, die sie zum «Mischling ersten Grades» machen würde. Gerüchte kursieren über Bestechungsgelder an SS-Angehörige, die angeblich eine «Arisierung» erreichen oder illegale Grenzübertritte organisieren können, hilfsbereite Freunde melden sich mit «glänzenden Verbindungen», die sich immer wieder als Schimäre erweisen. Der Selbstmord als Lösung rückt mal näher, mal ferner, ganz verschwindet er nie. Jochen Klepper sieht sich mit Renate auf tragische Weise verbunden: Ihre Anhänglichkeit an ihn hat sie in diese furchtbare Lage gebracht, die panische Suche nach einer Rettung für sie lähmt seine Schaffenskraft. Am 22. März 1942 wird er vierzig Jahre alt.

Immer mehr Menschen aus dem Bekanntenkreis der Familie verschwinden. Man hört von Massenerschießungen von Juden im Osten. Jeden Morgen fehlen auf Renates Arbeitsstelle Kolleginnen, die in der Nacht abgeholt wurden, sie selbst wirkt manchmal wie abgestumpft, zu anderen Zeiten zynisch. Jochen Klepper entschließt sich, als letzten

Versuch, die örtliche Kreisleitung der NSDAP aufzusuchen, den Frick-Brief und zwei kürzlich erschienene positive Besprechungen des «Vaters» im NS-Blatt «Der Hoheitsträger» und in der «Deutschen Zeitung für die besetzten Ostgebiete» im Gepäck. *Wir hatten eine lange Unterredung, die ich mit großen Bedenken und mit großer Reserve begann, die aber dann mit starkem Interesse geführt wurde. Ich darf wohl den Eindruck eingestehen, daß die Sache in den rechten Händen liegt und daß jener Herr G., sicher ein tüchtiger Emporkömmling, der menschlich geblieben ist, das Seine tun wird, zu versuchen, lokale und singuläre Schwierigkeiten, die immer wieder für mich auftauchen, zu beheben.*[24]

Dann kommt, völlig überraschend, am 5. Dezember 1942 die Nachricht: Renate hat die Einreiseerlaubnis nach Schweden erhalten! Legationsrat Almqvist von der schwedischen Botschaft, der sich beharrlich darum bemüht hat, will keinen Dank, er sei nur das *Werkzeug Gottes* gewesen, aber stimmt überein, dass etwas *völlig Außergewöhnliches* geschehen sei. Im Hinblick auf die *Übersteigerung der Judenmaßnahmen* rät er zur Eile.[25]

Die entscheidende Hürde steht noch bevor: eine zweite Audienz bei Minister Frick. Sie wird, wie die erste, sofort gewährt. Der Minister, sieht Jochen Klepper, hat alles noch *klar im Gedächtnis* und steht zu seiner Zusage: *er will Renate aus Deutschland heraushelfen.* Aber *hier* könne er sie nicht mehr schützen, *niemand* könne das. Auch ein Schutzbrief für Hanni, wie seinerzeit für Renate, sei nicht mehr möglich. «*Noch ist Ihre Frau durch ihre Ehe mit Ihnen geschützt. Aber es sind Bestrebungen im Gange, die die Zwangsscheidung durchsetzen wollen. Und das bedeutet nach der Scheidung gleich die Deportation des jüdischen Teils.*» Der Minister läuft erregt am Schreibtisch auf und ab. «*Ich kann Ihre Frau nicht schützen. Ich kann keinen Juden schützen. Solche Dinge können sich ja der Sache nach nicht im geheimen abspielen. Sie kommen zu den Ohren des Führers, und dann gibt es einen Mordskrach.*» Jochen Klepper muss erkennen: Alles und Alles im Dritten Reich läuft auf einen Mann hinaus: Adolf Hitler. An den heranzukommen, ist unmöglich, und gelänge es, würde er keinen Millimeter nachgeben. Noch etwas gesteht der Minister: Er darf keine Ausreisen mehr genehmigen. *Dieser Machtbereich ist ihm entzogen.*[26]

Am 9. Dezember 1942 hat Jochen Klepper einen Termin im Reichssicherheitshauptamt. Dort sitzt ihm Adolf Eichmann gegenüber. Der gibt sich großmütig: «*Ich habe noch nicht mein endgültiges Ja gesagt. Aber ich denke, die Sache wird klappen.*» Was ist mit Kleppers Frau? «*Die Situation meiner Frau überblicke ich noch nicht*», antwortet Jochen Klepper. Darauf Eichmann: «*Eine gemeinsame Ausreise würde nämlich nicht gestattet.*» Was ist jetzt wieder los? *Betrachtet man Hanni als Geisel für Reni? Würde man Hanni als meiner Frau verweigern, was man Renerle als meiner Stieftochter vielleicht zugesteht?* Morgen um drei soll er wieder vorsprechen. *Diese stillen, stillen, dunklen, trüben Tage. So lind, so voller Trauer des Himmels.*[27]

Jochen Kleppers letzter Tagebucheintrag datiert vom 10. Dezember 1942. Kein Bibelvers ist ihm vorangestellt. *Nachmittags die Verhandlung auf dem Sicherheitsdienst.* Vom Ergebnis sagt er nichts. Die letzten Worte lauten: *Wir sterben nun – ach, auch das steht bei Gott. Wir gehen heute Nacht gemeinsam in den Tod. Über uns steht in den letzten Stunden das Bild des Segnenden Christus, der um uns ringt. In dessen Anblick endet unser Leben.*[28] Das Hausmädchen findet sie am Morgen auf dem Fußboden der Küche. Der Gashahn ist aufgedreht. Jochen Klepper liegt in der Mitte, links und rechts von ihm Hanni und Renate. Die «Akte Jochen Klepper» wird geschlossen, die «Sondergenehmigung» gelöscht. Seine Schwester Hildegard erhält die Aufforderung, den *Ausweis des Heimgegangenen gelegentlich zurückzugeben.*[29] «Das ewige Haus», sein Buch über Katharina von Bora, erscheint 1951 als Fragment.

— 30 —
Krieg (II)

Hans Fallada lernt eine junge Frau kennen, Marianne Portisch, Sportlehrerin aus dem Sudetenland, Schriftleiterin einer nationalsozialistischen Mädchenzeitschrift. Unter dem Namen Annemarie Steiner hat sie einen Roman an den Rowohlt Verlag geschickt. Fallada, dem der Verlag das Manuskript zur Prüfung übersandt hat, stellt Talent fest und besucht die Autorin, die, wie der Zufall es will, im kaum zwanzig Kilometer von Carwitz entfernten Sanatorium Hohenlychen an einer Knieverletzung behandelt wird. Das 1903 gegründete Sanatorium liegt auf einer Halbinsel am Stadtrand von Lychen und ist seit 1933 auf die Heilung von Sportverletzungen und Gelenkerkrankungen spezialisiert. Der schön gelegene Ort ist bei NS-Größen beliebt. Rudolf Heß war häufig da, Heinrich Himmlers unehelicher Sohn Helge wurde 1942 hier geboren, angeblich hat sogar Hitler selbst Hohenlychen besucht. Bis zum Kriegsbeginn kamen auch ausländische Gäste. Chefarzt ist Dr. Karl Gebhardt, SS-Oberführer, Professor für Sportmedizin an der Universität Berlin, wegen Experimenten an Häftlingen im zwölf Kilometer entfernten Konzentrationslager Ravensbrück und anderer Verbrechen gegen die Menschlichkeit im Nürnberger Ärzteprozess 1947 zum Tode verurteilt und 1948 in Landsberg am Lech hingerichtet.

Mehr als ein halbes Jahrhundert später hat Annemarie Steiner in einem Interview Fragen zu ihrer mehrjährigen Beziehung zu Hans Fallada beantwortet. Er habe sie stets ermutigt und sei überwiegend guter Laune gewesen. Sportlich gekleidet sei er mit dem Taxi, manchmal sogar per Rad von Carwitz nach Hohenlychen gekommen und habe sich dort ein Zimmer genommen. Betrunken habe sie ihn nie erlebt, da habe die Nachwelt viel falsch interpretiert, das Duell am Uhufelsen, bei dem er seinen Freund erschoss, sei ein Versehen gewesen, ins Gefängnis habe er sich freiwillig einweisen lassen, um Ruhe zu haben. Trotz der vielen Dokumente, die beweisen, dass hier ein sehr geschöntes Bild Falladas gegeben wird, ist Annemarie Steiners Bericht aufschlussreich. Sie schildert Fallada als sehr guten Zuhörer, der sich ausgiebig und interessiert mit Menschen über alle möglichen Themen ausgetauscht habe. Als Autor sei er uneitel gewesen, geradezu einen «Tiefstapler» habe man ihn nennen können, freilich mit scharfem Urteil über die Werke anderer. Dem Nationalsozialismus habe er positiv gegenübergestanden; wo sich Beziehungen anboten, habe er sie genutzt. Ein guter Schriftsteller müsse über alles schreiben können, habe er gemeint, sie habe daraufhin Autobiografisches angeregt, daraus sei das Erfolgsbuch «Damals bei uns daheim. Erlebtes, Erfahrenes und Erfundenes» entstanden. Fallada erzählt hier unterhaltsam und kurzweilig, wenn auch stark verschleiernd, die Geschichte seiner Kindheit und Jugend. Harte Tatsachen wie der Schusswechsel auf dem Uhufelsen, seine Jahre in der Psychiatrie, seine Morphiumsucht, seine Gefängnisstrafen werden mit keinem Wort erwähnt, trotzdem schaut man wie in einen tiefen Teich, auf dessen Grund man Verborgenes ahnt. *Irgendwelchen dokumentarischen Wert* habe das Buch nicht, schreibt er seiner Mutter, solle es *auch garnicht haben*,[1] das Lesepublikum, das besonders in Kriegszeiten nach guter Unterhaltungsliteratur giert, reißt es ihm aus den Händen. Auch bei der Reichsschrifttumskammer sorgt es für gut Wetter: *Trägt man jetzt dort etwas über Fallada vor, trifft man nicht auf die kalte, ablehnende Haltung wie früher, sondern auf freundliche Zustimmung. Das ist doch sehr erfreulich.*[2]

Im Frühjahr 1943 erhält Fallada das Angebot, angeblich auf Vermittlung Annemarie Steiners, aus Frankreich über den Reichsarbeitsdienst zu berichten. Er greift sofort zu, reist sechs Wochen durch besetztes Gebiet bis nach Spanien. Aus den Notizen soll ein Reisetagebuch entstehen und veröffentlicht werden. *Dieser Plan hat auch in hohem Masse die Billigung der höheren Reichsleitung gefunden,* erfährt seine Mutter. *Nicht nur Frankeich war bei mir ein Erfolg, sondern auch Dein Sohn war ein allgemeiner Erfolg –, mit dem Ergebnis, dass ich für den ganzen Rest des Jahres Sonderführer des RAD bleibe und dass ich Anfang August noch einmal einrücken muss, diesmal nach Niemes im Sudetenland, um zur Abrundung des Bildes auch die Ausbildung der jung eingezogenen Mannschaften kennen zu lernen.*[3] Die Reisenotizen sind verschollen, zu einer Veröffentlichung kam es nie.

Bei der Rückkehr von seiner Reise erwartet ihn ein Brief:

Reichsministerium
für Volksaufklärung und Propaganda
Dr. Rudolf Erckmann *Berlin W 8, den 8. Juni 1943*

Sehr geehrter Herr Ditzen!
Wie ich erfahre, sind Sie seit längerer Zeit mit Vorstudien für ein grosses neues Werk beschäftigt, das die Ereignisse um den Barmat-Kutisker-Skandal von einst zum Thema hat. Im Laufe der letzten Wochen ist unsere gesamte propagandistische Arbeit wieder konsequent auf die alte gegen das Judentum gerichtete Linie eingeschwenkt, deren konsequente Verfolgung von grösster Bedeutung für die Erreichung des Sieges sein wird. Dabei besteht vor allem Interesse daran, dass unsere Anschauungen dieser Frage im Auslande mehr und mehr an Boden gewinnen. Während die Presse- und Rundfunkarbeit ihre Wirkung mehr durch den täglichen Bericht erzielt, soll das deutsche Schrifttum in der gleichen Richtung mehr in die Tiefe wirken. Hierfür ist natürlich in erster Linie das erzählende Schrifttum geeignet, da es von vorneherein nicht im gleichen Masse wie Presse und Funk mit der Hypothek der Propaganda und der Zweckhaftigkeit belastet ist.

Es ist daher als ein besonderer Glücksfall anzusehen, dass Sie sich mit einem Stoff bereits befasst haben, der weitgehend gestattet, die jüdische Frage zur Darstellung zu bringen und der darüber hinaus ausserordentliche schriftstellerische Möglichkeiten eröffnet. Hinzukommt, dass Ihr Werk von jeher im Auslande stärkste Beachtung erfahren hat und Ihr Name daher diesem Buch einen besonders günstigen Weg bereiten wird. Ich möchte Sie, sehr geehrter Herr Ditzen, daher heute fragen, ob Sie bereit wären, diese Arbeit als nächste soweit zu fördern, dass sie möglichst bald zur Wirkung kommen kann. Selbstverständlich würde von der Papierseite her gesorgt werden, dass dem Buch ein entsprechender Raum zur Verfügung steht. Bezüglich der Gestaltung im einzelnen brauche ich nichts zu sagen, da Ihre grosse und fesselnde Erzählgabe die Gewähr für ein Gelingen gibt und der Stoff ohne weiteres das einschliesst, was an der Sache auch politisch interessiert. Je mehr die Tendenz des Buches in Handlung und Geschehen umgesetzt wird, desto wirksamer wird es werden; aber das brauche ich Ihnen nicht zu sagen, da Sie ja immer ein handlungsstarkes Werk gepflegt haben. Ich würde mich freuen, von Ihnen in der Angelegenheit bald zu hören und darf Ihnen versichern, dass wir vom Ministerium aus das Notwendige tun werden, ein solches Buch weitgehend zu fördern. Bezüglich der Wahl des Verlages soll natürlich alles in Ihrem Ermessen bleiben.

Mit verbindlichen Grüssen
Heil Hitler!
Ihr Dr. R. Erckmann[4]

Der Barmat-Kutisker-Skandal kreist um das Geschäftsgebaren zweier jüdischer Kaufleute, die nur deshalb zusammen genannt werden, weil sie nach 1918 ähnliche Betrügereien begingen und beide aus dem Osten kamen. Julius «Judko» Barmat hatte von Holland aus einen Konzern aufgebaut, der 1924 unter seiner Schuldenlast zusammenbrach, wobei vor allem Kredite der Reichspost und der Preußischen Staatsbank verlorengingen. Führende SPD-Politiker, unter ihnen Reichskanzler Gustav Bauer, waren kompromittiert, Betrugsvorwürfe ließen sich nicht beweisen. Barmat wurde wegen aktiver Bestechung zu elf Monaten Gefängnis verurteilt, kam aber nach ein paar Monaten frei und starb 1938 in Brüssel. Iwan Baruch Kutisker hatte deutsches Heeresgut verkauft und sich in großem Stil Wechselkredite von der Preußischen Staatsbank und anderen Instituten gewähren lassen, wodurch zuletzt ein Schaden von mehr als 14 Millionen Reichsmark entstand. Kutisker wurde zu fünf Jahren Zuchthaus, zehn Jahren Ehrenverlust und viereinhalb Millionen Geldstrafe verurteilt, ging in Berufung und starb 1927 am Tag vor der Verkündigung seines Urteils.

Ein hoch erfreuter, ja begeisterter Fallada schreibt seiner Mutter: *Und nun das Tollste: ich fand auch einen langen Brief des Propagandaministeriums vor, das mich mit den schmeichelhaftesten Ausdrücken über meine Kunst auffordert, in seinem Auftrag einen Roman zu schreiben, auf*

Grund der Kutisker-Studien, die ich vor 3 Jahren machte, der vor allem in grossen Auflagen im Ausland verbreitet werden soll! Ja, liebe Mutti, da steht das Herz vor Staunen still, und es fängt an, mich vor der Götter Neid zu grauen.[5]

Tatsächlich verfolgt Fallada seit 1941 die Idee, den Barmat-Kutisker-Skandal literarisch zu verarbeiten. Gustav Kilpper von der Deutschen Verlags-Anstalt, der neue Chef des Rowohlt Verlags, hatte für ihn beim Reichsjustizministerium Akteneinsicht erlangt, er hatte den Fall mehrere Wochen lang in Berlin recherchiert und sogar Unterlagen mit nach Hause nehmen dürfen. Das Projekt hatte schon damals etwas Abartiges, Anrüchiges: Die Judenverfolgung durch die Nazis war in ihre entscheidende Phase getreten, Veit Harlans Hetz- und Propagandafilm «Jud Süß» lief in allen Kinos, ein Roman über betrügerische jüdische Kaufleute musste die antijüdische Stimmung weiter anheizen. Jetzt, im Sommer 1943, ist die Deportation der Juden Deutschlands so gut wie abgeschlossen, die wenigen Verbliebenen verbergen sich in Kellern, Laubenkolonien oder Wohnungen mutiger Nicht-Juden, aus allen Teilen Europas rollen Züge nach Osten, dass die darin zusammengepferchten Menschen lediglich zu «Arbeitseinsätzen umgesiedelt» werden, wie es die Regierung behauptet, glaubt in der Bevölkerung niemand mehr. Aber Fallada hält an seinem Projekt fest. Seine Bedenken sind nicht moralischer, sondern literarischer und persönlicher Art.

Sehr verehrter Herr Oberregierungsrat,
von meiner Reise durch Frankreich zurückgekehrt finde ich Ihren ebeso gütigen wie ehrenvollen Brief hier vor. Nichts wäre mir erwünschter, als diesen Plan, der mich nun schon durch zwei Jahre ständig beschäftigt, in die Tat umzusetzen. Sämtliches Material habe ich bereits gesammelt, die nötigen Vorstudien gemacht, ich brauchte mich nur hinzusetzen und loszuschreiben, aber es gibt da ein entscheidendes Hindernis … Verzeihen Sie, wenn ich jetzt etwas ausführlicher über meinen Plan und dies Hindernis schreibe, wenn es irgendeine Stelle gibt, die mir in dieser Sache raten und das Hindernis beseitigen kann, dann sind Sie es.

Er wolle, führt Fallada aus, nicht den Fall Barmat, sondern den von Kutisker behandeln. Barmat sei lediglich *ein Rattenkönig von Geschäften, Weiberaffären, politischen Dingen und Verschwendungssucht* gewesen, das sei nicht interessant und nicht einmal *typisch jüdisch*. Kutisker hingegen sei eine *Verkörperung des Geld-Wahnsinns, wie man ihn nur bei Juden* fände, nur das *Geld an sich* interessiere ihn, *kein Schmuck, keine Frauen, nicht einmal Wohlleben oder Besitz, nur Geld,* er sei der *ewige Jude in reinster Form* – und dennoch sei Kutisker *gescheitert* und dabei *immer ärmer* geworden, nicht zuletzt deshalb, weil er damals an *den Untergang des Deutschen geglaubt* habe. *Und nun beginnt sein wilder grotesker Kampf mit Richtern, Anwälten Ärzten. Und da, grade als er vor'm Siege steht, als seine Freisprechung sicher zu sein scheint, ein paar Stunden vor der Berufungsverhandlung, da stirbt er! Das ist schon ein Schluss!* Aber viele der damals Involvierten lebten noch, zwar habe sich *keiner unter den beteiligten Ariern* schuldig gemacht, aber ehemalige Bankdirektoren und andere könnten ihm einen *Haufen von Prozessen auf den Hals* laden, das sei für ihn ein *unüberwindliches Hindernis*. Gäbe es einen *Ausweg,* sei er für *jeden Wink dankbar.*[6]

Dr. Erckmann beschwichtigt: Das Ministerium werde sich gegen Prozesse zu wehren wissen und einen *so vollständigen Zwang, den Tatsachen um jeden Preis zu folgen,* sehe er nicht, Fallada könne Kutisker durch eine andere Figur ersetzen, die *nicht ohne weiteres als deckungsgleich empfunden* werde, so lange sie nur eine *typische Verkörperung des Judentums* sei.[7] Fallada stimmt zu: Kutisker solle Lubliner heißen, nicht aus Krakau, sondern aus Riga stammen und dergleichen. Im April 1944 macht er sich an die Arbeit, fleißig und genau wie immer, diktiert sogar Teile des Romans einer Sekretärin. Mehr weiß man nicht. Das Schicksal des Manuskripts ist unbekannt. Kein lebender Mensch hat es je gesehen. Zum Glück für Fallada, möchte man sagen. Wäre es erschienen, hätte es mit großer Wahrscheinlichkeit sein ganzes übriges Werk entwertet.

*

Wie lange wird das Dritte Reich sich halten? Es gilt, sich für die Zeit danach zu positionieren. Kasimir Edschmid, jener Reiseschriftsteller und frühe expressionistische Dichter, der 1933 bei Kultusminister Bernhard Rust gegen die Verbrennung seiner Bücher protestiert hat, arbeitet an einem Roman, der in Form einer Parabel das Dritte Reich deuten und für die Nachwelt verständlich machen soll. Wie macht man das? Man war doch selbst Teil davon. Ein Roman über das Dritte Reich, geschrieben von einem im Land gebliebenen Autor, muss die eigene Haltung mit einbeziehen. Kasimir Edschmid hat das vermutlich erkannt und wählt, in einer ebenso mutigen wie merkwürdigen dramaturgischen Überlegung, als Hauptfigur sich selbst. Seine jüdische Lebensgefährtin Erna Pinner ist 1935 nach England emigriert, er hätte mitgehen können, aber tat es nicht und heiratete im Januar 1941 eine zwanzig Jahre jüngere Offizierstochter, Elisabeth von Harnier, genannt Illy, in Darmstadt beheimatet wie er selbst, von Beruf Geigenlehrerin. Mit ihr und den zwei gemeinsamen Kindern lebt er seit 1943 auf einem gemieteten Bauernhof in der Nähe von Ruhpolding, und hier spielt auch der Roman. Der Konflikt entsteht, als eine Münchner Familie auf dem Hof einquartiert wird, kein unübliches Ereignis, überall müssen Menschen zusammenrücken, Ausgebombte brauchen Unterkunft, Schulkinder und Mütter mit Kleinkindern werden im Programm der «Kinderlandverschickung» in weniger gefährdete Gebiete gebracht. Dass es hierbei zu Reibereien kommt, kann nicht ausbleiben. Die bei Edschmids untergebrachte Familie erweist sich allerdings als in solchem Maß bösartig, dass sie im Roman zum Symbol für das Dritte Reich schlechthin mutiert und damit auch den Inhalt des Romans bestimmt: Hier Kasimir Edschmid und die Seinen als Verteidiger des Guten, Anständigen und Niveauvollen, dort die böse einquartierte Familie.

Wie seinerzeit Klaus Mann macht sich Kasimir Edschmid mit der Verfremdung wenig Mühe. Er selbst nennt sich Rotenhan, seine Frau heißt Dolly statt Illy, die einquartierte Familie heißt Ziema. Alles andere entspricht der Wirklichkeit. Rotenhan ist Schriftsteller, arbeitet an einem Roman, seine Frau spielt Geige, zwei Kinder sind da, und Ziemas sind einfach nur unerträglich. Herr Ziema, von kriecherischer, berechnender Höflichkeit, dabei eisenhart und grausam, geht am Stock mit einer Gummizwinge, zieht das rechte Bein nach wie ein gewisser Minister (oder ist es bei dem das linke?), Frau Ziema gibt sich leidend, hat ständig Sonderwünsche, klagt über alles, bedankt sich nie. Ziemas bringen mehr Möbel als verabredet, verbrauchen mehr Strom, als sie dürfen, werfen ihren Abfall in den Garten, überschwemmen das Badezimmer. Ziemas bekommen Koks, wo Rotenhans keinen bekommen, haben bessere Verbindungen, wissen auf alles eine Antwort. Sich gegen die Ziemas zu wehren, ist zwecklos. Die Ziemas sind immer die Stärkeren.

Dann kommt das Schlimmste: Ziemas musizieren! *Die Ziemas spielten von neun Uhr früh bis zehn Uhr abends. Manchmal fast ohne Intervalle. Manchmal mit langen Pausen. Aber das war fast noch schlimmer. Denn Rotenhan rieb sich wund, indem er immer wieder da anfangen mußte, wo er aufgehört hatte, indem er immer wieder die alte Linie einrichten, die Gedankenketten zusammenfügen mußte – um, kaum in Fluß, wieder unterbrochen zu werden.*[8] «Das Regime» alias Familie Ziema macht dem Schriftsteller Rotenhan alias Kasimir Edschmid das Arbeiten unmöglich. So im Roman.

In Wirklichkeit ist das Regime dem Schriftsteller Kasimir Edschmid gerade besonders gewogen: Baldur von Schirach, seit 1940 Reichsstatthalter von Wien, fragt an, ob er bereit sei, ein repräsentatives Wien-Buch zu gestalten – ein heikler Auftrag, wie Edschmid weiß, weshalb er vorsichtig antwortet: Er sei ja *Hesse und kein Wiener,* für gewöhnlich sei es *das Vorrecht der Eingeborenen* derartige *Berichte der Liebe und Verbundenheit* zu verfassen, wenn man ihn jedoch trotzdem für geeignet halte, sage er *gerne zu.* Vorher müsse er allerdings, um das *Gleichgewicht zwischen Lebendigem und Sinnlichen und Historischen richtig herzustellen,* Wien noch einmal besuchen.[9] Er darf hinfahren, im Januar 1944, darf im Hotel Bristol wohnen und wird privat vom Ehepaar Schirach zum Essen eingeladen.

Zu Hause geht das Musizieren der Familie Ziema weiter. Edschmid kann nicht arbeiten und sucht Hilfe direkt bei Henriette von Schirach: Er wisse wohl, *was und wieviel Wichtigeres* auf ihr laste, aber seine Arbeit gehe *zu Grunde,* weil *die Gegenseite* (Familie Ziema) es für ihr *gutes Recht* halte, sie *zu Grunde* zu richten. *Ich habe mein Leben lang immer nur meiner Arbeit gelebt, und dass es nun erlaubt sein soll, dass eine mittelmässige Klavierlehrerin durch ihr Üben, wann und wie es ihnen gefällt, gegen jede Gepflogenheit, gegen jedes Gefühl von Takt, Anstand und Respekt sie sabotieren darf, will mir nicht in den Kopf [...] denn schliesslich ist das, was ich an dem Wien-Buch arbeite, sowie das, was ich für das Ausw. Amt schreibe und für den Reichsarbeitsführer doch nicht unwichtiger als das Geklimper. Und das Geklimper wird ausgeführt im absoluten Bewusstsein und in genauer Kenntnis der vorliegenden Tatsachen.*[10]

«Das gute Recht» heißt jetzt auch der Roman. Er wächst und wächst. Lange Passagen handeln von Mussolini und dem italienischen Faschismus, die Zerstörung seines Darmstädter Elternhauses wird beschrieben, sogar seine kranke Leber spielt eine Rolle. Aber das Hauptthema bleibt die Auseinandersetzung mit der Familie Ziema und deren unanständigem, kulturfeindlichem Gebaren, das ihm das Arbeiten unmöglich macht. Das Resultat ist folgendes: Während man ihn am Arbeiten hindert, schreibt Kasimir Edschmid einen mehr als tausend Seiten dicken Roman, der im Wesentlichen davon handelt, dass man ihn am Arbeiten hindert! Das muss ihm erstmal einer nachmachen! Als Motto ist vorangestellt: *Die Personen dieses Buches leben nicht. Sie haben auch nicht gelebt.* Im Versuch, das Dritte Reich und die eigene Stellung darin zu deuten, scheinen sich Wahn und Wirklichkeit übereinander geschoben zu haben (ein in der Schlussphase des Dritten Reichs nicht unübliches Phänomen). Der Roman «Das gute Recht» erscheint 1946, von Edschmids Wien-Buch ist, wie von Falladas Kutisker-Roman, nichts erhalten.

*

Am 13. April 1944 wird Peter Suhrkamp verhaftet. Er ist einem Spitzel aufgesessen. Der hatte, so die Erinnerung des Schriftstellers Hermann Kasack, bei ihm vorgefühlt, ob er bereit sei, seinen Verlag *als geheime Verbindungsstelle für jenen angeblichen Kreis* zur Verfügung zu stellen, der *den in der Schweiz lebenden ehemaligen Reichskanzler Dr. Wirth* als Nachfolger Hitlers einsetzen wollte.[11] Peter Suhrkamps Reaktion ist nicht bekannt, aber er hat den Vorfall nicht gemeldet. Das hätte er als zuverlässiger Volksgenosse tun müssen. Indem er es nicht tat, lief er in die Falle, die das System ihm gestellt hatte.

Eigentlich erstaunlich, dass ihm das passiert ist. Denn kaum jemand hatte mehr Erfahrung im Umgang mit dem System als er, angefangen mit den Verhandlungen im Propagandaministerium und der Reichskulturkammer vor der Aufspaltung des S. Fischer Verlags in den Bermann-Fischer Verlag und den als S. Fischer Verlag/Peter Suhrkamp in Deutschland verbleibenden Teil, deren Gelingen sicher auch mit seinem Verhandlungsgeschick zusammenhing. Liest man die Briefe, die er ab 1935 seiner Frau Annemarie Seidel geschrieben hat, gewinnt man den Eindruck eines pausenlos arbeitenden Mannes, der sich Berührungsängste mit offiziellen Stellen schlichtweg nicht leisten konnte. Wollte er für Ida Dehmel, Witwe des 1920 gestorbenen Dichters Richard Dehmel, eine Befreiung vom Tragen des gelben Sterns erreichen, musste er zu Karl Kaufmann pilgern, dem Reichsstatthalter von Hamburg, Hanns Johst um Unterstützung angehen, im Propagandaministerium vorstellig werden. Kam Kritik an einem Beitrag der «Neuen Rundschau», war ein erneuter Gang aufs Ministerium fällig. Wurde ein von ihm verlegter Roman für den Deutschen Volkspreis nominiert, fuhr er nach Leipzig, um Papier für eine Nachauflage zu besorgen, wurden Stücke seiner Autoren aufgeführt, reiste er zur Premiere. Als das Propagandaministerium ihn verpflichtete, an einem Tagesausflug zur «Führerschule der Deutschen Ärzteschaft» in Alt Rehse bei Neubrandenburg teilzunehmen, wo unter anderem Kurse zur Durchführung von Euthanasie-Programmen stattfanden, tat Peter Suhrkamp auch das. Und als seinem Verlag im April 1943 die Schließung drohte, mobilisierte er, was an Fürsprechern aufzutreiben war, darunter den Bildhauer Arno Breker, dessen Figuren den Eingang zu Hitlers neuer Reichskanzlei zierten, und den in Nazi-Kreisen hoch geschätzten Autor Hans Rehberg. Mit Erfolg: Oberregierungsrat Dr. Erckmann teilte ihm mit, dass *auf Grund der zahlreichen Einsprüche von oben herunter* die Entscheidung *zugunsten des Weiterbestehens* des Verlags gefallen sei, allerdings erwarte Minister Goebbels, dass er *zukünftig in weltanschaulicher Sicht ordentlich arbeiten* werde.[12] Dass derselbe

Goebbels kurz darauf den «jüdischen Namen Fischer» im Firmenzeichen seines Verlags verbot, konnte Peter Suhrkamp nicht verhindern, und Ida Dehmel nahm sich angesichts ihrer unmittelbar bevorstehenden Deportation im September 1942 durch eine Überdosis Schlaftabletten das Leben.

Den Grund seiner Verhaftung kennt Peter Suhrkamp nicht. Er verbringt eine Nacht in Polizeigewahrsam und wird bei Anbruch des nächsten Tages über eine *gleichgültige Landstraße zwischen Feldern und abseits liegenden Föhrenbeständen* nach Norden gebracht. In einem *Landstädtchen mit Herrenhaus* sieht er *Trupps singender Männer im Morgengrauen,* rechts schimmert *flüchtig ein See* durch die Bäume (die Havel bei Fürstenberg), dann wird eine Tür zu einem *kleinen Raum* aufgestoßen und hinter ihm verriegelt.[13] Seitdem ist er allein – in einer Gefängniszelle auf dem Gelände des Konzentrationslagers Ravensbrück. *Von meiner Lage weiß ich so wenig wie Du, wahrscheinlich noch weniger,* schreibt er seiner Frau, *ich weiß nämlich gar nichts und werde, wie ich sehe, immer der Letzte sein, der etwas zu wissen kriegt. Was ich erlebe, ist dies: Am 13. April hat sich von irgendwo her mit einem lähmenden Schlag etwas völlig Undurchsichtiges über mein Leben gestürzt und es in eine Finsternis gehüllt, in der warte ich seitdem, tappe umher, wehre Gespenster ab, kann aber nichts tun, gar nichts als abwarten, was da herauskommen wird, es sind andere Mächte, die darin am Wirken sind, nur ihre Gegenwart spürt man in jedem Moment.*[14]

Fünf Monate später ist er immer noch in Haft, obgleich der Reichsanwalt beim Volksgerichtshof das Verfahren gegen ihn eingestellt hat. Man hat ihn lediglich von Ravensbrück ins Untersuchungsgefängnis Moabit an der Lehrter Straße in Berlin verlegt. Dort weht ein härterer Wind. *Man kann an den Haftbedingungen nicht das Geringste ändern, nicht die minimalste Erleichterung ist zugelassen,* schreibt Annemarie Seidel ihrer Schwester.[15] Im September 1944 darf sie ihn besuchen. *Er ist ganz weiß geworden, schlohweiß, auch das Gesicht ist wie mit Mehl bestreut, sehr sehr eingefallen, aber schön. Es beunruhigt mich sehr, daß er kranke Augen hat. Es ist eben ein richtig schweres Gefängnis.*[16]

In ihrer Not bittet sie Hanns Johst um Hilfe für ihn: *Wenn einer um alles Positive, Selbstlose und Einmalige weiß, was in seinem Charakter, in seiner Anlage liegt, so müssen Sie es sein. Sie wissen auch, wie überpersönlich er im Grunde allem dient, was von ihm verlangt wird, und wie aufopfernd er gegen Menschen ist, die in Not sind. Und keiner kennt auch wie Sie seinen fürchterlichen oldenburgischen Dickschädel, diese Art von naivem Eigensinn, die ihm nicht immer Freunde eingetragen hat. Er hat schwer um die Ideen des neuen Deutschland gerungen, man kann ihm Fehler vorwerfen, «pädagogische» Irrtümer, Eigenwilligkeiten aus Überzeugung – niemals aber etwas gegen sein Deutschtum, seine Ehre, seine Treue zu sich selbst.* Annemarie Seidel erinnert an eine ihrer ersten Theaterrollen, 1918 in München, in Hanns Johsts Grabbe-Drama «Der Einsame. Ein Menschenuntergang» und an den Umstand, dass Hanns Johst es war, der sie zum ersten Mal mit Peter Suhrkamp zusammengebracht hat – *und das mit Worten so herzlicher Freundschaft, mit so achtungsvoller Schätzung seiner Persönlichkeit, daß sie mir noch heute unvergeßlich sind.* Suhrkamp habe ihr oft von Hanns Johst erzählt, *immer mit demselben Unterton von* Zuneigung*; er hält das Gemeinsame aus Ihrer Jugend sehr hoch. Ich bitte Sie von ganzem Herzen, mir zu helfen. Ihre Annemarie Suhrkamp-Seidel*[17]

Dann wird Peter Suhrkamp sogar verdächtigt, zum Umfeld der Verschwörer des 20. Juli zu gehören. Hunderte von Menschen sind im Zusammenhang mit dem Attentat auf Hitler verhaftet worden, etwa 180 Verdächtigte wurden hingerichtet, das könnte auch Peter Suhrkamp geschehen. Annemarie Seidel weiß um die Verbindung von Hanns Johst zu Heinrich Himmler und schreibt ein weiteres Mal: *Um was ich Sie bitte, lieber Herr Johst, mag Ihnen vielleicht phantastisch erscheinen – aber vielleicht ist es Ihnen möglich, und Sie geben mir sogar recht und machen den Versuch: wenn der Reichsführer zu bewegen wäre, sich diesen Mann nur zehn Minuten lang vorführen zu lassen, so würde er durch seine hohe Menschenkenntnis augenblicklich klar übersehen, wie es um Suhrkamp steht, weit genauer, weit gründlicher, als es ihm referiert werden könnte. Ich wage diese Bitte, weil es um sein Leben geht.*[18] Nichts geschieht, Peter Suhrkamp bleibt in Haft.

Die Nachfrage nach Ina Seidels Gedichten wächst derweilen beständig. Je schlimmer die Zeiten, so scheint es, desto größer das Bedürfnis nach Erbauung. Der Voigtländer Verlag in Leipzig, die Franck'sche

Verlagsbuchhandlung in Stuttgart, die Gesellschaft der Freunde des Deutschen Bauerntums in Goslar, der Verlag Eugen Salzer in Heilbronn, die Zeitschriften «Der Ruhr-Arbeiter», «Die Koralle», «Die nationalsozialistischen Monatshefte», «Die Heimleiterin» (ein Organ der Reichsfrauenführung), «Das Wort macht stark» (Amt Weltanschauliche Erziehung Reichsführer-SS), sogar die Werkszeitschrift des Kaffee-Import-Geschäfts Emil Tengelmann – alle wollen Gedichte von Ina Seidel nachdrucken. So zahlreich sind die Anfragen, dass sie der Verlag oft gar nicht weiterleitet, sondern selbst die Genehmigung erteilt, im Vertrauen darauf, dass die Autorin nicht nein sagen wird. Zu Hitlers Geburtstag 1942 druckt die Zeitschrift «Der deutsche Schriftsteller», das offizielle Organ der Reichsschrifttumskammer, auch ihre Hitler-Huldigung von 1939 ein weiteres Mal ab, ohne ihr Wissen und ganz gegen ihren Willen, wie sie später beteuert, der Text wird dennoch auch Jahrzehnte nach ihrem Tod fast immer unter diesem Datum zitiert. Gustav Kilpper hat seinen Posten als Verlagsleiter niedergelegt, das Tagesgeschäft seinem Sohn überlassen. Neuer Chef ist Dr. Wilhelm Ruoff, Regierungsrat im Propagandaministerium. Er unterzeichnet mit «Heil Hitler!», das tun jetzt alle im Verlag, auch der Sohn Kilpper. Sein Vater hat das nie getan. Das Stuttgarter Verlagshaus wird im Oktober 1944 bei einem Bombenangriff zerstört und brennt bis auf die Grundmauern nieder. Die Produktion wird nach Göppingen ausgelagert.

*

Zur selben Zeit ist auch Hans Fallada in Haft. Er ist seit Juli 1944 von seiner Frau Suse geschieden und lebt mit Ursula Losch, einer jungen Witwe, die er demnächst zu heiraten gedenkt, in Feldberg. Im August kehrt er betrunken nach Carwitz zurück und feuert im Streit einen Schuss aus einer Kleinkaliberpistole in Suses Richtung ab. Sie nimmt ihm die Waffe aus der Hand und alarmiert die Polizei, ein Staatsanwalt weist ihn in die *Abteilung für unzurechnungsfähige Rechtsbrecher* der Landesanstalt Neustrelitz-Strelitz ein.[19] Dort schreibt er zwischen dem 6. und 21. September 1944 den 220 Seiten starken, schmerzhaft realistischen Roman «Der Trinker», in dem ein schwacher Mann aus Angst vor seiner Frau in die Sucht abgleitet. Zwei Tage später beginnt er, was 2009 unter dem Titel «In meinem fremden Land. Gefängnistagebuch 1944» erstmals veröffentlicht wird – ein für ungeübte Augen kaum entzifferbares, rund 200 Seiten starkes Dokument, in dem er die Zeilen in winziger Schrift vollschreibt, dann das Blatt auf den Kopf stellt und zwischenzeilig ein zweites Mal beschreibt, so dass seine ohnehin schwer lesbare Schrift einem orientalischen Teppichmuster gleicht.

Die Vorsicht ist nur zu begründet, denn Fallada schreibt ohne jede Achtsamkeit und zieht zwei Monate nach dem Attentat des 20. Juli über alles her, was ihm Frust bereitet, voller Hass und Verachtung für das Dritte Reich und seine Repräsentanten. Nur eine Spielernatur wie Fallada kann sich einer solchen Gefahr aussetzen. *Ich weiß, daß ich wahnsinnig bin. Ich gefährde nicht nur mein Leben, ich gefährde, wie ich immer mehr beim Weiterschreiben merke, das Leben vieler Menschen, über die ich berichte. Ich besitze kein abschließbares Fach. Alles liegt jedem Zugriff offen. Ich schreibe in einer mir zugewiesenen Zelle, durch die ständig andere Gefangene laufen, Wachtmeister stehen alle Augenblicke bei mir, rauchen eine Zigarette und stellen dumme Fragen nach der Tätigkeit eines Schriftstellers. Sie bewundern meine sehr kleine Schrift, der einzige Schutz, den ich gegen neugierige Nachschnüffler habe. Ich weiß, daß jeder Brief, jede Zeile, die hier geschrieben wird, erst von der Staatsanwaltschaft zensiert werden muß, ehe sie hinausgeht. Ich habe noch nicht die geringste Ahnung, wie ich diese Zensur vermeiden, wie ich das M. S. herausschmuggeln soll.*[20] Fallada schreibt trotzdem weiter, in einer Sprache so salopp und unverkrampft, wie sie nicht in seinen Briefen und nicht einmal in seinen Büchern zu finden ist. Nirgendwo tritt einem Fallada unmittelbarer entgegen. Man schaut sozusagen direkt in seinen Kopf.

Liebevoll gedenkt er seines Verlegers Ernst Rowohlt, der sich bei guter Laune ein Sektglas bringen ließ, es mit seinen Zähnen zermalmte und bis auf den Stiel aufaß und nur einmal in die Schranken gewiesen wurde durch einen anderen, der mit am Tisch saß und fragte: «*Und den Stengel essen Sie nicht, Herr Rowohlt? Das ist doch das Beste!*» und den Rest des Glases verzehrte. Unter Alkohol habe sich Rowohlt in einen *riesigen, zwei Zentner schweren Säugling* verwandelt, aber *hellwach* sei er gewesen, ein herrlicher Mensch und *trefflicher Freund,* ohne den er sich jetzt schon *lange schwere Jahre* behelfen müsse.[21] Suse und er hätten geweint, als sich Rowohlt verabschiedet habe, die *roten Schlußlichter* hätten geleuchtet, dann war er weg, nach Brasilien entschwunden – und plötzlich wieder da, *mächtig braun gebrannt,* aber sonst *ganz der alte Spieler, der Abenteurer, der überall dabei sein mußte, wo es brannte.*[22] Jetzt gehe er wahrscheinlich *auf der Insel Sylt* spazieren, er höre *fast nie mehr* von ihm. *Er, der alte Optimist, der immer Hoffnungsfrohe, wohnt nun im großen Land der Hoffnungslosigkeit. Oder hofft er vielleicht doch noch auf etwas? Ich denke doch, ich glaube es, er wird auf das hoffen, auf das wir alle hoffen, in diesem letzten Kriegsherbst 1944!*[23]

Fallada erinnert sich an seinen Freund, den Zeichner E. O. Plauen – *ein Mann wie ein Kind, ein Elefant, der seiltanzen konnte –,* Schöpfer der Bildergeschichten «Vater und Sohn» und Karikaturist der Wochenzeitung «Das Reich», der sich erschossen hat. Wie bitte? *Es ist doch unmöglich, dieser lebensfrohe, lachende Mensch, dieser nicht umzubringende Scherzemacher – sich erschossen?*[24] Sein Zimmerwirt hat mitstenographiert, was Plauen und ein Freund sich erzählten, und das Protokoll der Gestapo übergeben – Plauen war schwerhörig und sprach deshalb laut. *Was für einen Misthaufen sie aus Deutschland gemacht haben und was für Pflanzen auf diesem Misthaufen gewachsen sind – unsagbar!* Das Material sei *erdrückend* gewesen, selbst *ein Minister G.* hätte seinen *Leib-Karikaturisten* nicht retten können. *Aber sie taten doch etwas für ihn, sie legten ihm einen Revolver auf die Zelle und überließen es ihm, das Urteil vorwegzunehmen. Er tat es. Ich möchte wohl wissen, ob er gelacht hat, als er starb.*[25]

Fallada erzählt die Geschichte eines Kommunisten, der für einen Freund einen Koffer aufbewahrt hat und dafür zum Tod durch den Strang verurteilt wurde. Er zitiert dessen Abschiedsbrief aus dem Gedächtnis, vielleicht hat er ihn erfunden, mit Sicherheit ist er Ausdruck der eigenen Meinung: *Dies alles haben wir miterlebt und durchgemacht, und wir haben dabei jede Stunde zittern müssen für unserer Lieben Leben und das eigene Leben, dies geschieht uns nun schon elf Jahre. Elf Jahre ohne Ruhe, ohne Frieden! Und da sitzen Narren draußen im Aus-*

lande, sie sitzen recht bequem und gefahrlos und die beschimpfen uns als Konjunkturritter, als Söldlinge der Nazis – sie tadeln unsere Schwäche, unsere Tatenlosigkeit, unseren Mangel an Widerstandskraft! Aber wir haben es ertragen und sie nicht, und wir haben uns jeden Tag gefürchtet, aber sie nicht, wir haben unsere Arbeit getan, unsern Acker bestellt, unsere Kinder erzogen, unter ständiger Bedrohung unseres Lebens, und wir haben hier ein Wort geredet und dort eines, wir haben einander bestärkt, wir haben ausgehalten, wenn wir auch oft Furcht hatten – sie aber nicht![26]

Peter Suhrkamp kommt bei Fallada ganz schlecht weg. Der hat ihm, wahrscheinlich im Auftrag von Rowohlt, 1933 geholfen, aus den Verträgen mit seinen Vermietern in Berkenbrück herauszukommen, die ihn denunziert hatten. Fallada hat in Briefen auch damals nur schlecht über ihn gesprochen. Ein *großer, sehr schlanker Mann* sei er gewesen, *mit einer kräftigen Gestalt und einem fast aschfarbenen Gesicht, das sich mit den Jahren immer mehr zu einem nur mit Haut überzogenen Totenschädel entwickelte,* ein Emporkömmling, der mehr habe sein wollen als *Bearbeiter eines kleinen, versauerten Moorhofs,* den sein Vater ihm zugedacht habe, dabei sei er *hart* geworden *wie eine alte Eiche, nichts* habe ihm *etwas anhaben* können. Den Posten im S. Fischer Verlag habe er sich erschlichen, dessen Begründer und Eigentümer, *ein alter Jude, ein alter, kluger Mann mit jenem tiefen Instinkt für Qualität, den so viele Juden besitzen,* sei ihm hörig geworden. Peter Suhrkamp habe ihn *in den Arm* genommen, *aufs Sofa gelegt* und erzählt, dass ihm, einem *Oldenburger Bauernjungen,* die *neuen Herren* nichts *anhaben* könnten, und dies so lang getrieben, bis der *alte Verleger* plötzlich *mehr Zutrauen zu dem Neugekommenen* gehabt habe als *zu seinen alten Mitarbeitern.* Noch weit Schlimmeres habe sich zugetragen, regelrechte Erpressung, Anrufe mit verstellter Stimme: «Hier spricht die Gestapo!» und ähnliches. Das *Muster eines N.[ationalsozialisten]* sei Peter Suhrkamp geworden und ihm, Fallada, gegenüber immer *Lehrer und Erzieher* geblieben, *essigsauer* und *verdammt verletzend.* Nun habe es auch ihn erwischt: *Vor etwa acht Wochen, als ich noch draußen in der Freiheit lebte, hörte ich, daß dieser Erfolgreiche, Übervorsichtige nun auch vom allgemeinen deutschen Schicksal erreicht worden ist: er wurde wegen Landesverrates verhaftet. Auch er hatte vielleicht einmal in einer Stunde der Leichtigkeit zu viel gesagt, ein Stück von seinem Herzen gezeigt, etwas von seinem Haß merken lassen, der in uns allen schwelt. Vielleicht lebt er zur Stunde, da ich dies schreibe, schon nicht mehr, vielleicht ist es dem Überlegenen, dem Geistesgegenwärtigen aber doch gelungen, mit den Verhörmethoden der Gestapo fertig zu werden. Ich wünsche es ihm von Herzen. Das Leben hat uns längst auseinandergeführt, wir waren gar zu verschiedene Menschen; ich habe seit Jahren nichts mehr direkt von ihm gehört.*[27]

Im Oktober 1944 gelingt es Fallada, sein Manuskript nach draußen zu schmuggeln, am 4. Dezember wird er entlassen. Peter Suhrkamp bleibt in Haft und kommt erst im Februar 1945 schwer krank aus dem Konzentrationslager Sachsenhausen.

*

Börries von Münchhausen, stets wacher Beobachter des literarischen Geschehens (Kollegen hat er bei Neuerscheinungen gern auf Fehler hingewiesen, Groß- statt Kleinschreibung, missglückte Metaphern, Fehler in der Anrede bis zu konkreten Vorschlägen für die Umformulierung einzelner Sätze), hat sich nach vielen Klagen über schlechte Manieren von Verlagsmitarbeitern, den Dilettantismus von «Nobodies», die sich «freie Schriftsteller» nennen, und die allgemeine Arroganz «junger Schnösel» mehr und mehr zurückgezogen. Im März 1944 wurde sein Siebzigster groß gefeiert, auf Hitlers «Gottbegnadeten-Liste» hat er es auch noch geschafft, jetzt hat er keine Kraft mehr. Seine Frau ist gestorben, sein Sohn vor zehn Jahren bei einem Autounfall, das hat er nie verwunden. Ina Seidel erhält im Februar 1945 von ihm einen Brief: *Liebste Ina, ja, das Schicksal, das mir ein Leben lang alles Glück scheinbar als Schenkung lieferte, hat nun wie ein heimtückischer Gläubiger die Schulden eines langen Lebens jäh in zwei Terminen beigetrieben: Den einzigen Sohn begraben müssen und eine solche Frau – ach, liebe Freundin, ich weiß nun auf einmal, was die grimmigste Vereinsamung bedeutet! Und das einem Manne, der in Menschenmassen badete! [...] Auch ich war krank – zu viel Veronal. Und doch leider nicht genug! Seit 14 Tagen taumele ich wieder durch die Stuben und am Arm der Pflegerin durch den Garten. [...] Wir werden uns kaum wiedersehen, und ich hätte Sie so gern wiedergesehen, denn ich habe Sie lieb. Alles Herzliche von Ihrem alten und sehr müden Börries M.*[28] Als die Russen auf Windischleuba zumarschieren, schluckt Börries von Münchhausen Schlaftabletten und stirbt am 16. März 1945.

Mitte Januar 1945 bekommt Ina Seidel eine Postkarte von Agnes Miegel: *Wir sitzen bisher, dank Gott bewahrt, mit lb. Hausgenossen noch hier, haben ja geräumigen Luftschutzkeller und können noch oft in die Wohnung. Wir sind alle dankbar dafür und habens bisher auch warm u. sind alle guter Zuversicht.*[29] Königsberg war im August 1944 in zwei Nächten durch britische Phosphorbrandbomben fast vollständig zerstört worden. Die Karte war wochenlang unterwegs gewesen. Sie trägt einen Aufdruck: *Der Führer kennt nur Kampf, Arbeit und Sorge. Wir wollen ihm den Teil abnehmen, den wir ihm abnehmen können.*

— 31 —

Was jetzt? Die große Kontroverse

Es ist aus. Die Waffen schweigen. Hitler, Goebbels, Himmler sind tot, Deutschland liegt am Boden. Bilder von Leichenbergen, gesprengten Gaskammern, zu Skeletten abgemagerten Überlebenden gehen um die Welt, Filmteams sind dabei, wenn deutsche Männer und Frauen sich die Nase zuhaltend oder mit Taschentuch vor dem Mund aus Konzentrationslagern stolpern, wo alliierte Truppen ihnen gezeigt haben, was in ihrem Namen geschehen ist. Die Scham ist riesengroß. Wie kann es weitergehen? Wird man jemals wieder unbefangen in den Spiegel schauen? Aber sogleich regt sich Widerspruch: Ist man verantwortlich für das, was eine Regierung tut? Hat man nicht auch gelitten? Zählen Bombennächte, Angst, Verzweiflung, tote Ehemänner und Söhne gar nichts? Ein unauflösbarer Knoten. Als Rettungsanker dient die Formel: «Das haben wir nicht gewusst!» Doch, man hat «gewusst», vielleicht nicht alles, aber vieles. Auch die Formel: «Das haben wir nicht gewollt!» greift nicht, denn ihr folgt die Frage: «Warum habt ihr es zugelassen?» Die Gegenfrage «Was hätten wir tun sollen?» mag berechtigt sein, ist aber gleichzeitig ein Eingeständnis von Hilflosigkeit, Schwäche und Feigheit. Als letzte Möglichkeit bleibt nur noch: «Ich war immer schon dagegen.» Kein Wunder, dass so viele Deutsche von ihr Gebrauch machen. (Ein Holocaust-Überlebender zum anderen: «Geh nach Deutschland – sicherstes Land der Welt! Lauter Anti-Nazis!»)

Die Deutschen schaffen Trümmer beiseite, nageln Pappe vor zersprungene Fenster, sammeln Heizmaterial. Bald fahren wieder Straßenbahnen, das öffentliche Leben springt wieder an, Kinder gehen wieder zur Schule, es gibt wieder Lokale, und bald wird auch wieder Theater gespielt, und erste Filme werden gedreht, mit denselben Schauspielerinnen und Schauspielern, die in der Nazi-Zeit das Volk unterhalten haben. Niemand findet etwas dabei, auch sie selber nicht – sie haben Rollen verkörpert, das ist ihr Beruf, und Rolle und Person sind nicht deckungsgleich. Wilhelm Furtwängler hat kurzzeitig Berufsverbot, aber seine Philharmoniker spielen unter anderer Leitung dieselbe Musik, die sie vor Hitler, Göring und Goebbels gespielt haben – und tatsächlich, Beethoven, Mozart und Brahms klingen nach dem Fall des Dritten Reichs nicht wesentlich anders als unter der Hakenkreuzfahne. Bildende Künstler unterrichten in Kunsthochschulen – Zeichnen muss man lernen, Aktzeichnen gehört dazu, da werden Linien ein wenig modifiziert, schon ist das Heroische weg und das Zeitlose wieder da. Dichter, Schriftsteller und Publizisten haben es schwerer. Sie kommen nicht so leicht davon. Was sie im Dritten Reich veröffentlicht haben, kann Wort für Wort nachgelesen, überprüft, bewertet werden. Sie müssen verantworten, was ihnen jetzt möglicherweise die Schamröte ins Gesicht treibt. Ein ganzer Berufsstand desavouiert und kompromittiert? Gibt es einen Ausweg? Einen Umstand, der das Gewissen beruhigt?

Thomas Mann hat seit Oktober 1940 in mehr als fünfzig Radio-Ansprachen vernichtende Kritik an allen Aspekten des Dritten Reichs geübt. Am 8. Mai 1945 erklingt seine Stimme ein weiteres Mal über den Ozean, seine Botschaft ist eindeutig: *Der dickwandige Folterkeller, zu dem der Hitlerismus Deutschland gemacht hat, ist aufgebrochen, und offen liegt unsere Schmach vor den Augen der Welt […] «Unsere» Schmach, deutsche Leser und Hörer! Denn alles Deutsche, alles, was deutsch spricht, deutsch schreibt, auf deutsch gelebt hat, ist von dieser entehrenden Bloßstellung mitbetroffen. Es war nicht eine kleine Zahl von Verbrechern, es waren Hunderttausende einer sogenannten deutschen Elite, Männer, Jungen und entmenschte Weiber, die unter dem Einfluß verrückter Lehren diese Untaten begangen haben. […] Der Menschheit schaudert vor Deutschland! Ja, vor Deutschland. Denn dieses hat das fürchterliche Beispiel gegeben, und auch der Deutsche, der sich beizeiten aus dem Bereich nationalsozialistischer Menschenverführung davongemacht hatte, der nicht, wie ihr, in der Nachbarschaft dieser Greueltaten lebte, in scheinbaren Ehren seinen Geschäften nachging und nichts zu wissen versuchte, obgleich der Wind ihm den Gestank verbrannten Menschenfleisches von dorther in die*

Nase blies, auch ein solcher fühlt sich in tiefster Seele beschämt von dem, was im Land seiner Väter und Meister möglich war.[1] Man braucht kein Genie zu sein, um die feine Unterscheidung wahrzunehmen – die «Schmach» ist ungleich verteilt. Zwar «schämt» sich Thomas Mann als Deutscher für das, was in Deutschland geschehen ist, aber trägt, da er sich «beizeiten davongemacht» hat, keine Verantwortung dafür. Sein Hinweis auf «alles, was deutsch schreibt» lässt ahnen, wen er besonders im Visier hat: seine im Land gebliebenen Kolleginnen und Kollegen.

Eine große Kontroverse beginnt. Viele der hier Angesprochenen fühlen sich ungerecht behandelt. Ist es schandbar, fragen sie, im Dritten Reich Bücher veröffentlicht zu haben? Wovon hätte man leben sollen? Und hatte man nicht auch den Auftrag, das Niveau hochzuhalten, dem Publikum Bildung, Inspiration und Trost zu vermitteln? Freilich, es hatte Partei-Dichter gegeben, eine Menge Propaganda war in Buchform verbreitet worden, aber doch nicht von allen. So einseitig wie Thomas Mann könne man das nicht sehen.

Walter von Molo, fünf Jahre jünger als Thomas Mann und aus alten Akademietagen gut mit ihm bekannt, entschließt sich zu einer Antwort. Er hat die Nazi-Zeit zurückgezogen auf seinem Hof am Rand von Murnau verbracht, hat veröffentlicht, wo es möglich war, aber ein NS-Dichter ist er mit Sicherheit nicht gewesen. Dass er nichts zu fordern hat, weiß er, aber um Verständnis bitten will er. Mit *aller, aber wahrhaft aller Zurückhaltung,* die dem deutschen Volk *nach den furchtbaren zwölf Jahren* auferlegt sei, schreibt er einen «Offenen Brief»: *Bitte, kommen Sie bald, sehen Sie in die von Gram durchfurchten Gesichter, sehen Sie das unsagbare Leid in den Augen der vielen, die nicht die Glorifizierung unserer Schattenseiten mitgemacht haben, die nicht die Heimat verlassen konnten, weil es sich hier um viele Millionen Menschen handelte, für die kein anderer Platz gewesen wäre als daheim, in dem allmählich gewordenen großen Konzentrationslager, in dem es bald nur mehr Bewachende und Bewachte verschiedener Grade gab. Bitte, kommen Sie bald und geben Sie den zertretenen Herzen Trost durch Menschlichkeit und den aufrichtenden Glauben zurück, daß es Gerechtigkeit gibt, man nicht pauschal die Menschheit zertrennen darf, wie es so grauenvoll hier geschah. […] Bitte, kommen Sie bald und zeigen Sie, daß der Mensch die Pflicht hat, an die Mitmenschheit zu glauben, immer wieder zu glauben, weil sonst die Menschlichkeit aus der Welt verschwinden müßte.*[2]

Frank Thiess, zehn Jahre jünger als Walter von Molo, Theaterkritiker, Redakteur, seit den Zwanzigerjahren erfolgreicher Romanautor, nach 1933 unvermindert aktiv, 1936 mit dem Buch «Tsushima. Der Roman eines Seekrieges» ungemein erfolgreich, argumentiert selbstbewusster: Zwischen emigrierten und hiergebliebenen Autoren bestehe im Grunde kein Unterschied, solange sich Letztere nicht von den Nazis hätten vereinnahmen lassen. Er prägt dafür den Begriff der «inneren Emigration» und spitzt ihn sogar noch zu: Hiergebliebene hätten mehr für ihre *geistige und menschliche Entwicklung* gewinnen können, als *aus den Logen und Parterreplätzen des Auslands der deutschen Tragödie* zuzuschauen. Es sei *schwerer* gewesen, hier seine *Persönlichkeit zu bewahren,* als von drüben *Botschaften an das deutsche Volk* zu senden. Man erwarte keine *Belohnung* dafür, in Deutschland geblieben zu sein, aber nun sollten *alle Feinde des Nationalsozialismus* zusammenarbeiten und Emigranten wie Thomas Mann schnell zurückkehren, denn täten sie es zu spät, würden sie vielleicht *die Sprache ihrer Mütter* nicht mehr verstehen.[3]

Thomas Manns Antwort an Walter von Molo trägt den Titel «Warum ich nicht zurückkehre!» Es müsse ihn *ja freuen,* schreibt er, dass Deutschland ihn *wieder haben* wolle, dennoch hätten solche *Appelle* etwas *Beunruhigendes, Bedrückendes,* etwas *Unlogisches, sogar Unrechtes, nicht Wohlüberlegtes,* man könne nun einmal *diese zwölf Jahre und ihre Ergebnisse* nicht *von der Tafel wischen* und *so tun, als seien sie nicht gewesen*, nun solle man die *Resultate* auch *erkennen* und nicht in ein *banales «Kehre zurück, alles ist vergeben»* ummünzen. Es folgt das berühmte Diktum: *Es mag Aberglauben sein, aber in meinen Augen sind Bücher, die von 1933 bis 1945 in Deutschland überhaupt gedruckt werden konnten, weniger als wertlos und nicht gut in die Hand zu nehmen. Ein Geruch von Blut und Schande haftet ihnen an. Sie sollten alle eingestampft werden.*[4] Auch die versöhnlichen Töne gegen Ende seines Schreibens – nie werde er *aufhören,* sich als *deutscher Schriftsteller* zu fühlen, Deutschland sei *nicht identisch mit der kurzen und finsteren* Episode des

Nationalsozialismus, und sofern eine *löbliche Behörde* es gestatte, würde er auch *wieder hinüberfahren* – können nicht darüber hinwegtäuschen, dass Thomas Mann nicht bereit ist, das Dritte Reich als Unglücksfall der Geschichte hinzunehmen und seine ehemaligen Landsleute und Kollegen aus ihrer Verantwortung zu entlassen.

Ein Sturm der Entrüstung bricht los. Für viele wird Thomas Mann zur regelrechten Hassfigur. Er selbst bekommt irgendwann die Invektive von Frank Thiess zu Gesicht und antwortet noch abweisender als vorher: Er habe *ehrlich und vertrauensvoll* gesprochen und könne es *nicht hindern,* dass *Bosheit und Dummheit* seine Worte missbrauchen, sie als ein *Dokument des Egoismus,* der *Wehleidigkeit, Abtrünnigkeit und schnöden Vorteils* hinstellen. Amerika jetzt den Rücken zu kehren, wäre die *größte Torheit* seines Lebens – warum sollte er sie begehen? Um sich *selbst verwüsten* zu lassen? *Festlichen Wiedereinzug* zu kosten, als einer, der *recht behalten hat*, und sich einer *noch ganz schleierhaften neudeutschen geistigen Bewegung* anzuschließen, nur um binnen kurzem *zermürbt, aufgerieben* und *verdächtigt* zu werden?[5]

Der Frage der «inneren Emigration» kommt man mit diesem Austausch von Argumenten nicht näher. Gibt es so etwas überhaupt? Was wäre ein «innerer Emigrant»? Einer, der schweigt, für die Schublade schreibt? «Zwischen den Zeilen» versteckt Kritik übt? Sein Werk von NS-Propaganda freihält? Oder einfach «dagegen» ist? Als DAS Werk der inneren Emigration gilt bald schon Werner Bergengruens Roman «Der Großtyrann und das Gericht»: In einer mittelalterlichen italienischen Stadt herrscht ein «Großtyrann» mit absoluter Macht. Er brüllt nicht, hat keine Wutausbrüche, aber ist, wie Hitler, kinderlos, bauwütig und von niederer Herkunft. Die Furcht vor ihm ist gewaltig. Ein Wink von ihm entscheidet über Leben und Tod, aber seine Untertanen fühlen sich wohl unter seinem Schutz und begehren nicht auf. Einer seiner Paladine, Fra Agostino, wird ermordet. Der Großtyrann befiehlt dem Chef seiner Geheimpolizei, den Fall innerhalb von drei Tagen aufzuklären, der schickt seine «Hunde» los, man könnte auch sagen: seine Gestapo-Spitzel. Sie finden nichts. Das Rätselraten um den Mord ergreift die ganze Stadt, der Verdacht fällt auf immer wieder andere, und wer verdächtigt wird, sucht mit Lüge, Vertuschung und der Beschuldigung anderer davon abzulenken; es fehlt auch der kleine Erpresser nicht, dem jedes Mittel recht ist, einen momentanen Vorteil für sich auszunutzen. Ein einfacher Färber, der die Atmosphäre von Angst, Verleumdung und Gehässigkeit nicht länger ertragen mag, beschuldigt sich selbst des Mordes, die allgemeine Erleichterung ist riesig, desgleichen die Selbstgerechtigkeit derer, die ihre Handlungen im Nachhinein aus edelsten Motiven begangen haben wollen. Dann hält der Großtyrann Gericht: Alle haben falsch gelegen, er selbst hat Fra Agostino getötet, dieser war ihm untreu geworden und musste weg, im Volk sind alle den Versuchungen der Leugnung und Lüge erlegen, vor die er sie gestellt hat. Der Roman endet versöhnlich, aber der Mord des Großtyrannen bleibt ungesühnt – er ist selbst das Recht und muss sich vor niemandem verantworten.

Ein bemerkenswertes Buch mit vielen Parallelen zur deutschen Diktatur. Aber ist Werner Bergengruen deshalb ein «innerer Emigrant»? Sein Roman ist 1935 in der Hanseatischen Verlagsanstalt erschienen, gleichzeitig mit Werken Hans Friedrich Bluncks und anderer Nazi-Autoren, der «Völkische Beobachter» hat ihn gelobt. Er selbst wurde 1937 aus der Reichsschrifttumskammer ausgeschlossen, aber erhielt, ähnlich wie Jochen Klepper, eine Dauersondergenehmigung. Eine Neuausgabe des «Großtyrann» erschien 1938 im Buchclub Deutsche Hausbücherei Hamburg, der, wie der Langen-Müller Verlag und die Hanseatische Verlagsanstalt, seit 1936 Teil von Robert Leys Deutscher Arbeitsfront war. Mehrere hunderttausend Exemplare des Romans wurden während der NS-Zeit verkauft, zwischen 1933 und 1945 erschienen insgesamt fünfzehn Bergengruen-Titel – kann man da von «innerer Emigration» sprechen? Werner Bergengruen tat es nicht und beschrieb nach dem Krieg am eigenen Beispiel, was es bedeutete, Schriftsteller im Dritten Reich zu sein: Für einen Vorabdruck in der «Deutschen Allgemeinen Zeitung» habe der leitende Redakteur die Streichung des Worts «Großtyrann» und die Tilgung sämtlicher politischer Bezüge verlangt, und er, Werner Bergengruen, habe sich gebeugt, für einen Vorabdruck *nicht so penibel* sein wollen und die Änderungen ausgeführt. Es habe *nicht sehr viele Gelegenheiten* gegeben, *Charakter zu zeigen,* aber solcherart sei *die Erbärmlichkeit der Menschen* gewesen, dass sie auch den *wenigen Gelegenheiten, die ihnen noch offen standen, sorgfältig aus dem Weg gingen*[6] – womit er sich offenbar auch selbst meint.

Auch Ernst Wiechert hat die «innere Emigration» nicht für sich beansprucht, wird aber bis heute in der Literaturgeschichte unter dieser Bezeichnung geführt. Am 11. November 1945 hielt er im Münchner Schauspielhaus eine «Rede an die deutsche Jugend»: *Wir hatten mal ein Vaterland, das hieß Deutschland,* ein Land *wie andere Länder auch,* in dem *gearbeitet, gelacht, geliebt und gelitten* wurde, die *Zeit der Dichter und Propheten* sei es gewesen, aber man habe erkennen müssen, dass die *Dichter nicht die Herren, sondern die Knechte der Zeit* waren. Niemand könne sagen, den *Schlag des Pendels überhört* zu haben, kein *Volk von Analphabeten* seien die Deutschen gewesen, dann seien die *letzten Fäden durchschnitten* und der *Weg freigemacht* worden für die *letzten Ziele des «Übermenschen».* Und wo waren «die Anderen»? *Wo waren sie in den Jahren der Schande und der Zerstörung? Wo waren die, die das Bleibende stiften, die Dichter und Denker, berufen von Gottes Hand, um ein Licht zu sein in der tödlichsten Nacht?* So *gebrandmarkt* sei nie ein Volk gewesen, nun lehne man die *Stirnen an die zerbrochenen Mauern* und frage: *Was sollen wir tun?* Zweimal habe er, Ernst Wiechert, die Frage zu beantworten versucht, 1933 und 1935, aber es seien *die schönen Worte eines Toren* gewesen, am *Kaminfeuer zu lesen. Laßt uns erkennen, daß wir schuldig sind und daß vielleicht hundert Jahre erst ausreichen werden, die Schuld von unseren Händen zu waschen. Laßt uns aus der Schuld erkennen, daß wir zu büßen haben, hart und lange.* Die Rede ist stark religiös geprägt (ein paar Wochen vorher hat der Rat der Evangelischen Kirche im «Stuttgarter Schuldbekenntnis» in Selbstanklage bedauert, «nicht treuer gebetet» zu haben), die alles überstrahlende Vokabel heißt «Liebe»: *Laßt uns einen neuen Anfang setzen, laßt uns neu geboren werden und seid gewiß, daß niemand aus der Welt herausfällt, der nicht zuvor aus Gott herausgefallen wäre. Blickt dem Schicksal in die Augen, wie die Märtyrer der Lager es getan haben. Es gibt eine eherne Gerechtigkeit, aber so wie der Haß tausendfältig aufgegangen ist, den sie gesät haben, so wird die Liebe aufgehen, die ihr säen sollt, nur daß sie hunderttausendfältig aufgehen wird.*[7]

Die Rede wird heftig kritisiert. Viele wollen von deutscher Schuld nichts wissen, andere finden seine Worte salbungsvoll und beschönigend. Unter Kollegen war er schon immer umstritten, viele halten ihn für einen Kitsch-Dichter (nicht *die Courths-Mahler* sei *gefährlich,* befand Werner Bergengruen, *gefährlich* sei Ernst Wiechert[8]), jetzt gilt er in der Fachwelt immer weniger. Zwei letzte Romane erscheinen: «Die Jerominkinder», eine im raunenden Wiechert-Stil verfasste zweibändige Chronik eines abgelegenen ostpreußischen Wald- und Moordorfs, das sich in der Nazi-Zeit zu einer verschworenen Gemeinschaft zusammenschließt, und «Missa sine nomine», die Geschichte dreier Brüder, die sich auf unterschiedliche Weise mit Schuld und Sühne in der Folge des Dritten Reichs auseinandersetzen. Beide Romane sind Bestseller, sein Lesepublikum ist ihm treu geblieben. 1948 zieht sich Ernst Wiechert in die Schweiz zurück, allein, seine Frau will ihn nicht begleiten. Er stirbt 1950 in Uerikon im Kanton Zürich mit 63 Jahren an Rückenmarkskrebs.

Am 23. Juli 1949 betritt Thomas Mann, aus der Schweiz kommend, nach 16 Jahren erstmals wieder deutschen Boden. Der Goethe-Preis der Stadt Frankfurt soll ihm verliehen werden. Zwei Monate vorher ist sein Sohn Klaus 43-jährig in Cannes an einer Schlafmittel-Überdosis gestorben, ob versehentlich oder mit Absicht ist unklar, aber jedenfalls tief enttäuscht über seine Rückkehr nach Europa und speziell nach Deutschland. Er hatte Reue und Einsicht erwartet, die Bereitschaft zur Selbstreflexion, zum aufrichtigen Neuanfang, er hatte seinen Beitrag leisten wollen, war vielleicht auch ein wenig stolz darauf gewesen, das Unheil früh erkannt und rechtzeitig gewarnt zu haben, aber hatte vorwiegend Ablehnung erfahren, und schlimmer noch: Desinteresse. Anonym im Publikum sitzend, hatte er Gustaf Gründgens' Berliner Bühnen-Comeback erlebt, 1946 mit Sternheims «Snob», den minutenlangen Applaus, noch bevor das erste Wort gesprochen war, unmissverständlicher Hinweis, auf wessen Seite die Sympathie lag. Seine eigene Analyse des Dritten Reichs, der Roman «Mephisto», kann nicht erscheinen, weil Gründgens, so der Verleger Georg Jacobi, *hier eine bereits bedeutende Rolle* spiele.[9] Für eine ernsthafte Auseinandersetzung mit der Vergangenheit hatte Nachkriegsdeutschland offensichtlich weder Zeit noch Lust – wer interessierte sich da für Klaus Mann? Erst Jahrzehnte später wird man ihn als Autor wiederentdecken und ihn und seine Schwester Erika zu Kultfiguren erheben.

Sein übermächtiger Vater hält indessen in der Frankfurter Paulskirche eine programmatische Rede: Der Streit um ihn, dem er *mit Staunen* zugesehen habe, gehe weit über seine *an sich gleichgültige Person* hinaus und sei eine *Auseinandersetzung um die geistige und moralische Zukunft* Deutschlands, das sei *zerrissen und aufgeteilt in Zonen der Siegermächte,* er aber *KENNE KEINE ZONEN*, sein Besuch gelte *Deutschland selbst, Deutschland als Ganzem, und keinem Besatzungsgebiet.* Denn: *Wer sollte die Einheit Deutschlands gewährleisten, wenn nicht ein unabhängiger Schriftsteller, dessen wahre Heimat, wie ich sagte, die deutsche Sprache ist. Gewähren Sie, meine Zuhörer, dem Gast aus Californien diese Repräsentation und lassen Sie ihn den Augenblick unbekümmert vorwegnehmen, den Goethes Faust seinen letzt-höchsten nennt: den Augenblick, wo der Mensch, auch der Deutsche, «auf freiem Grund mit freiem Fuße steht»!*[10] Die Deutschen sind, wie es sich zeigt, noch lange nicht so weit. Denn als Thomas Mann seine Rede in leicht abgeänderter Form ein paar Tage später in Weimar wiederholt, wird er in den Westzonen dafür angefeindet, während die Funktionäre in der Sowjetisch Besetzten Zone alles tun, ihn für sich zu vereinnahmen.

Kurz darauf, an Goethes Geburtstag am 28. August im Goethe-Jahr 1949, wird in derselben Paulskirche die Deutsche Akademie für Sprache und Dichtung gegründet. Die Idee dazu hatte Oskar Jancke, geboren 1898, wohnhaft in Ammerland am Starnberger See, 1924 mit einer Arbeit über Thomas Mann promoviert, Spezialist für amüsante und treffsichere Glossen, in denen er sprachliche Manierismen aufs Korn nimmt. Eine unabhängige Institution schwebt ihm vor, in der auch Emigranten vertreten sein sollen, allen voran Thomas Mann. Aber die Sache ist kompliziert. Zahlreiche deutsche Autoren lehnen eine Mitgliedschaft Thomas Manns rundweg ab, und Alfred Döblin, ein anderer prominenter Emigrant, lässt wissen, dass er gerade dabei ist, in Mainz eine eigene Akademie der Wissenschaften und der Literatur zu gründen. Hermann Hesse bittet, ihn gar nicht erst zu nominieren, er würde unter keinen Umständen annehmen, eine Ablehnung nur unnötige Peinlichkeit verursachen. In einem «vorläufigen Arbeitskollegium» von fünfzig Personen ist kein einziger Emigrant vertreten, die Gründungszeremonie findet trotzdem statt. Die Gründungsworte spricht Adolf Grimme, letzter Preußischer Kultusminister vor der NS-Zeit, jetzt Generaldirektor des Nordwestdeutschen Rundfunks.

Auf der ersten Tagung im März 1950 in Stuttgart wählt man Rudof Pechel zum Präsidenten, 67 Jahre alt und glaubwürdiger Anti-Nazi insofern, als er wegen regimekritischer Äußerungen von April 1942 bis Kriegsende durchgehend in Haft war. Vizepräsident wird Frank Thiess. Der fordert in einer Rede, Autoren wegen eines *vermeintlichen Mangels an Barrikadenmuts* nicht zu *verurteilen,* man könne die *Eisenkugel der Vergangenheit* nicht dauernd hinter sich *herschleppen.*[11] Oskar Jancke wird Akademiesekretär. Bleibt die Frage des Standorts. Stuttgart bietet sich an, Frankfurt wäre möglich, dann landet Kasimir Edschmid einen Überraschungscoup: In aller Stille hat er den Oberbürgermeister von Darmstadt dazu bewegt, bis zu 150 000 DM bereitzustellen und das Ernst-Ludwig-Haus auf der Mathildenhöhe für die Akademie ausbauen zu lassen. Dazu kann man nicht nein sagen. Frankfurt und Stuttgart sind aus dem Rennen, Darmstadt, Edschmids Herkunfts- und Wohnort, wird Sitz der Akademie, er selbst eine der Schlüsselfiguren im Literaturbetrieb der Nachkriegszeit.[12]

Die ersten Jahre der Darmstädter Akademie verlaufen ähnlich turbulent wie die der Abteilung für Dichtkunst der Preußischen Akademie nach 1926. Ging es damals um «national» versus «links-liberal», geht es heute um das Verhalten Einzelner während der Diktatur. Immer wieder tun sich Abgründe auf. Akademiemitglied Hermann Stahl hat 1939 ein «Führer-Gedicht» geschrieben. Er entschuldigt sich – *Nichtweiterwissen* habe ihn *in jungen Jahren EINMAL in eine Unwahrheit hineinstolpern* lassen[13] –, man nimmt seine Entschuldigung an, aber er wiederholt sie so oft, dass er anderen damit auf die Nerven geht.

Dann gerät auch Frank Thiess unter Beschuss. Wilhelm Sternfeld, jüdischer Journalist, über Paris und Prag 1939 nach England geflohen, nennt ihn in einem Brief an Präsident Pechel einen *Konjunkturritter,* der es an *Bemühungen, sich gleichzuschalten* keineswegs habe fehlen lassen, indem er seinem 1921 erschienenen Roman «Der Leibhaftige» 1933 ein neues und antisemitisches Vorwort vorangestellt habe. *Ich gehöre nicht zu jenen,* schreibt Sternfeld, *die alle Deutschen, die einmal für eine kurze Zeit an die sittlichen Werte des Nationalsozialismus geglaubt haben [...] deshalb für Zeit ihres Lebens für Schurken und Verbrecher halten. Ich weiss, wie schwer es war, sich selbst treu zu bleiben. Doch zu dieser Gruppe von Deutschen gehört Herr Thiess nicht.*[14] Rudolf Pechel tröstet seinen Vize: *Es ist schon wirklich eine leidige Angelegenheit, dass dauernd ähnliche Dinge passieren wie durch den Brief Sternfelds. Es ist eine unnötige Belastung der Zeit und der Nerven, selbst wenn man auch wie wir beide Kummer gewohnt ist und solche Dinge nicht tragisch nimmt.* Er selbst verfahre nach dem Grundsatz, sich *in der Öffentlichkeit von vorneherein vor jedes angegriffene Mitglied* zu stellen, es müsse *ja einmal mit all diesen Dingen Schluss* sein.[15]

Kompetenzstreitigkeiten bringen den Vorstand auseinander. Oskar Jancke will eine Zeitschrift gründen, sie soll «Das literarische Deutschland» heißen und die Akademie nach außen vertreten, Präsident Rudolf Pechel will die Aufgabe seiner eigenen, seit Langem bestehenden Zeitschrift «Die deutsche Rundschau» übertragen. Oskar Jancke setzt sich durch, aber vernachlässigt darüber seine Aufgaben als Akademiesekretär, und als er, um Geld zu verdienen, auch noch die Leitung der Literaturabteilung des Süddeutschen Rundfunks übernimmt, ist er endgültig überlastet. Kritik kommt von allen Seiten. Seine Hauptgegner sind Frank Thiess und Kasimir Edschmid. Rudolf Pechel hält zunächst an ihm fest, aber Jancke klammert sich so lange an alle seine Posten, bis auch Pechel von ihm abrückt. Bei der Herbsttagung 1952 wird Jancke abgewählt und muss die Dienstwohnung im Ernst-Ludwig-Haus räumen, die er erst kürzlich bezogen hat, selbstverständlich *unter Zurücklassung sämtlichen Eigentums der Akademie,* wie es sein Nachfolger Karl-Friedrich Borée in einem Brief anmahnt.[16] *Das ist der Ton, in dem man sich mit Dieben unterhält,* empört sich Jancke, legt alle Ämter nieder und erklärt seinen Austritt aus der Akademie.[17] Rudolf Pechel tritt als Präsident zurück, Frank Thiess geht zur Konkurrenz, will sagen: zu Alfred Döblins Akademie der Wissenschaften und der Literatur in Mainz. Neuer Präsident in Darmstadt wird Hermann

Kasack, Freund Oskar Loerkes und Herausgeber von dessen Tagebüchern, Suhrkamp-Lektor und Stellvertreter Peter Suhrkamps während dessen Inhaftierung 1944/45.

Zu Schillers 150. Todestag kommt Thomas Mann ein letztes Mal nach Deutschland. Seine Tochter Erika begleitet ihn, auch Frau Katia ist dabei. Am 8. Mai 1955 hält er seine Rede «Versuch über Schiller», einen Tag später gibt Rudolf Pechel einen Empfang für ihn in seinem Stuttgarter Haus. Im Garten sind Tische aufgebaut, Lampions leuchten. Jeder möchte ein paar Minuten mit ihm ins Gespräch kommen, nach den Fotos zu urteilen, zeigt er sich aufgeschlossen, zum Abschied spielt Frau Pechel auf der Drehorgel, es scheint ein glücklicher Abend gewesen zu sein.[18] In Weimar, wo er seine Rede wiederholt, ist sein Besuch ein nationaler Festtag. Die Straßen sind voller Menschen, im offenen Auto besichtigt er die Stadt. Er erhält den Goethe-Nationalpreis, wird Ehrenbürger von Weimar. Am 12. August 1955 stirbt Thomas Mann in Zürich, alle Querelen um seine Person souverän hinter sich lassend, Phänomen und Faszinosum zugleich, Verehrungs- und Studienobjekt für Generationen (angeblich umfasst allein die Sekundärliteratur zum «Doktor Faustus» 80 000 Seiten). «Frau Thomas Mann» verschickt gedruckte Danksagungen an Menschen in aller Welt, die zu seinem Tod kondoliert haben.

— 32 —

Schatten der Vergangenheit

Propagandaminister Joseph Goebbels führte ein Tagebuch, in dem er alles und jedes kommentierte. Heinrich Himmlers Dienstkalender sind demgegenüber eine karge, aber nicht weniger aufschlussreiche Quelle. Der «Reichsführer-SS» teilte seine Tage in Viertelstunden-, manchmal sogar in 5-Minuten-Abschnitte ein, und jeder, mit dem er zu tun hatte (es waren fast immer Männer), wurde mit vollem Titel genannt. Häufig taucht der Name «SS-Gruppenführer Johst» auf, zwischen März 1943 und November 1944 etwa 65 Mal. In Himmlers «Feldkommandostelle Bergwald» bei Berchtesgaden wie in der «Feldkommandostelle Hochwald» in der Nähe von Hitlers «Wolfsschanze» war Hanns Johst Himmlers Gast, frühstückte mit ihm, aß mit ihm zu Mittag und Abend, war Teil der zwanglosen Runde zum Tagesausklang, ob als Chronist, Biograf oder Freund – seine Briefe an Himmler beginnt er mit der Anrede «Mein Reichsführer, lieber Heini».

Die nüchterne, uhrwerksmäßige Genauigkeit der Dienstkalender zeigt, wann und zu welchen Anlässen Hanns Johst zugegen war. Zum Beispiel bei Himmlers Rede vor Gau- und Reichsleitern am 6. Oktober 1943 in Posen, als er das Morden an jüdischen Frauen und Kindern rechtfertigte: *Ich hielt mich nämlich nicht für berechtigt, die Männer auszurotten – sprich also, umzubringen oder umbringen zu lassen – und die Rächer in Gestalt der Kinder für unsere Söhne und Enkel groß werden zu lassen. Es musste der schwere Entschluss gefasst werden, dieses Volk von der Erde verschwinden zu lassen. Für die Organisation, die den Auftrag durchführen musste, war es der schwerste, den wir bisher hatten. Er ist durchgeführt worden, ohne dass – wie ich glaube sagen zu können – unsere Männer und unsere Führer einen Schaden an Geist und Seele erlitten hätten.*[1]

Auch bei Himmlers Rede vor Generälen in Sonthofen am 5. Mai 1944, bei der er die «Judenfrage» als «kompromisslos gelöst» bezeichnete, saß Hanns Johst unter den Zuhörern: *Wir müssen uns daran gewöhnen, die Spielregeln und die uns lieb gewordenen und uns viel näherliegenden Sitten vergangener europäischer Kriege zur Vergessenheit zu verdammen. Wir sind m. E. auch als Deutsche bei allen so tief aus unser aller Herzen kommenden Gemütsregungen nicht berechtigt, die hasserfüllten Rächer groß werden zu lassen, damit dann unsere Kinder, unsere Enkel sich mit denen auseinandersetzen müssen, weil wir, die Väter oder Großväter, zu schwach und zu feige waren und ihnen das überließen.*[2] Am 15. Mai 1944, dem Tag, an dem die systematische Deportation ungarischer Juden begann, aß Johst mit Himmler zu Mittag, ab dem 5. Oktober 1944 begleitete er ihn fünf Wochen lang auf einer Reise zur «Wolfsschanze», nach Wien, Salzburg, Bad Salzuflen und München. Letztmalig erscheint sein Name am 12. November 1944 bei einem Termin in Holzkirchen.

Hanns Johst wird gleich nach Kriegsende in seinem Haus in Oberallmannshausen verhaftet und ohne Prozess mehr als drei Jahre lang in diversen Lagern interniert. Im Oktober 1948 kommt er vorläufig frei, die Fülle von Eingaben, die auf seinen schwachen Gesundheitszustand hinwiesen, mögen dazu beigetragen haben. Anfang 1949 soll eine erste Gerichtsverhandlung stattfinden. Ein Protektor hat sich gemeldet: Dr. Georg Gustav Wiessner, Leiter der Volkshochschule Nürnberg, später auch Kulturamtsleiter. Er verehrt Johst als Dichter, kennt ihn von Seminaren Artur Kutschers aus den Zwanzigerjahren, sieht es als seine Aufgabe an, ihm zu helfen. Für Johst ist er ein letzter Verbündeter, auf dem alle Hoffnungen ruhen. *Nun ist es endlich so weit und am 17. III. findet in der Hauptkammer München Land endlich mein Termin statt,* schreibt ihm Johst. *Viel – für mein Gefühl alles hängt davon ab, ob Sie persönlich anwesend sein werden, denn Sie als einzig wesentlicher Mensch waren von Anfang an Weggenosse und Freund und sind darüber hinaus als Literaturhistoriker berufen, Persönliches und Sachliches auszusagen.* Hanns Johst sucht jemanden, der zu seinem *60. Geburtstag ein paar Bände Lyrik, Romane, Erzählungen und Dramen* herausbringen will, so dass er *bis zum Jahre 50* nicht *verhungern* muss. *Ich benötige einen Verleger, der ein inneres Verhältnis zu mir hat, Glauben an mich und mein Werk und soviel Kapital, dass es mir eine Monatsrente abwirft, die mir das Durchhalten ermöglicht.*[3] Auch hierbei soll Dr. Wiessner helfen.

Die Verhandlung wird verschoben, angeblich neu aufgetauchter Gesichtspunkte wegen. *Es ist die alte Verschleppungstaktik,* klagt Johst. *In vier Jahren war ja Zeit genug, Material zusammenzutragen!!!* Schuld sind, so Johst, *kulturpolitische Demontage-Monteure,* die seine Rückkehr in den Literaturbetrieb fürchten. *Johst rehabilitiert könnte einem einen Bissen Brot wegpicken also: Gebt ihm Saures! Es ist zum aus der Haut zu fahren, sie wollen unsereinen sensibilisieren gerade WEIL man KEIN Nazi ist! Sondern ein aufrechter Patriot, ein sozialer Demokrat aber mit anderem Format als diese Massenproduktion es möchte.*[4] Das Urteil am 30. Juni 1949 ist überraschend milde: Die Spruchkammer stuft Hanns Johst lediglich als «Mitläufer» ein (Gruppe 4, danach kommt nur noch «entlastet»). Es sei *anhand vieler Fälle erwiesen,* dass er die *nationalsozialistische Gewaltherrschaft – nicht die Ideologie – abgelehnt* habe, dies müsse *positiv bewertet werden.*[5]

Johsts Freude ist von kurzer Dauer. Die Staatsanwaltschaft legt Berufung ein, bei der Neuverhandlung am 16./17. August 1949 verweist ihn das Gericht in die «Gruppe I – Hauptschuldige», mit harten Konsequenzen: 3 ½ Jahre Arbeitslager, 50 Prozent Vermögenseinzug, lebenslanges Verbot, ein öffentliches Amt zu bekleiden, Verlust von Rentenansprüchen, zehnjähriges Verbot der freien Berufsausübung, Wohnungs- und Aufenthaltsbeschränkung, Verlust des Rechts, einen Kraftwagen zu halten. Diesmal geht er selbst in Berufung. Er sei «missbraucht» und «betrogen» worden, lässt er seinen Anwalt vortragen, habe als «weltfremder Idealist» die «Gewaltherrschaft» nicht erkennen können, sein Buch «Ruf des Reiches – Echo des Volkes!» über seine Polenreise mit Himmler im Winter 1940 sei in Wahrheit ein «pazifistischer Text». Die Berufungskammer München erkennt auf «Gruppe II – Aktivisten», was die Strafe mildert, aber nicht aufhebt. Hanns Johst beschreitet nun den Gnadenweg, schildert Krankheiten und missliche Geldverhältnisse, bringt zahlreiche weitere Entlastungszeugnisse bei, mit dem Erfolg, dass die Hauptkammer München zehn Jahre nach Kriegsende am 20. Mai 1955 alle bisherigen Urteile aufhebt und das Verfahren einstellt. Hanns Johst verlässt den Saal als unbescholtener Mann.

Seine literarische Karriere könnte neu beginnen – aber worüber soll er schreiben? Ein Lebensbericht wäre ein sicherer Bestseller – Hanns Johst hatte Einblick in Interna des Dritten Reichs wie wenige Schriftsteller. Aber das würde ein Maß an Ehrlichkeit, Distanz und Souveränität erfordern, das Hanns Johst nicht hat. Sein letzter Roman heißt «Gesegnete Vergänglichkeit», erschienen 1955 im Pandion Verlag, eine Gesellschafts-und Milieustudie vor und während des Ersten Weltkriegs, ein in den Fünfzigerjahren altbackenes Thema, ein Versuch, Werte zu beschwören, die nicht mehr interessieren. Im Vorwort heißt es: *Es werden keine nationalistischen Fanfaren geblasen. Es wird nicht auf sozialistischem Kalbfell getrommelt. Aber ein deutsches Herz spürt man schlagen, das unvergängliche deutsche Herz. Wer diesen Klang noch gerne hört, der mag lesen und seine Freude haben. Wer indes Kulturnihilismus erwartet, wer das Alte, weil es alt geworden, verwirft und Neues, Antlitzloses, Hämischgrinsendes, Verächtlichspöttelndes bevorzugt, der klappe das Buch zu.*[6] Das Publikum folgt Letzterem, die Erstauflage beträgt 1000 Stück, eine zweite gibt es nicht. Hanns Johsts Biograf Rolf Düsterberg hat herausgefunden: Der Roman war schon 1943 vollendet, nur einige, überwiegend antisemitische und 1955 nicht mehr angebrachte Stellen wurden umgeschrieben. Hanns Johst lebt noch mehr als zwanzig Jahre zurückgezogen in Oberallmannshausen, über die Vergangenheit sinnierend, mit der Gegenwart hadernd. Am 23. November 1978 stirbt er im Alter von 88 Jahren in einem Altenheim in Ruhpolding.

*

In seinem Klosterhof in Lippoldsberg versteht Hans Grimm die Welt nicht mehr. Oder besser gesagt: Er sieht sie so, wie er sie immer gesehen hat. Waren in der Weimarer Republik Linke, Sozialdemokraten und Juden seine Feinde und in den NS-Jahren Emporkömmlinge, die sich der Partei andienten und in ihrem Windschatten Karriere machten, sind es heute wieder Linke und Sozialdemokraten und mit ihnen alle, die seiner Meinung nach schon wieder ihr Mäntelchen nach dem Wind hängen. Er selbst, das darf er von sich behaupten, ist seinen Überzeugungen treu geblieben. Die Darmstädter und Mainzer Akademien sind für ihn Orte des Schreckens, aber die alte, offiziell nie aufgelöste Preußische Akademie in Berlin soll wiederbelebt werden, dafür setzt Hans Grimm sich ein, schreibt Briefe in alle Richtungen und erwägt, als das erhoffte Echo ausbleibt, eine eigene Akademie zu gründen, allerdings ohne Juden. *Ich bin nicht Antisemit und war es nie,* schreibt er Wilhelm Schäfer, *doch scheinen mir Juden nicht in eine deutsche Akademie zu gehören, wie man uns auch nicht in eine jüdische Akademie berufen würde.*[7] Wie kann man nach 1945 so argumentieren? Ganz einfach: Es geht Hans Grimm, wie dem klassischen deutschen Antisemitismus überhaupt, weniger um Individuen (als sein jüdischer Freund Paul Landau 1935 in Bedrängnis geriet, hat er ihm nach Kräften zu helfen versucht) als um eine vermeintliche Unvereinbarkeit des deutschen und des jüdischen Volkes, basierend auf dem völkischen Grundgedanken von der Einmaligkeit eines jeden Volkes und der Ablehnung all derer, die nicht im Nationalen, sondern im Internationalen den Weg in eine moderne und friedliche Welt sehen. Von Deportation, Gewalt oder gar physischer Vernichtung von Juden war außerhalb der Nazi-Propaganda in den Diskussionen der Zwanzigerjahre keine Rede, selbst Wilhelm Stapel, ein Wortführer des deutschen Antisemitismus, warnt in seiner 1928 erschienenen Schrift «Antisemitismus und Antigermanismus» vor *gewalttätigen Lösungen der Judenfrage.*[8] Hans Grimm ist offenbar gedanklich noch immer in diesem Stadium und deshalb der irrwitzigen Überzeugung, wegen der Vernichtung der Juden durch die Nazis seine Weltsicht nicht ändern zu müssen.

Der Nationalsozialismus werde zu einseitig gesehen, meint Hans Grimm. Wie er wirklich war, will er der Welt mit der Denkschrift «Warum, woher, aber wohin?» erklären. Aber weil kein Verlag mit ihm noch etwas zu tun haben will, verzögert sich die Publikation von Jahr zu Jahr, die Schrift wächst derweilen immer weiter, und als sie 1954 im eigens dafür gegründeten Klosterhaus-Verlag Lippoldsberg erscheint, ist sie 600 Seiten dick. Hans Grimm holt weit aus. Wer sich über die Denkweise wilhelminischer Deutscher und deren Sicht der deutschen Kolonialgeschichte informieren will, findet hier viel Material. Der Rest des Buchs besteht zum großen Teil aus Rechtfertigungen sowohl des «Mannes Hitler», wie er ihn nennt, als auch seiner Ideen und seines Programms, von der «Heimholung des Sudetenlands», dem «Anschluss der Ostmark», der «Eindämmung unwerten Lebens» bis zu *Falschzeugnissen* bei der «Lösung der Judenfrage» durch das *bedenkenlose Nachschwatzen der furchtbaren Zahl der seit dem Herbst 1938 einzeln und ab 1942 angeblich systematisch ermordeten Juden* – in diesem Zusammenhang dürfe man auch die *ausgetilgten Indianer* und *Maoris,* die *Atombombe auf Nagasaki und Hiroshima,* die *Nacht von Dresden* und anderes mehr nicht vergessen.[9]

Auf der anderen Seite spart Hans Grimm nicht mit Kritik an der Partei, der er nie beigetreten ist und die er schon während des Dritten Reichs mit Eingaben überschwemmt hat, um auf vermeintliche Missstände hinzuweisen. Das habe Goebbels' Unmut erregt, der habe ihn zu sich zitiert: *Ich habe Ihren Besuch gewünscht, weil ich bemerke, daß Sie sich in zunehmender Gegnerschaft zum Nationalsozialismus befinden,* habe Goebbels gesagt und ihm Dokumente vorgehalten: *Ist das Ihre Unterschrift? Ich warne Sie. Ich habe neulich einen anderen Schriftsteller zu mir kommen lassen müssen, Sie wissen, wen ich meine, Herr Dr. Grimm. Ich schicke solche Leute wie Sie für vier Monate ins KZ. Wenn ich Sie ein zweites Mal hinschicken muß, kommen Sie nicht mehr heraus. Was meinen Sie wohl, was der Führer sagen würde, wenn er diese Ergüsse von Ihnen mitgeteilt bekäme …?* Hans Grimm nennt sogar ein Datum: 4. Dezember 1938.[10] An diesem Tag findet sich in Goebbels' Tagebuch kein entsprechender Eintrag, wohl aber am 5. August 1938: *Der Dichter Hans Grimm macht Dichtertreffen mit etwas negativer Tendenz. Ich werde jetzt dieses Treiben etwas näher unter die Lupe nehmen. Ich dulde unter den Dichtern keine Bekenntnisfront. Ich werde diesen ewigen Stänkern Beine machen.*[11]

Hans Heyck hat 1934 darauf hingewiesen, dass «national» und «nationalsozialistisch» nicht identisch sind, Hans Grimm verkörpert eine mögliche weitere Differenzierung: Nationalsozialist ja, aber kein Nazi. Die Hakenkreuzfahne habe er nie gehisst, berichten Beobachter, sondern immer schwarz-weiß-rot geflaggt, und nicht wenige Zeitgenossen, unter ihnen Oskar Loerke, haben ihn als großzügigen Freund und wahren Dichter geschätzt.

Die von Goebbels gerügten Lippoldsberger Dichtertage finden ab

1955 wieder statt, mit Rudolf Alexander Schröder, Hermann Claudius, Heinrich Zillich und anderen, die auch vorher dabei waren. Der 1938 geschasste Verleger Gustav Pezold, jetzt in kleiner Stellung in München tätig, ist immer wieder Gast im Klosterhaus, und als der Panzergeneral Heinz Guderian im Juni 1948 aus amerikanischer Haft entlassen wird, gilt Lippoldsberg einer seiner ersten Besuche. Hans Grimm unterstützt die Deutsche Reichspartei, die eine Wiederherstellung der Grenzen von 1937 fordert und kandidiert 1953 auf ihrer Liste für einen Sitz im Deutschen Bundestag. Klagen über die «Hetze» durch die SPD und andere als «links» wahrgenommene Kräfte sind wiederkehrendes Thema in seinen Briefen. Von schwacher Gesundheit, aber zähem Willen unternimmt er bis ins hohe Alter weite Reisen, und als er 1959 im Alter von vierundachtzig Jahren stirbt, setzt seine Tochter Holle die Tradition des Zusammenholens Gleichgesinnter fort. Der letzte Gästebucheintrag datiert von 2004.

*

Agnes Miegel war am 27. Februar 1945 aus Königsberg geflohen und nach mehrwöchiger Fahrt über die Ostsee in Kopenhagen gelandet. Von dort kam sie in das noch von der Wehrmacht verwaltete Lager Grindstedt und nach Abzug der Deutschen mit 20 000 anderen Ostflüchtlingen in das Lager Oksbøl an der Westküste Jütlands. Sie lebt nun hinter Stacheldraht, Kontakt mit dänischen Zivilisten ist verboten, aber es geht ihr gut. Sie teilt ein Zimmer mit ihrer Haushälterin Elise und einer anderen Dame, es ist warm, sie hat zu essen, kann schreiben und lesen. Die Atmosphäre ist friedlich, gelegentlich wird musiziert oder ein Film gezeigt. Als die dänische Regierung 1946 das Lager schließt, geht Agnes Miegel ungern fort. Sie kennt ihre Vergangenheit, weiß, dass sie Hitler verehrt und dies auch öffentlich geäußert hat und dass sie dafür in der deutschen Nachkriegsgesellschaft wenig Verständnis erwarten kann. Hans Georg von Münchhausen, der jüngere Bruder des verstorbenen Börries, bietet ihr und Elise ein Zimmer im Wasserschloss Münchhausen in Aperlen südwestlich von Hannover, dort darf sie mit anderen Einquartierten die Küche benutzen. Aber mehr als das beengte Wohnen ängstigt sie der Blick in die Zukunft. *Mich bedrückt schwer die Frage unserer Entnazifizierung,* schreibt sie Hans Grimm. *Je mehr ich darüber lese, desto weniger weiß ich, wie ich mich da zu verhalten habe. Muß ich mich jetzt irgendwo selbst melden? Hier ist niemand, den ich im Geringsten um Rat fragen kann. Bei uns im Osten wußten wir von vielem Schlimmen nicht, es lebte durch die Grenze und den Krieg so viel noch von jenem ersten Morgenglauben und einer ehrlichen Begeisterung u. Opferwilligkeit in uns u. es war so viel wirkliche Volksgemeinschaft bis zuletzt unter uns. Und so viel prachtvolle wirklich beste deutsche Jugend, arbeitsam, ehrlich, sauber im Denken und Leben. Und mit denen ging ich – für unsere Heimat, für unsere Aufgabe dort.*[12]

Ihre Entnazifizierung verläuft glimpflich. Viele Menschen sagen für sie aus, betonen ihren Rang als Dichterin, spielen ihre Nähe zum Nationalsozialismus herunter, meist selbst «belastete» Personen mit einer eigenen Biografie im Dritten Reich. Dr. jur. Georg Mercker, Landrat in Springe von 1925 bis 1943 und als solcher 1939 an der Schließung des jüdischen Friedhofs in Bad Münder beteiligt, nennt sie eine der *genialsten Lyrikerinnen,* die *Deutschland je hervorgebracht* habe und erklärt ihre *innere Einstellung zum Nationalsozialismus* aus ihrer *leidenschaftlichen Vaterlands- und Heimatliebe.*[13] Waldemar Augustiny, Heimatschriftsteller aus Worpswede, kein ausgesprochener NS-Dichter, aber immerhin Mitglied des 1936 gegründeten, den Nazis nahestehenden Eutiner Dichterkreises, hält allein die Tatsache, dass Agnes Miegel sich vor einer Spruchkammer verantworten müsse, für eine *eigentümliche Vorstellung* – sie dürfe *wirklich von sich behaupten,* sich um *politische Dinge nie gekümmert* zu haben, das liege *außerhalb des Gesichtsfelds ihres Genies.* Was sie an *dichterischen Kundgebungen* zur Unterstützung der *Nazi-Bewegung* geschrieben habe, kenne er nicht, aber zitiert hierzu die Aussage ihrer Königsberger, jetzt in West-Deutschland lebenden Ärztin: *Frau Miegel hat mitunter zu Veranstaltungen beispielsweise der Frauenschaft, Aufträge von Partei-Dienststellen erhalten, irgendetwas zu schreiben. Sie hat solche Aufträge, die an Zahl nicht erheblich sein sollen, aufgefasst wie Befehle aus einem dunklen, ihr unbekanntem Bereich und hat sich nach Erfüllung dieser «Pflichten» für einige Zeit ins Bett legen müssen.*[14] Ina Seidel und Hans Grimm sagen rückhaltlos zu ihren Gunsten aus. Sogar ein grafologisches Gutachten liegt vor: *Die Schrifturheberin zeigt ein eindeutig überdurchschnittliches Niveau. Die Züge sind regelmässig und strichartig. Ablaufrhythmus, Formrhythmus und Verteilungsrhythmus sind positiv. Man hat es daher mit einer Persönlichkeit von duldsamer Beobachtungsgabe und duldsamem Gefühl zu tun. Alles atmet Konzentration, Mässigung und philosophischen Geist.*[15] Am 12. Februar 1949 ergeht das Urteil: *Frau Dr. hc. MIEGEL ist entlastet. (Kategorie V)* Gründe: *NSDAP ab 1940. NS-Frauenschaft ab 1936. Ehrenzeichen der HJ 1939. Trotz dieser formalen Belastung kann Frau M. nicht als Unterstützerin der nationalsozialistischen Gewaltherrschaft angesehen werden, da sowohl Motive wie Handlungen niemals NS-Geist verraten haben. Das wird von allen Zeugen bestätigt, und ist zudem allgemein bekannt. Die Gebühren werden erlassen, Härtefall.*[16]

Für Agnes Miegel ist ihre Vergangenheit damit nicht abgeschlossen. Die Auseinandersetzung um ihre Person beginnt eigentlich erst jetzt. Kaum eine andere Dichterin hat eine so heftige und lang andauernde Kontroverse ausgelöst wie sie. Im Internet finden sich lange Listen, zum Teil aus jüngster Zeit, die im Stil staatsanwaltlicher Anklageschriften ihre Verfehlungen Punkt für Punkt aufführen, um zu beweisen, dass sie keineswegs naiv und unpolitisch war, sondern aktiv den Nationalsozialismus und seine Ziele unterstützt hat. Andere sprechen sie von jeglicher Verstrickung frei. Gibt es eine Wahrheit?

Agnes Miegel war, so viel ist sicher, eine bis zum Schluss überzeugte Nationalsozialistin. Sie hat Hitler verehrt und einen deutschen Sieg erhofft. Aber liest man ihre Briefe an Ina Seidel oder Lulu von Strauß und Torney, spricht daraus vor allem Müdigkeit, körperliche Schwäche und Überanstrengung – viel Freude haben ihr ihre Lesereisen durch Schulen, die sie bis 1943 alljährlich absolviert hat, nicht bereitet. Sie hat bescheiden gelebt, war dankbar für einfache Dinge, uneitel, pragmatisch und nicht ohne Humor. Ihre «Führer-Gedichte» (drei sind erhalten) sind platt und peinlich wie andere literarische Huldigungen, ob sie zum Schreiben aufgefordert wurde oder aus eigenem Antrieb geschrieben hat, lässt sich nicht mehr feststellen. Ihr Gedichtband «Ostland» von 1940 (dem eines der drei Hitler-Gedichte vorangestellt ist), von Kritikern oft als Beweis herangezogen, zeigt sie vor allem als ostpreußische Patriotin, und auch in ihren Hitler-Huldigungen schwingt immer die Dankbarkeit mit, die sie und ihre Landsleute im August 1914 empfanden, als Hindenburg die «Schlacht von Tannenberg» gewann und die bereits weit im Land stehenden Russen zurückdrängte. Als Hindenburg 1934 starb, trauerte sie und hoffte auf einen ähnlichen Schutz durch Hitler. Agnes Miegel war – und das unterscheidet sie von den üblichen Karrieristen – eine GLÄUBIGE Nationalsozialistin, will sagen: eine von jenen, für die der Nationalsozialismus gleichbedeutend mit Ehrlichkeit, Treue, Anstand, Opferbereitschaft und anderen Eigenschaften war, die ein moralisches Wesen ausmachen. Das ist aus heutiger Sicht schwer zu begreifen, aber deshalb noch nicht unwahr. Der oft erhobene Vorwurf, Agnes Miegel habe «nicht bereut», sich «nicht distanziert», ihre Vergangenheit mit dem Satz «das mache ich mit meinem Herrgott aus» abgetan, geht am Kern der Sache vorbei. Aus ihrer Sicht hat Agnes Miegel konsequent gehandelt. Die meisten von denen, die von ihr Abbitte forderten (sie starb 1964), hatten genau wie sie die Nazi-Zeit durchlebt, viele hatten selbst mitgebrüllt und waren mitmarschiert, aber weil sie nicht im Licht der Öffentlichkeit standen, erinnerte man sich nicht daran – warum sollte sich Agnes Miegel vor ihnen entschuldigen?

Die Nachgeborenen, mittlerweile in der Enkelgeneration, interessieren derartige Differenzierungen wenig. In Bad Nenndorf, ihrem letzten Wohnsitz, ist die Debatte besonders heftig. Eiferer haben, so liest man, eine bronzene Frauenfigur mit ihrem Namenszug, die im Stadtpark an sie erinnern sollte, mit Farbe übergossen und aus ihrem Sockel zu reißen versucht. Ein Ratsbeschluss hat die Entfernung der Figur aus dem Stadtpark verfügt, ein Bürgerbegehren wollte das verhindern, aber scheiterte am Nichterreichen des Quorums. Die Figur hat jetzt ihren Platz im Garten des Hauses, in dem Agnes Miegel zum Schluss gewohnt hat. Die Stadt hatte ihr ein lebenslanges Wohnrecht eingeräumt, gegen vielfältigen Protest, das Haus heißt jetzt Agnes-Miegel-Haus und beherbergt ein kleines Museum, auch damit sind viele nicht einverstanden und drängen auf seine Schließung und Löschung des Namens. Vermutlich geht es hierbei inzwischen weniger um sie als Person als um das Bemühen, endlich die letzten Schatten der unseligen Vergangenheit loszuwerden, die das Gewissen und das Gemüt immer noch belasten – die Heftigkeit, mit der gestritten wird, zeigt die Virulenz, die das Thema immer noch hat. Wenn Bürgerinitiativen fordern, die wenigen noch verbliebenen Agnes-Miegel-Straßen umzubenennen, ist das verständlich – man muss Straßen nicht nach ihr benennen, wenn Menschen sich damit unwohl fühlen. Aber tritt man ihr unbefangen gegenüber, kann man an ihrem Beispiel viel über politische Gläubigkeit und andere Aspekte des Dritten Reichs lernen – und wird vielleicht auch die eine oder andere der Balladen lesen, die ihren Ruhm begründet haben.

*

Kasimir Edschmid, Akademiemitglied und Generalsekretär des Deutschen P. E. N., hat nach 1945 gleich wieder Kontakt mit seiner 1935 nach England emigrierten früheren Lebensgefährtin Erna Pinner aufgenommen. Die hatte Schreckliches zu berichten: Eine ihrer Freundinnen wurde in einem *Zwangslager in Deutschland umgebracht,* eine andere in *Theresienstadt im Zug nach Auschwitz* zum letzten Mal gesehen, ein Freund hat sich *Cyankali in die Pulsadern gespritzt,* eine ihr bekannte Familie wurde *in Auschwitz vergast.*[17] Der Arzt, der sie wegen ihrer Kinderlähmung behandelt hatte, starb in einem Konzentrationslager, ihr Vetter, *der Nierenchirurg Pinner* ebenso. *Wie soll man solche Dinge je vergessen können, oder das Grauen verlieren über die zu Lampenschirmen verarbeiteten Menschenhäute, die sich die diversen Frau Gauleiter in ihre Zimmer stellten?*[18] Kasimir Edschmid stößt das sauer auf: *Liebste Erna, offen gestanden habe ich Dir länger nicht geschrieben, weil ich über einige Sätze in Deinem Brief vom 16. 8. nicht hinwegkam. Wir wollen nicht mehr darüber reden, und ich will keine Mißverständnisse. Aber so sehr ich weiß, daß das deutsche Volk hundertprozentig auf den Nazismus hineinfiel – es hat doch mit den Menschenhäuten in seiner Gesamtheit so wenig zu tun wie seinerzeit mit den Untaten des Massenmörders Hamann, der seine Lustknaben zu Wurst verarbeitete und ein ganzes Stadtviertel damit ernährte. Ich schreibe dies der Gerechtigkeit halber. Nichts, aber auch garnichts kann man summarisch behandeln, weil alles seine individuellen Voraussetzungen hat.*[19]

Erna Pinner geht auf seine Erwiderung nicht ein und berührt das Thema nicht weiter. Beide, so scheint es, haben sich darauf geeinigt, dass Edschmid anständig durch die Nazi-Zeit gekommen ist und sich nichts vorzuwerfen hat. Aber ein Missverhältnis bleibt, obwohl oder vielleicht weil nicht darüber gesprochen wird: Erna Pinner ist Unrecht geschehen. Ihr Schweigen ist ein Akt der Großzügigkeit. Kasimir Edschmid hat Unrecht begangen, ideell, durch Kompromisse, die er wie die meisten gemacht hat. Die Selbstverständlichkeit, mit der er sich als Anti-Nazi geriert, hat etwas Unerlöstes, Unrechtmäßiges, als ob er ohne Eintrittskarte im Kino säße und eine Kontrolle fürchte. Aber die Beziehung ist beiden wichtig. Erna Pinner hat Biologie nachstudiert, arbeitet mit britischen Wissenschaftlern an der Illustration von Tierbüchern. Edschmid ist ein wichtiger Mann geworden. Beim Zweiten deutschen Schriftstellerkongress in Frankfurt im Mai 1948 teilt er sich das Präsidium mit Rudolf Alexander Schröder und hält eine große Rede. Er habe sich *zwei Dutzend neue Feinde* gemacht, berichtet er seiner Freundin[20], sein *«Typ»* fordere nun einmal zu *Attacken* heraus. *Es ist förmlich zum Lachen, wie die wildesten Nazis wieder zu Wort kommen, fast alle Schlüsselpositionen haben und über die herfallen, die keine Nazis waren.*[21]

Zehn Jahre später, 1958, sorgt das Buch «Das verlorene Gewissen» des Österreichers Kurt Ziesel für ernsthafte Probleme. Denn Kurt Ziesel, Jahrgang 1911, nach eigener Aussage 1933 ein *begeisterter Nationalsozialist*[22], will es nicht hinnehmen, dass Koryphäen des bundesdeutschen Literaturbetriebs jede eigene Verstrickung in den Nationalsozialismus weit von sich weisen und über Autoren wie Erwin Guido Kolbenheyer, Hans Grimm oder Wilhelm Schäfer zu Gericht sitzen, die sich zu ihm bekannt haben. Kurt Ziesel argumentiert polemisch, im Stil nicht weit von Will Vespers «Neuer Literatur» entfernt, hat oft mehrere Prozesse, Klagen und Gegenklagen gleichzeitig laufen, aber ihn als bloßen Querulanten abzutun, gelingt nicht, denn seine Angriffe haben Substanz: In hunderten von Zitaten, immer mit Datum und Quellenangabe, weist er «inneren Emigranten» und selbsternannten Demokratiewächtern nach, was ihnen zwischen 1933 und 1945 aus der Feder geflossen ist. Kaum jemand entgeht ihm. Die Akademiepräsidenten Rudolf Pechel und Hermann Kasack, die Star-Journalisten der «Süddeutschen Zeitung» W. E. Süskind und Hans-Joachim Sperr, die Kritiker Jürgen Eggebrecht, Gunter Groll und K. H. Ruppel, Karl Korn, Mitherausgeber der «Frankfurter Allgemeinen Zeitung», und zahlreiche weitere angesehene und einflussreiche Schriftsteller und Publizisten bekommen schwarz auf weiß serviert, was sie im Dritten Reich gelobt und gefeiert haben und heute in Grund und Boden verdammen. Dass Kurt Ziesel nicht müde wird, sich selbst als Musterbeispiel charakterlicher Standfestigkeit hinzustellen, kann die Peinlichkeit nicht mindern; dass er das Dilemma nicht sieht, in dem viele der von ihm Vorgeführten sich befanden, ist auch kein Trost. Er reibt Salz in die Wunden einer Generation, die sich fortwährend selbst belügt und am Ende die eigene Unwahrheit glaubt.

Wenig überraschend hat er auch Kasimir Edschmid im Visier. Wie kann es sein, fragt er, dass im nach *eigenen Angaben der Autoren* zusammengestellten «Journalisten-Handbuch» von 1956 der Eintrag über Edschmid lautet: *Öffentliche Verbrennung der verfaßten Bücher, Rede- und Rundfunkverbot, 1941 bis 1945 auch Schreibverbot,* während in dem gleichfalls autorenbestückten Kürschner-Literaturkalender von 1943 fünfzehn seit 1930 erschienene Edschmid-Titel aufgelistet sind – das sei ja ein *unverständlicher und geheimnisvoller,* geradezu an *Zauberei* erinnernder *Zusammenhang,* höhnt Ziesel, für *wie dumm* halte *Herr Edschmid* die Öffentlichkeit und seine Kollegen? Die *Schauermärchen* über die in seinem Ruhpoldinger «Mühlbauernhof» einquartierte Familie aus seinem Roman «Das gute Recht» seien glatt erfunden, diese hätte im Gegenteil berichtet, wie *bösartig und rücksichtslos* sich der *große «Weltmann»* und *«Literat»* Edschmid ihnen gegenüber benommen habe. Auch über Edschmids Wien-Buch ist Ziesel informiert und merkt genüsslich an, dass Edschmid *noch während des Jahres 1944 gern gesehener Gast bei der Familie des Reichsstatthalters Baldur von Schirach* gewesen sei.[23]

Als Ziesel ankündigt, in der nächsten Auflage auch Edschmids Brief an Kultusminister Rust vom Mai 1933 zu veröffentlichen, geschrieben fünf Tage nach der Bücherverbrennung, muss Edschmid reagieren und, so unangenehm es ist, Erna Pinner um Hilfe angehen.

Liebste Erna, wenn Du noch einen Funken Erinnerung in Dir wachrufen kannst, würde ich Dich bitten, mir einen Brief zu schreiben, der in etwa beinhalten sollte, daß Du als jüdische Emigrantin bezeugen kannst, daß ich diesen Brief als Tarn- und Schutzbrief schrieb, da meine Bücher gerade verbrannt worden waren und ich aus der Liste der Bibliotheken gestrichen werden sollte, was den absoluten Ruin bedeutete.[…] Daß ich Dich um einen «Persilschein» bitten muß, weil ich mich gegen einen ehemaligen Nazi zur Wehr setzen muß, entbehrt nicht einer gewissen Komik, aber die *vielen Soldatenzeitungen* könnten den Brief abdrucken und damit einen *Wirbel* auslösen, der auch für die *Akademie und den PEN unangenehm* wäre.[24] Erna Pinner schickt das Gewünschte, aber plädiert für Offenheit und Mut: *Liebster K., meine persönliche Ansicht ist, einfach zu sagen, ja, ich habe diesen Brief geschrieben; 1933 konnte niemand das Ausmaß der Entwicklung auch nur ahnen. Weiter würde ich darauf gar nicht eingehen.*[25] Das klingt einfach, ist es aber offenbar nicht.

Irgendwann ist auch Kurt Ziesel nur noch Episode. Kasimir Edschmid und Erna Pinner korrespondieren weiter, die Zuneigung bleibt. Sie erzählen sich, was sie bewegt, informieren sich gegenseitig über ihre Projekte und Krankheiten und was sie von dieser oder jenem wissen und gehört haben, Letzteres nicht selten «entre nous». Kasimir Edschmid stirbt im August 1966 im Alter von 75 Jahren an Herzversagen in Vulpera im Engadin, Erna Pinner fast neunzigjährig 1989 in London. Die Deutsche Akademie für Sprache und Dichtung und der deutsche P. E. N.-Club residieren dank Kasimir Edschmid bis heute in Darmstadt.

— 33 —

Willkommen und Abschied

Gottfried Benn ist wieder da, hoch geehrt und erfolgreich, 1951 Büchner-Preisträger, Mitglied der Darmstädter und Münchner Akademie, Verdienstkreuz der Bundesrepublik Deutschland, Idol einer Jugend, die in ihm findet, was sie sucht: Modernität, Strenge und radikale Abkehr vom Muff der Vergangenheit. Sein Comeback ist nicht selbstverständlich. Die sowjetische Militärverwaltung hat gleich nach dem Krieg seine Essays «Der neue Staat und die Intellektuellen» (1933) und «Kunst und Macht» (1934) auf den Index gesetzt, ob er in den Westzonen publizieren darf, ist zunächst unklar. *Hier ist alles besonders undurchsichtig, vieldeutig u. obskur,* schreibt Benn dem Konstanzer Verleger Johannes Weyl, der sich für ihn interessiert. *Wen man nicht als Pg. bezichtigen kann (wie mich), bezichtigt man als völkisch oder national oder militaristisch, u. niemand kann eruieren, wer es eigentlich ist, der diese Bezichtigungen aufstellt. [...] Ich unternehme allerdings auch keinen Schritt, um mich zu verteidigen oder zu rechtfertigen. Ich bedaure überhaupt nichts, was ich je geschrieben habe. Wenn man nämlich immer das schriebe, was man 10 oder 20 Jahre später für OPPORTUN hielte, geschrieben zu haben, würde man überhaupt nichts produzieren.*[1] Gedichte Benns in einer von Weyl geplanten Zeitschrift können nicht erscheinen – die französische Besatzungsbehörde untersagt das Projekt, einem Einspruch Alfred Döblins folgend, der sich gegen Benns Gedichte gewandt hatte, die Zeitschrift erscheint ohne sie.

Dann nimmt Max Niedermayer mit Benn Kontakt auf. Er hat im Oktober 1945 mit einer Lizenz der Amerikaner in Wiesbaden den Limes Verlag gegründet und will Benns Gesamtwerk herausbringen. 1948 und 1949 erscheinen in rascher Folge die Bände «Statische Gedichte», «Drei alte Männer», «Der Ptolemäer» und «Ausdruckswelt», und je mehr Benn wieder an die Öffentlichkeit tritt, desto mehr erinnert man sich an seine Rolle im Dritten Reich. Seine Feinde (oder die er als solche ansieht) sind wie früher «die Linken», jetzt verstärkt durch zurückgekehrte Emigranten. Dabei sei er, lässt er Max Niedermayer wissen, *nicht im entferntesten* bereit, *Pater peccavi* zu sagen und halte *zwei Meinungen* nach wie vor aufrecht: *1) daß es gar keine Schande war, dem damals durchaus legal gebildeten Staat auf sein Ersuchen hin seine Potenzen zur Verfügung zu stellen,* und *2) daß der N. S. ein echter und tiefangelegter Versuch war, das wankende Abendland zu retten.* Er würde *auch heute wieder hierbleiben und die Dinge erleben wollen* und spreche *den Emigranten das Recht* ab, *sich als die alleinigen Repräsentanten des geistigen Deutschlands zu gerieren.*[2]

1950 erscheint der Band «Doppelleben», eine groß angelegte Rechtfertigung seiner Jahre von 1933 bis 1945. Den ersten Teil bildet sein Essay «Lebensweg eines Intellektualisten», erschienen 1934 als Antwort an Börries von Münchhausen, der sich geweigert hatte, der «Union nationaler Schriftsteller» beizutreten, weil deren Vize-Vorsitzender, Gottfried Benn, «reinblütiger Jude» sei. Benns eigene Herkunft ist hier noch einmal beleuchtet, der «rein arische» Vater, Pfarrer Gustav Benn, die Mutter aus der französischen Schweiz stammend, in den Abschnitten «Rönne» und «Pameelen» erinnert er an seine Zeit als Militärarzt in Brüssel und behandelt Probleme des Dichterischen. Im zweiten Teil «Doppelleben» geht es mit vielen Details um seine Zeit im Dritten Reich. Seinen ominösen, seither in zahllosen Abhandlungen diskutierten «Loyalitätsaufruf» in der Akademie vom 20. Februar 1933 erwähnt er mit keiner Silbe, ebenso wenig seine zahlreichen Wortmeldungen aus dem Jahr 1933. Lediglich der Brief des inzwischen gestorbenen Klaus Mann an ihn kommt zur Sprache: *Dieser 27-jährige hatte die Situation richtiger beurteilt, die Entwicklung der Dinge genau vorausgesehen, er war klarerdenkend als ich, meine Antwort, aus der ich Teile anführen werde, war demgegenüber romantisch, überschwänglich, pathetisch, aber ich muß ihr zugute halten, sie enthielt Probleme, Fragen, innere Schwierigkeiten, die auch heute noch für uns alle akut sind.*[3]

Statt weitere Irrtümer zuzugeben, zitiert er Äußerungen Thomas Manns aus den Jahren 1914–1918, die er mit Stellen aus seiner *«Antwort an die Literarischen Emigranten» in inhaltliche Beziehung zu setzen* sich erlaube.[4] Der ihm im Roman «Mephisto» nachgesagte luxuriöse Lebenswandel – Besuche in *allen Häusern der Prominenten [...], der Whisky und die Marmelade direkt aus London* und dergleichen – sei *eine dichterische Freiheit des Autors. Nirgends* sei er aus- und eingegangen oder eingeladen worden, *kein Ministerium und kein Palais* habe er betreten, *keine Soirée und keinen Empfang und keine Veranstaltung der Reichskulturkammer* besucht, *nie den Tag des Buches in Weimar* mitgemacht.[5]

Im Abschnitt «Leier und Schwert» berichtet Benn über seine Kämpfe mit der Reichsschrifttumskammer 1935/36 und seinen Ausschluss 1938, in «Block II, Zimmer 66» über seine Zeit in Landsberg an der Warthe 1944. Hier fragt er sich, weshalb das deutsche Volk *dieser sogenannten Regierung* immer noch *unentwegt* folgte, *diesem halben Dutzend Krakeeler, die seit nunmehr zehn Jahren dasselbe Geschwätz in denselben Sälen vor denselben gröhlenden Zuhörern periodisch abspulten, diesen sechs Hanswürsten, die glaubten, daß sie allein es besser wüßten, als die Jahrhunderte vor ihnen und als die Vernunft der übrigen Welt.*[6] Seine Aussagen sind in hohem Maß widersprüchlich, seine Grundposition lässt sich vielleicht so beschreiben: Totale Ablehnung der Nazis, wie er sie erlebte, aber respektvolle Erinnerung an die Erwartungen, die der Nationalsozialismus als gesellschaftliches Experiment zunächst geweckt hatte.

Benns Selbstdarstellung überzeugt seine Kritiker nicht. Am 25. März 1950 bringt ihn der Journalist Thilo Koch im Nachtstudio des NWDR mit dem mehr als zwanzig Jahre jüngeren Peter de Mendelssohn zusammen, das Thema «Der Schriftsteller und die Emigration» soll diskutiert werden. Peter de Mendelssohn hat einen jüdischen Großvater und hätte nicht emigrieren müssen, aber tat es trotzdem. Er ist Jugendfreund von Erika und Klaus Mann, Verehrer Thomas Manns (und später Biograph und Herausgeber von dessen Tagebüchern), britischer Staatsbürger, Pressechef der britischen Kontrollkommission in Düsseldorf, ein wichtiger, aber auch klar auf der Gegenseite stehender Mann. Entsprechend gewappnet erscheint Benn zum Interview und dreht, nach bewährter Benn-Manier, den Spieß alsbald um, konfrontiert Mendelssohn mit Zitaten aus dessen Büchern, *die wörtlich ich geschrieben haben könnte*[7], so dass man zuweilen den Eindruck hat, nicht der Hiergebliebene, sondern der Emigrant säße auf der Anklagebank. 1953 veröffentlicht Peter de Mendelssohn eine Schrift «Der Geist in der Despotie», in der er Benn in einem langen Kapitel alle Verdrehungen, Unwahrheiten, Opportunismen, Fälschungen, Irreführungen und Beschönigungen nachweist, die im «Doppelleben» und den Schriften der Jahre 1933/34 zu finden sind, immer unter der Prämisse, dass nicht ein unbedarfter Jüngling, sondern ein reifer und bedeutender Künstler diese aus seiner Sicht unfassbaren und beschämenden Äußerungen getan hat.[8]

Moralisch gesehen hat Peter de Mendelssohn vollkommen recht. Seine Argumente sind schlüssig, kaum widerlegbar und im Ton nicht einmal aggressiv – so wie er den Fall schildert, DARF sich ein Schriftsteller nicht verhalten. Benn müsste sich geschlagen geben, um Verzeihung bitten, Buße tun, sein Leben ändern. Nichts dergleichen geschieht. *Über mich können Sie schreiben, daß ich Kommandant von Dachau war oder mit Stubenfliegen Geschlechtsverkehr ausübe, von mir werden Sie keine Entgegnung vernehmen,* bescheidet er 1946 den Journalisten Walther Karsch, der ihn seine Vergangenheit betreffend aus der Reserve locken wollte, und wiederholt es 1949 in einem Brief an Ernst Jünger.[9] Das Diktum gilt noch immer. Benn ändert sich nicht, weder künstlerisch noch persönlich.

Benns Talent für Freundschaft hat ihn nicht verlassen, die Treue, mit der er an Verbindungen festhält, ist geblieben. Friedrich Wilhelm Oelze ist nach wie vor sein engster Vertrauter, seit 1932 hat er ihm mehr als 700 Briefe geschrieben. Mit früheren Weggefährtinnen und -gefährten, ob emigriert oder nicht, Thea Sternheim, Ina Seidel, Erna Pinner, Tilly Wedekind, den Verlegern Erich Reiss und Gustav Kilpper ist er versöhnt, und sie mit ihm. Hertha von Wedemeyer, seine zweite Ehefrau, hat sich beim Einmarsch der Russen durch eine Überdosis Morphium das Leben genommen, Benn ist tief betroffen, aber heiratet ein gutes Jahr später Ilse Kaul, eine 27 Jahre jüngere Zahnärztin, und hat nebenher auch wieder eine junge Freundin, Ursula Ziebarth, von der seine Ehefrau nichts wissen darf. Sie wohnt in Worpswede, um sie zu besuchen, muss Oelze als Vorwand dienen: *Ich möchte unter allen Umständen noch einmal nach Bremen oder Umgebung fahren, da ich da etwas unerledigt zurücklassen musste. Bitte verstehen Sie, aber verstehen Sie nicht falsch. Das kann ich nur bewerkstelligen, wenn Sie mir etwas helfen, um es hier unauffällig zu machen.*[10]

Der 1. Januar 1956 sei sein *letzter glücklicher Tag* gewesen, schreibt er seinem Förderer Max Rychner, Feuilletonchef der «Tat».[11] Danach muss Benn ins Krankenhaus, Darmblutung, muss Milch trinken (was er seit 60 Jahren nicht getan hat). Sein 70. Geburtstag am 2. Mai 1956 wird groß gefeiert, aber die Schmerzen werden schlimmer, und es ist nicht Rheuma, Arthrose oder Neuritis, wie vermutet, sondern Krebs, der schon in den Knochen sitzt. Seine letzten Briefe an Oelze diktiert er seiner Frau: *Ich bekomme jeden Tag eine Injektion, die aber völlig gar nichts nützen. Dazu nehme ich Tabletten, von denen ein Gläschen 38.– Dm. kostet. (Cortison.) Das alles aber ist, wie gesagt, für die Katz. Ich warte noch eine Woche, dann werfe ich mich vor einen der grossen Reiseomnibusse …*[12] Der Tod wartet noch drei Wochen und kommt am 7. Juli 1956 zur rechten Zeit, denn: *Am schlimmsten:/ nicht im Sommer sterben,/ wenn alles hell ist/ und die Erde für Spaten leicht.*[13]

*

Im Vorwort zu seinem 1961 erschienenen Erinnerungsbuch «Notabene 45» erwähnt Erich Kästner ein *unauffällig zwischen anderen Bänden* im Regal stehendes *blau eingebundenes Buch,* einen sogenannten Blindband mit leeren Seiten, wie ihn Verlage gelegentlich als Muster herstellen. Darin habe er in den Jahren 1941, 1943 und 1945 jeweils etwa sechs Monate lang in *winziger Stenographie* festgehalten, was er für seinen lange geplanten großen Roman über das Dritte Reich *nicht vergessen* wollte. *Zündstoff fürs eigene Gedächtnis* sollten die Notizen sein, *Material für ein bengalisches Feuerwerk, weithin und lange sichtbar, mit Donnerschlägen und blutigen Zeichen am Himmel* – aber *geschrieben* habe er den Roman nicht. Warum nicht? Er nennt zwei Gründe: *Ich merkte, daß ich es nicht konnte. Und ich merkte, daß ich's nicht wollte.* Erich Kästner hat erkannt: Den «großen Roman» über das Dritte Reich kann es nicht geben. Die Wirklichkeit erschlägt die Fantasie. *Man kann eine zwölf Jahre lang anschwellende Millionenliste von Opfern und Henkern architektonisch nicht gliedern. Man kann Statistik nicht komponieren. Wer es unternähme, brächte keinen großen Roman zustande, sondern ein unter künstlerischen Gesichtspunkten angeordnetes, also deformiertes Adreßbuch, voll erfundener Adressen und falscher Namen.*[14]

Es bleibt nur der Erlebnisbericht, das *kleine Bild aus dem großen Bild,* ohne großes künstlerisches Wollen und Zutun, nur einem Ziel dienend: *Wir müssen zurückblicken ohne zu erstarren. Wir müssen der Vergangenheit ins Gesicht sehen. [...] Die Vergangenheit muß reden, und wir müssen zuhören. Vorher werden wir und sie keine Ruhe finden.* Aus den Notizen des «Blauen Buchs» hat Erich Kästner den Erinnerungsband «Notabene 45» zusammengestellt. Er umfasst den Zeitraum Februar bis August 1945, erst in Berlin, dann in Mayrhofen in Tirol, wohin er und eine Gruppe von Filmleuten sich zurückgezogen hatten, um einen Film zu drehen, offiziell im Auftrag des Propagandaministeriums, in Wahrheit, um den Bomben auf Berlin zu entgehen – ein riskantes Unternehmen, denn Filmmaterial gab es nicht, die Kameras waren leer. Aus den Notizen habe er den *Wortlaut ergänzen,* die *unsichtbare Schrift leserlich* machen müssen, am Inhalt habe er *kein Jota* geändert.

Seit 2018 liegt das «Blaue Buch» im Original vor, sorgfältig ediert und kommentiert. Kästners Behauptung in «Notabene 45», «am Inhalt kein Jota» geändert zu haben, entspricht der Wahrheit: Er hält sich getreu an die Ereignisse, berichtet über Absurditäten und Grausamkeiten der letzten Kriegstage, über sinnlose Befehle, imaginäre Abwehrschlachten, Erschießungen wegen Defätismus, während Russen und Amerikaner schon in Sichtweite sind, und den zynischen Witz der Bevölkerung: «Hitler und Roosevelt haben ein Abkommen getroffen – Roosevelt liefert die Flugzeuge, Hitler den Luftraum.» Oder: «Wenn die Engländer noch lange bombardieren, müssen sie die Häuser selbst mitbringen.» Dennoch ist «Notabene 45» eine Interpretation.

Am 7. Mai 1945 unterzeichnet Generaloberst Alfred Jodl in Reims die Urkunde der bedingungslosen Kapitulation der deutschen Wehrmacht. In Kästners «Blauem Buch» heißt es dazu: *Da haben nun die drei größten Mächte der Erde fast sechs Jahre gebraucht, um die Nazis zu besiegen, und nun werfen sie der deutschen Bevölkerung vor, die antinazistisch war, sie habe die Nazis geduldet! Deutschland ist das am längsten von den Nazis besetzte und unterdrückte Land gewesen – nur so kann man die Situation einigermaßen richtig sehen. Sie sollen nur statistisch feststellen, wie viele Deutsche von den Nazis zugrunde gerichtet worden sind! Dann werden sie merken, was los war!*[15] In «Notabene 45», mit dem Abstand von 16 Jahren, wird er noch deutlicher: *Wir, die deutsche Minorität, hätten versagt. Das ist ein zweideutiger Vorwurf. Er enthält nur die halbe Wahrheit. Sie verschweigen die andere Hälfte. Sie ignorieren ihre Mitschuld. Was sie verschweigen, macht das, was sie aussprechen, zur Phrase, und wir sind im Laufe der Zeit gegen Phrasen sehr empfindlich geworden. Auch gegen liberale Phrasen. Auch gegen Phrasen aus Übersee. Die Sieger, die uns auf die Anklagebank verweisen, müssen sich neben uns setzen. Es ist noch Platz. Wer hat denn, als längst der Henker bei uns öffentlich umging, mit Hitler paktiert? Das waren nicht wir. Wer hat denn Konkordate abgeschlossen? Handelsverträge unterzeichnet? Diplomaten zur Gratulationscour und Athleten zur Olympiade geschickt? Wer hat denn den Verbrechern die Hand gedrückt statt den Opfern? Wir nicht, meine Herren Pharisäer! [...] Wissen Sie nicht, wie Macht und Ohnmacht im totalen Staat verteilt sind? Sie werfen uns vor, daß wir nicht zu Attentaten taugen? Daß noch die Trefflichsten unter uns dilettantische Einzelmörder und unübertreffliche Massenmörder waren? Sie haben recht. Doch das Recht, den ersten Stein gegen uns aufzuheben, das haben Sie nicht!*[16]

Was hat es damit auf sich? Rückt Erich Kästner in die Nähe von Hans Grimm? Oder rechtfertigt er sich selbst? Sein «Anti-Nazismus» steht außer Frage, aber der nationalsozialistischen Literaturpolitik war er unterworfen wie alle anderen. Und weil er leben, veröffentlichen und Geld verdienen wollte, hat er, wenn es sein musste, Entscheidungsträgern nach dem Mund geredet wie andere auch. Als eine Restauflage von «Emil und die Detektive» 1936 beschlagnahmt werden sollte, argumentierte er gegenüber Ministerialrat Heinz Wismann vom Propagandaministerium, der «Emil» sei doch ein *ausgesprochen deutsches Buch,* das in *anderen Ländern eine Vorstellung vom Kameradschaftsgeist und dem Familiensinn des deutschen Kindes vermitteln* solle; es werde in *englischen, amerikanischen, polnischen und holländischen Schulen* benutzt, um *die deutsche Sprache zu lehren und Verständnis für das deutsche Wesen zu vermitteln.*[17] 1938, bei einem erneuten Versuch, in die

Reichsschrifttumskammer aufgenommen zu werden, ließ er seinen Anwalt sagen, man könne ihn *nicht nach Gedichten beurteilen,* die vor *Jahren erschienen* seien und die er *heute nicht mehr so schreiben* würde. In *geistig wurzelloser Zeit* habe das *Erlebnis des verlorenen Krieges und einer destruktiven Revolution verwirrend und deprimierend* auf ihn gewirkt, er entstamme einer *alten, bodenständigen Handwerkerfamilie,* sei *nicht mit jüdischen Literaten wie Tucholsky* oder ähnlichen zu vergleichen.[18] Gemeinsam mit Eberhard Keindorff schrieb er die viel gespielte und 1940 von Hans Deppe verfilmte Komödie «Verwandte sind auch Menschen», unter dem Pseudonym Berthold Bürger das Drehbuch zu Josef von Bákys «Münchhausen», dem teuersten, aufwändigsten und spektakulärsten deutschen Film der Jahre 1933 bis 1945.

Hierzu gibt es eine Korrespondenz. Am 6. Juni 1942 schreibt ihm ein Beamter der Reichsschrifttumskammer: *Die Kammer hat in Erfahrung gebracht, daß zu dem bei der Ufa-Produktion demnächst herauskommenden Film «Münchhausen» das Drehbuch von Ihnen unter dem Pseudonym «Berthold Bürger» verfaßt worden ist. Ich stelle zu diesem Vorgang fest, daß Sie zu einer derartigen Betätigung nicht berechtigt waren, nachdem ich Ihren Antrag auf Zulassung zu einer schriftstellerischen Betätigung wiederholt abgelehnt habe. Auch durfte das Pseudonym ohne meine Genehmigung nicht verwendet werden. Ich habe die Absicht, gegen Sie wegen dieser Zuwiderhandlungen mit einer Ordnungsstrafe gemäß § 28 der Ersten Durchführungsverordnung zum Reichskammerkulturgesetz vom 1. 11. 1933 (Rgbl. I. S. 797) vorzugehen, ersuche Sie aber zunächst um Stellungnahme zu meinen Vorhaltungen. Diese wird innerhalb von 8 Tagen erwartet.*[19] Am 25. Juli 1942 schreibt dieselbe Behörde: *Ich setze Sie hiermit von der durch die Hauptgeschäftsführung der Reichskulturkammer unter Aktenzeichen RKK-KP 4020.04/41–105 ergangenen Entscheidung in Kenntnis, nach der Ihnen eine jederzeit widerrufliche Sondergenehmigung zur Berufsausübung als Schriftsteller erteilt worden ist. Die Reichskulturkammer hat zur Bedingung gemacht, dass die Manuskripte und Drehbuchaufträge unter dem bereits von Ihnen geführten Decknamen «Berthold Bürger» herausgebracht werden.*[20]

Entweder hat Kästner sehr überzeugend argumentiert, oder, was viel wahrscheinlicher ist, es kam ein Wink von oben – das kann, bei seiner bekannten Film-Manie und einem solchen Prestigeprojekt, nur der Propagandaminister selbst gewesen sein. Premiere war am 3. März 1943, da war die 6. Armee bei Stalingrad gerade untergegangen, und in Auschwitz loderten in den Verbrennungsöfen die Flammen rund um die Uhr. Kästner ist zu dieser Zeit bereits wieder mit Berufsverbot belegt: *Auf Grund einer neuerlichen Entscheidung der Reichskulturkammer wird die Ihnen unter dem 25. 7. 1942 erteilte Sondergenehmigung widerrufen. Sie sind somit nicht mehr berechtigt, im Zuständigkeitsbereich der Reichsschrifttumskammer als Schriftsteller tätig zu sein.*[21] Es folgt der Zusatz: *Im Nachgang zu meinem Schreiben vom 14. 1. 1943 mache ich noch darauf aufmerksam, dass das Berufsverbot auch die schriftstellerische Betätigung vom Inland nach dem Auslande hin umfasst.*[22] Kästner sitzt auf dem Trockenen, aber das Honorar für das Münchhausen-Drehbuch beträgt 115 000 Reichsmark. Noch im selben Jahr kauft er drei Grundstücke im Berliner Umland.

Sich mit Schutzbehauptungen und Tricks durch den nationalsozialistischen Dschungel laviert zu haben ist kein Verbrechen, und Kästners Drehbuch ist künstlerisch und ideologisch nicht zu beanstanden. Aber für Goebbels gearbeitet zu haben, ist keine Empfehlung für einen, der am moralischen Neuanfang Deutschlands mitarbeiten will. Was tut ein Erich Kästner in solcher Lage? Er schreibt Kabarett-Texte. Früher in Berlin, jetzt in München, wo er seit 1945 wohnt, für Rudolf Schündlers «Schaubude» in der Reitmorstraße. Sein alter Kumpel Edmund Nick, mit dem er 1929 eine erste Radio-Revue «Leben in dieser Zeit» für den Breslauer Rundfunk gestaltet hat, komponiert die Musik dazu. Vergleicht man die Texte, merkt man den Unterschied – und spürt die Hypothek, die auf Kästner lastet. Die Leichtigkeit ist weg. Der Witz, eine seiner größten Stärken, ist dem Bierernst gewichen:

Der letzte Schuß ging längst daneben.
Ihr krocht aus Kellern und aus Gräben.
Das große Sterben war vorbei.
Der Tod war satt, und ihr begannt zu leben
wie einst im Mai.

Ich bin der Dichter, der euch anfleht und beschwört.
Ihr seid das Volk, das nie auf seine Dichter hört.
Die Welt ging diesmal fast zugrunde.
Die Welt ging diesmal beinah vor die Hunde.
Ihr saht das Zweitjüngste Gericht.
Doch die Bedeutung dieser schwarzumwehten Stunde
fühltet ihr nicht!
Ich bin der Dichter, der euch anfleht und beschwört.
Ihr seid das Volk, das nie auf seine Dichter hört.[23]

Welch sonderbarer Anachronismus! *Draußen steht ein Volk, so erwartungsvoll, so aufnahmebereit, so gläubig! Dieses Volk glaubt an Sie, wird an Sie glauben, wenn von hier aus das Leben ihm wieder lebendig entgegentritt*, sagte Kultusminister Bernhard Rust bei der Eröffnung der «bereinigten» Dichterakademie am 7. Juni 1933 – die Wichtigkeit von Dichterinnen und Dichtern als Lehrmeister des Volks war einer der Grundgedanken nationalsozialistischer Literaturpolitik. War Erich Kästner das nicht bewusst? Merkte er nicht, welch dünnes Eis er da betrat?

Aber Kästner ist unverzichtbar. Die Deutschen brauchen ihn und lieben ihn. Er gibt ihnen die Sicherheit, dass am Ende das Gute siegt und dass man den Nationalsozialismus anständig überstehen konnte. Gleich nach Kriegsende wird er Feuilletonchef der von den Amerikanern initiierten «Neuen Zeitung», 1949 Mitglied der Darmstädter Akademie, 1951 Präsident des deutschen P. E. N.-Clubs, 1957 Büchner-Preisträger. 1949 erscheint «Die Konferenz der Tiere», 1950 «Das doppelte Lottchen», zwei weitere Klassiker aus seiner Feder, beide wieder illustriert vom unverwechselbaren Walter Trier. «Das doppelte Lottchen» wird schon im Erscheinungsjahr des Buchs verfilmt, die Titelrollen spielen die Zwillingsschwestern Isa und Jutta Günther, Töchter des Chef-Garderobiers der Münchner Kammerspiele Leo Günther. Kästner marschiert bei Ostermärschen mit, protestiert gegen den Vietnam-Krieg. Der Rundfunk reißt sich um ihn, mit flacher Knarzstimme kommentiert er seine eigenen Geschichten. Nachmittags sitzt er im Café Freilinger oder in der Gaststätte Leopold in Schwabing, hinten im Lokal an einem für ihn reservierten Tisch, wer etwas will, spricht ihn an oder bekommt ein Buch signiert. Die Leichtigkeit ist wieder da, das Schwebende und Einmalige in seinen Texten, im Zyklus «Die dreizehn Monate» von 1955, wenn der Mai, der *Mozart des Kalenders,* aus *seiner Kutsche grüßend* übers Land fährt, *Melancholie und Freude Schwestern* sind und *Glück* auch *weh tun* kann – perfekte Gedichte eines Meisterhandwerkers der Dichtkunst. Das Ende ist traurig wie das Ende vieler großer Leben, in seinem Fall vom Alkohol gezeichnet, hin- und hergerissen zwischen zwei Frauen und einem Sohn. Er stirbt im Juli 1974 in einem Münchner Krankenhaus. Seine Heimatstadt Dresden widmet ihm ein Museum, diverse Denkmäler erinnern an ihn, sein Grab auf dem Alten Bogenhausener Friedhof in München ist Anziehungspunkt für Spaziergänger, die davorstehen und an ihn denken. Den Mythos vom zwölfjährigen erzwungenen Schweigen hat er bis zum Lebensende aufrechterhalten. Gewisse Fragen werden eben nicht beantwortet.

*

Hans Fallada heiratet am 1. Februar 1945 die junge Witwe Ursula Losch. Beim Hochzeitsessen bekommt er einen Wutanfall, zertrümmert Möbel, wird in eine Berliner Klinik eingewiesen. Am 8. Mai verhaftet ihn eine russische Streife: In seinem Garten ist eine SS-Uniform vergraben, woher sie kommt, bleibt unklar. Tags darauf ernennt ihn der sowjetische Kommandant zum Bürgermeister von Feldberg, wo er mit Ursula wohnt. Vom Balkon des Rathauses aus hält er eine Rede: *Wie ist unser Leben mit Füßen getreten worden, und alles nur, weil wir, die vielen kleinen Pinnebergs nicht genügend gewusst hatten. Nun wollen wir es besser machen! Noch fehlt Brot, die Milch für unsere Kinder, aber wenn es gelungen ist, durch die Umsicht und das beherzte Verhalten der Roten Armee unsere Stadt vor einer sinnlosen Zerstörung zu bewahren, so wird es auch mit unser aller Kraft gelingen, diese Schwierigkeiten zu überwinden. Danken wir der Sowjetunion und gehen an die Arbeit, den Hunger zu stillen. Schwören wir: Lieber trocken Brot – doch nie wieder Krieg! «Kleiner*

Mann – was nun!» Nun verändere dein Leben, jetzt kannst du es, wir alle helfen dabei.[24]

Einen weniger geeigneten Bürgermeister als Hans Fallada zu finden, ist schwer vorstellbar. Vom Amt zermürbt, erscheint er am Vormittag des 12. August 1945 im Nachthemd vor der Kommandantur, randaliert, zerschlägt Fensterscheiben. Er spritzt sich wieder Morphium, von dem er sich zwanzig Jahre lang ferngehalten hat, seine morphiumabhängige junge Frau hat ihn angesteckt. Er zieht mit ihr nach Berlin, die Morphiumbeschaffung wird zum alles beherrschenden Thema, der Stoff ist teuer, kostet auf dem Schwarzmarkt bis zu 80 Mark pro Ampulle. Ursula Losch dreht den Gashahn auf, will sich umbringen, eine Nachbarin findet sie in letzter Minute. Fallada schreibt den Roman «Der Alpdruck», das beklemmende Lebensbild eines Süchtigen im zerstörten Nachkriegs-Berlin, weit autobiografischer und ehrlicher als etwa «Damals bei uns daheim». Johannes R. Becher wird auf ihn aufmerksam, vermittelt Wohnraum in einer Villa in Berlin-Niederschönhausen, Eisenmengerweg 19, in der Nachbarschaft von Walter Ulbricht, Wilhelm Pieck, Otto Grotewohl.

Im Januar 1946 holt ihn seine Vergangenheit ein. In der «Neuen Zeitung» in München, in der wieder Alfred Kerr, Heinrich Mann, Alfred Döblin und andere Emigranten publizieren, erscheint ein Artikel: *FALLADAS WANDLUNG*. Else Marie Bakonyi, eine Schreibkraft, die zeitweise für ihn gearbeitet hat und in Carwitz Zeugin vieler Ereignisse war, bezweifelt darin seine charakterliche Eignung, einen angekündigten Roman über die NS-Zeit zu schreiben, dazu sei er selbst zu tief verstrickt gewesen. *Wie war es denn im Jahre 1943? Sie ließen sich zuerst zum RAD-Sonderführer (Majorsrang, wie Sie stolz betonten) machen und unternahmen im Auftrag des Arbeitsdienstes zweimal eine Reise durch Frankreich, um als Gegenleistung dafür ein Reisetagebuch herauszugeben, das natürlich nur rein propagandistischer Natur sein konnte.* Im Zusammenhang mit dem Kutisker-Projekt zitiert sie ihn mit der Aussage: *Ich kann nur sagen, daß mein Roman nicht annähernd so pöbelhaft antisemitisch ausfallen wird wie ein gewisser «Jud Süß» von einem gewissen Lion Feuchtwanger.* Das Kriegsziel der Nazis habe er unterstützt: *Ich weiß, daß wir noch zwei oder drei Monate Zeit brauchen, dann sind wir für einen ganz anderen Krieg fertig, und dann wird England in vier Tagen am Boden liegen, und dann wird Amerika auch spüren, was das ist, Krieg … Das alles kann nicht umsonst gewesen sein. Wir sind die Herren der Welt, bestimmt die von Europa. Nur ein bißchen Zeit und Geduld!* Der Artikel schließt mit der Frage: *Ja, ist das nun der echte Fallada, ist dies die letzte Verwandlung – oder wollen Sie auch jetzt nur wieder Ihren Frieden machen mit den herrschenden Mächtigen?*[25]

Aus dem Schwarzwald meldet sich Felix Riemkasten, Jahrgang 1894, Buchautor, Kritiker, Feuilletonist, mit dem er 1934 über den Roman «Wer einmal aus dem Blechnapf frißt» aneinandergeraten war.[26] Jetzt hat eine Zeitung Riemkasten einen *großen Nazidichter* genannt, da darf man nicht zimperlich sein und muss jede Verbindung nutzen: *Lieber Fallada! Höchst ungern bettle ich Leute an, es ist so entsetzlich widerlich, man kommt sich wie ein Lump vor, und doch MUSS ich mich jetzt an Sie wenden mit der Bitte, mir das obige Zeugnis auszustellen, und zwar umgehend* (ein selbst verfasster «Persilschein» liegt bei). *Es ist der kochende, schäumende Wahnsinn. Mit Ihrem Zeugnis kann ich die Leute erschlagen.*[27] Fallada winkt ab: *Ich bin sehr alt und der Dinge müde geworden. Aber ich will Ihnen, dem es selber so schlecht geht, nichts vorklagen, ich müsste Ihnen eher helfen. Doch kann ich Ihnen die erbetene Bescheinigung darum nicht ausstellen, weil sie Ihnen nichts nützen, uns beiden aber viel schaden würde. Ich werde nämlich selber als Pronazi in Bann getan und zwar hochoffiziell von München her, von den Amerikanern aus. Es ist zwar alles barer Unsinn, der gegen mich vorgebracht wird, aber ich muss still sein und warten, das halte ich für mein Teil für besser als eine Fehde, wie die, in die Sie sich jetzt eingelassen haben. Bescheinigte ich Ihnen jetzt irgendetwas, so hiesse es nur: der eine Nazi wäscht den anderen weiss.*[28]

Der erwähnte große Fallada-Roman über Geschehnisse im Dritten Reich sollte bereits ab Januar 1946 unter dem Titel «Im Namen des deutschen Volkes» in der «Berliner Illustrierten» erscheinen. Johannes R. Becher hatte die Idee dazu gehabt und Fallada Material über die Postkartenaktion des Ehepaars Hampel schon im Sommer 1945 übergeben, aber das Vorhaben schien Fallada undurchführbar – das *Grundproblem* sei nicht gelöst: *Gerade für einen Vorabdruck* müsse *Jugend und*

Liebe einfließen, die *drei Personenkreise,* die *pamphletschreibenden Rentner, die Gestapo, der arbeitsscheue Renn-Wetter* seien eine *allzu traurige* Gesellschaft, *zwei alte Arbeitsleute, Todesurteil, Schluss* – das sei *nichts für eine Illustrierte.*[29] Zum ersten Mal in seiner Schriftstellerlaufbahn hält Fallada einen Vertrag nicht ein, auch als die «Berliner Illustrierte» mit dem Rechtsweg droht, kann er sich nicht aufraffen. Erst Ende September 1946 macht er sich an die Arbeit, wie immer mit der eisernen Regel, nie hinter dem Pensum des Vortages zurückzubleiben – *mehr war erlaubt, aber weniger streng verboten*. Ein letztes Mal vollzieht sich der Prozess, der seine erstaunliche Begabung ausmacht: *Und während ich schrieb, während ich den Stoff verarbeitete, und mit Schrecken sah, dass es immer mehr Stoff wurde [...] kam ich doch nicht über das Verwundern über meinen eigenen Kopf hinaus. Da hatte ich doch wahrhaftig geglaubt, dies sei kein Stoff für mich [...] Ein Jahr lang hatte ich nicht an ihn gedacht [...] und nun stellte sich heraus, dass das alles nicht stimmte. Sondern mein Gehirn hatte in aller Stille, ohne dass sein Besitzer auch nur das Geringste davon wusste, an diesem Stoff weiter herumgekaut, es hatte ihn zerfasert, bereichert, umgestaltet, kurz, es hatte einen Stoff daraus gemacht, aus einem Nichts war in aller Stille ein Etwas geworden, und ich hatte nichts davon gewusst.*[30] Was Kästner nicht gelang, gelingt Hans Fallada, aber erst, nachdem er durch das «Große» das «Kleine» ins Visier nimmt, ein unauffälliges Straßenquadrat in Berlin, in dem unauffällige Menschen ihren Alltag leben. Durch Falladas Vergrößerungsglas betrachtet, geschieht in dieser kleinen Welt so viel, dass sie die große Welt mit einbezieht und aus Falladas kleinem Ansatz letzten Endes doch den großen Drittes-Reich-Roman werden lässt. Sein Titel: «Jeder stirbt für sich allein».

Am Sonnabend habe ich meinen grossen Roman über die beiden «Kartenverteiler» abgeschlossen, schreibt er Felix Riemkasten. *Ich habe in Rekordzeit gearbeitet: 550 Druckseiten in 4 Wochen niedergekritzelt, und das bei meinem immer lästiger werdenden Schreibkrampf und meinen sehr schlechten Augen! Ich glaube, dass das mein erster wirklicher Fallada seit dem «Wolf» ist, trotzdem mir der Stoff erst gar nicht schmeckte, aber das ist ja eigentlich immer so.* Er verabschiedet sich mit einer Ermutigung für alle, die sich mit dem Gedanken tragen, einen Roman zu schreiben –

ein letzter Ratschlag des Autors Hans Fallada an die schreibende Zunft: *Jeder Stoff, in den man sich wirklich reinkniet, gibt schließlich nach.*[31]

Am 1. Dezember schickt er das abgetippte Manuskript an den Verlag, am 7. Dezember wird er in die Psychiatrische Nervenklinik der Charité eingeliefert. Anscheinend hat er sich während der letzten Schreibtage wieder Morphium gespritzt. Er gibt sich optimistisch, macht Pläne, korrespondiert mit Bekannten. Wie es ihm wirklich geht, erfährt seine Mutter in einem Weihnachtsbrief aus dem Krankenhaus: *Woran liegt das nur bei mir, Mutti? Ich lasse es weder an Fleiss, noch an Ausdauer, noch an Ordnung* und *gewiss auch nicht an Liebe fehlen, aber dann zerschlage ich mir in wenigen Stunden oft, an dem ich Monate und Jahre gebaut. Ich habe jetzt wieder einen wirklich grossen Roman geschrieben, in ganz kurzer Zeit, einen Roman, der ein Erfolg werden wird, ich hatte die Früchte meines Fleisses schon in der Hand, und nun sitze ich hier einsam und allein, und habe mich wieder um alles Erreichte gebracht. Irgendetwas in mir ist nie ganz fertig geworden, irgendetwas fehlt mir, so dass ich kein richtiger Mann bin, nur ein alt gewordener Mensch, ein alt gewordener Gymnasiast, wie Erich Kästner mal von mir gesagt hat. Ich sage mir heute, dass es diese Zusammenbrüche nicht mehr geben darf, aber ich mag nicht mehr mir, geschweige denn anderen, Versprechungen leisten, da ich so heilige Versprechen so oft gebrochen habe. So sage ich denn nur, ich will es wieder versuchen, ich will fleissig sein und ich will arbeiten – möge es lange gut gehen! […] Was soll ich Dir noch sagen? Ich finde, ich habe für einen Festbrief schon viel zu viel gesagt. Lass es Dir einmal erzählt sein. Du antwortest besser gar nicht darauf. Aber ich weiss ja nun, dass Du weisst, wie mir ums Herz ist, und das tröstet mich ein wenig. Ich nehme niemandem etwas durch diese Geständnisse. Sie sind bei Dir in guter Obhut. Du weisst es ja am besten, ich bin wohl schwach, aber nicht schlecht, nie schlecht. Das ist keine Entschuldigung, es ist schlimm genug, mit 53 Jahren nicht mehr geworden zu sein als ein schwacher Mann, so wenig aus meinen Fehlern gelernt zu haben. Aber so ist es, nicht anders.*[32]

Am 12. Januar 1947 wird Fallada auf Wunsch seiner Frau Ursula ins Hilfskrankenhaus Pankow in der Blankenburger Straße in Berlin-Niederschönhausen verlegt. Eine gemeinsame Entziehungskur ist geplant. Er liegt im Parterre, sie eine Etage darüber. Am 5. Februar 1947 übergibt ihr eine Ärztin, die früh nach Hause will, die nächtlichen Schlafmittel für Hans Fallada mit der Bitte, sie ihm zu verabreichen. Sie irrt sich in der Dosis, gibt ihm zu viel davon, daran stirbt er abends gegen 8 Uhr.

*

12. Mai 1945 Der Krieg ist aus. Zuweilen versuche ich, mir diese Tatsache bewusst zu machen, aber es gelingt mir schlecht. Der Krieg ist aus – es gibt keinen Fliegeralarm mehr – es prasseln nirgendwo mehr Bomben auf unglückliche Städte nieder. Der Krieg ist aus – nirgends in Europa wird noch gekämpft, es sterben keine jungen Soldaten mehr. Der Krieg ist aus – der Wahnsinn der Verzweiflung, mit dem Deutschland sich unter einer wohl kaum noch zurechnungsfähigen Führung gegen das Unabwendbare wehrte, ist in Blut und Flammen u. unter Trümmern erstickt worden.

Seite um Seite schreibt Ina Seidel ihre Gedanken und Empfindungen in ihre vielen schwarzen Wachstuchhefte. Als *NATIONALE SACHE* habe man den Krieg gesehen, nicht als *Parteiangelegenheit,* der *«totale Endsieg»* sei längst kein Ziel mehr gewesen, sondern nur ein *Friede, der dem Volk die Ehre u. das Selbstbestimmungsrecht beließe.* Dass man gehofft habe, die *Zustände im Inneren aus eigener moralischer Kraft zu ordnen,* sei nur ein Beweis für die *entsetzliche Selbsttäuschung über den Grad der Fäulnis,* die das *Krebsgeschwür der Partei im deutschen Volkskörper* verursacht habe. Ja, man habe gehört, dass *schlimme Dinge* geschähen, aber die Zuträger oft für *Wichtigtuer* und *Schwätzer* gehalten, denen die *Freude an der Sensation anzumerken war,* nun wisse man nicht, wohin zu schauen *vor Scham u. Gram, dass solche Dinge mit dem deutschen Namen gedeckt wurden.*[33]

Das «Phänomen Hitler» lässt sie auch jetzt noch nicht los: *Die Faszination, die Hitler ausübte, ist mir vom Ausbruch des Weltkriegs an immer unbegreiflicher gewesen, zuerst konnte ich mich ihr nicht entziehen. Schon damals fragte ich mich, ob die so außerordentlich banale Erscheinung dieses Menschen sich mit seinen hohen Zielen und Idealen vereinigen ließe, ob ein Mann, um sich durchzusetzen, wirklich derartig schreien müsse, und das stundenlang. Aber man dürfe nicht nach dem Äußeren gehen, wurde mir gesagt, und das sagte ich auch mir selbst. Bei Freunden, von denen ich das kaum erwartet hatte, fand ich Fotoaufnahmen von ihm im Wohnzimmer aufgestellt, und man versicherte mir, er hätte die schönsten, sensibelsten Hände. Das nachzuprüfen hatte ich nie Gelegenheit, ich habe ihn nur ein einziges Mal in der Nähe gesehen und zu meinem Erstaunen festgestellt, dass er rötlich-gelbes Haar und knallblaue Augen hatte und erstaunlich rosig und frischgewaschen aussah, während er auf Abbildungen fast brünett wirkte. […] Ich verzichte darauf, mich zu verbreiten, wieviele Menschen meines Freundeskreises, die ich zum Teil seit früher Jugend kannte, in jenem ersten Jahr des Regimes zu einer ähnlich optimistischen Auffassung von Hitlers Berufung gekommen waren. Daran konnte die Kritik, die an Ausschreitungen wie z. B. der Verbrennung von Büchern «unerwünschter» Autoren, der Verschickungen und Ausbürgerungen unerwünschter Mitbürger, ob sie nun jüdisch oder «arisch» waren, an Grausamkeiten, die nur mündlich kolportiert wurden, an dem lächerlichen Zeremoniell des «deutschen Grußes» und unzähligen Sitten und Bräuchen, die den «Volksgenossen» auferlegt und vorgeschrieben, selbstverständlich geübt wurde, nichts ändern – die magische Faszination, die von diesem besessenen Menschen ausging, blieb davon unangetastet für die, die für solche Magie empfänglich waren.*[34]

Die deutsche Schuld sieht sie ähnlich wie Erich Kästner: *Der Pharisäismus und die moralische Überheblichkeit, die als ersten Ausbruch des Siegestaumels jetzt ihre Orgien feiern, sind entsetzlich. […] Ja, ja und tausendmal Ja! Acht Zehntel von allem, was im Namen des NS geschah, muss mit Abscheu verworfen werden und WURDE 12 Jahre lang auch in Deutschland von allen anständigen Menschen, SOWEIT SIE KENNTNIS DAVON ERHIELTEN, verworfen. Was ahnen aber die Pharisäer jenseits der Meere von der Lage der anständigen deutschen Menschen während der letzten 12 Jahre? Niemand, der diese 12 Jahre nicht ALS DEUTSCHER IN DEUTSCHLAND gelebt hat, ist imstande, diese Situation zu verstehen u. zu beurteilen – sie ist durch soviel innere und äussere Faktoren bedingt als ein Baum Wurzeln hat.*[35] *[…] Die unerhörte Schwierigkeit der Stellung zum N. S. für Menschen meiner Art lag darin, dass wir der Überzeugung waren, ihn um Deutschlands willen bejahen zu müssen, OHNE*

UNS ZU ALLEN PUNKTEN DES PROGRAMMS BEKENNEN ZU KÖNNEN! (Z. B. in der Judenfrage, deren gewaltsame Behandlung mir von Anfang an das schmerzlichste Problem bildete!)[36]

Als sie 1948 für den Wilhelm-Raabe-Preis der Stadt Braunschweig vorgeschlagen wird, lässt sie die Entscheidungsträger über die Brisanz der Nominierung nicht im Unklaren: *Ich war leider unbefangen gutgläubig genug, um im Jahr 1933 mit 83 anderen Dichtern und Schriftstellern [...] die Kundgebung deutscher Schriftsteller, die eine Vertrauenserklärung für die damalige Regierung darstellte, zu unterzeichnen. Ferner habe ich im Jahr 1939 mit zu der Glückwunschkundgebung zum 50. Geburtstag Adolf Hitlers (April 1939) beigetragen, die von den einschlägigen Stellen des Propagandaministeriums durchgeführt wurde. Da Sie mein Werk, das, wie ich annehmen zu dürfen hoffe, der beste Spiegel meiner Weltanschauung und Gesinnung ist, kennen, brauche ich hier wohl nicht auszuführen, daß ich den schweren Irrtum meiner, in romantisierenden Vorstellungen stärker als in realpolitischer Erfahrung verwurzelten Gutgläubigkeit schon während der Kriegsjahre immer klarer erkannte.*[37]

Es fehlt nicht an kritischen Stimmen, die ihr die Eignung für den Preis absprechen. Herbert Hupka, 1915 als Sohn einer jüdischen Mutter auf Ceylon geboren, Wehrmachtssoldat in Frankreich, 1943 wegen Verschweigens seines jüdischen Hintergrunds zu Gefängnis verurteilt, jetzt Redakteur von Radio München, später Exponent der bundesdeutschen Vertriebenenpolitik und Vorsitzender der Landsmannschaft Schlesien, wendet sich an den Vorjahrespreisträger Werner Bergengruen mit der Aufforderung, einen Protestaufruf gegen Ina Seidels Nominierung zu unterzeichnen. Werner Bergengruen ist kein Freund Ina Seidels. Seine Titulierung «das Glückwunschkind» (eine Zusammenziehung ihres bekanntesten Buchtitels und ihrer Hitler-Huldigung von 1939) hat Schule gemacht und fehlt in kaum einer Kurzbiografie über sie. Aber Hupkas Protest mitzutragen lehnt er ab – Ina Seidel unterscheide sich, wie er höre, *sehr zu ihrem Vorteil* von vielen ihrer *ehemaligen Gesinnungsgenossen,* von denen *die meisten* jetzt *bemüht* seien nachzuweisen, dass sie *selbstverständlich nie etwas mit dem Nationalsozialismus zu tun gehabt* hätten. Sie hingegen gebe *freimütig zu,* dass sie *der allgemeinen Suggestion erlegen* sei und sich, wie man *volkstümlich* sage, habe *dumm machen lassen* (was ja, wie es *zahlreiche Beispiele* zeigten, auch *gescheiten Menschen* passieren könne). Ina Seidel, davon sei er überzeugt, habe nicht aus *Berechnung* ihrem *Irrtum abgeschworen,* sondern aus *Einsicht, vielleicht aus schwer gewonnener Einsicht* – und wer könne wissen, was sich *im Innern eines Menschen* abspiele, der erkennen muss, sich einem der *furchtbarsten und folgenschwersten Irrtümer* verschrieben zu haben? Im Dritten Reich habe er sich von Ina Seidel *ferngehalten,* ihre *jetzige Haltung* erfülle ihn mit *Respekt,* an einer *Campagne gegen sie und gegen das Braunschweiger Preisrichterkollegium* teilzunehmen, könne er sich *nicht entschließen.*[38]

Die Braunschweiger Jury hält an ihrem Vorschlag fest. Der Braunschweiger Oberstadtdirektor argumentiert formal: Es handle sich um eine *literarische Auszeichnung,* deshalb seien *literarische Qualitäten* maßgebend gewesen.[39] Ina Seidel reist nach Braunschweig. Man bereitet ihr einen großen Bahnhof. Sie hat einen großen Teil ihrer Kindheit hier verbracht, ihr Vater war hier Arzt und hat sich hier 1895 das Leben genommen. Ihre Laudatorin Dr. Else Hoppe, Biografin Ricarda Huchs, führt sie durch die Straßen, zeigt, was vom Krieg zerstört wurde und was verschont blieb. In der Laudatio kein Wort zum Nationalsozialismus, als ob es ihn nie gegeben hätte. Ina Seidel wird gefeiert, erhält bündelweise Zuschriften, meist von Frauen, die ihr danken, von ihren Büchern schwärmen, eigene Erlebnisse berichten, Selbstgedichtetes beilegen.

Ina Seidel macht sich keine Illusionen. Was sie in Braunschweig erlebt hat, war Fassade. Die Vergangenheit ruht nicht und wird nicht ruhen, ihre Hitler-Huldigung wird sie über den Tod hinaus verfolgen, besonders weil sie meist auf das Jahr 1942 datiert wird, also mitten ins Kriegsgeschehen, als ihr ihre Faszination Hitlers längst *immer unbegreiflicher* geworden war. Herbert Hupkas Protestaufruf zieht weite Kreise, von vielen Seiten kommen Angriffe. Ihre Nichte Aglaia, Tochter ihres verstorbenen Bruders Willy, die jahrelang von ihr unterstützt wurde, hat ihn gelesen und sich von ihr abgewendet. Luise Rinser, Jahrgang 1911, schreibt anlässlich einer Ausstellung in München in der «Süddeutschen Zeitung», Ricarda Huch würde sich *im Grabe umdrehen,* wenn sie sähe, dass ihre Bücher neben denen von Ina Seidel und Agnes Miegel liegen. *Sie nennt unsere Namen nicht, spricht nur von Dichterinnen, die H. besungen hätten, aber das genügt ja auch. Dieses Wurfgeschoss traf mich deshalb im ersten Augenblick hart, weil es Ricardas mir lebenslänglich auch NACH 1945 erwiesene Güte, die zu den Heiligtümern meiner Erinnerung gehört, zunichte machen wollte – weil so eine kleine aberwitzige Pharisäerin sich dazu aufwarf, Ricarda gleichsam vor mir in Schutz nehmen zu müssen. Aber das ging vorüber.*[40] (Auch Luise Rinser hat, wie man später erfährt, Gedichte an «H.» verfasst und sich auch sonst recht intim mit dem Nationalsozialismus eingelassen, dies aber noch im hohen Alter strikt geleugnet.[41])

In der «Neuen Zeitung» erscheint ein Aufsatz Alfred Polgars «Bemerkungen über Künstler und Moral». Ina Seidel ist nicht namentlich genannt, aber fühlt sich betroffen. *Dass ich mitgemeint bin, das sagt mir die Haltung der heute die literarische Repräsentation darstellenden Kreise: Schriftstellerschutzverband, PEN-Club, Darmstädter und Mainzer Akademie, mir gegenüber. Sie haben recht und handeln nur konsequent, insofern, als ich 1939 meine Bewunderung Hitlers öffentlich ausgesprochen u. mein ursprüngliches Vertrauen in seine Politik durch Unterschrift unter die Kundgebung von 1933 bereits zu Beginn seines Regimes bekannt gemacht habe. Ich habe diese schweren Irrtümer von 1940 an überwunden gehabt, da sie aber aus meiner Liebe zu Deutschland entstanden waren und ihre Erkenntnis eben diese Liebe auf die schwerste Probe stellte, geriet ich in ein Dilemma, so dass ich gleichsam weder vor- noch rückwärts konnte. Meine persönliche Situation, die Verantwortung für die Menschen, die ich liebte und die von mir abhingen, liessen die Frage, ob ich aktiv «Widerstand» leisten könne, gar nicht erst aufkommen. Ich habe auch damals noch hinsichtlich des Kriegsendes unmögliche Hoffnungen gehegt, indem ich annahm, wir müssten aushalten, um wenigstens einen paritätischen Friedensschluss zu erlangen. Dies waren meine Irrtümer und Illusionen, ich habe sie nach 1945 niemals abgeleugnet, habe sie vielmehr immer überall wo es nötig war, ungefragt angegeben. Was ich allerdings nicht getan habe, war, dass ich mich zu entschuldigen suchte oder, wie Herr Becher das von mir erwartete, dass ich eine öffentliche Erklärung über eine «Gesinnungsänderung» abgab. Ich hätte mir wie ein Konjunkturjäger vorkommen müssen, wenn ich es getan hätte!*[42]

Ihre Familie ist nach wie vor von ihr abhängig. Tochter Heilwig ist mit vier Kindern überlastet, Schwiegersohn Ernst Schulte Strathaus, mittlerweile über siebzig Jahre alt, nach Gefängnis, Krieg und Entnazifizierung Gelegenheitsarbeiter ohne Lebensmut und der tüchtigen Ina ein Dorn im Auge. Ihre Schwester Annemarie, noch immer wach und bissig, ist alkoholsüchtig und wird immer kränker. Von Peter Suhrkamp, der selbst todkrank ist, aber mit unfassbarer Energie seinen Verlag führt, lebt sie seit Jahren getrennt, aber verweigert die von ihm sehnlich gewünschte Scheidung. Peter Suhrkamp stirbt am 31. März 1959 in Frankfurt, Annemarie Seidel fast auf den Tag fünf Monate später am 30. August in München. Carl Zuckmayer erfährt von ihrem Tod aus der Zeitung und schreibt Ina Seidel: *Niemand hatte mir eine andere Benachrichtigung geschickt, ich hatte keine Gelegenheit, Blumen auf ihr Grab zu legen. Gewiss, ich war lange nicht bei ihr, hätte sie nach Peter Suhrkamps Tod besuchen sollen, statt zu warten, bis ich ohnehin wieder nach München komme. Aber dieses «zu spät» habe ich mit mir selbst abzumachen, oder mit Mirl in der Ewigkeit, nicht mit anderen. Was geht mir nicht alles durch den Sinn, und durchs Herz. Es lässt sich nicht aussprechen. Sie wissen es. Lassen Sie mich Ihnen, liebe Ina, innig die Hand drücken. Ihr Carl Zuckmayer*[43]

1959 erscheint Ina Seidels letzter Roman «Michaela. Aufzeichnungen des Jürgen Brook», ein Versuch, die verschlungenen Entwicklungen der Jahre 1933 bis 1945 nachzuzeichnen, zu ergründen, sich selbst und anderen verständlich zu machen. Der Roman ist mit fast tausend Seiten ungebührlich lang, was auf die Schwierigkeit schließen lässt, die das Thema ihr bereitet. Noch im Epilog bekennt der Ich-Erzähler, dass ihn das *Labyrinth zwanghaften Grübelns* auch nach 1945 nicht losgelassen habe. Aber eine öffentliche Entschuldigung, eine *Erklärung über eine «Gesinnungsänderung»* leistet sie auch diesmal nicht, das wird ihr nicht verziehen.

Ina Seidel stirbt am 2. Oktober 1974 kurz nach ihrem 89. Geburtstag in einem Altenheim in Ebenhausen im Isartal. Die Wochenschrift «Die Zeit» vom 10. Oktober 1974 bilanziert ihr Leben: *Dies ist, machen wir uns nichts vor, eine jener Todesnachrichten, bei denen man sich fragt: Ja, hat sie noch gelebt? Um die 1885 in Halle an der Saale geborene Tochter eines Arztes, die mit ihrem Vetter, dem Pfarrer und Schriftsteller Heinrich Wolfgang Seidel verheiratet war, ist es nach dem Krieg still geworden. Die Frau, die 1915 mit Kriegslyrik («Neben der Trommel her») ins Feld zog und der 1942, im Stalingrad-Jahr, die Hand nicht stockte, als sie zu Adolf Hitlers Geburtstag einen Hymnus fabrizierte, hat selber gespürt, daß sie sich mit Nazi-Schwulst das literarische Recht abgesprochen hatte, von Fraulichkeit, Humanität, Christentum zu tönen. Der Rechtfertigungsversuch im letzten großen Roman «Michaela» ist denn auch peinlich gescheitert. Was vom Werk der bis zuletzt mit zahlreichen Preisen geehrten Autorin bleibt, werden spätere Generationen unbefangener zu prüfen haben.*[44]

— 34 —

Die Reise

Sommer 2018. Ich besuche meine Schwester Adriana und meinen Schwager Peter in Wolfsburg. «Lass uns doch mal nach Triangel fahren», schlage ich vor, «da hat Will Vesper gewohnt, vielleicht finden wir noch Spuren von ihm.» Nach kaum einer halben Stunde sind wir dort, eine niedersächsische Siedlung in flacher Moorlandschaft, Einzugsgebiet des VW-Werks. Wir finden ein mit einer Kette versperrtes Tor, spähen hinein, sehen Mauerwerk mit der Aufschrift Vesper-Rimpau, fragen in einem benachbarten Haus, was es damit auf sich habe. «Da müssen Sie ein Haus weiter gehen, die sagen Ihnen das», ist die Antwort. Wir finden ein älteres Paar bei der Gartenarbeit, stellen uns vor, fragen nach Will Vesper. «Ich schreibe gerade ein Buch über die Literatur der Zeit», sage ich. «Na, dann kommen Sie mal mit», sagt ein freundlicher Herr im Overall und führt uns durch einen Park mit riesigen Rhododendren und Eichen, vorbei an einem Teich, jenseits steht ein Herrenhaus, «Gehört jetzt der Caritas», sagt der Herr. Wir gelangen zu einem Hain. «Hier liegen sie alle», sagt er. Tatsächlich, ein mächtiger Fels mit der Aufschrift WILL VESPER 11. 10. 1882–11. 3. 1962. Darunter, schon fast mit Efeu überwachsen, ein Spruch: *Schreibt: Er ist ein Mensch gewesen, möge er davon genesen.* Neben ihm ein kleinerer Stein: ROSE VESPER, verw. Rimpau, geb. Savrada, 6. 1. 1896–4. 10. 1977. Ich erinnere mich: Die Witwe seines Freundes Hans Rimpau, die dann von ihm schwanger wurde. Auf einem weiteren Stein steht IN MEMORIAM BERNWARD VESPER 1. 8. 1938–15. 5. 1971. Das ist Will Vespers Sohn, bekannt durch seine Verbindung zur RAF-Terroristin Gudrun Ensslin. Er hat ein Buch geschrieben, «Die Reise», ich habe es bisher gemieden, es sei schwer lesbar, heißt es immer wieder, und außerdem ist es sehr dick. «In Lüneburg lebt noch eine Tochter von Will Vesper», sagt unser freundlicher Begleiter, «sie heißt Heinrike Stolze, vielleicht kann die Ihnen mehr erzählen.»

Ich rufe an, ohne viel Hoffnung, eine Frauenstimme meldet sich, nicht unfreundlich, aber zögernd, stimmt schließlich einem Besuch zu. Was erwartet mich? Eine Nazi-Apologetin wie Edda Göring, deren Vater ein «Ehrenmann» und deren Mutter «unpolitisch» war? Es öffnet mir eine patente Achtzigjährige, führt mich in eine gepflegte Parterrewohnung. Die Terrassentür steht offen. Sie hat Tee und Kekse vorbereitet, später gebe es «was Richtiges», meint sie. Schon nach ein paar Worten merke ich: Hier spricht eine Frau mit Lebenserfahrung und Sinn für Realität. «Ich weiß gar nicht, warum ich Sie hereingelassen habe», sagt sie, «wahrscheinlich war es der Name Regnier. Seien Sie froh, dass Sie hier sitzen dürfen!» Ich lache, wir verstehen uns gut. Sie ist Witwe, ihr Mann war Architekt, erst in Wiesbaden, später Leiter des Hochbauamts Gifhorn. Zum Schluss war er dement, sie hat ihn gepflegt. Ihr jetziger Freund braucht auch Pflege. Sie fährt zu ihm auf ihrem E-Bike. «Mein ganzes Leben besteht aus Kümmern», meint sie. Von Beruf ist sie Weberin, das sei «psychologisch gut», da würde man «jeden Fehler gleich erkennen». Ihr ältester Sohn Christian hat sich mit 27 Jahren vor ein Auto geworfen. Warum? «Er war krank. Schizophrenie. War lange in Behandlung in München, dort hat man sich sehr für ihn interessiert, wegen Bernward, der ja auch krank war. Es war sein dritter Versuch.» Sie holt eine Platte mit Sandwiches aus dem Kühlschrank. Dazu gibt es Rotwein, sehr sympathisch.

Wie war ihr Verhältnis zu ihrem Vater? «Ich habe ihn gemocht», sagt sie. «Man kann einen Menschen mögen, auch wenn man das, was er tut, komplett ablehnt. Sie kennen ja wohl seine Zeitschrift ‹Die neue Literatur›? Die Rubrik ‹Unsere Meinung›? Halleluja, kann ich nur sagen, da steht Einiges drin! Aber er war mein Vater. Wir mussten anklopfen, bevor wir sein Zimmer betraten, uns beim Essen ordentlich benehmen, ihm zuhören, wenn er deutsche Werte pries.» Sie rezitiert das allabendlich von ihm gesprochene Gebet: *Lieber Gott halt du die Wacht,/Über uns bei Tag und Nacht,/Schütze gnädig unser Haus/Alle, die gehn ein und aus,/Auch die Lieben nah und fern./Setze deinen hellen Stern/Über jedes deutsche Dach/ Wehre allem Ungemach./*

Schirm im Stall auch Rind und Pferd,/Alle Tierlein liebenswert,/Halte deine Vaterhand übers ganze Menschenland. Amen. «Das DEUTSCHE Dach – haben Sie das gehört? So war er eben. Zum Schluss war er herzkrank und schwach, da hätte ich ihn gern in den Arm genommen. Hier, auf diesem Sofa hat er immer gelegen, hat gelesen oder geschlafen.»

Und Bernward? «Er war mein kleiner Bruder. Ich habe auf ihn geachtet. ‹Das musst du anders machen›, habe ich ihm gesagt, wenn er Zucker stiebitzt hat, ‹nicht so viele Krümel hinterlassen, da sieht ja jeder gleich, dass du an der Zuckerdose warst.› Er war viel allein, hat nicht leicht Anschluss gefunden und konnte sehr eifersüchtig sein. Einmal, als er sich ausgegrenzt fühlte, hat er mir an den Hals getreten, hat meine Halskette kaputtgemacht. Er hatte einen Freund, der meinen Eltern nicht gefiel, der durfte dann nicht mehr kommen. Später ist er seiner eigenen Wege gegangen. Bei meinem letzten Besuch im Krankenhaus in Hamburg hat er mich nicht mehr erkannt.» War seinem Vater seine Gefährdung bewusst? «Ja, war sie. Bernward brennt die Kerze von beiden Seiten ab, hat er oft gesagt. Immerhin hat er wertvolle Bücher verkauft, um Bernward ein Studium in Tübingen zu ermöglichen. Will Vesper hatte zum Schluss ja gar kein Geld mehr.»

Heinrike räumt den Tisch ab. «Sie sind jetzt müde und müssen schlafen. Ich habe ein Gästezimmer, es wird Ihnen nichts passieren.» Tatsächlich, Heinrike hat Humor. Ich schlummere süß und werde mit Blockflötentönen geweckt – Heinrike spielt ein Ständchen vor der Tür. Es gibt Kaffee und Kuchen und weitere Gespräche. Ihr Vater ist als lesender Dichter in den frühen Dreißigerjahren erstmals nach Triangel gekommen und hat sich mit dem Gutsherrn Hans Rimpau angefreundet. Bei dessen Tod 1936 war das Gut überschuldet, die Torfproduktion lag darnieder. Will Vesper ist eingesprungen, hat die Guts- und Torfwirtschaft in Schwung gebracht, die Erbschaft geregelt – aus der Ehe von Hans und Rose Rimpau waren Kinder da, die Familie Rimpau hat das Herrenhaus bekommen, er selbst hat ein Nebengebäude für sich und seine neue Familie ausgebaut, Heinrike wurde 1937 geboren, Bernward 1938. Vorher haben Will und Rose Vesper schnell noch geheiratet. Literarisch war er nur noch am Rande tätig. Heinrike zeigt mir das Gästebuch aus Triangel, mit Wildlederrücken und einem Abbild des Vesper-Hauses auf dem Einband. «Wissen Sie was», sagt sie, «nehmen Sie es mit, Sie werden schon darauf aufpassen, und wenn Sie fertig sind, bringen Sie es mir wieder zurück.» Ich verabschiede mich mit dem Gefühl, eine Freundin gewonnen zu haben.

Monatelang liegt das Gästebuch bei mir im Regal, während ich mich langsam in meinem eigenen Buch voran arbeite. Erst als ich mich dem Ende nähere, schaue ich hinein. Es beginnt im Dezember 1939 und endet im Dezember 1968. Ich entdecke alte Bekannte, Wilhelm Schäfer, Wilhelm Stapel, Hermann Claudius, Letzterer mit besonders schöner Handschrift und gekonnter Zeichenfeder, als wolle er sagen: Seht her, ein Dichter! Zu Heinrikes erstem Schultag im August 1943 hat jemand ein kleines Lied komponiert. Der Ton ist unbeschwert, nur gelegentlich scheint die Kriegswirklichkeit durch. 1945 kommen Flüchtlingsströme durch Triangel: *Nach 2-monatigem Treck wohlbehalten angekommen.* Oder: *5 Wochen haben «Ostflüchtlinge» hier Pause gemacht und danken dem schon schwerbelasteten Hause Vesper herzlich.* Oder: *Am 15. Juli 1945 zogen Günther und Erika Rimpau mit ihrem Treck (4 Wagen, 8 Pferde) in Triangel ein.* Dann heißt es: *Will starb am 11. März 1962.*

Kurz darauf fällt mir ein Eintrag auf, der sich im Ton von den anderen abhebt, lässiger, moderner, urbaner, in einer schönen, unverkrampften Handschrift: *24 Tage hier auf Triangel – schön waren sie. Dank für alles, was ich gesehen, erlebt und – gegessen habe! Gudrun Ensslin 23. 8. 62 In dem Park vor allen Dingen werd' ich noch lange sein – so in Gedanken.* Natürlich weiß ich, wer Gudrun Ensslin ist. Ich erinnere mich an die Zeit, als das Fahndungsplakat mit ihrem Foto in jedem Postamt hing, und natürlich an die Nacht von Mogadischu, die lähmende Spannung, die über dem Land hing, die tolle Erleichterung nach der Erstürmung des Flugzeugs und der Befreiung der Geiseln durch eine mir bis dato unbekannte Eliteeinheit GSG 9 – die Bundesrepublik hat dazugelernt, dachte ich, ist nicht mehr so unbedarft wie bei der missglückten Befreiungsaktion nach dem Olympia-Attentat von 1972. Für einen Moment war ich sogar ein wenig stolz. Die Nachricht vom Selbstmord der Terroristen Andreas Baader, Gudrun Ensslin und

Jan-Carl Raspe im Stuttgarter Gefängnis am Tag darauf löste keine Trauer aus – warum sollte sie? Das Gute hatte gesiegt, so schien es, und die Betroffenen waren an ihrem Unglück wohl selbst schuld. Schon eher hatte ich Mitleid mit dem Arbeitgeberpräsidenten Hanns Martin Schleyer. Besonders sympathisch war er mir nicht, aber zusammengekrümmt im Kofferraum eines Autos zu enden, durch Genickschuss hingerichtet, war entwürdigend. Mit Menschen, die den Tätern heimlich applaudierten, wollte ich nichts zu tun haben. Niemals würde ich mich in den Sog von Ideen ziehen lassen, die dem Terrorismus huldigen.

Jetzt tritt mir Gudrun Ensslin als nette, lockere, kameradschaftliche Person entgegen. Mit der hätte man reden können, denke ich, die hätte mir auch gefallen. Aber was tat sie im Haus von Will Vesper? Wusste sie nicht, dass er ein großer Nazi-Dichter war? Es scheint sie nicht gestört zu haben: *Wenn Frau Vesper erzählt, von vergangenen Tagen, vom Park (wann diese Birke gepflanzt wurde und wie alt jener Birnbaum), von Kriegs- und noch älteren Tagen, von Winter und Sommer – dann gewinnt die Geschichte von Triangel Gestalt, und die Kaffeestunden am Nachmittag werden zu besonders schönen Stunden. Daß ich so bald schon wiederkommen darf, bald, wenn die Forsythien blühen und die Birken grün sind, daran werde ich denken während der lauten Tage in der Großstadt.* Wie hängt das alles zusammen? Ich weiß zu wenig. Gerd Koenens 2003 erschienenes Buch «Vesper, Ensslin, Baader. Urszenen des deutschen Terrorismus» gibt mir die Fakten.

Gudrun Ensslin und Bernward Vesper lernen sich als Kommilitonen der Uni Tübingen im Februar 1962 kennen, sie gescheit und sozial engagiert, er hektisch und verklemmt, vom heißen Wunsch beseelt, ein berühmter Schriftsteller zu werden und die Werke seines Vaters der Vergessenheit zu entreißen. Die beiden gründen einen Verlag und nennen ihn «studio für neue literatur» – für Informierte eine offensichtliche Anspielung auf Will Vespers nicht eben wohlbeleumdete Zeitschrift «Die neue Literatur». Einen *Verfemten* wollen sie einer *neuen, jungen Generation* zugänglich machen, heißt es in einer Ankündigung.[1] Während Bernward reist und Verhandlungen führt, tippt und verschickt Gudrun Ensslin Werbematerial im elterlichen Pfarrhaus in Bad Cannstadt. Im Herbst 1963 ist ein erster Band auf dem Markt, Bernward besucht seine Schwester in Wiesbaden: *Von der Buchmesse, auf der zum ersten Mal seit fast 20 Jahren ein Buch von Will Vesper gezeigt wurde («Geschichten von Liebe, Traum und Tod»), kam ich für eine Nacht hierher, vielen Dank!* Keine weiteren Bände folgen, kaum jemand interessiert sich für Will Vesper. Ein neuer Titel soll für Umsatz sorgen: «Gegen den Tod. Stimmen deutscher Schriftsteller gegen die Atombombe».

1964 gehen beide nach West-Berlin, laut Gudruns Gästebucheintrag noch immer ein harmonisches Paar: *Bonifacius (der Wagen) ist beladen mit Gutem aus der Vorratskammer und alten wunderbar grünen Petroleumflaschen und noch so manchem, das in einen ehemaligen Tabak- und Zeitschriftenladen in Kreuzberg passt, der jetzt die Wohnung von Gudrun und Bernward ist.* In Wahrheit knirscht es schon erheblich in der Beziehung. Bernward ist hyperaktiv, vielleicht schon von der Krankheit gezeichnet, Gudrun vermutlich im Zweifel darüber, ob das auf die Dauer mit ihm gut gehen kann. Im «Wahlkontor» von Günter Grass, das Willy Brandts Wahlkampf 1965 unterstützt, sei er als linkischer, etwas provinzieller Jüngling aufgefallen. Sie habe meist abseits gesessen und gestrickt.

Im April 1965 verlobt sich das Paar in Stuttgart. Eine merkwürdig zerfaserte, schrille Angelegenheit sei das gewesen, erinnert sich Heinrike, jemand habe auf dem Klavier herumgehämmert, alle hätten wild getanzt, in aufgesetzter, angestrengter Fröhlichkeit. *Mit großen Erwartungen, aus allerlei Gründen, nach langer Abwesenheit: mit herzlichem Dank für 2 Sonnentage, Gudrun Ensslin* heißt es am 17. Mai 1965 im Gästebuch. Am 1. August wird Bernwards 27. Geburtstag in Triangel gefeiert, im Oktober dankt Gudrun für *zwei schöne Herbsttage,* im Dezember ist sie noch einmal da: *Dreißig Stunden – aber in der Vorweihnachtszeit! Herzlichen Dank für alles, UND das nächste Mal wohl länger ...* immer in derselben großzügigen, schönen Handschrift.

Am 13. Mai 1967 wird in Berlin der gemeinsame Sohn Felix geboren, am 2. Juni der Student Benno Ohnesorg erschossen. Vom 10. bis zum 14. Oktober 1967 ist die junge Familie erstmals in Triangel. Diesmal lautet der Eintrag: *Patria o Muerte! Venceremos! Felix – Gudrun –*

Bernward. (Heimat oder Tod! Wir werden siegen! – Fidel Castros Schlachtruf während der kubanischen Revolution. Am 9. Oktober 1967 wurde Che Guevara in Bolivien exekutiert.) Ein letzter Eintrag *Felix – Gudrun – Bernward* datiert von Weihnachten 1967. Gudrun Ensslin ist zu dieser Zeit bereits mit Andreas Baader liiert. Das Gästebuch bricht kurz danach ab.

In der Nacht vom 2. zum 3. April 1968 explodieren Sprengsätze in zwei Frankfurter Kaufhäusern, am 4. April werden Gudrun Ensslin, Andreas Baader, Thorwald Proll und Hans Söhnlein verhaftet. Beim Prozess im Oktober ist Bernward Vesper als Zeuge geladen. Eine Stunde lang spricht er über die Prägungen eines protestantischen Pfarrhauses, in dem Gudrun aufgewachsen ist, und ihre Frustrationen angesichts einer versagenden, immer noch dem Faschismus verhafteten Demokratie. Gudrun kuschelt währenddessen auf der Anklagebank mit Andreas Baader. Was wird aus dem Sohn? Bernward will ihn bei sich behalten, aber ist überfordert, Gudrun verzehrt sich im Gefängnis nach ihm, aber will ihn nicht sehen. Im Juni 1969 werden die Brandstifter bis zur Revision ihres Urteils vorübergehend freigelassen. Gudrun könnte ihn zu sich nehmen, für ihn sorgen. In den Augen des Gerichts wäre das vermutlich eine Empfehlung, aber es wäre auch eine Rückkehr ins Bürgerliche, ein Abweichen von dem mit Andreas Baader eingeschlagenen Weg. Letztere Bindung erweist sich als stärker – als ihre Revision im September 1969 verworfen wird und sie eine mehrjährige Haftstrafe antreten müsste, verschwindet sie mit Andreas Baader im Untergrund. Ihr Sohn wird Pflegekind bei einer konservativen Familie auf der Schwäbischen Alb. Ob sie ihn noch einmal gesehen hat, ist unklar. Der alleingelassene Bernward sucht Erfüllung in der Literatur.

Jetzt endlich lese ich sein berühmtes Buch «Die Reise» und bin begeistert. Es besteht aus Bildern, Assoziationen, Rückblenden, ständig wechselnden Schauplätzen. Vieles ist vermutlich im Drogenrausch geschrieben, aber schwer lesbar ist es nicht – und lässt man sich darauf ein, muss man Bernwards Sprachkunst bewundern: kaum Adjektive, keine gesuchten Metaphern, klar strukturierte, anschauliche Sätze. Gudrun spielt eine große Rolle, auch ihre jüngere Schwester Ruth, an die er sich erfolglos herangemacht hat, und natürlich Felix, der Sohn, dem das Buch gewidmet ist. Es geht um Sex und Drogen, Politik und Gesellschaft, aber in erster Linie um die deutsche Vergangenheit und, in diesem Zusammenhang, um die beiden eigentlichen Hauptfiguren: Bernward Vesper und seinen Vater Will Vesper.

HASS sei sein Hauptmotivator gewesen, sagt Bernward gleich zu Anfang: *Ich hasse Deutschland. Ich hasse dies herumrollende Gemüse. Ich hasse Autos. Ich hasse Straßen. Ich hasse Berlin. Ich hasse Kinder. Ich hasse meinen Vater. Ich hasse alle, die mich zur Sau gemacht haben. Ich hasse meine Lehrer undsoweiter. 150–200 Seiten. Und irgendwo, um der Dialektik genüge zu tun, ICH LIEBE MICH – aber das sollte ja erst herausgefunden werden, ob es günstiger war, sich nach dieser Geschichte aufzuhängen? Ich merkte, daß dies eine gute literarische Geschichte war, an deren Ende […] ein «allen unbegreiflicher, tragischer SELBSTMORD» sich sehr gut machen würde.*[2] Besser kann man das Werk dieses Autors, seine Persönlichkeit und sein Schicksal nicht zusammenfassen.

Die Anerkennung und Achtung seines Vaters zu erringen sei Bernward enorm wichtig gewesen, meint Heinrike. Er habe den Vater bewundert, sicher auch gefürchtet, aber alles getan, um ihm zu gefallen. Als Will Vesper beim Mittagessen auf Nylonstrümpfe als typischen Ausdruck amerikanischer Degeneration geschimpft habe, sei Bernward ins Zimmer einer der anwesenden Damen geschlichen und habe die Fußspitzen ihrer Nylonstrümpfe mit einer Schere abgeschnitten. Das war sein Beitrag zu des Vaters Programm. Bernward war damals etwa zehn Jahre alt.

Im Buch erzählt er herzzerreißende Geschichten: Der Lehrer der Dorfschule spricht vom Schaden, den Efeu an Bäumen anrichtet – der Efeu sei ein Schmarotzer, der seine Wirtspflanzen erdrossle. Im Park von Triangel, das weiß Bernward, stehen viele dicht mit Efeu bewachsene Bäume – sollen die alle sterben? *Ich fand es beängstigend, daß Efeu, unbeachtet von meinem Vater, sich im Park breit machen durfte […] Am Nachmittag besorgte ich mir ein schartiges, rostiges Messer, bahnte mir durch das dornige Gestrüpp einen Weg und begann meinen Kampf gegen Efeu. […] Ich sägte an den holzigen Ranken, die sich um den grauen Stamm geschlungen hatten […] sie leisteten Widerstand, die borstige Ober-*

fläche zerkratzte meine Handrücken. Um sicher zu sein, dass der Efeu sich nicht erholen würde, kappt er die abgelösten Ranken dicht über dem Erdboden. Am Abend hört er den Vater sagen: *Was? Einen derartigen Unsinn habe ich noch nie gehört! Wenn diese Stadtlehrer aufs Land kommen! Zwar wird der Efeu dick und stark, aber er saugt nicht aus den Rinden, er holt mit den Wurzeln, was er braucht, aus der Erde. Ein Baum geht manchmal ein, das kann schon sein, aber gibt es etwas Schöneres als einen abgestorbenen Baumriesen, in dessen toter Krone sich der Efeu breit macht?* Um Gottes Willen! Bernward holt heimlich Bindfaden und versucht, die abgeschnittenen Ranken wieder am Baum zu befestigen. Wenn nur der Vater nichts bemerkt! Aber nach ein paar Tagen hängen die Efeublätter welk und traurig herab. Sein Vater ruft ihn zu sich. Er zittert vor Wut. *Jahrelang habe ich versucht, den Efeu hochzuziehen, mit Leukoplast habe ich die ersten, zarten Ranken an den Stamm geklebt, immer wieder habe ich mich beim Anblick des belaubt scheinenden Baumes im Winter erfreut!* Der Vater schlägt mit einer abgeschnittenen Ranke durch die Luft, dass es zischt. *«Mach, daß Du wegkommst, verschwinde, ich will Dich heute nicht mehr sehn!»*[3]

Bernward weiß, dass sein Vater weiß, dass ihn keine Schuld trifft: Er hat dem Lehrer geglaubt, das war alles. Hinter dem Zorn des Vaters sieht er dessen Schwäche, das macht alles nur noch schlimmer. Er ist gefangen zwischen Furcht und Verehrung, Liebe und Ablehnung, Erkenntnis und Zweifel. Wie aus einem bösen Traum zitiert er seitenlang die Tiraden seines Vaters: *Der Sieg ist durch großangelegten, allgemeinen Verrat verspielt worden. Der Führer wußte von nichts, Bormann war sein böser Geist. Die Morgentauboys wollen aus Deutschland einen Kartoffelacker machen. Wir haben die Juden gewarnt. In den zwanziger Jahren haben sie mit ihrer Jauche alles überschüttet, was deutsch war. Jetzt sitzen sie in Paris und New York und hetzen gegen alles Deutsche. Historiker kommen zu der Schlußfolgerung, daß die Engländer Hitler den Krieg aufgezwungen haben. Die Massaker der Polen konnte sich keine Nation, die etwas auf sich hält, gefallen lassen. Alle Juden konnten Deutschland verlassen. Es gab keine KZ's, außer in England und in Süd-Afrika, wo die Engländer für die Buren ein KZ bauten,* so geht es endlos weiter.[4]

In anderen Dingen hat der Vater recht: Anstand, Pünktlichkeit,

Ehrlichkeit, Fleiß, Ausdauer, Zuverlässigkeit, Disziplin – was kann man dagegen sagen? Der Vater ist kein Dummkopf. 1942, zu seinem sechzigsten Geburtstag, hat ihm Goebbels ein Telegramm geschickt. Bernward schämt sich dafür, andererseits tat Goebbels das nicht für jeden. Das war schon eine gewisse Ehre! Oft ist der Vater souveräner als die Mutter, wenn es zu Heilig Abend unbedingt *kalte Platte mit geräucherter Gänsebrust,* am ersten Feiertag *die Weihnachtsgans* und zu Neujahr *den Karpfen* geben muss, was alles rechtzeitig vorzubereiten ist, so dass man sich *zwischen den Festen der Ruhe hingeben* kann. *Mein Vater kam aus der Küche, als er an mir vorbeiging, seufzte er: «Sie ist irre. Früher war sie nicht so, wozu das alles?» Dann verschwand er in der Halle.*[5] Die Eltern sind kultiviert. Schallplatten mit Bach-Musik liegen auf dem Gabentisch. Die Eltern bemühen sich, aber können aus ihrer Enge nicht heraus. Beim Versuch, ihn aufzuklären, bringt der Vater nur über die Lippen: *«Übrigens, es gibt da jetzt so bestimmte Dinge für Dich. Man muß diesen Reizen nicht nachgeben.»*[6] Geht's noch hilfloser? Bernward rechnet nicht mit seinen Eltern ab und erhebt sich nicht über sie. Er leidet mit ihnen – und weil er sich untrennbar mit ihnen verbunden fühlt, leidet er an sich selbst.

Anderthalb Jahre schreibt Bernward Vesper an seinem Text, an wechselnden Orten, viele Kapitel in Triangel bei seiner Mutter. Er taucht bei Anti-Atom-Demonstrationen auf, wird 1970 auf der Frankfurter Buchmesse gesehen, hat Auseinandersetzungen mit dem Jugendamt, weil er den Unterhalt für seinen Sohn nicht zahlen kann. Im Februar 1971 soll er die Wohnung eines Münchner Freundes verwüstet haben und nackt im Hof herumgesprungen sein. Man bringt ihn in die Psychiatrische Klinik in München-Haar, später nach Hamburg-Eppendorf. Am 15. Mai 1971 macht er mit Schlaftabletten seinem Leben ein Ende. Seine Mutter hatte einen «zweiten Will Vesper» aus ihm machen wollen, erzählt Heinrike. Es war ein überflüssiger Wunsch – Bernward hat selbst Großartiges geleistet. Ich kenne kein Buch, das den Generationenkonflikt von Nazi-Kindern mit ihren Eltern gültiger und ehrlicher erfasst als Bernward Vespers «Die Reise».

Gudrun Ensslin ist inzwischen zum Star einer Gruppe von Menschen geworden, die sich Rote-Armee-Fraktion (RAF) nennen. Von ihr gelobt zu werden, bedeutet Adelung, eine einzige kühle Bemerkung von ihr kann Schwächere vernichten. Mit Andreas Baader bildet sie ein symbiotisches, streng monogames Paar, und wenn es darauf ankommt, ist sie härter und entschlossener als er. Ihre Unbedingtheit erschreckt und fasziniert zugleich, ihr Glaube an ihre Mission ist unerschütterbar. In Andres Veiels Film «Wer wenn nicht wir» sagt ihr Vater Pfarrer Helmut Ensslin zu ihr: «Du scheinst den Faschismus geradezu herbeizusehnen. Was ist, wenn er gar nicht kommt?» Dies scheint mir ein Schlüsselsatz für das Dilemma des deutschen Terrorismus zu sein: Aus Wut und Enttäuschung über ihre Eltern, die in der Nazi-Zeit passiv geblieben waren, suchten die Kinder einen Feind, an dem sie zeigen konnten, was ihre Eltern hätten tun sollen. Aber den Feind, der ihre Kriterien erfüllte, gab es nicht. Die Bundesrepublik, bei allem, was man ihr vorwerfen konnte, war nicht das Dritte Reich und die deutsche Polizei trotz ihres rüden Vorgehens nicht Gestapo, SA oder SS. Der Feind hatte zu wenig Fleisch und musste gedanklich aufgebauscht werden, bis zum Schluss jeder noch so geringe Repräsentant des «faschistischen Staates» ein «Schwein» war, das zu töten sie ein moralisches Recht, wenn nicht gar die moralische Pflicht hatten – ohne zu bedenken, in welch prekäre Nähe sie damit sowohl rhetorisch wie praktisch zu eben jenem Nationalsozialismus gerieten, vor dem ihre Eltern versagt hatten.

Können Menschen sich verändern, von Grund auf andere Persönlichkeiten werden? Im Internet kursiert ein Foto der toten Gudrun Ensslin. Sie hat sich am Fenster ihrer Zelle erhängt. Davor war eine Wolldecke gespannt, eingewebt das Wort «Justiz». Haben Beamte sie befestigt, nachdem sie Gudrun gefunden hatten? Oder war sie es selbst, die in einem letzten Akt der Höflichkeit denen, die sie finden würden, den Anblick erträglicher machen wollte? Nach dem, was ich im Gästebuch von Triangel von ihr gelesen habe, wäre auch das denkbar.

Ich bringe Heinrike das Gästebuch zurück. Wieder gibt es gutes Essen mit Rotwein. «Gudrun hätte ich gern als Freundin behalten», sagt sie. «Die hatte noch ganz andere Fähigkeiten.» Wieder reden wir lange über Dinge, die eigentlich ganz klar sind, und die man dennoch nicht verstehen kann.

Dank

Mein aufrichtiger Dank gilt all denen, die durch ihr Interesse, ihr Mitdenken und ihre Ermutigung den Entstehungsprozess dieses Buchs gefördert haben. Ohne ihre Anteilnahme und Unterstützung wäre sein Zustandekommen nicht möglich gewesen.

Insbesondere danke ich:
- den Mitarbeiterinnen und Mitarbeitern des Deutschen Literaturarchivs in Marbach, die den unvergleichlichen dort lagernden Dokumentenbestand ruhig, freundlich und kompetent verwalten. Die vielen Stunden im Marbacher Lesesaal gehören zu meinen angenehmsten Erinnerungen.
- Thomas Karlauf, der mir durch seine Erfahrung, sein Wissen, seine Kritik, seinen Zuspruch und seine Ideen ein unersetzlicher Berater war,
- meiner Lektorin Teresa Löwe, die durch ihre mutige, sachkundige und engagierte Betreuung des Projekts entscheidend zu seinem Gelingen beigetragen hat,
- Stephan Speicher für sein kenntnisreiches und genaues Feinlektorat,
- Erika Becker, Leiterin des Hans Fallada Archivs, für stete Unterstützung und Hilfe,
- Professor Hermann Kurzke für Mitlesen und vielfache Anregung,
- Petra Morsbach für Gedankenaustausch und klärende Gespräche zum Thema,
- Albert von Schirnding für wertvolle Hinweise zu Ina Seidel und Werner Bergengruen,
- Johano Strasser, Franziska Sperr, Gisela und Gert Heidenreich, Ursula Haas und anderen des «Dichtertreffs» in Berg
- Heinrike Stolze für ihre Freundschaft,

– meiner Schwester Adriana Schiffers, die den ganzen Entstehungsprozess begleitet und alle Entwürfe gelesen und konstruktiv kommentiert hat,
– und Anja, meiner Frau, die alle Höhen und Tiefen miterlebt, alle Krisen mit mir durchgestanden und mich durch ihren klugen Rat immer wieder ermutigt und gestärkt hat.

Anmerkungen

— 1 —
Eine veränderte geschichtliche Lage

1 Inge Jens: Dichter zwischen links und rechts, S. 224.
2 *Deutsche Allgemeine Zeitung,* 14. 2. 1933, zit. n. *Brenner:* Kunst-Institution, S. 28.
3 *Hermann Hesse – Thomas Mann.* Briefwechsel, hrsg. v. Anni Carlsson u. Volker Michels, 3. erw. Aufl., Frankfurt 1999, S. 62.
4 Protokoll der Sitzung vom 15. 2. 1933, zit. n. *Brenner:* Kunst-Institution S. 29 ff.
5 *Berliner Börsenzeitung,* 16. 2. 1933, zit. n. *Brenner*: Kunst-Institution, S. 34.
6 *Der Tag,* 17. 2. 1933, zit. n. *Brenner:* Kunst-Institution, S. 38.
7 *Berliner Illustrierte Nachtausgabe,* 16. 2. 1933, zit. n. *Brenner:* Kunst-Institution, S. 36.
8 *Völkischer Beobachter,* 17. 2. 1933, zit. n. *Brenner:* Kunst-Institution, S. 39.
9 Walter von Molo an Oskar Loerke am 17. 2. 1933, zit. n. *Brenner:* Kunst-Institution, S. 45.
10 Alfred Mombert an die Preußische Akademie am 18. 2. 1933, zit. n. *Brenner:* Kunst-Institution, S. 45.
11 Josef Ponten an die Preußische Akademie am 19. 2. 1933, zit. n. *Brenner:* Kunst-Institution, S. 46.
12 *Oskar Loerke:* Tagebücher, S. 261.
13 Loerke an Thomas Mann am 20. 2. 1933, zit. n. *Brenner:* Kunst-Institution, S. 49 f.
14 *Loerke:* Tagebücher, S. 262.
15 Protokoll der Sitzung vom 20. 2. 1933, zit. n. *Brenner:* Kunst-Institution, S. 50 ff.
16 DLA Seidel, Ina NL Mappe 1933: Ina Seidel an Emmy Seidel, 2. 3. 1933.
17 *Joachim Dyck:* Der Zeitzeuge, S. 57.
18 Protokoll der Sitzung vom 13. 3. 1933, zit. n. *Brenner:* Kunst-Institution, S. 58 f.
19 *Klaus Theweleit:* Orpheus am Machtpol, S. 325.

20 *Dyck:* Der Zeitzeuge, S. 24.
21 *Gottfried Benn:* «Summa summarum», in: *Weltbühne*, Nr. 26 vom 29. 6. 1926.
22 *Benn/Seyerlen:* Briefwechsel, S. 14 (Benn an Seyerlen, 27. 2. 1933).
23 *Klaus Theweleit:* Orpheus am Machtpol, S. 473.
24 *Benn/Seyerlen:* Briefwechsel, S. 14 (Benn an Seyerlen, 27. 2. 1933).
25 Ebd., S. 114.
26 Ebd., S. 75.
27 Thomas Mann an Max von Schillings am 17. 3. 1933, zit. n. *Brenner:* Kunst-Institution, S. 61.
28 Alfred Döblin an Max von Schillings am 17. u. 18. 3. 1933, zit. n. *Brenner:* Kunst-Institution, S. 62.
29 Ina Seidel an Oskar Loerke am 20. 2. 1933, zit. n. *Brenner:* Kunst-Institution, S. 47.
30 DLA Seidel, Ina NL: Deutsche Verlags-Anstalt [Gustav Kilpper] an Ina Seidel, 20. 3. 1933.
31 Ricarda Huch an Max von Schillings am 16. u. 24. 3. 1933, zit. n. *Brenner:* Kunst-Institution, S. 63 f.
32 Max von Schillings an Ricarda Huch am 22. 3. 1933, zit. n. *Brenner:* Kunst-Institution, S. 63.
33 Ricarda Huch an Oskar Loerke am 9. 5. 1933, zit. n. *Brenner:* Kunst-Institution, S. 66.
34 Max von Schillings an Ricarda Huch, 9. 5. 1933, zit. n. *Brenner:* Kunst-Institution, S. 66.

— 2 —
Eine Frage der Haltung

1 Chronik 1933, S. 78.
2 *Frankfurter Zeitung,* 2. 4. 1933.
3 DLA Seidel, Ina NL Mappe 1933: Ina Seidel an Emmy Seidel, 2. 4. 1933.
4 Ebd.: Ina Seidel an Emmy Seidel, 29. 4. 1933.
5 Zit. n. *Hermann Schlösser:* Kasimir Edschmid, S. 222 f. (Edschmid an Rust, 15. 5. 1933).
6 *Benn:* Der neue Staat und die Intellektuellen, Werke IV, S. 12.
7 Klaus Mann an Benn am 9. 4. 1933, in: *Benn*: Werke IV, S. 510.
8 *Benn:* Antwort an die literarische Emigration, Werke IV, S. 24.
9 *Wolfgang Langhoff:* Die Moorsoldaten, S. 90.

— 3 —
Ein Theaterereignis

1 *Rolf Düsterberg:* Hanns Johst, S. 53.
2 Ebd., S. 96.
3 Ebd., S. 155.
4 Ebd., S. 157.
5 *Hanns Johst:* Schlageter, 2. Akt, 4. Szene, S. 108.
6 Ebd., S. 139.
7 *Deutsche Allgemeine Zeitung,* 22. 4. 1933, zit. n. *Günther Rühle:* Theater für die Republik, Bd 2, S. 1157.

— 4 —
Emigration? Nicht für uns

1 Fallada/Ditzen: Wenn du fort bist, S. 298 (HF an Suse, 22. 4. 1933).
2 HFA N170: Fallada an die Eltern, 23. 4. 1933.
3 *Erich Kästner:* Über das Verbrennen von Büchern, S. 7 ff.
4 DLA Kästner, Erich NL: Stefan Zweig an Erich Kästner, Januar 1933.
5 Ebd.: Erich an Ida Kästner, 3. 3. 1933.
6 Ebd.: Erich an Ida Kästner, 3. 3. 1933.
7 Ebd.: Erich an Ida Kästner, 27. 3. 1933.

— 5 —
Dichter unter sich!

1 *Brenner:* Kunst-Institution, S. 68.
2 *CV-Zeitung,* 11. 5. 1933, zit. n. *Brenner:* Kunst-Institution, S. 69.
3 Börries von Münchhausen an Ina Seidel, 4. 2. 1932, zit. n. *Werner Mittenzwei:* Die Mentalität des ewigen Deutschen, S. 155.
4 Grimm «Der Schriftsteller und die Zeit», S. 48 f.
5 DLA Grimm, Hans NL: an Münchhausen, 19. 6. 1933.
6 *Thomas Mann:* Briefe 1, S. 156 (an Josef Ponten, 9. 1. 1919).
7 Ebd., S. 229 (an Josef Ponten, 21. 1. 1925).
8 Ebd., S. 236 (an Josef Ponten, 22. 4. 1925).
9 Ebd., S. 253 f. (an Josef Ponten, 24. 5. 1926).
10 *Brenner:* Kunst-Institution, S. 74.
11 Ebd., S. 76 ff.
12 *Helmuth Kiesel:* Geschichte der deutschsprachigen Literatur, S. 1148.

13 *Wilhelm Schäfer:* Die dreizehn Bücher der deutschen Seele, München 1922, S. 407.
14 Protokoll der Sitzung vom 7. 6. 1933, zit. n. *Brenner:* Kunst-Institution, S. 75–85.
15 *Loerke:* Tagebücher, S. 275 f. (9. 6. 1933).
16 DLA Seidel, Ina NL Mappe 1933: Ina Seidel an Emmy Seidel, 15. 6. 1933.
17 DLA Seidel, Ina NL: Agnes Miegel an Ina Seidel, 2. 1. 1933.
18 DLA Diederichs ARCHIV: Agnes Miegel an Lulu von Strauß und Torney, 28. 5. 1933.
19 DLA Diederichs ARCHIV: Agnes Miegel an Lulu von Strauß und Torney, 15. 6. 1933.

— 6 —
Zwei Welten

1 *Thomas Mann:* Briefe 1, S. 332 (an Albert Einstein, 15. 5. 1933).
2 *Anton Mayer:* Im Kasinogarten der Grimmaer Königin-Husaren, in: *Barthel (Hrsg.)*: Das war Binding, S. 63–70.
3 *Karl Rühl:* Dankbare Erinnerung, in: *Barthel (Hrsg.)*: Das war Binding, S. 154–160.
4 *Rudolf G. Binding,* Die Briefe, S. 168 (an Friedrich Korger, 23. 10. 1932).
5 «Eine Auseinandersetzung mit Romain Rolland. Ein Briefwechsel über das neue Deutschland», *Kölnische Zeitung,* 21. 5. 1933.
6 *Binding:* Die Briefe, S 185 f. (an Thomas Mann, 6. 4. 1933).
7 *Thomas Mann:* Tagebücher 1933–1934, S. 93 (27. 5. 1933).
8 Ebd., S. 95 (29. 5. 1933).
9 *Binding:* Die Briefe, S. 194 (an Thomas Mann, 3. 6. 1933).
10 *Thomas Mann:* Tagebücher 1933–1934, S. 111 (13. 6. 1933).
11 DLA Grimm, Hans NL: Hans Grimm an Börries v. Münchhausen, 31. 8. 1933.

— 7 —
Draußen und drinnen

1 *Lion Feuchtwanger:* Die Geschwister Oppermann, S. 309.
2 *Fredric Kroll/Klaus Täubert:* 1935–1937, S. 60 (Fritz Landshoff an Klaus Täubert, 8. 11. 1987).
3 Die Sammlung, 1. Jg., S. X.
4 Ebd., S. 1.
5 Ebd. S. 49 f.

6 *Dyck:* Der Zeitzeuge, S. 130.
7 *Kroll/Täubert:* 1935–1937, S. 92 (Bermann Fischer an Thomas Mann, 19. 9. 1933).
8 Text der drei Telegramme in: *Die Sammlung*, 1. Jg., S. IX u.X.
9 *Kroll/Täubert:* 1935–1937, S. 79 (Erika an Klaus Mann, ca. 11. 8. 1933).
10 Ebd., S. 91 (Franz Schoenberner an Klaus Mann, 6. 9. 1933).
11 Ebd., S. 67.
12 Klaus Mann: Briefe und Antworten I, S. 136 f. (Stefan Zweig an KM, 18. 9. 1933).
13 *Kroll/Täubert:* 1935–1937, S. 87 (Heinrich an Klaus Mann, 20. 9. 33).
14 *Die Sammlung*, 1. Jg., S. XI.

— 8 —
Nur eine Unterschrift

1 Zit. n. *Ian Kershaw:* Hitler, Bd. 1, S. 625.
2 *Loerke:* Tagebücher, S. 283, 1. 11. 1933.
3 *Otto Flake:* Es wird Abend, S. 429.
4 *Klaus Mann:* 88 am Pranger [29.10.33], in: *ders.:* Zahnärzte und Künstler, S. 67.

— 9 —
Das haben Sie vorzüglich gemacht!

1 HFA N 220: Kagelmacher an Fallada, 27. 5. 1933.
2 HFA N 170: Fallada an die Eltern, 22. 7. 1933.
3 HFA S 347: Fallada an Suse, 18. 8. 1933.
4 HFA N 239: Fallada an Rowohlt, 4. 5. 1933.
5 HFA N 239: Peter Zingler an R. D., 5. 5. 1933.
6 Fallada an Suse, 25. 8. 1933, Briefwechsel S. 306.
7 HFA N 239: Fallada an Rowohlt, 14. 9. 1933.
8 HFA N 239: Rowohlt an Fallada, 22. 9. 1933.
9 HFA N 239: Fallada an Rowohlt, 18. 9. 1933.
10 *Fallada:* Rutschbahn, S. 125 F. (Rowohlt an Fallada, 23. 9. 1933).
11 DLA Schickele, René NL: Willy Haas an René Schickele, 19. 5. 1934.
12 HFA N 170: Fallada an die Eltern, 25. 10. 1933.
13 Rowohlt an Fallada, 14. 11. 1933, «Rutschbahn» S. 129.
14 HFA N 239: Carl Ehrenstein an Rowohlt, Abschrift, 20. 12. 1933.
15 *Fallada:* Rutschbahn, S. 132 (Fallada an Rowohlt, 3. 12. 1933).
16 HFA N 239: Rowohlt an R. D., 5. 12. 1933.

— 10 —
Jahresende 1933

1 Zit. n. *Mittenzwei:* Die Mentalität des ewigen Deutschen, S. 307.
2 DLA Grimm, Hans NL: Grimm an Münchhausen, 8. 12. 1933.
3 DLA Vesper, Will NL: Münchhausen an Vesper, 5. 1. 1934.
4 HFA N 239: An die Autoren des Verlages, 5. 12. 1933.
5 Telegraphen-Union Pressedienst, 27. 7. 1933, zit. n. *Benn:* Werke IV, S. 522.
6 Ebd., S. 521 f. (Gottfried Benn an Käthe von Porada).
7 *Benn:* Totenrede auf Max von Schillings, in: Werke IV, S. 46.
8 Der neue Staat und die Intellektuellen (Rundfunkrede, 24. 4.); Deutscher Arbeit zur Ehre (*Berliner Tageblatt*, 30. 4.); Antwort an die literarischen Emigranten (*Deutsche Allgemeine Zeitung*, 25. 5.); Züchtung; Der neue Staat und die Intellektuellen (Essayband); Totenrede auf Max von Schillings; Das Volk und der Dichter (*Deutsche Allgemeine Zeitung*, 30. 7.); Der deutsche Mensch. Erbmasse und Führertum (*Die Woche*, 26. 8.); Geist und Seele künftiger Geschlechter (*Die Woche*, 23. 9.); Zucht und Zukunft; Expressionismus (*Deutsche Zukunft*, 26. 11.); Die liebe Fremde (*Berliner Lokal-Anzeiger*, 26. 11.); Die Aufgaben des deutschen Buchhandels im nationalsozialistischen Staat.
9 Benn: Werke IV, S. 51 (Der deutsche Mensch – Erbmasse und Führertum).
10 Ebd. S. 59 (Geist und Seele künftiger Geschlechter).
11 *Benn/Sternheim:* Briefwechsel, S. 15.
12 Ebd. S. 94.
13 Ebd. S. 95.
14 Ebd. S. 96.
15 *Benn:* Den Traum alleine tragen, S. 122 (an Käthe von Porada, 12. 7. 1933).
16 Ebd., S. 138.
17 Ebd., S. 131.
18 *Ders.:* Briefe IV, S. 57 (an Tilly Wedekind, 27. 12. 1933).
19 *Benn/Sternheim:* Briefwechsel, S. 98.
20 *Tilly Wedekind:* Lulu, S. 253.
21 *Benn:* Briefe IV, S. 279 (an Tilly Wedekind, 10. 8. 1933).

— 11 —
Eine herzbeengende Lage

1 *Jakob Wassermann:* Mein Weg als Deutscher und Jude, S. 7.
2 Ebd., S. 78 ff.
3 Ebd., S. 84.

4 Ebd., S. 118 f.
5 Ebd, S. 125.
6 *Thomas Kraft:* Jakob Wassermann, S. 205 (Tagebucheintrag 19. 12. 1933).
7 *Thomas Mann:* Briefe Bd. I, S. 345 (an René Schickele, 8. 1. 1934).

— 12 —
Leben am Rand

1 HFA N 240: Fallada an Rowohlt, 14. 3. 1934.
2 Ebd.: Fallada an Rowohlt und Ledig-Rowohlt, 28.2.194.
3 HFA N 187: Fallada an Fitz und Dete Bechert, 13. 2. 1934.
4 HFA N 170: Elisabeth Ditzen an R. D., o. D.
5 HFA N 240: Rowohlt an Fallada, 12. 2. 1934.
6 *Niedersächsische Tageszeitung,* 10. 5. 1934.
7 *N. S. Volksblatt für Westfalen,* 27. 3. 1934.
8 Will Vesper in: *Die neue Literatur*, Juli 1934.
9 HFA N 240: Leserbrief, o. D. mit beiliegender Rezension.
10 *Das Volk*, August 1934, Nr. 4.
11 Thomas Mann Tagebücher 1933–1934, S. 356, 14. 3. 1934.
12 HFA N240: Fallada an Zingler, 15. 4. 1934.
13 Ebd.: Fallada an Rowohlt, 12. 5. 1934.
14 *Dodd:* Nice to meet you, Mr. Hitler!, S. 34–45.
15 Ebd., S. 33.
16 Ebd., S. 62.
17 Ebd., S. 76 f.
18 Ebd., S. 100 f.
19 Ebd., S. 99 f.

— 13 —
Wo ist der wahre Nationalsozialismus?

1 *Hans Grimm:* Hoffen und Suchen, S. 122.
2 *Langenbucher:* Volkhafte Dichtung, S. 12–18.
3 DLA Langen-Müller VA: zur Kurmark an Pezold, 28. 3. 1934.
4 Ebd.: Deutsche Angestelltenschaft an Pezold, 29. 3. 1934.
5 Ebd.: Pezold an Herrn Haid, Berlin, 3. 4. 1934.
6 Ebd.: Pezold an Vesper, 6. 4. 1934.
7 Ebd.: Pezold an Vesper, 10. 9. 1934.
8 Ebd.: Pezold an Vesper, 6. 4. 1934.
9 Ebd.: Vesper an Pezold, 7. 4. 1934 (Abschrift).

10 *Karl Heinrich Waggerl:* «Ein Wort für den Buchhändler», in: *Börsenblatt f. d. Deutschen Buchhandel*, Nr. 13, 16. 1. 1934.
11 Ebd., Nr. 51, 1. 3. 1934.
12 Ebd., Nr. 53, 3. 3. 1934.
13 Ebd., Nr. 59, 10. 3. 1934.
14 *Hans Heyck:* «Kann ein Dichter Nationalsozialist sein?», in: *Völkischer Beobachter*, 15. 6. 1934.

— 14 —
Eine Abrechnung

1 «Der Gauparteitag in Essen – eine große Rede von Dr. Goebbels», in: *Frankfurter Zeitung*, 22. 6. 1934.
2 *Völkischer Beobachter*, 28. 6. 1934 u. 29. 6. 1934.
3 Ebd., 26. 6. 1934 u. 28. 6. 1934.
4 «Die Aktion der HJ – Der Feind steht rechts», in: *Frankfurter Zeitung*, 12. 6. 1934.
5 «Dank an die S. A.», in: *Völkischer Beobachter,* 2. 6. 1934.
6 «Der Urlaubsmonat der SA», in: *Völkischer Beobachter,* 27. 6. 1934.
7 *Joseph Goebbels:* Tagebücher, Bd. 2, S. 841 (29. 6. 1934).
8 Zit. n. *Kershaw,* Hitler Bd. 1, S. 650.
9 Zit. n. *Kershaw:* Hitler. Bd. 1, S. 653 (Hitler-Rede vom 13. 7. 1934).
10 *Heinrich Wolfgang Seidel:* Briefe, S. 7 f. (an Agnes Miegel, 26. 5. 1934).
11 Ebd., S. 14 ff. (8. 7. 1934).

— 15 —
Wie macht man es richtig?

1 «Dr. Goebbels vor Journalisten», in: *Frankfurter Zeitung,* 20. 4. 1934.
2 «Verbot der Grünen Post auf drei Monate», in: *Völkischer Beobachter,* 30. 4. 1934.
3 *Die Sammlung*, 1. Jg., S. 216.
4 DLA Binding, Rudolf Georg NL Binding/Deutsche Akademie der Dichtung: Binding an Beumelburg, 13. 1. 1934.
5 Ebd.: Beumelburg an Binding, 26. 1. 1934.
6 *Marcel Reich-Ranicki:* Mein Leben, S. 106.
7 *Thomas Blubacher:* Gustaf Gründgens, S. 167 ff.
8 *Johst:* Maske und Gesicht, S. 15 f.
9 Ebd., S. 26.
10 Ebd., S. 28 f.

11 Ebd., S. 29.
12 Ebd., S. 34.
13 Ebd., S. 51.
14 Ebd., S. 75.
15 Ebd., S. 100.
16 Ebd., S. 84.
17 Ebd., S. 125.
18 Ebd., S. 187 f.

— 16 —
Bemerkungen zu zwei Büchern

1 *Das Innere Reich*, März 1935, S. 1557–1564.

— 17 —
Raus aus allem

1 *Benn:* Briefe I, S. 44 (an Oelze, 17. 2. 1935).
2 Ebd., S. 39 (18. 11. 1934).
3 *Benn:* Doppelleben, S. 111.
4 *Ders.:* Ausgewählte Briefe, S. 58 (an Ina Seidel, 27. 8. 1934).
5 *Ders.:* Sein und Werden, in: Werke IV, S. 202.
6 *Ders.:* Briefe V, S. 41 (an Elinor Büller, 28. 4. 1935)
7 Ebd., S. 21 (an Elinor Büller, 31. 3. 1935, zweiter Brief).
8 Ebd., S. 20 (an Elinor Büller, 31. 3. 1935).
9 Ebd., S. 31 (an Elinor Büller, 7. 4. 1935).
10 Ebd., S. 38 (an Elinor Büller, 14. 4. 1935).
11 Ebd., S. 57 (an Tilly Wedekind, 1. 5. 1935).
12 Ebd., S. 56 (an Tilly Wedekind, 28. 4. 1935).
13 Ebd., S. 41 (an Elinor Büller, 24. 4. 1935).
14 Ebd., S. 64 (an Elinor Büller, 30. 5. 1935).
15 *Ders.:* Briefe IV, S. 19 (an Tilly Wedekind, 4. 9. 1931).
16 *Ders.:* Briefe V, S. 65 (an Elinor Büller, 2. 6. 1935).
17 *Ders.:* Briefe IV, S. 65 (an Tilly Wedekind, 4. 6. 1935).
18 *Ders.:* Briefe V, S. 55 (an Elinor Büller, 11. 5. 1935).
19 Ebd., S. 76 (an Elinor Büller, 23. 6. 1935).
20 *Ders.:* Briefe IV, S. 84 (an Tilly Wedekind, 9. 8. 1935).
21 *Ders.:* Briefe I, S. 74 (an Oelze, 1. 10. 1935).
22 Ebd., S. 56 (an Oelze, 17. 7. 1935).
23 *Ders.:* Briefe V, S. 120 (an Elinor Büller, 6. 12. 1935).

24 *Ders.:* Briefe I, S. 92 f. (an Oelze, 26. 12. 1935).
25 *Benn/Oelze:* Briefwechsel, Band 1, S. 100 (Oelze an Benn, 27. 12. 1935).
26 *Benn:* Briefe I, S. 80 (an Oelze, 21. 10. 1935).
27 *Ders.:* Ausgewählte Briefe, S. 165 (an Margret Boveri, 23. 7. 1949).
28 *Benn/Oelze:* Briefwechsel, Band 1, S. 85 (Oelze an Benn, 3. 11. 1935).

— 18 —
In größter Sichtbarkeit den anderen voran

1 DLA Grimm, Hans NL: an Münchhausen, 19. 6. 1933.
2 Ebd.: an Münchhausen, 19. 8. 1933.
3 DLA Grimm, Hans NL: an «verehrte Mitsenatoren», 6. 12. 1933.
4 DLA Binding, Rudolf Georg NL Binding/Deutsche Akademie der Dichtung: Bernhard Rust, Minister für Wissenschaft Kunst und Volksbildung, an Binding, 16. 4. 1934.
5 DLA Grimm, Hans NL: Münchhausen an «die Freunde Binding, Grimm, Kolbenheyer, Schäfer und Strauß», o. D.
6 DLA Binding, Rudolf Georg NL Binding/Deutsche Akademie der Dichtung: Sitzung des Ausschusses der Kommission für den Schillerpreis am 7. Februar 1935.
7 Ebd.: Schlösser an Binding, 7. 3. 1935.
8 Ebd.: Presseerklärung am 10. 5. 1935.
9 Carl *Zuckmayer/Annemarie Seidel:* Briefwechsel, S. 75 (Zuckmayer an A. Seidel, 12. 10. 1934).
10 DLA Seidel, Ina NL: Zuckmayer an Ina Seidel [wahrscheinlich 1922].
11 Hierzu: *Zuckmayer:* Als wär's ein Stück von mir, S. 458 ff.
12 *Zuckmayer/Seidel:* Briefwechsel, S. 69 (Zuckmayer an A. Seidel, 19. 10. 1931).
13 Ebd., S. 66 (Zuckmayer an A. Seidel, 19. 10. 1931).
14 DLA Zuckmayer, Carl: Prosa. O.T. Offener Brief an Gustav Hartung, 17. 1. 1935.

— 19 —
Aspekte 1935

1 DLA Vesper, Will NL: Grimm an Vesper, 31. 12. 1934.
2 Ebd.: Grimm an Vesper, 9. 1. 1935.
3 DLA Grimm, Hans an Börries von Münchhausen, 1932–1943: Grimm an Münchhausen, 26. 1. 1935.
4 DLA Münchhausen, Börries: an Dr. Paul Landau, 20. 3. 1935.

5 Ebd.: Münchhausen an Dr. Paul Landau, 9. 1. 1937.
6 DLA Seidel, Ina NL Mappe 1934–1940: an Emmy Seidel, 25. 4. 1935.
7 DLA Kästner, Erich NL: an Ida Kästner, 11. 12. 1933.
8 Zitiert nach Sven Hanuschek: Keiner blickt dir hinter das Gesicht. Das Leben Erich Kästners, München 1999, S. 261 f.
9 DLA Kästner, Erich NL: an Ida Kästner, 22. 10. 1934.
10 *Klaus Mann:* Erich Kästner, in: Klaus Mann: Zahnärzte und Künstler, S. 216.
11 DLA Kästner, Erich NL: an Ida Kästner, 27. 5. 1935.
12 DLA Kästner, Erich NL: an Ida Kästner, 7. 6. 1935.
13 *Thomas Mann:* Tagebücher 1935–1936, S. 114 (4. 6. 1935).
14 *Binding:* Briefe, S. 290 (an Frick, 23. 5. 1935).
15 Ebd., S. 296 (an Thomas Mann, 8. 8. 1935).
16 *Thomas Mann:* Tagebücher 1935–1936, S. 157 (9. 8. 1935).
17 *Binding:* Briefe S. 297 (an Thomas Mann, 10. 8. 1935).
18 *Thomas Mann:* Tagebücher 1935–1936, S. 159 (14. 8. 1935).
19 *Goebbels:* Tagebücher, Bd. 3: 1935–1939, S. 889 (DATUM?).
20 Chronik 1935, S. 188.
21 Ebd., S. 182.
22 DLA Kästner, Erich NL: an Ida Kästner, 17. 3. 1933.
23 *Kurt Tucholsky:* Ausgewählte Briefe, S. 251 (an Walter Hasenclever, 11. 4. 1933).
24 Ebd., S. 254 f. (an Hasenclever, 20. 4. 1933).
25 Ebd., S. 307 (an Hasenclever, 29. 11. 1935).
26 Ebd., S 333 (an Arnold Zweig, 15. 12. 1935).
27 DLA Kästner, Erich NL: an Ida Kästner, 4. 1. 36.

— 20 —
Ferkeleien

1 *Das schwarze Korps*, 7. 5. 1935, abgedruckt in: *Benn:* Briefe I, S. 151. Da auch die folgenden Zitate.
2 Ebd., S. 115 (an Oelze, 8. 5. 1936).
3 Ebd., S. 116 (an Oelze, 12. 5. 1936).
4 DLA Seidel, Ina NL: Deutsche Verlags-Anstalt [Kilpper] an Ina Seidel, 11. 5. 1936.
5 *Christian Ferber:* Die Seidels, S. 267.
6 DLA Seidel, Ina NL: Deutsche Verlags-Anstalt [Kilpper] an Ina Seidel, 13. 5. 1936.
7 *Benn:* Briefe IV, S. 189 (an Tilly Wedekind, 21. 5. 1936).
8 *Benn:* Briefe I, S. 117 (an Oelze, 17. 5. 1936).

9 Wortlaut des Telegramms zit. n. DLA Seidel, Ina NL: Deutsche Verlags-Anstalt [Kilpper] an Ina Seidel, 13. 5. 1936.
10 DLA Benn, Gottfried NL: Benn an Ina Seidel, 21. 5. 1936.

— 21 —
Dichtung – Bühne – Politik

1 DLA Langen-Müller VA: Einladungsschreiben Hans Grimm, 11. 2. 1936.
2 DLA Hans Grimm NL: Grimm an Wiechert, 12. 2. 1936.
3 Ebd.: Grimm an Wiechert, 10. 6. 1936.
4 Einladungsschreiben vom 11. 2. 1936 (siehe Anm. 1).
5 DLA Langen-Müller VA: Pezold an Vesper, 24. 4. 1936.
6 DLA Vesper, Will: Vesper an Pezold, 27. 4. 1936.
7 *Wolfgang Petzet:* Theater, S. 279.
8 DLA Langen-Müller VA: Pezold an Vesper, 19. 5. 1936.
9 Ebd.: Langen Müller an Vesper, 30. 9. 1936.
10 Ebd.: Langen Müller an Vesper, 10. 10. 1936.

— 22 —
Volkes Gäste

1 *Börries von Münchhausen:* Das Weihelied der Elften Olympiade, Privatdruck 1935.
2 DLA Binding, Rudolf Georg NL Binding/Deutsche Akademie der Dichtung: Binding an Wismann, 9. 7. 1936.
3 Ebd.: Binding an Wismann, 16. 7. 1936.
4 DLA Johst, Hans: Prosa. O.T. «Begrüßungsworte zur Olympiade 1936», 22. 7. 1936.
5 Heinrich Mann: «Konferenz zur Verteidigung der olympischen Idee am 6. und 7. Juni 1936 in Paris», zit. n. https://de.wikipedia.org/wiki/Olympische_Sommerspiele_1936.
6 *Kästner:* Mein liebes gutes Muttchen, S. 227 (5.8., 10.8. u. 14. 8. 1936).

— 23 —
Unter Frauen

1 DLA Seidel, Ina NL: an Annemarie Naegelsbach, 6. 12. 1935.
2 Ebd.: an Annemarie Naegelsbach, 9. 12. 1935.
3 Ebd.: an Annemarie Naegelsbach, 26. 12. 1935.
4 Ebd.: an Annemarie Naegelsbach, Jan. 1936.

5 Ebd.: an Annemarie Naegelsbach, 6. 3. 1936.
6 Ebd.: an Annemarie Naegelsbach, 13. 6. 1936.
7 Ebd.: an Annemarie Naegelsbach, 7. 5. 1936.
8 Ebd.: an Annemarie Naegelsbach, 21. 8. 1936.
9 Manfred van Rey: Beethoven – Bonn – Elly Ney. Ein schwieriges Verhältnis, in: Bonner Geschichtsblätter, Band 51/52 (2001), S. 449–495, Zitat S. 457.
10 DLA Seidel, Ina NL: Elly Ney an Ina Seidel, 3. 9. 1936.
11 Ebd.: an Annemarie Naegelsbach, 26. 11. 1936.
12 Ebd.: an Annemarie Naegelsbach, 7. 12. 1936.
13 Ebd.: an Annemarie Naegelsbach, 16. 12. 1936.

— 24 —
Mephisto

1 *Klaus Mann:* «Notizen in Moskau», in: Die Sammlung, 2. Jg., S. 72–83.
2 *Golo Mann:* Erinnerungen an meinen Bruder Klaus, in: *Klaus Mann:* Briefe und Antworten 2, S. 333.
3 *Kroll/Täubert:* 1935–1937, S. 464.
4 Ebd., S. 197.
5 Ebd., S. 583.
6 *Kroll/Täubert:* 1935–1937, S. 136.
7 Ebd., S. 125.
8 *Spangenberg:* Karriere eines Romans, S. 86.
9 *Blubacher:* Gustaf Gründgens, S. 193.
10 *Wallach:* Aber ich habe nicht mein Gesicht, S. 99.
11 Ebd., S. 100.
12 *Spangenberg:* Karriere eines Romans, S. 101.
13 Ebd., S 82 (F. Landshoff an K. Mann, 12. 5. 1935).
14 Ebd., S. 114.
15 *Klaus Mann:* Mephisto, S. 13 f.
16 Ebd., S. 82.
17 Ebd., S. 70–80.
18 *Kroll:* Nachwort, in: *Klaus Mann:* Treffpunkt im Unendlichen, S. 315.
19 *Blubacher:* Gustaf Gründgens, S. 201 f.
20 *Benn:* Briefe I, S. 164 (an Oelze, 7. 2. 1937).
21 *Klaus Mann:* Mephisto, S. 84.
22 *B. Z. am Mittag* am 28. 10. 1936, zit. n. *Wallach*, Aber ich habe nicht mein Gesicht, S. 101.
23 *Blubacher:* Gustaf Gründgens, S. 198.

— 25 —
Das war's

1 *Benn:* Briefe IV, S. 256 (an Tilly Wedekind, 1. 1. 1937).
2 *Ders.:* Briefe V, S. 154 (an Elinor Büller, 10. 1. 1937).
3 *Ders.:* Briefe IV, S. 259 (an Tilly Wedekind, 28. 2. 1937).
4 *Ders.:* Briefe V, S. 165 (an Elinor, 27. 1. 1937).
5 Ebd., S. 173 (an Elinor Büller, 6. 2. 1937).
6 Ebd., S. 183 (an Elinor Büller, 26. 2. 1937).
7 Ebd., S. 235 (Elinor Büller an Benn, 14. 3. 1937).
8 Ebd., S. 206 (an Elinor Büller, 16. 4. 1937).
9 Ebd., S. 210 (an Elinor Büller, 23. 4. 1937).
10 Ebd., S. 213 (an Elinor Büller, 30. 4. 1937).
11 Ebd., S. 229 (an Elinor Büller, 17. 6. 1937).
12 Ebd., S 235 (an Elinor Büller, 27. 6. 1937).
13 *Ders.:* Briefe IV, S. 265 (an Tilly Wedekind, 12. 9. 1937).
14 *Dyck:* Der Zeitzeuge, S. 235.
15 Ebd., S. 236.
16 *Benn:* Briefe IV, S. 267 (an Tilly Wedekind, 11. 1. 1938).
17 *Ders.:* Briefe I, S. 178 (an Oelze, 21. 1. 1938).
18 Ebd. (an Oelze, 23. 1. 1938).
19 DLA Benn, Gottfried NL: an Johst, 30. 3. 1938.

— 26 —
Was gleichzeitig geschieht

1 *Hannes Lamp:* Fallada unter Wölfen, S. 55 (Fallada an Heinz Hörig, 29. 4. 1935).
2 Ebd., S. 53 (Fallada an Kagelmacher, 22. 7. 1941).
3 HFA N 223: Werner Völger, Leipzig, an Fallada, 26. 10. 1936.
4 *Hannes Rother:* Der Landwirt Johannes Kagelmacher, S. 38.
5 *Lamp:* Fallada unter Wölfen, S. 73 (Rowohlt an Fallada, 15. 4. 1937).
6 *Völkischer Beobachter* am 2. 8. 1935.
7 *Walther Kiaulehn* in: *Die Dame*, 1. 12. 1937, zit. n. *Lamp:* Fallada unter Wölfen, S. 81.
8 *Mathias Wieman:* Zur Woche des deutschen Buches, Hörfunkmanuskript, 5. 11. 1937, zit. n. *Lamp:* Fallada unter Wölfen, S. 83.
9 *Goebbels:* Tagebücher, Bd. 3, S. 1192 (31. 1. 1938).
10 *Fallada:* Der eiserne Gustav, Aufbau-Ausgabe von 1964, S. 775.
11 Ebd., S. 712.
12 *Goebbels:* Tagebücher, Bd. 3, S. 1240 (23. 7. 1938).

13 *Fallada:* In meinem fremden Land, S. 169.
14 *Ders.:* Der eiserne Gustav, Rowohlt-Ausgabe von 1938, S. 738.
15 *Ders.:* In meinem fremden Land, S. 171.
16 *Sabine Koburger:* Ein Autor und sein Verleger, S. 549 (Rowohlt an Fallada, 21. 9. 1938).
17 www.filmportal.de/film/altes-herz-geht-auf-die-reise_a8525461c-7c24776b889f73655fd26b4.
18 *Wiechert:* Im Totenwald, S. 65.
19 *Goebbels:* Tagebücher, Bd. 3, S. 1247 (4. 8. 1938).
20 *Wiechert:* Im Totenwald, S. 75.
21 Ebd., S. 89 ff.
22 *Goebbels:* Tagebücher Band 3, 30. 8. 1938, S. 1263.
23 *Wiechert:* Jahre und Zeiten, S. 324 f.
24 *Wiechert:* Das einfache Leben, S. 336.
25 DLA Langen-Müller VA Langen-Müller/Pezold: Gustav Pezold, Vorgeschichte und Hergang meiner fristlosen Entlassung, Typoskript.
26 DLA Vesper, Will: Vesper an Karl Heinz Hederich, 12. 1. 1938.
27 *Wiechert:* Jahre und Zeiten, S. 335 ff. Geheeb starb 1939, Holm 1942.

— 27 —
Zwei Todesfälle, ein Geburtstag

1 *Ernst Penzoldt:* Ritterliche Erscheinung, in: Das war Binding, S. 261–264.
2 *Ludwig Fulda:* Briefwechsel 1882–1939, S. 1030 ff.
3 Ebd., S. 1037 f. (Briefentwurf an Reichsfreiin A. von der Recke, 2./3. 2. 1939).
4 Ebd., S. 1042 (Fulda an seine Frau, 29. 3. 1939).
5 *Neues Wiener Tagblatt* am 20. 4. 1939.
6 *Kershaw:* Hitler, Bd. 2, S. 248 f.
7 DLA Seidel, Ina NL Mappe 1934–1940: Ina Seidel an Emmy Seidel, 20. 7. 1939.

— 28 —
Krieg (I)

1 *Johst:* Ruf des Reiches, S. 5.
2 Ebd., S 16.
3 Ebd., S. 18.
4 Ebd., S. 21 f.
5 Ebd., S. 61.

6 Ebd., S. 62.
7 Ebd., S. 64.
8 Ebd., S. 68 f.
9 Ebd., S. 86.
10 Ebd., S. 91 ff.
11 Ebd., S. 128 ff.
12 DLA Seidel, Ina NL Mappe 2, 1924–1940: Annemarie Seidel an Ina Seidel, 14. 6. 1940.
13 Ebd.: Annemarie Seidel an Ina Seidel, 28. 6. 1940.
14 Ebd.: Annemarie Seidel an Ina Seidel, 2. 9. 1940.
15 *Zuckmayer/Seidel:* Briefwechsel, S. 124 f. (Carl Zuckmayer an Annemarie Seidel, 26. 9. 1940).
16 *Loerke:* Tagebücher, S. 29 (8. 6. 1905).
17 Ebd., S. 244 (16. 6. 1932).
18 Ebd., S. 293 (1. 4. 1934).
19 Ebd., S. 336 f. (o. D.).
20 Ebd., S. 345 (6. 2. 1940).
21 DLA Seidel, Ina NL Mappe 2, 1924–1940: Annemarie Seidel an Ina Seidel, 19. 4. 1941.
22 Zit. n. *Sven Felix Kellerhoff,* «Handelte Rudolf Heß im Geheimauftrag Hitlers?», in: *Die Welt*, 11. 5. 2016.
23 DLA Seidel, Ina NL Mappe 2, 1924–1940: Annemarie Seidel an Ina Seidel, 22. 6. 1941.
24 Ebd.: Deutsche Verlags-Anstalt [Kilpper] an Ina Seidel, 15. 7. 1941.

— 29 —
Drei Frauen, ein Mann

1 *Jochen Klepper:* Unter dem Schatten deiner Flügel, S. 26 (6. 10. 1932).
2 Ebd., S. 65 (7. 6. 1933).
3 Ebd., S. 105 (7. 9. 1933).
4 Ebd., S. 107 (13. 9. 1933).
5 Ebd., S. 270 f. (21. u. 23. 7. 1935).
6 DLA Klepper, Jochen NL: an Hanni Klepper-Stein, 18. 1. 1937.
7 *Klepper:* Unter dem Schatten deiner Flügel, S. 434 f. (27./28. 3. 1937).
8 Ebd., S. 622 (9. 8. 1938).
9 Ebd., S. 610 (1. 7. 1938).
10 Ebd., S. 674 (10. 11. 1938).
11 Ebd., S. 699 (18. 12. 1938).
12 Ebd., S. 735 (11. 3. 1939).

13 Ebd., S. 858 (14. 3. 1940).
14 Ebd., S. 847 (25. 4. 1940).
15 Ebd., S. 880 (10. 5. 1940).
16 Ebd., S. 919 (5. 9. 1940).
17 Ebd., S. 918 (2. 9. 1940).
18 *Klepper:* Überwindung, S. 52.
19 Ebd., S. 91.
20 *Klepper:* Unter dem Schatten deiner Flügel, S. 962 (10. 10. 1941).
21 Ebd., S. 972 (23. 10. 1940).
22 Ebd., S. 975 (29. 10. 1941).
23 Ebd., S. 988 (21. 11. 1941).
24 Ebd., S. 1120 (16. 11. 1942).
25 Ebd., S. 1128 (5. 12. 1942).
26 Ebd., S. 1130 (8. 12. 1942).
27 Ebd., S. 1132 f. (9. 12. 1942).
28 Ebd., S. 1133 (10. 12. 1942).
29 Zit. n. *Jan-Pieter Barbian:* Literatur als Verwaltungsakt. Das Schicksal Jochen Kleppers im Dritten Reich, in: *ders.:* Die vollendete Ohnmacht? S. 225.

— 30 —
Krieg (II)

1 HFA N180: Fallada an die Mutter, 1. 6. 1941.
2 Ebd.: Fallada an die Mutter, 27. 3. 1942.
3 Ebd.: Fallada an die Mutter, 27. 6. 1943.
4 HFA, N262: Propagandaministerium an Fallada, 8. 6. 1943.
5 HFA N180: Fallada an die Mutter, 27. 6. 1943.
6 HFA N262: Fallada an Propagandaministerium, 26. 6. 1943.
7 Ebd.: Propagandaministerium an Fallada, 5. 8. 1943.
8 *Kasimir Edschmid:* Das gute Recht, S. 571.
9 *Hermann Schlösser,* Kasimir Edschmid, S. 286 (Edschmid an Henriette von Schirach, 3. 4. 1943).
10 Ebd., S. 292 (Edschmid an Henriette von Schirach, 22. 4. 1944).
11 Suhrkamp/Seidel: Briefe 1935–1959, S. 449.
12 Ebd., S. 422, Fußnote 4 (Suhrkamp an A. Seidel, 5. 8. 1943).
13 Ebd., S. 480 (Suhrkamp an A. Seidel, 11. 5. 1944)
14 Ebd., S. 472 (Suhrkamp an A. Seidel, 4. 5. 1944).
15 DLA Seidel, Ina NL Mappe 3: Annemarie an Ina Seidel, 1. 10. 1944.
16 Ebd.: Annemarie an Ina Seidel, 10. 9. 1944.
17 Suhrkamp/Seidel: Briefe, S. 570 (A. Seidel an Hanns Johst, 27. 10. 1944).

18 Ebd., S. 581 (A. Seidel an H. Johst, November 1944).
19 *Klaus Jürgen Neumärker:* Der andere Fallada, S. 299.
20 *Fallada:* In meinem fremden Land, S. 149.
21 Ebd., S. 118.
22 Ebd., S. 130.
23 Ebd., S. 134.
24 Ebd., S. 147.
25 Ebd., S. 148.
26 Ebd., S. 143.
27 Ebd., S. 94–113.
28 DLA Seidel, Ina NL: Börries von Münchhausen an Ina Seidel, 22. 2. 1945.
29 Ebd.: Agnes Miegel an Ina Seidel, 16. 1. 1945.

— 31 —
Was jetzt? Die große Kontroverse

1 *Die große Kontroverse,* S. 13 ff.
2 Ebd., S. 18 f.
3 *Frank Thiess:* «Die innere Emigration», *Münchner Zeitung*, 18. 8. 1945, zit. n. *Die große Kontroverse,* S. 24 f.
4 *Thomas Mann:* «Warum ich nicht zurückkehre!», *Augsburger Anzeiger*, 12. 10. 1945, zit. n. *Die große Kontroverse*, S. 27 ff.
5 *Ders.:* «Deutsche Hörer!», 30. 12. 1945, zit. n. *Die große Kontroverse*, S. 76 ff.
6 *Bergengruen:* Schriftstellerexistenz in der Diktatur, S. 66.
7 *Wiechert:* Rede an die deutsche Jugend 1945, S. 5, 9, 32, 41.
8 *Bergengruen:* Schriftstellerexistenz in der Diktatur, S. 35.
9 *Klaus Mann:* Briefe und Antworten II, S. 304 (an Georg Jacobi, 12. 5. 1949).
10 *Thomas Mann:* Ansprache im Goethejahr 1949, in: *ders.:* Essays VI: 1945–1950, hrsg. v. Herbert Lehnert (GKFA Bd. 19), Frankfurt am Main 2009, S. 677–678.
11 *Süddeutsche Zeitung*, 21. 3. 1950, zit. n. Doppelleben. Literarische Szenen aus Nachkriegsdeutschland, S. 119.
12 Ebd., S. 82–128.
13 Ebd., S. 130.
14 Ebd., S. 153 (Wilhelm Sternfeld an Rudolf Pechel, 11. 6. 1950).
15 Ebd., S. 157 (Pechel an Thiess, 5. 7. 1950).
16 Ebd., S. 189.
17 Ebd.
18 Fotostrecke ebd., S. 244 ff.

— 32 —
Schatten der Vergangenheit

1 *Heinrich Himmler:* Dienstkalender, S. 336.
2 Ebd., S. 515 f.
3 DLA Johst, Hanns TNL: an Wiessner, 3. 3. 1949.
4 Ebd.: an Wiessner, 1. 4. 1949.
5 *Düsterberg:* Hanns Johst, S. 349.
6 *Ekkehart Staritz:* Geleitwort, in: *Johst*: Gesegnete Vergänglichkeit.
7 DLA Grimm, Hans NL: an Wilhelm Schäfer, 1. 12. 1945.
8 *Wilhelm Stapel:* Antisemitismus, S. 107.
9 *Grimm*: Warum, woher, aber wohin?, S. 198 f.
10 Ebd., S. 181 ff.
11 *Goebbels:* Tagebücher, Bd. 3, S. 1249 (5. 8. 1938).
12 DLA Grimm, Hans NL: Agnes Miegel an Grimm, 25. 2. 1947.
13 DLA Miegel, Agnes NL: Landrat a. D. Dr. Georg Mercker an den Öffentlichen Kläger bei der Regierung Hannover, 7. 2. 1949.
14 DLA Miegel, Agnes NL: Waldemar Augustiny: Zeugnis für die Dichterin Agnes Miegel, 29. 12. 1948.
15 DLA Miegel, Agnes NL: o. D., ohne Namen.
16 DLA Miegel, Agnes NL: Urteil Agnes Miegel.
17 *Ulrike Edschmid:* «Wir wollen nicht mehr darüber reden», S. 39 (Pinner an Edschmid, 20. 7. 1946).
18 Ebd., S. 44 (Pinner an Edschmid, 16. 8. 1946).
19 Ebd. (Edschmid an Pinner, 15. 9. 1946).
20 Ebd., S. 76 (Edschmid an Pinner, 6. 6. 1948).
21 Ebd., S. 77 (Edschmid an Pinner, 14. 6. 1948).
22 *Kurt Ziesel:* Das verlorene Gewissen, S. 16.
23 Ebd., S. 137 f.
24 *Ulrike Edschmid:* «Wir wollen nicht mehr darüber reden», S. 176 f. (Edschmid an Pinner, 31. 1. 1959).
25 Ebd., S. 177 (Pinner an Edschmid, 3. 2. 1959).

— 33 —
Willkommen und Abschied

1 *Benn:* Ausgewählte Briefe, S. 98 (an Johannes Weyl, 28. 3. 1946), «Pg.» die übliche Abkürzung für «Parteigenosse».
2 *Ders.:* Werke V, S. 485 (an Max Niedermayer, 6. 4. 1949).
3 *Ders.:* Doppelleben, S. 83.
4 Ebd., S. 96 f.

5 Ebd., S. 103.
6 Ebd., S. 140.
7 *Ders.:* Werke, Bd. VII/1, S. 247.
8 *Peter de Mendelssohn*: Der Geist in der Despotie.
9 DLA Benn, Gottfried NL: an Walther Karsch, 27. 10. 1946. *Benn:* Ausgewählte Briefe, S. 186 (an Ernst Jünger, 26. 12. 1949).
10 *Benn:* Briefe II, S. 216 (an Oelze, 22. 8. 1954).
11 *Ders.:* Ausgewählte Briefe, S. 306 (an Max Rychner, 4. 3. 1956).
12 *Ders.:* Briefe II, S. 267 (an Oelze, 15. 6. 1956).
13 *Ders.:* Sämtliche Gedichte, S. 264 («Was schlimm ist», 1953).
14 *Kästner:* Notabene 45, S. 7 ff. Da auch die folgenden Zitate.
15 *Ders.:* Das Blaue Buch, S. 205 (8. 5. 1945).
16 *Ders.:* Notabene 45, S. 146 f.
17 *Sven Hanuschek:* Keiner blickt dir hinter das Gesicht, S. 230 f.
18 Ebd., S. 234.
19 DLA Kästner, Erich NL Kästner/Reichsschrifttumskammer: Reichsschrifttumskammer an Kästner, 6. 6. 1942.
20 Ebd.: Reichsschrifttumskammer an Kästner, 25. 7. 1942.
21 Ebd.: Reichsschrifttumskammer an Kästner, 14. 1. 1943.
22 Ebd.: Reichsschrifttumskammer an Kästner, 26. 1. 1943.
23 *Kästner:* Deutsches Ringelspiel 1947, in: *ders.:* Wir sind so frei, S. 111.
24 *Neumärker:* Der andere Fallada, S. 317.
25 *Neue Zeitung*, 20. 1. 1946.
26 *Der Tag* (Berlin), 24.3. u. 17. 4. 1934.
27 HFA N286: Riemkasten an Fallada, 20. 8. 1946.
28 HFA N286: Fallada an Riemkasten, 19. 9. 1946.
29 HFA [[11?]]: Fallada an Berliner Illustrierte, 30.1.u. 29. 5. 1946.
30 *Hans Fallada:* «Wie ich Schriftsteller wurde», aus: Gesammelte Erzählungen, Rowohlt 1967, S. 315.
31 HFA N286: Fallada an Riemkasten, 29. 10. 1946.
32 HFA N214: Fallada an die Mutter, 22. 12. 1946.
33 DLA Seidel Ina NL Tagebücher (Schwarze Wachstuchhefte): 4/45 bis 10/45, 12. 5. 1945.
34 DLA Seidel, Ina NL: Dokument o. D.
35 DLA Seidel Ina NL Tagebücher (Schwarze Wachstuchhefte) 4/45 bis 10/45: 20. 5. 1945.
36 Ebd.: 16. 6. 1945.
37 Zit. n. *Hanna Leitgeb:* Der ausgezeichnete Autor, S. 308.
38 *Bergengruen:* Schriftstellerexistenz, S. 255 f.
39 *Leitgeb:* Der ausgezeichnete Autor, S. 311.
40 DLA Seidel Ina NL Tagebücher (Schwarze Wachstuchhefte): 30. 7. 1950.

41 Dazu: *José Sánchez de Murillo:* Luise Rinser – ein Leben in Widersprüchen.
42 DLA Seidel Ina NL Tagebücher (Schwarze Wachstuchhefte): 11. 5. 1951.
43 DLA Seidel Ina NL: Zuckmayer an Ina Seidel, 6. 9. 1959.
44 «Zeitmosaik», in: *Die Zeit*, 11. 10. 1974.

— 34 —
Die Reise

1 *Gerd Koenen:* Vesper Ensslin Baader, S. 26.
2 *Bernward Vesper:* Die Reise, S. 10.
3 Ebd., S. 327 f.
4 Ebd., S. 128 f.
5 Ebd., S. 435 f.
6 Ebd., S. 395 f.

Verzeichnis der Quellen und Literatur

Archivalien

Hans-Fallada-Archiv Carwitz (HFA)
Hans Fallada Nachlass

Deutsches Literaturarchiv Marbach (DLA)
Gottfried Benn Nachlass
Rudolf Georg Binding Nachlass, insbesondere den Unterbestand Rudolf Georg Binding/Deutsche Akademie der Dichtung
Diederichs Archiv
Hans Grimm Nachlass
Hanns Johst Teilnachlass
Erich Kästner Nachlass
Jochen Klepper Nachlass
Börries von Münchhausen Nachlass
Langen-Müller Verlagsarchiv
Agnes Miegel Nachlass
René Schickele Nachlass
Ina Seidel Nachlass
Will Vesper Nachlass

Gedruckte Quellen und Literatur

Barbian, Jan-Pieter: Die vollendete Ohnmacht? Schriftsteller, Verleger und Buchhändler im NS-Staat. Ausgewählte Aufsätze, Essen 2008

Barthel, Ludwig Friedrich (Hrsg.): Das war Binding, Wien 1955

Benn, Gottfried: Ausgewählte Briefe, Wiesbaden 1957

Ders.: Briefe, Bd. I: Briefe an F. W. Oelze 1932–1945, hrsg. v. Harald Steinhagen u. Jürgen Schröder, Stuttgart 1977

Ders.: Briefe, Bd. II: Briefe an F. W. Oelze 1950–1956, hrsg. v. Harald Steinhagen u. Jürgen Schröder, Stuttgart 1980

Ders.: Briefe, Bd. IV: Briefe an Tilly Wedekind 1930–1955, hrsg. v. Marguerite Valerie Schlüter, Stuttgart 1986

Ders.: Briefe, Bd. V: Briefe an Elinor Büller 1930–1937, hrsg. v. Marguerite Valerie Schlüter, Stuttgart 1992

Ders.: Doppelleben. Zwei Selbstdarstellungen, Wiesbaden 1950

Ders.: Sämtliche Gedichte, Stuttgart 1998

Ders.: Sämtliche Werke, Bd. IV: Prosa 2: 1933–1945, hrsg. v. Gerhard Schuster, Stuttgart 1989

Ders.: Sämtliche Werke, Bd. V: Prosa 3: 1946–1950, hrsg. v. Gerhard Schuster, Stuttgart 1991

Ders.: Sämtliche Werke, Bd. VII/1: Szenen und andere Schriften, hrsg. v. Holger Hof, Stuttgart 1991

Ders.: Den Traum alleine tragen, München 1969

Ders./Oelze, Friedrich Wilhelm: Briefwechsel 1932–1956, hrsg. v. Harald Steinhagen, Stephan Kraft u. Holger Hof. Bd 1: 1932–1941 u. Bd 2: 1942–1948, Stuttgart u. a. 2016

Benn, Gottfried/Seyerlen, Egmont: Briefwechsel 1914–1956, hrsg. v. Gerhard Schuster, Stuttgart 1993

Benn, Gottfried/Sternheim, Thea: Briefwechsel und Aufzeichnungen, hrsg. von Thomas Ehrsam, Göttingen 2004

Bergengruen, Werner: Der Großtyrann und das Gericht, Hamburg 1938

Ders.: Schriftstellerexistenz in der Diktatur. Aufzeichnungen und Reflexionen zu Politik, Geschichte und Kultur 1940 bis 1960, München 2005

Binding, Rudolf G.: Die Briefe. Ausgewählt u. eingeleitet v. Ludwig Friedrich Barthel, Hamburg 1957

Blubacher, Thomas: Gustaf Gründgens. Biographie, Leipzig 2013

Brenner, Hildegard: Ende einer bürgerlichen Kunst-Institution. Die politische Formierung der Preußischen Akademie der Künste ab 1933 (Schriftenreihe der Vierteljahrshefte für Zeitgeschichte, Bd. 24), Stuttgart 1972

Chronik 1933, Dortmund 1989

Chronik 1935, Dortmund 1989

Dodd, Martha: Nice to meet you, Mr. Hitler! Meine Jahre in Deutschland 1933 bis 1937, Frankfurt am Main 2005

Doppelleben. Literarische Szenen aus Nachkriegsdeutschland, hrsg. v. Helmut Böttiger, Bernd Busch u. Thomas Combrink, Göttingen 2009

Düsterberg, Rolf: Hanns Johst: «Der Barde der SS». Karriere eines deutschen Dichters, Paderborn 2004

Dyck, Joachim: Der Zeitzeuge. Gottfried Benn 1929–1949, Göttingen 2006

Edschmid, Kasimir: Das gute Recht, München 1946

Edschmid, Ulrike: «Wir wollen nicht mehr darüber reden». Erna Pinner und Kasimir Edschmid. Eine Geschichte in Briefen, München 1999

Die Ernte der Gegenwart. Deutsche Lyrik von heute, gesammelt von Will Vesper, Ebenhausen 1943

Fallada, Hans: Altes Herz geht auf die Reise, Berlin 1935

Ders.: Bauern, Bonzen und Bomben, Rowohlt 1930

Ders.: Der eiserne Gustav, Berlin 1938 (Erstausgabe Rowohlt Vlg.)

Ders.: Der eiserne Gustav, Berlin 1964 (Neuausgabe Aufbau Vlg.)

Ders.: Ewig auf der Rutschbahn. Briefwechsel mit dem Rowohlt Verlag, Reinbek 2008

Ders.: In meinem fremden Land. Gefängnistagebuch 1944, hrsg. v. Sabine Lange u. Jenny Williams, Berlin 2009

Ders.: Kleiner Mann – was nun?, Berlin 1932

Ders.: Das Märchen vom Stadtschreiber, der aufs Land flog, Berlin 1935

Ders.: Der Trinker. Der Alpdruck, Berlin 1987

Ders.: Wer einmal aus dem Blechnapf frißt, Berlin 1933

Ders.: Wir hatten mal ein Kind, Berlin 1934

Ders.: Wolf unter Wölfen, Berlin 1937

Ders./Ditzen, Anna: Wenn du fort bist, ist alles nur halb. Briefe einer Ehe, hrsg. v. Uli Ditzen, Berlin 2007

Ferber, Christian: Die Seidels, Frankfurt am Main 1982

Feuchtwanger, Lion: Die Geschwister Oppermann, Berlin 1991

Flake, Otto: Es wird Abend. Bericht aus einem langen Leben, Frankfurt am Main 1980

Fulda, Ludwig: Briefwechsel 1882–1939. Zeugnisse des literarischen Lebens in Deutschland, hrsg. v. Bernhard Gajek u. Wolfgang von Ungern-Sternberg (Regensburger Beiträge zur deutschen Sprach- und Literaturwissenschaft / Reihe A: Quellen, Bd. 4), Frankfurt am Main 1988

Goebbels, Joseph: Tagebücher, Bd. 3: 1935–1939, hrsg. v. Ralf Georg Reuth, München 1999

Grimm, Hans: Der Schriftsteller und die Zeit, München 1931

Ders.: Suchen und Hoffen. Aus meinem Leben 1928–1934, Lippoldsberg 1960

Ders.: Volk ohne Raum, Albert Langen 1926

Ders.: Warum, woher, aber wohin? Vor, unter und nach der geschichtlichen Erscheinung Hitler, Lippoldsberg 1954

Die große Kontroverse. Ein Briefwechsel um Deutschland. Walter von Molo und Thomas Mann, hrsg. v. J. F.G. Grosser, Hamburg 1963

Hanuschek, Sven: Keiner blickt dir hinter das Gesicht. Das Leben Erich Kästners, München 1999

Hesse, Hermann/Mann, Thomas: Briefwechsel, hrsg. v. Anni Carlsson u. Volker Michels, Frankfurt am Main 1999

Heinrich Himmler: Die Organisation des Terrors. Der Dienstkalender Heinrich Himmlers 1943–1945, München 2020

Jens, Inge: Dichter zwischen rechts und links. Die Geschichte der Sektion für Dichtkunst an der Preußischen Akademie der Künste, dargestellt nach den Dokumenten, Leipzig 1994
Johst, Hanns: Consuela. Aus dem Tagebuch einer Spitzbergenfahrt, München 1936
Ders.: Der Einsame. Ein Menschheitsuntergang, München 1917
Ders.: Erkenntnis und Bekenntnis. Kernsätze aus den Werken und Reden, München 1940
Ders.: Gesegnete Vergänglichkeit, Frankfurt am Main 1955
Ders.: Der König, Schauspiel, München 1920
Ders.: Maske und Gesicht. Reise eines Nationalsozialisten von Deutschland nach Deutschland, München 1936
Ders.: Mutter ohne Tod. Die Begegnung. Zwei Erzählungen, München 1933
Ders.: Propheten. Schauspiel, München 1922
Ders.: Ruf des Reiches, Echo des Volkes! Eine Ostfahrt, München 1940
Ders.: Schlageter, Schauspiel, in: Günther Rühle, Zeit und Theater, Bd. V: Diktatur und Exil. 1933–1945, Frankfurt am Main 1980, S. 79–139
Ders.: So gehen sie hin. Ein Roman vom sterbenden Adel, München 1930
Ders.: Thomas Paine. Schauspiel, München 1927
Kästner, Erich: Das blaue Buch. Geheimes Kriegstagebuch 1941–1945, hrsg. v. Sven Hanuschek, Zürich 2018
Ders.: Das fliegende Klassenzimmer, Basel 1935
Ders.: Mein liebes, gutes Muttchen, Du! Briefe und Postkarten aus 30 Jahren, ausgew. u. eingel. v. Luiselotte Enderle, München 1981
Ders.: Notabene 45, Zürich 1961
Ders.: Über das Verbrennen von Büchern, Zürich 2012
Ders.: Wir sind so frei. Chanson, Kabarett, Kleine Prosa, München 1991
Kershaw, Ian: Hitler, Bd. 1: 1889–1936 u. Bd. 2: 1936–1945, Stuttgart 1998 u. 2000
Kiesel, Helmuth: Geschichte der deutschsprachigen Literatur 1918–1933 (Geschichte der deutschen Literatur Bd. 10), München 2017
Klepper, Jochen: Unter dem Schatten deiner Flügel. Aus den Tagebüchern 1932–1942, hrsg. v. Hildegard Klepper, Stuttgart 1956
Ders.: Überwindung. Tagebücher und Aufzeichnungen aus dem Kriege, hrsg. v. Hildegard Klepper, Stuttgart 1958
Koburger, Sabine: Ein Autor und sein Verleger. Hans Fallada und Ernst Rowohlt in Verlags- und Zeithorizonten (Theorie und Praxis der Interpretation, Bd. 12), München 2015
Koenen, Gerd: Vesper Ensslin Baader. Urszenen des deutschen Terrorismus, Köln 2003
Kraft, Thomas: Jakob Wassermann, München 2008

Kroll, Fredric: Nachwort, in: *Klaus Mann:* Treffpunkt im Unendlichen, Reinbek 1981, S. 309–328

Ders./Täubert, Klaus: 1933–1934. Sammlung der Kräfte (Klaus Mann Schriftenreihe Bd. 4: Repräsentant des Exils 1933–1937, Teilbd. I), Hamburg 1992

Dies.: 1935–1937. Im Zeichen der Volksfront (Klaus Mann Schriftenreihe Bd. 4: Repräsentant des Exils 1933–1937, Teilbd. II), Hamburg 1992

Lamp, Hannes: Fallada unter Wölfen. Die Geschichte des Inflationsromans «Wolf unter Wölfen», 2., aktualisierte Aufl., Friedland 2004

Langenbucher, Hellmuth: Volkhafte Dichtung der Zeit, Berlin 1933

Langhoff, Wolfgang: Die Moorsoldaten. 13 Monate Konzentrationslager, Essen 1976

Leitgeb, Hanna: Der ausgezeichnete Autor. Städtische Literaturpreise und Kulturpolitik in Deutschland 1926–1971, Berlin 1994

Loerke, Oskar: Tagebücher 1903–1939, hrsg. v. Hermann Kasack, Heidelberg 1955

Mann, Golo: Erinnerungen an meinen Bruder Klaus, in *Klaus Mann:* Briefe und Antworten 2, hrsg. v. Martin Gregor-Dellin, München 1975, S. 319–351

Mann, Klaus: Briefe und Antworten. Bd. 1: 1922–1937 u. Bd. 2: 1937–1949, hrsg. v. Martin Gregor-Dellin, München 1975

Ders.: Mephisto. Roman einer Karriere, Reinbek 1981

Ders.: Treffpunkt im Unendlichen, Reinbek 1981

Ders.: Zahnärzte und Künstler. Aufsätze, Reden, Kritiken 1933–1936, hrsg. v. Uwe Naumann u. Michael Töteberg, Reinbek 1993

Mann, Thomas: Briefe, Bd. 1: 1889–1936, Frankfurt am Main 1961

Ders.: Essays VI: 1945–1950, hrsg. v. Herbert Lehnert (GKFA Bd. 19), Frankfurt am Main 2009

Ders.: Tagebücher 1933–1934, Frankfurt am Main 1977

Ders.: Tagebücher 1935–1936, Frankfurt am Main 1978

Anton Mayer: Im Kasinogarten der Königin-Husaren, in: *Ludwig Friedrich Barthel (Hrsg.)*: Das war Binding, Wien 1955, S. 63–70

Mendelssohn, Peter de: Der Geist in der Despotie. Versuche über die moralischen Möglichkeiten des Intellektuellen in der totalitären Gesellschaft, Frankfurt am Main 2016

Miegel, Agnes: Ostland. Gedichte, Jena 1941

Mittenzwei, Werner: Die Mentalität des ewigen Deutschen. Nationalkonservative Dichter 1918–1947 und der Untergang einer Akademie, 2. Aufl., Leipzig 2003

Münchhausen, Börries von: Das Weihelied der Elften Olympiade, Privatdruck 1935

Neumärker, Klaus Jürgen: Der andere Fallada. Eine Chronik des Leidens, Berlin 2014
Penzoldt, Ernst: Ritterliche Erscheinung, in: *Ludwig Friedrich Barthel (Hrsg.)*: Das war Binding, Wien 1955, S. 261–264
Petzet, Wolfgang: Theater. Die Münchner Kammerspiele. 1911–1972, München 1973
Reich-Ranicki, Marcel: Mein Leben, München 1999
Rey, Manfred van: Beethoven – Bonn – Elly Ney. Ein schwieriges Verhältnis, in: *Bonner Geschichtsblätter*, Band 51/52, S. 449–495
Rother, Hannes: Der Landwirt Johannes Kagelmacher, in: Salatgarten, hrsg. v. d. Hans-Fallada-Gesellschaft e.V., Jg. 25/2016, H. 2, S. 38 ff.
Rühl, Karl: Dankbare Erinnerung, in: *Ludwig Friedrich Barthel (Hrsg.)*: Das war Binding, Wien 1955, S. 154–160
Rühle, Günther: Theater für die Republik. Im Spiegel der Kritik, Bd. 1: 1917–1925 u. Bd. 2: 1926–1933, überarb. Nachaufl., Berlin 1988
Die Sammlung, Jg. 1: 1934 u. Jg. 2: 1935, hrsg. von Klaus Mann [Nachdruck], München 1986
Sánchez de Murillo, José: Luise Rinser. Ein Leben in Widersprüchen, Frankfurt am Main 2011
Schäfer, Wilhelm: Die dreizehn Bücher der deutschen Seele, München 1922
Schlösser, Hermann: Kasimir Edschmid. Expressionist – Reisender – Romancier. Eine Werkbiographie, Bielefeld 2007
Seidel, Heinrich Wolfgang: Abend und Morgen. Zwei Novellen, Berlin 1935
Ders.: Briefe 1934–1944, hrsg. v. Ina Seidel, Witten 1964
Seidel, Ina: Dichter, Volkstum und Sprache, Ausgewählte Vorträge und Aufsätze, Stuttgart 1934
Dies.: Drei Dichter der Romantik, Stuttgart 1944
Dies.: Lennacker. Das Buch einer Heimkehr, Stuttgart 1938
Dies.: Meine Kindheit und Jugend, Stuttgart 1935
Dies.: Michaela. Aufzeichnungen des Jürgen Brook, Stuttgart 1959
Dies.: Unser Freund Peregrin, Stuttgart 1940
Dies.: Der Weg ohne Wahl, Stuttgart 1933
Dies.: Das Wunschkind, Stuttgart 1930
Seidel, Willy: Der neue Daniel. Ausschnitt aus dem Leben eines Deutschen, Berlin 1921
Seidel, Willy: Schattenpuppen. Ein Roman aus Java, München 1947
Spangenberg, Eberhard: Karriere eines Romans. Mephisto, Klaus Mann und Gustaf Gründgens. Ein dokumentarischer Bericht aus Deutschland und dem Exil 1925–1981, Reinbek 1982
Stapel, Wilhelm: Antisemitismus und Antigermanismus. Über die Symbiose

des deutschen und des jüdischen Volkes [Nachdruck d. Ausg. v. 1928], Bremen 2006

Staritz, Ekkehart: Geleitwort, in: *Johst*: Gesegnete Vergänglichkeit, Frankfurt am Main 1955

Suhrkamp, Peter/Seidel, Annemarie: «Nun leb wohl! Und hab's gut!» Briefe 1935–1959, hrsg. v. Wolfgang Schopf, Berlin 2016

Theweleit, Klaus: Buch der Könige, Bd. 2: Orpheus am Machtpol, Basel 1994

Tucholsky, Kurt: Ausgewählte Briefe. 1913–1935 (Gesammelte Werke, Ergänzungsbd.), hrsg. v. Mary Gerold-Tucholsky u. Fritz J. Raddatz, Reinbek 1962

Vesper, Bernward: Die Reise, Romanessay, Frankfurt am Main 1977

Vesper, Will: Das harte Geschlecht, Hamburg 1931

Wallach, Dagmar: Aber ich habe nicht mein Gesicht. Gustaf Gründgens. Eine deutsche Karriere, Berlin 1999

Wassermann, Jakob: Mein Weg als Deutscher und Jude, Berlin 1921

Wedekind, Tilly: Lulu. Die Rolle meines Lebens, München 1969

Wiechert, Ernst: Das einfache Leben, München 1939

Ders.: Jahre und Zeiten, Erlenbach 1949

Ders.: Rede an die deutsche Jugend 1945 (Europäische Dokumente, H. 1), München 1945

Ders.: Der Totenwald. Ein Bericht, München 1946

Williams, Jenny: Mehr Leben als eins. Hans Fallada, Berlin 2002

Ziesel, Kurt: Das verlorene Gewissen, München 1958

Zuckmayer, Carl: Als wär's ein Stück von mir, Zürich 1966

Ders./Seidel, Annemarie: Briefwechsel, hrsg. von Gunther Nickel, Göttingen 2003

Personenregister